제2판

# 훈민정음의 이해

나찬연

도서출판 월인

# 머리말

우리 민족이 이룬 최대의 문화적 업적으로서 흔히들 '훈민정음(訓民正音)'의 창제를 손꼽는다. 이는 세종대왕(世宗大王)이 훈민정음의 글자를 만든 것이 15세기 당대에 이룬 문화적인 업적에만 머무는 것이 아니라, 지금까지도 우리 민족의 생활과 문화에 직접적으로 영향을 끼치고 있기 때문이다.

<訓民正音 解例本>은 1446년(세종 28)에 발간된 원간본(原刊本)으로서, 1940년에 경상북도 안동에서 발견되어서 현재 '간송미술관'에 소장되어 있다. 이 책에는 세종대왕이 훈민정음 글자를 만든 목적과 동기, 제자 원리, 훈민정음 글자를 만든 과정 등, 훈민정음 글자와 관련한 사항이 자세하게 수록되어 있다. 특히 훈민정음의 제자 원리, 창제와 반포의 시기, 편찬자의 이름이 자세하게 기술되어 있어서, 훈민정음과 관련하여 제기되었던 많은 의문이 이 책으로써 풀리기도 했다. 이와 같은 <훈민정음 해례본>의 학술적 · 문화적 · 역사적 가치를 인정하여서, 정부에서는 <훈민정음 해례본>을 국보 70호로 지정하고 있으며 유네스코에서도 세계 기록 유산에 등재해 놓고 있다.

이러한 점에서 국어를 연구하거나 국어를 교육하는 사람들에게 <훈민정음 해례본>의 내용은 매우 중요하다. 그러나 <훈민정음 해례본>이 어려운 한문으로 기술되어 있고 대부분의 내용이 성리학(性理學)과 성운학(聲韻學)의 이론과 관련되어 있어서, 국어를 전공하는 학자들 이외에는 그 내용을 이해하기가 어려웠다. 이에 따라서 최근에 와서는 대학교의 국어국문학과나 국어교육과에서조차 훈민정음에 관련된 교과목을 개설하지 않는 경향이 있다. 그 결과 초 · 중 · 고등학교의 국어 교사들조차도 훈민정음에 관련된 체계적인 지식이 없어서, 교사용 지도서나 참고서에 소개된 단편적인 자료에만 의존하여 훈민정음에 관련된 내용을 학생들에게 지도하고 있는 실정이다.

지은이는 독자들이 훈민정음의 내용을 쉽게 이해할 수 있도록 책을 편찬하는 데에 노력을 기울였다. 곧 대학교에서 국어국문학을 전공하는 학부 학생이나 현직 초 · 중등학교의 국어 교사, 그리고 국어과의 '중등교사 임용 시험'을 준비하는 이들이 훈민정음을 쉽게 이해하여 활용할 수 있도록 책의 체제와 내용을 꾸렸다.

첫째, 제1부에서는 '훈민정음'과 관련한 내용을 종합적으로 다루었다. 곧 세종대왕이 훈민정음 글자를 창제한 동기와 목적, 창제의 과정과 보급 사업을 자세히 살폈다.

그리고 세종대왕이 승하한 뒤에 세조(世祖)와 성종(成宗) 때에 실시하였던 훈민정음과 관련한 어문 정책을 개관하였다. 끝으로 '해례본', '언해본', '실록본' 등 훈민정음의 여러 가지 이본(異本)에 대한 내용을 기술하였다.

둘째, 제2부에서는 <훈민정음 해례본>의 내용을 주해하였다. <훈민정음>의 한문 문장을 한글로 직역하였으며, 본문에 쓰인 어려운 어휘는 각주의 형태로 상세하게 풀이하였다. 특히 본문에 쓰인 한자의 아래에 덧말의 형식으로 음(音)을 달아서 본문을 해석하는 데 도움이 되도록 하였다. 원래 <훈민정음>에는 내용 단락이 구분되어 있지 않아서 독자들이 글의 짜임을 이해하기가 매우 힘들었다. 이러한 점을 보완하기 위하여 이 책에서는 <훈민정음>의 짜임과 내용을 분석하여 의미 단락을 구분하고, 각 단락의 서두에 개요 번호와 개요의 내용을 밝혀서 적었다. 그리고 훈민정음의 원문에 대한 자세한 '풀이'를 의미 단락별로 붙임으로써, <훈민정음>의 원문에 나타난 각종 이론과 해설을 쉽게 이해할 수 있도록 하였다. 각 '풀이'에서 설명한 내용을 도표로써 요약하여 학습자들이 학습한 내용을 한눈에 파악할 수 있도록 하였다.

셋째, [부록 1]에서는 '훈민정음'과 관련된 자료를 수록하고, 이에 대한 주해와 풀이를 하였다. 먼저 <해래본>의 영인과 함께 <언해본>의 주해를 별도로 첨부하였다. 그리고 세종 때 최만리가 쓴 언문 반대 <상소문>과 중종 때 최세진이 지은 <훈몽자회>의 '범례'를 수록하고 주해를 붙였다. 끝으로 [부록 2]에서는 각 단원에서 학습한 내용을 학습자가 정리하여 굳게 다질 수 있도록 '단원 정리 문제'와 '풀이'를 제시하였다.

'훈민정음'과 아울러서 '중세 국어 문법'을 이해하려는 이들은 <제4판 중세 국어 문법의 이해, 2012>를 참조하기 바란다. 아무쪼록 이와 같은 지은이의 조그만 노력의 결과로서, 독자들이 <훈민정음>을 쉽게 이해할 수 있게 되기를 바란다.

지은이는 이 책의 초고(草稿)로써 '훈민정음의 이해'라는 이름으로 특강을 개설하여 수업을 하였다. 이 수업에 참여한 박성호, 손경혜, 강지향 선생은 초고의 각종 오류를 바로잡았고, 건국대학교의 나벼리 군은 <훈민정음 해례본>의 원문에 쓰인 한자에 독음(讀音)을 달아 주었다. 그리고 경성대학교의 이준석 군과 조홍, 최미주 양은 이 책을 교정하는 데에 큰 도움을 주었다. 끝으로 '도서출판 월인'의 박성복 사장님과 최형필 상무님의 도움으로 이 책이 출간될 수 있었음을 머리말을 빌려서 밝혀 둔다.

2012년 10월 9일 한글날에

지은이 씀

# 차 례

# 제1부 훈민정음의 이해

1. 훈민정음의 창제와 그 후의 경과

    1.1. 훈민정음 창제의 목적

        가. 쉬운 문자 생활
        나. 국어의 완전한 표기
        다. 표준 한자음의 제정

    1.2. 훈민정음의 창제와 보급

        1.2.1. 훈민정음의 창제와 반포
        1.2.2. 훈민정음의 보급

    1.3. 세조와 성종 시대의 어문 정책

        1.3.1. 세조 시대의 어문 정책
        1.3.2. 성종 시대의 어문 정책

2. <훈민정음>의 이본

    2.1. <훈민정음 해례본>
    2.2. <훈민정음 실록본>
    2.3. <훈민정음 언해본>

# 1. 훈민정음의 창제와 그 후의 경과

## 1.1. 훈민정음 창제의 목적

'훈민정음(訓民正音)'은 우리 민족의 문화를 창달하는 데 큰 역할을 하고 있다. 이처럼 민족 최대의 문화 유산인 훈민정음을 창제한 목적은 <훈민정음 해례본>의 '어제서(御製 序)'와 '정인지 서(鄭麟趾 序)'에 직접적으로 기술되어 있다. 이 밖에도 최만리(崔萬理)가 지은 '훈민정음 창제 반대 상소문(上疏文)'과 이에 대한 세종의 답변, 그리고 신숙주의 '동국정운(東國正韻) 서(序)'를 통해서도 훈민정음 창제의 동기나 목적을 엿볼 수 있다.

이들 문헌의 내용을 종합해 보면 훈민정음을 창제한 동기나 목적은 크게 세 가지로 나뉜다. 첫째는 온 백성들이 문자 생활을 쉽게 할 수 있게 하는 것이며, 둘째는 우리말을 완전하게 표기할 수 있게 하는 것이며, 셋째는 조선의 한자음을 체계적으로 정리하여 '표준 한자음'을 제정하는 것이다. 이러한 주요 목적 이외에도 중국어의 표준 한자음을 훈민정음으로 정확하게 주음(注音)하여, 역관(譯官)들이 외교 활동에 유용하게 쓸 수 있도록 한 주변적인 목적도 있었다.[1)]

### 가. 쉬운 문자 생활

#### 가-1. 훈민정음으로써 문자 생활을 보편화함

세종대왕 당시에는 소수의 지배 계층의 사람들은 한자와 한문을 익혀서 문자 생활을 영위할 수 있었으나, 일반 민중들은 어려운 한자와 한문을 이해하거나 사용할 수 없어서 문자 생활을 제대로 영위할 수 없었다. 그리고 관청에서는 서리(胥吏)들을 중심으로 '이두(吏讀)'와 같은 '차자 표기법(借字表記法)'을 이용하여 우리말을 표기하여 왔으나, 일반 민중들은 여전히 정치·사회·문화 등 전 영역에서 글말을 통한 의사소통을 할 수 없었다.

---

1) 훈민정음 창제의 첫 번째와 두 번째의 목적은 <훈민정음 해례본>을 간행함으로써(1446년, 세종 28) 이루었다. 그리고 세 번째와 네 번째 목적을 이루기 위하여, 각각 <동국정운>(1448년, 세종 30)과 <홍무정운역훈>(1455년, 단종 3)을 간행하였다.

이러한 상황에 대하여 세종은 <훈민정음>의 '어제 서문'에서 다음과 같이 표현하였다.

(1) ㄱ. 愚民 有所欲言 而終不得伸其情者多矣 [훈해 어제서]
ㄴ. 어린 百姓이 니르고져 홇 배 이셔도 ᄆᆞᄎᆞᆷ내 제 ᄠᅳ들 시러 펴디 몯홇 노미 하니라.
ㄷ. 어리석은 백성이 말하고자 할 바가 있어도, 끝내 자기의 뜻을 능히 펴지 못하는 사람이 많으니라.

세종은 양반 사대부와 같은 특수 계층뿐만 아니라 조선의 모든 백성들도 글말로써 자신의 감정과 생각을 자유롭게 표현할 수 있어야 한다고 생각하였다. 세종은 더 나아가서 사회의 전 계층이 글말을 통하여 정보를 공유할 수 있도록 하여서, 조선 사회에서 글말을 통한 정보의 혁명을 기하려 했다. 곧 세종은 온 백성들이 쉽게 익혀서 편하게 사용할 수 있는 문자를 창제함으로써, 일반 백성들까지 문자를 통한 정보를 손쉽게 이용할 수 있게 하였다. 이러한 과정을 통하여 세종은 조선 사회를 통합하고 민중들도 정보를 생산하고 향유할 수 있는 초석(礎石)을 마련하려고 하였다.

### 가-2. 훈민정음으로써 재판에서 억울함이 없게 함

세종은 일반 백성들이 글말로써는 의사 소통에 참여하지 못하는 모순된 상황을 새로운 글자를 창제함으로써 극복하려고 하였다. 세종은 특히 개인이나 집단 사이에 송사(訟事)가 벌어지거나 죄인을 다루는 옥사(獄事)가 생겼을 때, 일반 백성들이 글자를 몰라 불이익을 당하는 일을 매우 안타깝게 여겼다.

그 이전에도 그러했지만 세종의 시대에도, 송사(訟事)나 옥사(獄事)가 발생했을 때에 재판의 과정이나 결과를 기록한 문서(옥사, 獄辭)를 한문이나 이두문(吏讀文)으로써 기록하였다. 그런데 이 과정에서 양반 사대부들이 재판을 진행하는 수령이나 실무를 책임진 아전들과 결탁하여 자신들에게 유리하게 재판 관련 서류를 조작하는 경우가 많았다.

최만리(崔萬理)가 지은 '언문 창제 반대 상소문(上疏文)'과 <훈민정음 해례본>의 '정인지 서' 등에는, 이처럼 무지한 백성들이 한문이나 이두 글자를 이해하지 못해서 송사나 옥사의 과정에서 억울한 일을 당하는 일이 자세하게 언급되어 있다.

(2) ㄱ. 若曰如刑殺獄辭 以吏讀文字書之 則不知文理之愚民 一字之差 容或致冤。今以諺文直書其言 讀使聽之 則雖至愚之人 悉皆易曉而無抱屈者 …(中略)… 是知刑獄之平不平 在於獄吏之如何 而不在於言與文之同不同也。欲以諺文而平獄辭 臣等未見其可也。 [世宗實錄 103卷, 세종 26年 2月 20日]

ㄴ. 만일에 말하기를, "형살(刑殺)[2]에 대한 옥사(獄辭)[3]같은 것을 이두 문자로 쓴다면, 문리(文理)를 알지 못하는 어리석은 백성이 한 글자의 착오로 혹 원통함을 당할 수도 있겠으나, 이제 언문으로 그 말을 직접 써서 읽어 듣게 하면, 비록 지극히 어리석은 사람일지라도 모두 다 쉽게 알아들어서 억울함을 품을 자가 없을 것이라." 하오나, … (중략) … 이것은 형옥(刑獄)의 공평하고 공평하지 못함이 옥리(獄吏)의 어떠하냐에 있고, 말과 문자의 같고 같지 않음에 있지 않은 것을 알 수 있으니, 언문으로써 옥사를 공평하게 한다는 것은 신(臣) 등은 그 옳은 줄을 알 수 없사옵니다.

(2)는 최만리가 언문 창제를 반대하기 위하여 세종에게 올린 상소문의 일부인데, 이 글을 통해서 훈민정음을 창제하려는 세종의 생각을 짐작할 수 있다. 곧 "어리석은 백성들이 재판의 기록(옥사, 獄辭)에 쓰인 한문이나 이두 글자를 잘 이해하지 못하여 억울함을 당하는 경우가 있다. 그러나 언문을 사용하여 입말을 직접 옥사로 작성하거나 관리들이 작성한 옥사를 언문으로 옮겨서 직접 읽게 하면, 백성들이 재판에서 억울함을 당할 사람이 없을 것이다."라는 것이 훈민정음을 창제하려는 세종의 생각이었다.[4]

<훈민정음 해례본>의 '정인지 서'에도 송사나 옥사의 과정에서 의사소통이 되지 않아서 생기는 문제를 다음과 같이 지적하고 있다.

---

2) 형살(刑殺) : 법을 어긴 죄인을 다스리는 것이나, 혹은 사형을 집행하는 것이다.

3) 옥사(獄辭) : 재판의 판결문이다.

4) (2)와 같은 최만리의 생각은 논리적으로는 일리가 있으나, 최만리의 이러한 생각은 실제의 옥사(獄事)를 다룰 때 일어나는 현실적인 문제를 도외시한 것이다. 세종은 송사나 옥사의 문제로 고통을 당하는 일반 백성들의 괴로움을 조금이나마 해소시켜 보려는 현실적인 생각에서 훈민정음을 창제하려고 하였다. 그러나 최만리는 세종이 주장하는 송사나 옥사의 문제가 재판 당사자들의 글말을 통한 의사 소통의 여부에 달려 있는 문제가 아니라, 송사나 옥사를 담당하는 관리들의 자질 문제(= 공정성 여부)에 달려 있는 것이라고 보았다. 이러한 생각에서 최만리는 훈민정음의 창제가 불필요하다는 견해를 밝혀서 언문을 창제하려는 세종의 생각에 반대의 견해를 피력한 것이다.

(3) ㄱ. 治獄者病其曲折之難通 [훈해 정인지 서]
ㄴ. 옥사(獄事)를 다스리는 사람은 그 곡절(曲折)을 통하기 어려운 것을 괴로워한다.

세종은 이와 같은 일이 근본적으로 한문이나 이두 글자가 국어의 입말에 맞지 않아서, 백성들이 너무 배우기가 어렵기 때문에 일어나는 것으로 생각하였다. 결국 세종은 누구나 쉽게 배워서 사용할 수 있는 새로운 글자를 창제함으로써, 문자 생활의 차이에서 생겨난 사회적·계층적 모순을 능동적으로 해결하려고 하였다.

### 나. 국어의 완전한 표기

15세기 중엽에 세종이 '훈민정음'을 창제하기 이전에는, 국어의 입말을 표기할 수 있는 고유의 글자가 없었다. 따라서 삼국 시대부터 고려 시대에 이르기까지 지배 계층에서는 중국의 한문을 사용하여 국어의 입말을 표기하였다. 그러나 한국어와 중국어 입말의 구조적인 차이 때문에 중국어와 한자에 바탕을 둔 한문과 이두 등을 사용하여 국어를 완전하게 표기하기는 한계가 있었다.

#### 나-1. 한문과 차자 표기의 사용과 한계

#### ① 한문의 사용과 그 한계

언어의 유형적 특징으로 볼 때 국어는 '첨가어(添加語)'에 속한 언어이고 중국어는 '고립어(孤立語)'에 속하는 언어이다. 고립어인[5] 중국어는 문법적 형태소가 극히 적어서 단어의 배열을 적절하게 배열함으로써 문장을 구성한다. 이에 반해서 첨가어인[6]

5) '고립어(孤立語, isolating language)'에서 대부분의 단어는 실질적인 뜻을 나타내는 형태소만으로 이루어져 있다. 그리고 고립어에서는 특정한 단어가 문법적인 기능을 나타내기 위해 형태적인 변화를 한다든지 어떠한 문법적인 형태소가 덧붙는 일이 없다. 다만 단어의 배열 순서(어순)나 문법적인 기능을 가진 별도의 단어를 통하여 문법적인 의미(기능)를 나타낼 뿐이다. 따라서 이들 언어에서는 형태상으로 서로 고립된 단어를 적절하게 배열하여 문장을 짜 이루므로 '고립어'라고 한다. 고립어에 속하는 언어로는 '중국어, 타이 어, 미얀마 어, 라오스 어, 티베트 어, 사모아 어' 등이 있다.

6) '첨가어(添加語, 교착어, agglutinating language)'는 실질적인 의미를 나타내는 말에 조사나 용언의 어미와 같은 문법적인 의미를 나타내는 말을 첨가하여 문법적 기능을 나타내는 언어이다. 이때 실질적인 의미를 나타내는 말에는 체언이나 용언의 어간 등과 같은 말이 있으

한국어에서는 체언과 용언의 어간과 같은 실질 형태소에 조사와 어미와 같은 다양한 문법적 형태소를 결합시켜 문장을 짜 이룬다.

우리말과 중국어 사이에 나타나는 이러한 구조적인 차이 때문에, 고립어에 바탕을 둔 한문을 이용하여 국어의 입말을 표기하는 데는 여러 가지 불합리한 점과 모순이 발생할 수밖에 없었다. 우선 중국어와 한문 문장의 기본 어순은 <주어－서술어－목적어>로서, <주어－목적어－서술어>로 실현되는 우리말 문장의 어순과는 차이가 많았다. 그 다음으로 우리말에서 고도로 발달한 조사와 어미의 다양한 의미와 기능을 한문이나 한자로써는 효과적으로 표현해 낼 수가 없었다. 한문을 사용하여 의사소통을 할 때 생겨나는 이러한 문제점을 극복하기 위하여, 우리 조상들은 새로운 표기법을 개발하게 되었다.

### ② 차자 표기의 사용과 그 한계

**〈차자 표기의 개발과 한계〉** 한자와 한문으로 국어의 입말을 글말로 적어서 의사소통을 하는 데에는 여러 가지 문제가 있었으므로, 기존에 사용하던 한자와 한문을 이용하여 국어를 표기하는 수단을 모색하기 시작하였다. 이러한 표기법을 '차자 표기법(借字表記法)'이라고 하는데, 이에는 '이두(吏讀), 향찰(鄕札), 구결(口訣)' 등이 있었다.[7]

우리 조상들은 삼국 시대 이래로 한자와 한문 이외에도 차자 표기법을 활용하여 국어의 입말을 적기 위하여 노력하였다. 그러나 한자의 뜻과 음을 이용하여 우리말을 전면적으로 적는 데는 다음과 같은 한계가 있었다. 첫째로 중국어의 단어는 대부분 1음절로 되어 있고, 한자의 낱글자 또한 1음절을 표기한다. 이에 따라서 중국의 한자는 표의 문자인 단어 글자이면서, 동시에 1글자가 반영하는 소리의 단위가 음절인 것이 특징이다.

(4) ㄱ. '中國' : /듕/, /귁/
　　ㄴ. '文字' : /문/, /쫑/

---

며, 문법적인 의미를 나타내는 말은 조사와 어미 등이 있다. 한국어, 일본어, 터키 어, 몽골어, 만주어, 네덜란드 어, 핀란드 어, 헝가리 어 등과 같은 알타이(Altai) 어족과 우랄(Ural) 어족의 언어들이 첨가어에 속한다.

7) '서기문식 표기(誓記文式 表記), 향찰(鄕札), 이두(吏讀), 구결(口訣)' 등의 '차자 표기'에 대한 전반적인 설명은 이 책 47쪽의 【더 배우기】를 참조.

(5) ‘손가락’ : /손/, /까/, /락/

그런데 하나의 단어가 (5)처럼 다음절로 구성되는 순 우리말 어휘를 한자로 표기하는 데에는 한계가 있었다. 둘째로 국어는 음절의 종류가 대단히 많아서 이들 음절에 대응되는 한자를 구해서 적기가 매우 어려웠다.[8] 셋째로 곧 우리말에서는 문법적인 기능을 나타내는 조사와 어미의 종류가 매우 많아서 이들을 한자로써 표기하기에는 적잖은 어려움이 있었다. 넷째로 향찰이나 이두와 같은 차자 표기법을 활용하여 국어의 문법 형태소를 적는다고 하더라도, 이는 한자나 한문에 대한 상당한 지식이 있어야만 가능한 일이었다. 따라서 한자와 한문에 대한 기본적인 지식을 갖추지 못한 일반 백성들은 차자 표기법이 있었음에도 불구하고, 글말로써 의사 소통을 하지 못하는 것은 마찬가지였다.

이와 관련하여 <훈민정음 해례본>의 ‘정인지 서(鄭麟趾 序)’에서는 중국의 한문이나 차자 표기법인 ‘이두(吏讀)’를 사용해서 우리말을 적을 때에 생기는 문제점과 불편함을 다음과 같이 지적하였다.

(6) ㄱ. 然四方風土區別 聲氣亦隨而異焉。蓋外國之語 有其聲而無其字 假中國之字以通其用 是猶枘鑿之鉏鋙也。豈能達而無礙乎。… (중략) … 昔新羅薛聰 始作吏讀官府民間 至今行之。然皆假字而用 或澁或窒。非但鄙陋無稽而已 至於言語之間則不能達其萬一焉。 [훈해 정인지 서]

ㄴ. 그러나 사방의 풍토(風土)가 다르고 소리(聲)의 기운(氣)도 역시 풍토를 따라서 다르다. 대개 (중국 외의) 외국의 말은 그 소리가 있으나 글자가 없어서, 중국의 글자를 빌려 와서 그 쓰임(用)을 통(通)한다. 이것은 마치 모난 자루(枘)와 둥근 구멍(鑿)처럼 (서로) 틀어져서 어긋나는(鉏鋙) 것과 같아서, 어찌 능히 통달(達)하는 데에 막힘(礙)이 없겠는가? … (중략) …, 옛날에 신라의 설총(薛聰)이 처음으로 이두(吏讀)를 만들어서 관청(官府)과 민간(民間)에서 지금까지 사용했다. 그러나 모두 (한자에서) 글자를 빌려 와서 사용했으므로, 껄끄럽거나 막혔다. 그리고 (이두는) 단지 비루(鄙陋)하고 근거가 없을(無稽) 뿐이어서, 언어

---

8) 예를 들어서 현대 국어의 입말에서 실현될 수 있는 음절의 수는 이론상으로는 3,520개가 나오지만, 실제로 쓰이는 입말의 음절 수는 1,000여 개 정도이다. 그리고 중세 국어는 현대 국어에서는 쓰이지 않은 음소가 더 많이 있었으므로, 중세 국어에서 실제로 쓰일 수 있는 음절의 수는 현대 국어보다 훨씬 많았다.

를 실제로 사용하는 데(言語之間)에 이르러서는 그 만분의 일도 통달하지 못했다.

곧 각국의 입말이 다르면 글말 또한 달라야 하는데도 불구하고, 우리나라에서는 입말에 맞는 문자가 없어서 예전부터 한문과 이두문으로써 국어의 입말을 적어 왔다. 정인지는 이렇게 한문이나 이두문을 사용해서 입말을 적는 것은 실제 언어 사용자들의 뜻을 만분의 일도 소통하지 못한다고 하였다.

세종이 직접 지은 <훈민정음 해례본>의 '어제 서(御製序)'에서도 이와 같은 생각이 드러나 있다. 곧 세종은 국어와 중국어가 다르다는 인식을 '어제 서'에서 다음과 같이 밝혔다.

(7) ㄱ. 國之語音 異乎中國 與文字 不相流通 [훈해 어제 서]
ㄴ. 나랏말ᄊᆞ미 中國에 달아 文字와로 서르 ᄉᆞᄆᆞᆺ디 아니ᄒᆞᆯᄊᆡ
ㄷ. 나라의 말이 중국과 달라서 한문과 서로 통하지 아니하므로…

(8) ㄱ. 予 爲此憫然 新制二十八字 [훈해 어제 서]
ㄴ. 내 이ᄅᆞᆯ 爲ᄒᆞ야 어엿비 너겨 새로 스믈여듧 字ᄅᆞᆯ ᄆᆡᇰᄀᆞ노니
ㄷ. 내가 이를 위하여 불쌍히 여겨서 새로 스물여덟 글자를 만드니…

곧, 세종은 국어는 중국어와 근본적으로 다른 언어라고 인식하고 있었다. 따라서 한문을 사용하든 이두문을 사용하든 간에 백성들이 자신의 의사를 표현하는 데에는 어려움을 겪을 수밖에 없다고 생각하였다. 세종은 이러한 인식을 바탕으로 한자와는 전혀 다른 새로운 글자인 훈민정음을 창제함으로써, 백성들이 국어의 입말에 알맞은 글말을 영위할 수 있도록 하였다.

### 나-2. 음소 글자의 창제

세종이 새로운 문자를 개발할 때, 가장 중점을 둔 것은 백성이 쉽게 익혀서 널리 사용할 수 있는 문자를 만드는 것이었다. 이러한 사정을 고려할 때 '표의 문자, 음절 문자, 음소 문자' 중에서 어떠한 문자를 새로운 문자의 유형으로 선택하느냐가 문제였다.[9]

먼저 한자처럼 단어마다 별도의 글자를 배정해야 하는 '표의 문자(表意文字)'는 수만 개의 낱글자를 만들어야 하기 때문에, 새로 만드는 글자의 대상에서 당연히 제외되었다. 낱글자의 수를 줄이고 국어의 입말을 자연스럽게 반영하기 위해서는 새로운 문자를 '표음 문자(表音文字)'로 만들어야 했다. 그런데 새로 만드는 문자를 '음절 문자'로 만들 것인지 '음소 문자'로 만들 것인지를 선택해야 했다.

새로운 문자를 기존의 한자와 함께 쓸 것을 고려하면, 한자가 음절의 소리 단위를 표기하므로 음절 글자로 제작하는 것이 바람직하였다. 그러나 중세 국어에서 실현되는 음절의 종류가 수천 개에 이를 정도로 많아서, 각 음절마다 낱글자를 만드는 것도 현실적으로는 불가능하였다.

(9) 江 /kaŋ/ ─┬─ /k/ : 초성 → 'ㄱ' (초성 글자)
　　　　　　　├─ /a/ : 중성 → 'ㅏ' (중성 글자)
　　　　　　　└─ /ŋ/ : 종성 → 'ㆁ' (초성 글자)

(10) ㄱ. *終聲復用初聲*。 [훈해 예의]
ㄴ. 종성은 초성을 다시 쓴다.

결국 세종은 국어의 음절을 초성, 중성, 종성의 음소 단위로 분석하여, 초성의 음소를 표기하는 17글자와 중성의 음소를 표기하는 11글자를 만들었다.[10] 그리고 (10)과 같은 규정을 두어서 종성 글자는 따로 만들지 않고 초성 글자를 다시 쓰게 하였다.

훈민정음은 28개의 음소 단위의 낱글자를 초성, 중성, 종성으로 조합하여 수천 가지의 음절을 글자로 표기할 수 있었다. 이처럼 음소 글자를 개발함으로써 낱글자의 수를 최소화하여 글자를 배우는 데 어려움이 없게 하였고, 기존의 한문과 차자 표기법으로는 표기에 어려움을 겪었던 조사나 활용 어미와 같은 형태소를 쉽게 표기할 수 있었다. 결국 세종은 음소 글자를 창제함으로써 첨가어인 국어의 입말을 손쉽게 그리고 완전하게 적을 수 있게 된 것이다.

---

9) '문자의 유형과 특징'에 대하여는 이 책 44쪽에 있는 【더 배우기】의 내용을 참조.

10) 세종 25년(1443년) 음력 12월에 훈민정음의 글자가 완성되었는데, 이때에는 글자가 모두 27자였던 것으로 추정된다.(최만리의 <상소문> 참조.) 곧 창제 시에는 'ㆆ' 글자가 들어 있지 않았는데, <훈민정음 해례본>을 편찬하면서 이를 수정하여 세종 28년(1446년) 음력 9월에 훈민정음을 반포할 때에는 'ㆆ' 글자를 추가하여 28자의 글자 체계를 완성한 것이다.

정인지(鄭麟趾)는 <훈민정음 해례본>의 '서(序)'에서, 훈민정음은 음소 글자인 낱글자를 결합하여서 수많은 음절 단위의 글자를 만들 수 있다는 것과 낱글자의 수가 적어서 쉽게 배울 수 있다는 사실을 다음과 같이 밝혔다.

(11) ㄱ. 以二十八字而轉換無窮 簡而要 精而通。故智者不終朝而會 愚者可浹旬而學。以是解書 可以知其義 以是聽訟 可以得其情。 [훈해 정인지 서]

ㄴ. 스물 여덟 글자로써 전환(轉換)이 무궁(無窮)하며, 간략하면서도 요긴(要)하고, 정밀(精)하고도 두루 통(通)한다. 따라서 지혜로운 사람은 (하루) 아침이 끝나기 전에 이해하며(會), 어리석은 사람이라도 열흘(浹旬)이면 배울 수 있다. 이 (글)로써 글(한문, 書)을 풀이하여서 그 뜻(義)을 알 수 있고, 이 (글)로써 송사(訟事)를 들으면 가히 그 사정(情)을 알 수 있다.

정인지는 이어서 훈민정음 글자를 이용하면 국어의 입말뿐만 아니라 짐승이나 사물의 소리까지 완벽하게 표기할 수 있다는 사실을 다음과 같이 설명하였다.

(12) ㄱ. 雖風聲鶴唳 鷄鳴狗吠 皆可得而書矣。 [훈해 정인지 서]

ㄴ. 비록 바람 소리(風聲)와 학(鶴)의 울음(唳), 닭이 홰를 치면서 우는 소리(鳴)와 개가 짖는 소리(吠)일지라도 모두 적을 수 있다.

훈민정음 글자는 분절음(分節音)인 사람의 입말뿐만 아니라, 비분절음(非分節音)인 짐승이나 사물의 소리까지 적을 수 있을 정도로 그 기능이 매우 뛰어난 글자라는 것이다. 이처럼 정인지는 훈민정음 글자의 기능을 다소 과장하여서 표현하기는 하였으나, 기존에 사용하던 한문이나 차자 표기의 불편함에 비하면 훈민정음의 효용성이 혁신적으로 높다는 사실을 밝혔다.

### 나-3. 글꼴의 조화

#### ① '성음법'을 통하여 훈민정음 글자와 한자의 글꼴을 조화시킴

세종 시대에는 훈민정음의 글자만으로 국어의 입말을 표기하는 것은 불가능했으므로, 훈민정음 글자는 기존의 한자와 함께 사용해야 했다. 이렇게 한자와 훈민정음 글자를 함께 사용하였을 때, 서로의 글꼴이 어울리지 않는 문제가 있었다.

훈민정음 글자는 음소 글자이므로 한 글자가 하나의 음소를 나타내므로, 훈민정음 글자들은 원칙적으로 영어의 알파벳처럼 풀어서 적어야 한다. 예를 들어서 입말인 /바람개비/를 음소 단위로 풀어서 적으면 'ㅂㅏㄹㅏㅁㄱㅐㅂㅣ'가 된다.

(13) /바람개비/ ─┬─ <풀어쓰기> : ㅂㅏㄹㅏㅁㄱㅐㅂㅣ
　　　　　　　　└─ <모아쓰기> : 바람개비

이처럼 훈민정음 글자를 음소를 단위로 하여 풀어서 적으면, 한 글자가 음절을 표기하는 한자와 글꼴이 맞지 않는 문제가 생긴다. 특히 세종 당시에는 한자의 음을 적기 위하여 한자 옆에 훈민정음 글자를 병기하는 경우가 많았는데, 이렇게 되면 두 글자의 꼴이 현격하게 달라져서 서로 조화를 이루지 못하게 된다.

(14) 中國 /듕귁/ ─┬─ 풀어쓰기 : ㄷㅠㆁㄱㅜㅣㄱ
　　　　　　　　└─ 모아쓰기 : 듕귁

이렇게 훈민정음과 한자를 함께 적었을 때 생기는 글꼴의 차이를 극복하기 위하여, <훈민정음>에서는 다음과 같은 '성음법(成音法)'의 규정을 두게 되었다.

(15) ㄱ. 凡字必合而成音 [훈해 예의]
ㄴ. 믈읫 字ㅣ 모로매 어우러ᅀᅡ 소리 이ᄂᆞ니
ㄷ. 무릇 글자가 반드시 어울려야 소리가 이루어지느니…

(16) ㄱ. 爲$_{\text{윙}}$, 耶$_{\text{양}}$ [중성 단독]
ㄴ. 快$_{\text{쾡}}$, 那$_{\text{낭}}$, 步$_{\text{뽕}}$, 彌$_{\text{밍}}$, 慈$_{\text{쫑}}$, 邪$_{\text{썅}}$, 虛$_{\text{헝}}$, 閭$_{\text{령}}$ [초성 + 중성]
ㄷ. 養$_{\text{양}}$, 一$_{\text{잃}}$, 雲$_{\text{운}}$ [중성 + 종성]
ㄹ. 君$_{\text{군}}$, 覃$_{\text{땀}}$, 呑$_{\text{튼}}$, 彆$_{\text{볋}}$, 即$_{\text{즉}}$, 侵$_{\text{침}}$ [초성 + 중성 + 종성]

이 규정에 따라서 훈민정음 글자는 음소 글자임에도 불구하고 실제로 문장으로 적을 때는 반드시 음절 단위로 모아서 적게 하였다. 특히 한자의 음을 표기할 때에는 (16)

처럼 어떠한 음절이라도 초성, 중성, 종성을 모두 갖추어서 적게 하였다. 이렇게 함으로써 한자의 음을 표기할 때 쓰인 훈민정음의 음절 단위 글자는 대체로 정방형(正方形)이 되었고, 결과적으로 한자 글꼴과 전체적으로 조화를 이루게 되었다.

세종은 훈민정음을 음소 문자로 창제하여 낱글자의 수를 줄임으로써 백성들이 글자를 배우는 데 쉽고 편하게 하였다. 그뿐만 아니라 훈민정음 글자를 실제로 적을 때는 음절 단위로 적게 함으로써 기존에 사용하던 한자와 조화를 이루게 하였다.

### ② '부서법'을 통하여 훈민정음 글자의 글꼴을 조화롭게 함

훈민정음의 글자를 음절 단위로 모아서 쓰게 되자, 초성 글자에 중성 글자를 붙여 적는 방법이 문제가 되었다.

(17) ㄱ. ·ㅡㅗㅜㅛㅠ 附書初聲之下。ㅣㅏㅓㅑㅕ 附書於右。 [훈해 예의]
ㄴ. ·와 ㅡ와 ㅗ와 ㅜ와 ㅛ와 ㅠ와란 첫소리 아래 브텨 쓰고 ㅣ와 ㅏ와 ㅓ와 ㅑ와 ㅕ와란 올ᄒᆞᆫ녀긔 브텨 쓰라
ㄷ. '·'와 'ㅡ'와 'ㅗ'와 'ㅜ'와 'ㅛ'와 'ㅠ'는 첫소리 아래에 붙여 쓰고, 'ㅣ'와 'ㅏ'와 'ㅓ'와 'ㅑ'와 'ㅕ'는 오른쪽에 붙여 쓰라.

(18) ㄱ. 中聲則圓者橫者在初聲之下 ·ㅡㅗㅛㅜㅠ是也。 縱者在初聲之右 ㅣㅏㅑㅓㅕ是也。 [훈해 합자해]
ㄴ. 중성은, 둥근 것(圓者)과 가로 그은 것(橫者)은 초성의 아래에 있는데, '·, ㅡ, ㅗ, ㅛ, ㅜ, ㅠ'가 그것이다. 세로 그은 것(縱者)은 초성의 오른쪽에 있는데, 'ㅣ, ㅏ, ㅑ, ㅓ, ㅕ'가 그것이다.

곧 초성은 단독으로 발음되지 않으므로 반드시 중성을 붙여 써야 한다. 그래서 중성 중에서 어떤 것은 초성의 아래에 붙여 써야 하고, 또 어떤 것은 초성의 오른쪽에 붙여 써야 한다는 규정을 두었는데, 이러한 규정을 '부서법(附書法)'이라고 한다. 곧 (18)처럼 글자의 모양이 둥근 것(圓者: ·)과 가로 그은 것(橫者: ㅡ, ㅗ, ㅛ, ㅜ, ㅠ)은 초성 밑에 두고, 위에서 아래로 내리 그은 것(縱者: ㅣ, ㅏ, ㅑ, ㅓ, ㅕ)은 초성의 오른쪽에 둔다는 규정이다.

(19) ㄱ. ᄀᆞ, 그, 고, 교, 구, 규
ㄴ. 기, 가, 거, 갸, 겨

부서법에 따라서 초성 'ㄱ'에 중성을 붙여 쓰면 (19)처럼 된다. (ㄱ)은 중성을 초성의 아래에 붙여 쓴 예이며, (ㄴ)은 중성을 초성의 오른쪽에 붙여 쓴 예이다. 이렇게 특정한 중성 글자가 초성 글자에 붙을 때의 위치를 정해 둔 것은, 글자의 모양을 전체적으로 네모 반듯하게(正方形) 하여 한자의 글꼴과 조화를 이루게 하기 위한 것이다.

세종은 쉬운 음소 글자를 새롭게 창제하여 백성들의 문자 생활을 편하게 하되, 성음법과 부서법을 규정함으로써 실제로 사용되는 글자의 모양을 조화롭게 하였다.

### 다. 표준 한자음의 제정

세종은 흔민정음으로써 국어를 표기하는 데에 그치지 않고, 표음 글자인 훈민정음 글자를 활용하여 표의 문자인 한자의 음을 표기하려고 하였다. 곧 훈민정음 글자를 이용하여 '조선의 표준 한자음'을 제정하여 체계적으로 기술하고, 나아가 중국 한자음까지 훈민정음으로써 표기하려는 노력을 펼쳤다. 이러한 노력 중에서 조선의 표준 한자음의 제정 작업은 <동국정운, 東國正韻>의 편찬 작업으로 나타났고, 중국 한자음의 정리 작업은 <홍무정운역훈, 洪武正韻譯訓>과 <사성통고, 四聲通考>와 같은 운서(韻書)의 편찬 작업으로 나타났다.

#### 다-1. <동국정운> 편찬의 동기

세종 25년(음력 1443년) 겨울에 훈민정음이 완성되었다. 이에 세종은 표음 문자인 훈민정음 글자를 이용하여 한자음을 적음으로써, '조선의 표준 한자음'의 체계를 정립하고자 하였다. 세종의 이러한 노력은 <동국정운, 東國正韻>의 편찬으로 완성되었다.(1448년, 세종 30)

**〈지역의 다름과 언어의 변화〉** 중국은 국토가 광활하고 수많은 인구가 각 지역에 흩어져 있어서, 각 시대마다 국가의 언어를 통일하는 것이 큰 문제였다. 특히 중국의 한자는 표의 문자이기 때문에 언어 소리의 변화를 글자에 반영할 수 없었다. 따라서 중국에서는 왕조가 성립할 때마다 운서(韻書)[11]를 발간하여 당대 한자의 표준음을 제정하였는데, 일상의 언어 생활은 물론이고 언어 교육이나 문학 작품의 창작 활동에 운서를 활용하였다.

우리나라에서는 중국에서 발간한 운서를 수입하여, 주로 한시(漢詩)나 부(賦)를 지을 때 압운(押韻)[12]을 위하여 이들 운서를 참조해 왔다. 그러나 세종 때만 하더라도 국어의 한자음은 중국어의 한자음과 이미 많이 달라져 있었다. 그러나 국어에 쓰이는 한자의 표준음을 정리해 놓은 독자적인 운서가 없었다. 이에 따라서 동일한 한자가 지역이나 사용하는 사람에 따라서 다르게 발음되는 경우가 많았으며, 한자와 한문으로써 이루어지는 일상의 언어 생활이나 한문 교육과 문학 활동에도 지장이 많았다.

신숙주(申叔舟)가 지은 '동국정운 서(東國正韻序)'에는 조선 한자음이 혼란된 상황이 잘 표현되어 있다.

(20) ㄱ. 吾東方表裏山河 自爲一區 風氣已殊於中國 呼吸豈與華音相合歟。然則語音之所以與中國異者 理之然也。至於文字之音則宜若與華音相合矣。然其呼吸旋轉之間輕重翕闢之機 亦必有自牽於語音者 此其字音之所以亦隨而變也。 [동국정운 서]

ㄴ. 우리나라는 안팎 강산이 저절로 한 구역이 되어 풍습과 기질이 이미 중국과 다르니, 호흡이 어찌 중국말과 서로 부합되겠느냐? 그러므로 우리말이 중국과 다른 까닭은 당연한 이치이지만, 글자(한자)의 음에 있어서는 마땅히 중국의 음과 서로 합치될 것 같다. 그러나 호흡이 돌고 구르는 사이에 성모(聲母)와 운모(韻母)의 기틀이 역시 반드시 말에 저절로 끌리는 것이 있어서, 이것이 한자의 음이 또한 따라서 변하게 되는 원인이다.

신숙주는 언어가 각 지역의 지리와 기후적인 차이로 인해서 달라지는 것은 언어 자체의 기본적 속성으로 보았다. 곧, 신숙주는 지리적인 차이에 따라서 중국과 우리

---

11) 운서(韻書) : 한자(漢字) 발음을 정확하게 기술하기 위하여 한자의 운(韻)을 분류하여 일정한 순서로 배열한 서적을 통틀어 이르는 말이다. 수(隋)나라 이후에 본격적으로 운서가 제작되었는데 대표적인 운서로는 <절운, 切韻(601)>, <광운, 廣韻(1008)>, <고금운회 古今韻會>(1292년과 1297년에 古今韻會擧要로 개편), <홍무정운, 洪武正韻(1375)> 등이 있다.

12) 압운(押韻) : 한시(漢詩)나 부(賦)를 지을 때 같은 운자(韻字)를 일정한 곳에 규칙적으로 반복하여 운율(韻律)을 조성하는 수법이다. 압운은 그 위치에 따라 두운(頭韻), 요운(腰韻), 각운(脚韻)으로 종류가 나뉘는데, 보통 압운이라 할 때는 각운만을 말한다. 압운하는 경우 고체시(古體詩)의 일부를 제외하고는 대체로 평성자(平聲字)를 사용한다.

나라의 입말이 달라지게 되었고, 이렇게 입말이 달라진 결과 중국의 한자음과 국어의 한자음 역시 달라진 것으로 파악했다.

〈**조선 한자음의 혼란상**〉 중국에서 들어온 한자가 우리나라에서 오래 쓰이는 과정에서 한자의 음이 변하게 되었는데, 이는 원칙적으로 지역의 다름이나 시대의 흐름에 따라서 언어가 자연스럽게 변화한 현상이다. 그러나 <동국정운>의 서문에서 신숙주는 조선 한자음이 중국의 한자음과 다르게 바뀐 것을 두고, '자모(字母)'와 '칠음(七音)'과 '청탁(淸濁)'과 '사성(四聲)'이 모두 그릇되게 바뀌었다고 밝혔다.[13)]

(21) ㄱ. … 字母七音淸濁四聲 皆有變焉。 [동국정운 서]
ㄴ. … 자모(字母)와 칠음(七音)과 청탁(淸濁)과 사성(四聲)이 모두 변하였다.

그리고 신숙주는 조선 한자음의 '칠음(七音)'과 '청탁(淸濁)'과 '사성(四聲)'이 바뀐 데 대하여, 이를 바로잡아야 할 이유를 다음과 같이 구체적으로 밝혔다.

(22) ㄱ. … 而聲韻之變極矣。世之爲儒師者 往往或知其失 私自改之 以敎子弟 然重於擅改 因循舊習者多矣。若不大正之 則兪久兪甚 將有不可救之弊矣。
ㄴ. … 성운(聲韻)이 변한 것이 극도에 이르렀다. 세속에 있는 선비로서 스승된 사람이 이따금 혹 그 잘못된 것을 알고 사사로이 스스로 고쳐서 자제(子弟)들을 가르치기도 한다. 그러나 마음대로 고치는 것을 어려워해서 구습(舊習)을 따르는 이가 많다. 만일 (잘못된 것을) 크게 바로잡지 아니하면 오래될수록 더욱 (잘못이) 심해져서 장차 (그 잘못에서) 구해낼 수 없는 폐단이 있을 것이다.

곧 당시 조선의 한자음이 대단히 혼란스럽게 사용되었으나, 선비들이 개인적으로 이러한 혼란을 바로잡기가 매우 힘들었기 때문에 대부분 구습을 그냥 따르고 있는 형편이었다. 그러나 이러한 현상을 그대로 방치하면 그 폐단을 바로잡는 것이 더욱 힘들어질 것이기 때문에, <동국정운>을 편찬함으로써 한자음 표기의 혼란을 없애고자 하였다.

---

13) 신숙주가 밝힌 '자모(字母)'와 '칠음(七音)'과 '청탁(淸濁)'과 '사성(四聲)'의 바뀜에 대하여는 이 책 55쪽에 있는 【더 배우기】의 내용을 참조하기 바란다.

그런데 신숙주뿐만 아니라 세종도 조선의 한자음에 나타나는 이러한 혼란상을 바로잡으려고 생각한 듯하다. 곧, 세종은 최만리(崔萬理) 등이 올린 '언문 창제를 반대하는 상소문'을 읽고 이에 답변하면서, 중국의 운서(韻書)에 실린 내용을 고쳐서 간행할 뜻을 밝혔다.

(23) ㄱ. 又輕改古人已成之韻書 附會無稽之諺文 聚工匠數十人刻之 劇欲廣布 其於天下後世公議何如。 [세종실록 103권][14]

ㄴ. 또 옛사람이 이미 완성해 놓은 운서(韻書)를 가벼이 고치고, 황당무계한 언문을 갖다 붙여서, 공장(工匠) 수십 인을 모아 그것을 새겨서, 급하게 널리 반포하려 하셨는데, 천하 후세의 공론(公論)에 이 일이 어떠하겠습니까?

(24) ㄱ. …且汝知韻書乎。四聲七音 字母有幾乎。若非予正其韻書, 則伊誰正之乎。

ㄴ. …또 네가 운서(韻書)를 아느냐? 사성(四聲)과 칠음(七音)에 자모(字母)가 몇이나 있느냐? 만일 내가 그 운서(韻書)를 바로잡지 아니하면 누가 이를 바로잡겠는가?

1444년(세종 26) 2월에 집현전 부제학인 최만리 등이 세종에게 <상소문>을 올려서, 당시에 세종이 추진하던 언문 창제와 그에 관련된 운서 편찬 사업에 대하여 (23)과 같이 비판했다.[15] 이러한 비판에 대하여 세종은 (24)와 같이 최만리 등을 질책하였는데, 그 내용을 보면 기존에 사용하던 중국 운서의 내용 중에서 조선 한자음에 맞지 않은 사항을 바로잡으려고 하는 의지를 엿볼 수 있다. 세종은 이러한 생각을 바탕으로 하여, 조선의 한자음을 정리하기 위하여 새로운 운서인 <동국정운>을 편찬하려고 하였던 것이다.

---

14) <세종실록> 103권 26년(1444년) 2월 20일의 첫 번째 기사에 수록되어 있다.

15) 당시 세종은 집현전에 소속된 신숙주, 성삼문 등으로 하여금 조선의 한자음을 정리하게 하는 작업을 진행하고 있었다. 이들은 중국의 원나라 때 웅충(熊忠)이 간행한 운서(韻書)인 <고금운회거요, 古今韻會擧要>의 체계와 내용을 조선의 한자음의 실정에 맞게 고치고, <고금운회거요>에 실려 있는 한자에 훈민정음 글자를 사용하여 한자의 음을 표기하는 등, 조선의 표준 한자음을 제정하는 작업을 하고 있었다. 이러한 작업은 1444년(세종 26) 2월에 <고금운회거요>의 반절음(半切音)을 훈민정음 글자로 주음(注音)하는 작업에서 출발하여, 1447년(세종 29)에 <동국정운, 東國正韻>을 편찬함으로써 일단락되었다. 곧 <동국정운>의 편찬은 <고금운회거요>를 국역하는 사업의 연장으로 이루어진 것이라 할 수 있다.

### 다-2. <동국정운> 편찬의 기본 방향

<동국정운>은 당시의 조선에 전승된 한자음을 바탕으로 하되, 중국 운학(韻學)의 체계에 맞추어서 조선의 표준 한자음을 정리하여 편찬·간행한 운서(韻書)이다. <동국정운>의 대략적인 편찬 방향과 그 내용은 '동국정운 서'에 잘 나타나 있다.

(25) ㄱ. 如舌頭舌上 唇重唇輕 齒頭正齒之類 於我國字音 未可分辨 亦當因其自然 何必泥於三十六字乎。 [동국정운 서]

ㄴ. '설두(舌頭)·설상(舌上)'과 '순중(唇重)·순경(唇經)'과 '치두(齒頭)·정치(正齒)'와 같은 따위는 우리나라의 글자 음에는 분별할 수 없으니, 또한 마땅히 자연스럽게 할 것이지 어찌 꼭 36자(三十六字)에 구애받겠는가?

(26) ㄱ. … 於是調以四聲 定爲九十一韻二十三母 以御製訓民正音定其音。又於質勿諸韻以影補來 因俗歸正 舊習譌謬 至是而悉革矣。 [동국정운 서]

ㄴ. … 이에 사성(四聲)으로써 조절하여 91운(韻)과 23자모(字母)를 정하여 어제(御製)하신 <훈민정음>으로 그 음을 정했다. 또 '질(質)'과 '물(勿)' 등의 운(韻)은 '영(影, ㆆ)'으로써 '래(來, ㄹ)'를 기워서, 속음(俗音)에 바탕을 두고서 정음(正音)으로 되돌렸으니, 옛 습관의 그릇됨(譌謬)이 이에 이르러 모두 고쳐졌다.

첫째로 중국의 한자음에는 '설두음(舌頭音)'과 '설상음(舌上音)', '순중음(唇重音)'과 '순경음(唇經音)', '치두음(齒頭音)'과 '정치음(正齒音)' 등의 구분이 있었지만, 조선의 한자음에는 이러한 구분이 없었다. 따라서 <동국정운>에서는 중국의 <古今韻會擧要, 고금운회거요>에서 정한 '107운(韻) 36자모(字母) 체계'에 구애받지 않고, 국어 한자음의 체계에 맞추어서 독자적으로 '91운 23자모 체계'를 세웠다. 둘째로 <고금운회거요> 등에서는 '반절(半切)'[16]을 이용하여 한자음을 표기하였는데, <동국정운>에서는 반절을 버리고 새롭게 창제한 표음 문자인 훈민정음의 글자를 사용하여 한자의 음을 달았다.

---

16) 반절(半切): 한자의 음을 나타낼 때 다른 두 한자의 음을 반씩 잘라내어서 합치는 방법이다. 예를 들면 '東 德紅反' 혹은 '東 德紅切'과 같이 '동(東)'의 발음을 표시하기 위하여 '덕(德)'과 '홍(紅)'을 나란히 써놓고 '덕(德)'에서 성모 /t/만 취하고 '홍(紅)'에서 운모 /uŋ/만 취하여 그 둘을 합쳐서 /tuŋ/이 된다는 뜻으로 '절(切)'을 밑에 붙여놓은 것이다.

(보기) ㄱ. '東'의 음은 '德紅'의 반이다.( ㄷ + 옹 → 동 )

ㄴ. '天'의 음은 '他前'의 절이다.( ㅌ + ᅧᆫ → 텬 )

셋째로 중국에서는 입성인 '단모(端母, ㄷ)'로 발음되는 '질운(質韻)'과 '물운(勿韻)' 등이 조선에서는 '래모(來母, ㄹ)'로 발음되었다. 이러한 두 언어에서 나타나는 이러한 차이를 보완하기 위하여, '來(ㄹ 글자)'의 뒤에 '影(ㆆ 글자)'을 붙여서 'ㄹㆆ'과 같이 적음(以影補來)으로써 조선 한자음의 속음을 되돌려서 정음으로 바로잡았다.[17]

### 다-3. '동국정운식 한자음'의 한계

세종은 훈민정음을 창제하여서 국어 입말을 표기할 뿐만 아니라, 더 나아가서 조선의 한자음까지 훈민정음 글자를 통하여 체계적으로 표기하려고 하였다. 곧 세종은 <동국정운>을 편찬하여 당시에 매우 혼란스럽게 쓰였던 한자음을 정리하여 조선의 '표준 한자음 체계'를 정립하려고 했던 것이다.

그러나 <동국정운>에서 제정한 표준 한자음은 중국의 운서를 바탕으로 인위적(人爲的)으로 정리되었기 때문에, 예전부터 언중들이 사용해 오던 전승음(속음, 俗音)과는 거리가 있었다. 세종은 동국정운식 한자음에서 나타나는 이러한 한계를 이미 알고 있었는 듯하다.

(27) ㄱ. 本國人民 習熟俗韻已久 不可猝變 勿强敎 使學者隨意爲之。[세종실록 122권][18]

ㄴ. 본국의 인민들이 속운(俗韻)을 익혀서 익숙하게 된 지가 오래되었으므로, 갑자기 고칠 수 없으니, 억지로 가르치지 말고 배우는 자로 하여금 (본인의) 의사에 따라 하게 하라.

곧 세종은 <동국정운>이 간행되자, 이 책을 여러 도(道)와 성균관(成均館), 사부 학당(四部學堂)에 하사(下賜)하면서 (27)과 같이 하교(下敎)하였다. 곧 동국정운식 한자음을 억지로 강제하지 말고, 쓰는 사람들의 개인적인 선택에 따라서 자율적으로 사용하게 하라는 것이다. 그러나 조정에서 발행하는 서책에서는 동국정운에서 정리한 한자음을

17) 원래 조선에서 쓰이는 한자음 중에서 /ㄹ/ 종성으로 발음되는 말은 15세기 당시 중국어에서는 모두 /ㄷ/으로 발음되는 소리(입성)였다. 이에 따라서 /ㄹ/ 받침으로 끝난 조선의 한자음을 중국의 발음인 입성에 가깝게 표기하기 위하여, 'ㆆ'으로써 'ㄹ'을 보충하여 'ㄹㆆ'으로 표기하였는데, 이러한 한자음 표기법을 '이영보래(以影補來)'라고 한다.(보기 : 日시ᇙ, 發버ᇙ, 戌수ᇙ, 八바ᇙ, 不부ᇙ, 節져ᇙ)

18) <세종실록> 122권, 30년(1448년) 10월 17일의 두 번째 기사에 수록되어 있다.

적도록 하였다. 이에 따라서 세종 대에서부터 세조 대에 이르기까지 간행된 <석보상절>, <월인천강지곡>, <훈민정음 언해>, <월인석보> 등에는 동국정운식으로 한자음이 표기되었다.

그러나 동국정운식 한자음 표기법은 그리 오래 쓰이지 못하고 성종(成宗) 때가 되면 불경을 언해한 일부 문헌에만 쓰였다. 예를 들어서 언해본의 <삼강행실도(1481)>, <불정심다라니경언해(1485)> 등의 문헌에서는 현실 언어 사회에서 실제로 쓰는 한자음이 보이기 시작한다. 이처럼 동국정운식 한자음은 중국 운서의 체계에 바탕을 두고 만들어졌다는 태생적 한계로 말미암아, 제정된 지 30년 후인 성종 대에 이르러서는 일부 문헌에만 사용되다가 사라졌다.

## 1.2. 훈민정음의 창제와 보급

세종대왕은 훈민정음 글자를 만든 후에 새로운 문자를 보급하기 위하여 여러 가지 사업을 펼쳐 나갔다. 곧, 한편으로는 훈민정음 글자의 사용법을 설명하고 글자 창제의 이론적 체계를 세우기 위하여 훈민정음에 대한 종합 해설서로서 <훈민정음 해례본>을 편찬·간행하였다. 그리고 훈민정음 글자를 사용하여 <석보상절> 등의 불경을 언해하여 간행함으로써 새로운 문자를 널리 보급하는 데 힘을 썼다.

### 1.2.1. 훈민정음의 창제와 반포

#### 가. 훈민정음의 창제 과정

훈민정음을 창제한 사정은 <세종실록> 102권에 있는 세종 25년 12월 30일의 기사와 <훈민정음 해례본>에 있는 '정인지 서'와 '어제 서'의 내용에서 짐작할 수 있다.

(28) ㄱ. 是月 上親制諺文二十八字。…… 是謂訓民正音。 [세종실록 102권]
ㄴ. 이달에 임금이 친히 언문(諺文) 28자(字)를 지었다.…… 이것을 훈민정음(訓民正音)이라고 일렀다.

(29) ㄱ. 癸亥冬 我殿下創制正音二十八字 略揭例義以示之 名曰訓民正音。

ㄴ. 계해년 겨울에 우리 전하께서 정음 스물여덟 자를 창제하시고, 간략하게 그 '예의(例義)'를 들어 보이시고, 이름을 지어 이르되 '훈민정음(訓民正音)'이라고 하셨습니다. [훈해 정인지 서]

(30) ㄱ. 予 爲此憫然 新制二十八字 [훈해 어제 서]

ㄴ. 내 이를 爲ᄒᆞ야 어엿비 너겨 새로 스믈여듧 字ᄅᆞᆯ ᄆᆡᇰᄀᆞ노니

ㄷ. 내가 이를 위(爲)하여 불쌍히 여겨 새로 스물여덟 자(字)를 만드니

위의 기록에서는 세종이 훈민정음 글자를 세종 25년 12월 중에 만들었고 직접 '예의(例義)' 부분을 지었다는 사실을 밝히고 있는데, 이 기록을 통해서 세종이 직접 훈민정음의 글자를 만들었음을 확인할 수 있다.

그러나 (28～30)의 기록 이외에는 훈민정음의 창제에 대한 공식적인 기록이 없어서, 세종이 훈민정음을 창제한 과정을 자세히는 알 수 없다. 다만 세종 26년(1444년) 초에 집현전 부제학(副提學)이었던 최만리 등이 언문 창제를 반대하는 <상소문>을 올렸는데, 이 상소문을 통해서 세종이 훈민정음의 글자를 만드는 데에 기울인 노력이 어떠했는가를 짐작할 수 있다.

(31) ㄱ. 且今清州椒水之幸 特慮年歉 扈從諸事 務從簡約 比之前日 十減八九 至於啓達公務 亦委政府。若夫諺文 非國家緩急不得已及期之事 何獨於行在而汲汲爲之以煩聖躬調燮之時乎。 臣等尤未見其可也。[세종실록 103권, 최만리의 상소문]

ㄴ. 또한 이번에 청주(清州)의 초수리(椒水里)에 거동하시는 데에도, 특히 그 해의 농사가 흉년인 것을 염려하시어, 호종(扈從)[19]하는 모든 일을 힘써 간략하게 하셨으므로, 전일에 비교하면 10에 8, 9는 줄어들었고, 계달(啓達)[20]하는 공무(公務)에 이르러도 또한 의정부(議政府)에 맡기셨습니다. 언문 같은 것은 국가의 급하고 부득이하게 기한에 미쳐야(及) 할 일도 아니온데, 어찌 이것만은 행재(行在)[21]에서 급급하게 하시어 성궁(聖躬)[22]을 조섭(調燮)[23]하시는 때에 번거롭게 하시나이까? 신(臣) 등은 더욱 그 옳음을 알지 못하겠나이다.

19) 호종(扈從) : 임금이 탄 수레를 호위하여 따르던 일. 또는 그런 사람이다.
20) 계달(啓達) : 조선 시대에, 신하가 글로 임금에게 아뢰던 일이다.
21) 행재(行在) : 임금이 궁을 떠나 멀리 나들이할 때 머무르던 곳이다.
22) 성궁(聖躬) : 임금의 몸을 높여 이르는 말이다.
23) 조섭(調燮) : 건강이 회복되도록 몸을 보살피고 병을 다스리는 것이다.

곧, 최만리는 <상소문>에서 세종이 눈병이 나서 청주(淸州)의 초수리(椒水里)에 있는 약수(藥水)에 거동할 때에, 다른 공무는 세자나 의정부에 맡겨서 세종 자신의 일을 다 줄였는데도 언문을 다듬는 일만은 행재소에까지 가서도 급하게 서두른 사실을 비판한 것이다. 비록 세종이 1443년 말까지는 훈민정음을 창제하는 일을 극비리에 진행하였으나, 훈민정음의 창제를 내외에 밝힌 후(1444년 이후)에는 다른 정사 업무를 제쳐놓고 오직 훈민정음의 글자 체제를 다듬는 일에 진력했으며, 아울러 훈민정음 글자에 대한 해설서인 <훈민정음 해례본>의 편찬도 주도하였다는 사실을 알 수 있다.

### 나. 언문 창제를 반대하는 상소문과 세종의 대처

**〈상소문의 내용〉** 세종이 훈민정음을 창제한 사실을 밝히자 곧이어 조정의 일각에서는 이를 반대하는 움직임이 있었다. 이러한 움직임은 당시 집현전에 소속되었던 일부 관리들이 언문 창제를 반대하는 <상소문>을 세종에게 올리는 것으로 현실화되었다.[24]

최만리 등은 이 상소문을 통하여 세종이 훈민정음을 창제하고 이를 반포하려는 것에 대한 반대 의견을 6개 항목으로 나누어서 밝혔다. 최만리 등이 밝힌 <상소문>의 내용을 간추리면 다음과 같다.(세종실록 권 103, 세종 26년 2월 20일의 기사 참조.)

첫째, 중국의 한자와 한문이 있는데도 불구하고 이를 무시하고 표음 문자인 언문을 독자적으로 만들어 쓰는 것은 사대모화(事大慕華)를 거스르는 일이다.

둘째, 독자적인 글자를 만드는 것은, 주변의 동이(東夷)들인 '몽고(蒙古), 서하(西夏)[25], 여진(女眞), 일본(日本), 서번(西蕃)[26]' 등과 마찬가지로 오랑캐가 되는 것이다.

셋째, 신라 시대에 설총(薛聰)이 만든 이두(吏讀)로도 한문을 보완하는 데 충분하고, 이두는 한자의 구성 원리와 비슷하여 학문 발전에 도움이 되었다. 그런데 쉬운 이두

---

24) 이 상소문을 세종에게 올리는 데 참여한 사람은 집현전에 소속된 일부 관리들인데, 그들은 부제학(副提學)인 최만리(崔萬理)를 비롯하여, 직제학(直提學)인 신석조(辛碩祖), 직전(直殿)인 김문(金汶), 응교(應敎)인 정창손(鄭昌孫), 부교리(副校理)인 하위지(河緯地), 부수찬(副修撰)인 송처검(宋處儉), 저작랑(著作郞)인 조근(趙瑾) 등이었다.

25) 서하(西夏) : 1038년에 티베트계 탕구트 족 탁발씨(拓跋氏)인 이원호가 간쑤(甘肅)와 내몽골의 서부에 세운 나라이다. 불교가 성하였고 서하 문자를 만드는 따위의 독자적인 문화를 이루었으나, 1227년에 몽골에게 망하였다.

26) 서번(西蕃) : 중국의 서쪽에 있던 여러 나라를 통틀어 이르는 말이다. '서역(西域)'이라고도 한다. 지금의 신장웨이우얼 자치구(新疆維吾爾自治區) 톈산 남로(天山南路)에 해당하는 타림 분지를 가리킨다.

를 쓰지 않고 언문을 배워서 출세한다면 어렵게 한문을 배울 사람이 없을 것이다.

넷째, 이두를 버리고 언문을 사용함으로써 형벌을 다스리는 일에 억울하게 죄를 입는 자를 없애겠다고 하지만, 이것은 옥사(獄事)를 다스리는 사람(옥리, 獄吏)의 자질에 달려 있는 것이지 문자의 차이에 달린 문제가 아니다.

다섯째, 언문 창제와 같은 중요한 일을 독단으로 결정하고, 중국의 운서(韻書)에 수록된 한자에 언문으로 음을 달아서 급히 공표하려는 것은 여론을 무시한 독단이다.

여섯째, 성학(聖學) 공부에 충실해야 할 동궁(東宮, 훗날의 문종)이 언문과 관련된 일에 정신과 생각을 허비하고 있으니, 이는 동궁의 성학(聖學)에 방해가 되는 일이다.

**〈상소문에 반영된 조선 사대부들의 언어관〉** 최만리 등은 단순히 개인적인 생각에 의해서 즉흥적으로 상소문을 올린 것은 아니었다. 이들이 집현전 내에서 차지하는 직위와 영향력을 감안할 때, 이 상소문에 나타난 비판적인 주장은, 당시 지배 계층이었던 사대부들이 훈민정음에 대하여 가졌던 생각과 태도를 그대로 드러낸 것이다. 비록 6개 항목으로 나누어서 언문의 창제를 반대하였으나, 최만리가 제기한 상소문의 핵심은 다음의 두 가지 사항으로 압축된다.

우선 당대의 사대부들은 중국의 문화를 섬기는 사대 모화사상에 젖어 있는 사람들이어서, 기존의 한자와 한문을 떠나서 조선이 독자적으로 개발한 문자를 사용한다는 것을 대단히 큰 수치로 생각하였다. 곧 그들이 성인으로 추앙하였던 공자와 맹자의 학문과 송대 이후에 융성했던 성리학(性理學)[27]의 학문은 한자와 한문을 통해 조선에 전해져서 사상과 철학의 경지를 넘어 거의 종교화하였다. 이러한 사회적인 분위기 속에서 한자와는 전혀 관련이 없는 독자적인 표음 문자를 만들어 사용한다는 것은 아무리 임금이 주도하는 일이라고 할지라도 인정할 수 없는 것이었다.

그리고 조선 사대부들은 고려의 광종(光宗) 이후에 실시된 과거 제도의 때문에, 중국의 송나라 이후에 크게 융성했던 성운학(聲韻學)[28]의 영향을 크게 입었다. 그런데

---

27) 성리학(性理學): 중국 송나라 때에 주돈이(周敦頤), 정호(程顥), 정이(程頤) 등에서 비롯하고 주희(朱熹)가 집대성한 유학의 한 파이다. 이기설(理氣說)과 심성론(心性論)에 입각하여 격물치지(格物致知)를 중시하는 실천 도덕과 인격과 학문의 성취를 역설하였다. 우리나라에는 고려 말기에 들어와 조선의 통치 이념이 되었고, 길재(吉再), 정도전(鄭道傳), 권근(權近), 김종직(金宗直)에 이어 이이(李珥), 이황(李滉)에 이르러 조선 성리학으로 체계화되었다.

28) 성운학(聲韻學): 중국어의 어음 체계를 연구하는 학문이다. 성모와 운모 체계, 음절의 구조, 어음의 변천 상황 따위가 연구 대상이 된다. 과거의 주요 교과목 중의 하나였던 한시(漢詩)나 부(賦)를 짓는 데는 한자의 성운(聲韻)에 대한 체계적인 지식이 반드시 필요했다.

성리학과 성운학은 현실 세계에서 나타나는 다양한 모습의 현상을 형이상학적으로 이론화하고 체계화하는 특징이 있었다. 이러한 형이상학적인 학문을 추구하던 조선의 사대부들은 표음 문자인 훈민정음 글자를 철학적인 배경과 이론적인 체계를 갖추지 못한 하찮은 글자로 여겼다.[29] 이에 따라서 조선의 사대부들은 훈민정음 글자를 학문이나 사상 및 철학을 논의하는 데에는 사용할 수 없고, 단지 한문을 국어로 번역하는 데에나 쓸 수 있는 언문(諺文) 글자에 지나지 않는다고 생각하였다.[30]

결국 최만리를 비롯한 조선의 사대부들은 훈민정음 글자를 학문적으로나 철학적으로 하잘것없는 의사소통의 도구로만 인식하였고, 나아가 세종이 주도하는 훈민정음 글자의 창제와 보급 활동을 중화 문화를 배척하는 것으로 보았다.

**〈상소문에 대한 세종의 대처〉** 세종은 최만리 등의 상소에 대하여 크게 노하여 최만리 등을 불러서 직접 다음과 같이 질책하였다.

(32) ㄱ. 上覽疏 謂萬理等曰 汝等云 用音合字 盡反於古。薛聰吏讀 亦非異音乎。且吏讀制作之本意 無乃爲其便民乎。如其便民也 則今之諺文 亦不爲便民乎。汝等以薛聰爲是 而非其君上之事 何哉。且汝知韻書乎。四聲七音 字母有幾乎。若非予正其韻書 則伊誰正之乎。…… [세종실록 103권, 최만리의 상소문]

ㄴ. 임금이 소(疏)를 보고, 만리(萬理) 등에게 이르기를, "너희들이 이르기를, '음(音)을 사용하여 글자를 합한 것이 모두 옛날에 어그러진다.' 하였는데, 설총(薛聰)의 이두(吏讀)도 역시 음이 아니냐? 또 이두를 제작한 본뜻이 백성을 편리하게 하려 함이 아니겠느냐? 만일 그것이 백성을 편리하게 한 것이라면 이제의 언문도 역시 백성을 편리하게 하려고 하는 것이 아니냐? 너희들이 설총은 옳다 하면서 군상(君上)이 하는 일은 그르다 하는 것은 무슨 까닭이냐? 또 네가 운서(韻書)를 아느냐? 사성(四聲)과 칠음(七音)에 자모(字母)가 몇이나 있느냐? 만일 내가 그 운서를 바로잡지 아니하면 누가 이를 바로잡을 것이냐?…

29) 표의 문자인 한자는 기본적으로 '상형(象形)'에서 출발하여 '지사(指事), 회의(會意), 형성(形聲), 전주(轉注), 가차(假借)' 등의 다양한 방법으로 글자가 만들어졌다. 그러므로 한자에는 기본적으로 인간이 세상의 모습을 파악하는 인식이 반영되어 있다고 보았다. 이에 반하여 훈민정음은 표음 문자이므로 이 세상의 모습과는 아무런 관련이 없이 오직 인간의 말소리만 반영하는 글자로 보아서, 철학적 배경이 없이 의사소통에만 이용되는 글자라고 여겼다.

30) 이러한 생각에서 최만리를 비롯한 당대의 조선 사대부들은 표음 문자인 훈민정음보다는 한자에 기반을 두고 개발된 이두 글자가 오히려 더욱 가치 있는 글자이라고 생각하였다.

세종은 최만리 등을 이렇게 꾸짖고 나서, 그 죄를 물어 최만리, 신석조, 김문, 정창손, 하위지, 송처검, 조근 등을 의금부(義禁府)에 가두었으나, 이튿날에 명하여 그들을 방면했다. 이와 같이 하여 세종은 신하들의 반대를 누르고 훈민정음의 창제와 반포 및 보급 사업을 계속 추진하였다.

### 다. <훈민정음 해례본>의 간행과 훈민정음의 반포

훈민정음을 창제한 이후에 세종은 이 글자를 널리 보급하기 위하여 훈민정음에 대하여 제자 원리를 이론화하고 성리학적인 근거를 부여하는 데에 힘을 썼다. 곧, 최만리 등의 상소 사건을 통하여 사대부들이 훈민정음에 대하여 취하였던 부정적인 인식과 태도를 파악하였으므로, 이를 극복하는 적극적인 방법으로 훈민정음 글자에 대한 '종합 해설서'를 발간하기로 하였는데, 이것이 곧 <훈민정음 해례본>이다.

(33) ㄱ. 遂命詳加解釋 以喩諸人。於是臣與集賢殿 應教臣崔恒 副校理臣朴彭年 臣申叔舟 修撰臣成三問 敦寧府注簿臣姜希顔 行集賢殿副修撰臣李塏 臣李善老等 謹作諸解及例 以敍其梗概。 [훈해 정인지 서]

ㄴ. 드디어 (전하께서) 상세하게 해석을 붙이어 여러 사람을 깨우치라고 명하셨습니다. 이에 신(臣, 鄭麟趾)이 집현전(集賢殿)의 응교(應教)인 최항(崔恒), 부교리(副校理)인 박팽년(朴彭年)과 신숙주(申叔舟), 수찬(修撰)인 성삼문(成三問), 돈령부(敦寧府)의 주부(主簿)인 강희안(姜希顔), 행집현전 부수찬(行集賢殿副修撰)인 이개(李塏)와 이선로(李善老) 등과 삼가 여러 가지 '해(解, 풀이)'와 '예(例, 보기)'를 지어서, 그(글자에 대한) 줄거리(梗概)를 서술하였습니다.

(34) ㄱ. 正統十一年九月上澣 資憲大夫禮曺判書集賢殿大提學知春秋館事 世子右賓客臣鄭麟趾拜手稽首謹書 [훈해 정인지 서]

ㄴ. 정통(正統) 십일 년[31] 구월 상한(上澣)[32]. 자헌대부(資憲大夫) 예조판서(禮曺判書) 집현전 대제학(集賢殿大提學) 지춘추관사(知春秋館事) 세자우빈객(世子右

31) 정통(正統) 십일 년: '正統(정통)'은 중국 명(明)나라 영종(英宗) 때의 연호(1436~1449)이며, 정통 십일 년은 1446년(세종 28)이다.

32) 상한(上澣): 한 달 가운데 1일에서 10일까지의 동안이다.(= 상순, 上旬) 당시의 음력으로 9월 상순은 양력으로 환산하면 10월 9일까지가 된다. 이 기록을 기준으로 하여 상순의 맨 마지막 날인 10월 9일을 한글날로 정했다.

賓客)인 정인지(鄭麟趾)가 손을 모아 절을 올리고 삼가 씁니다.

<훈민정음 해례본>의 편찬 작업이 언제부터 시작되었는지는 정확하게 알 수는 없다. 그러나 '정인지 서'의 앞뒤 내용을 참고할 때, 편찬 작업이 훈민정음의 글자를 창제한 후(1443년 12월, 세종 25)나 최소한 최만리 등이 상소문을 올린 후(1444년 2월, 세종 26)에 편찬 작업이 시작된 것으로 생각된다. 반면에 <훈민정음 해례본>이 간행되어서 반포된 것은 명확하게 기술되어 있는데, (34)의 '정인지 서'에 나타난 기록에 따르면 1446년 음력 9월 상한(상순)에 <훈민정음>이 간행·반포된 것을 확인할 수 있다.[33] 그리고 <훈민정음 해례본>의 편찬에 참여한 학자도 '정인지 서'에 명시되어 있는데 정인지(鄭麟趾)를 비롯하여 최항(崔恒), 박팽년(朴彭年), 신숙주(申叔舟), 성삼문(成三問), 강희안(姜希顔), 이개(李塏), 이선로(李善老) 등 모두 8명의 학자가 참여했다.

<훈민정음 해례본>에는 먼저 세종 본인이 훈민정음 글자를 창제하여 보급하는 목적을 밝히고, 훈민정음 글자의 모양과 음가를 예시하고, 훈민정음의 기본적인 사용법을 제시하였다. 그 다음으로 집현전의 학자들로 하여금 훈민정음의 제자 원리와 글자의 구체적인 사용법을 상세히 설명하고, 훈민정음 글자를 사용하여 순 우리말 단어의 예를 들게 하였다. 이들은 '태극설(太極說)'이나 '음양 오행설(陰陽五行說)'과 같은 성리학의 기본 이론에 토대를 두고, 송나라 이후에 들어온 중국의 성운학(聲韻學)의 이론에 맞추어서 훈민정음의 제자 원리와 글자의 사용법을 설명하였다. 이러한 태도는 <훈민정음 해례본>의 '제자해'와 '정인지 서'에 잘 나타나 있다.

(35) ㄱ. 今正音之作 初非智營而力索 但因其聲音而極其理而已。理旣不二 則何得不與天地鬼神同其用也。 [훈해 제자해]

ㄴ. 이제 정음(正音)을 만드는 것도 처음부터 지식(智)으로 계획하거나(營) 힘(力)을 들여서 찾은(索) 것이 아니라, 다만 그 소리(聲音)에 바탕을 두어서 그 이치(理)를 다했을 따름이다. 이치는 이미 둘이 아니니 어찌 능히 천지(天地) 귀신(鬼神)과 함께 그 쓰임(用)을 같이하지 않겠는가?

33) '훈민정음'의 반포는 공식적인 행사 없이 진행된 것으로 보인다. 이른바 '훈민정음의 반포'라는 것은 <훈민정음 해례본>에 실린 '어제 서(御製 序)'와 '예의(例義)'의 내용에 근거한 것이다. 곧, 세종은 훈민정음의 창제 목적을 <훈민정음 해례본>의 '어제 서'에서 밝혔는데, 이 '어제 서'와 '예의'를 통해서 훈민정음 글자를 반포한 것으로 간주한다.

(36) ㄱ. …… 名曰訓民正音。象形而字倣古篆 因聲而音叶七調。三極之義 二氣之妙 莫不該括。 [훈해 정인지 서]

ㄴ. …… '훈민정음(訓民正音)'이라고 하셨다. (사물을) 상형(象形)하되 글자는 고전(古篆)[34]을 본떴고(倣), 소리(聲)를 바탕으로 하였으므로 그 음(音)은 칠조(七調)[35]에 맞다. 삼극(三極)[36]의 뜻과 이기(二氣)[37]의 묘(妙)가 다 포함되지(該括) 않은 것이 없다.

(35)와 (36)의 내용을 통해서 훈민정음 글자가 성리학에 바탕을 두고 성운학의 이론에 맞추어서 만들어졌음을 알 수 있다. 또 하나 특이한 점은 '象形而字倣古篆'라는 내용이다. 곧 제자의 핵심 원리로서 중국의 한자와 마찬가지로 '상형(象形)'의 원리를 적용했고 글자의 꼴은 중국의 옛 글자인 篆字(전자)를 모방했다는 것이다. 이러한 내용은 훈민정음이 비록 표음 문자이기는 하지만, 훈민정음의 제자 원리와 글꼴은 중국의 한자에서 왔다고 천명한 것이다. 이를 통하여 훈민정음의 창제를 반대하는 일부 사대부들의 우려를 누그러뜨리려 한 것이다.

세종은 <훈민정음 해례본>을 편찬·간행함으로써 숙원 사업이었던 훈민정음을 창제하고 반포하는 일을 매듭지었다. 이처럼 훈민정음을 창제하고 반포함으로써 우리 민족은 역사상 처음으로 완전한 고유 문자를 가지게 되었으며, 나아가 우리 민족의 문화를 꽃피울 수 있는 기반을 마련한 것이다.

### 1.2.2. 훈민정음의 보급

#### 가. 훈민정음으로 지은 서적의 발간

세종은 재위 25년(1443년) 음력 12월에 표음 문자인 훈민정음을 창제하였고, 곧이어서 백성들로 하여금 국어의 입말을 실제 생활에서 쉽고도 완전하게 표기할 수 있도록

---

34) 고전(古篆) : '옛날의 전자(篆字)'를 이른다. '전자(篆字)'는 한자(漢字) 서체의 하나로서 '예서(隷書)' 이후에 여러 체가 발명되기 전에 있었던 가장 오랜 서체이다.

35) 칠조(七調) : 음악의 칠조(七調)을 이른 것이다. 곧 음악의 가락은 '궁(宮), 상(商), 각(角), 치(徵), 우(羽)'의 오음(五音)에다가 '반상(半商)'과 '반치(半徵)'를 포함시킨 것이다. 여기서 "칠조에 맞다."라고 한 것은 훈민정음의 글자 체계가 음악의 칠조(七調)와 어울린다는 것이다.

36) 삼극(三極) : '천지인(天地人)', 곧 '하늘, 땅, 사람'을 이른다.

37) 이기(二氣) : '음(陰)'과 '양(陽)'을 이른다.

노력하였다. 곧, 새로운 글자를 창제하고 반포하는 데 그치는 것이 아니라, 실제로 백성들이 널리 사용할 수 있도록 하기 위하여 여러 가지 뒷받침 사업을 진행한 것이다.

이를 위하여 세종은 새로운 문자인 훈민정음을 이용하여 국어의 입말을 실제로 문장의 단위로 적어서 그 실용성을 시험하는 작업을 수행하였다. 그 첫 번째 노력으로 <龍飛御天歌, 용비어천가>의 노랫말을 훈민정음으로 지어서 간행하였는데, 이로써 훈민정음 글자로써 국어의 입말을 실제로 적을 수 있는 가능성을 보였다.[38] 세종은 이에 머무르지 않고 수양대군 등으로 하여금 훈민정음을 사용하여 <석보상절, 釋譜詳節>을 간행하게 하였고, 이어서 <월인천강지곡, 月印千江之曲>을 직접 지어서 간행하였다.[39] 이로써 국어의 입말을 훈민정음으로써 완벽하게 구현할 수 있었다. 그리고 한문본인 <훈민정음 해례본>을 훈민정음으로 언해하여 <훈민정음 언해본>을 완성한 것도 대략 이 무렵의 일인 것으로 알려져 있다.

### 나. 언문청의 설치

세종이 훈민정음의 창제와 반포 및 보급 사업을 적극적으로 펼치기 위해서 이를 담당하는 부서를 조정 내에 설치하였을 것으로 추정한다.

이와 관련해서 <세종실록> 114卷, 28年(1446) 11月 8日의 기사에는 언문청(諺文廳)이라는 이름이 처음으로 나타난다.

(37) ㄱ. 命太祖實錄入于內 遂置諺文廳 考事迹 添入龍飛詩。春秋館啓 實錄 非史官不得見。且諺文廳淺露 外人出入無常, 臣等深以謂不可。上卽命還入內, 令春秋館記注官魚孝瞻、記事官梁誠之抄錄以進。 [세종실록 권 114, 세종 28년]

ㄴ. 태조실록(太祖實錄)을 내전(內殿)에 들여 오기를 명하고, 드디어 언문청(諺文廳)을 설치하여 사적(事迹)을 상고해서 용비시(龍飛詩)에 첨가하여 넣게 했다.

---

38) 세종은 정인지 등에게 <용비어천가>를 짓게 하였다. 이 책은 세종의 조상인 목조, 익조, 도조, 환조, 태조의 여섯 왕들의 사적(事蹟)을 찬양하는 서사시로서 먼저 한문으로 시(詩)를 쓰고 훈민정음으로 번역하였다. 세종 27년(1445년) 4월에 편찬이 완료되었고 세종 29년(1447년) 9월에 간행되었다. <용비어천가>의 노랫말은 훈민정음으로 지어진 최초의 글이다.

39) 1446년(세종 28년) 3월에 세종의 왕비인 소헌왕후(昭憲王后)가 사망했다. 세종은 그녀의 명복을 빌기 위하여 수양대군(首陽大君, 훗날의 세조)에게 명하여 석가모니불의 연보인 <석보상절, 釋譜詳節>을 엮게 하였다. 1447년(세종 29년)에 내용을 편찬한 것을 1449년(세종 31년)에 간행하였다.

> 춘추관(春秋館)에서 아뢰기를, "실록(實錄)은 사관(史官)이 아니면 볼 수가 없는 것이며, 또 언문청(諺文廳)은 얕아서 드러나 있고 외인(外人)의 출입이 무상(無常)하니, 신 등은 매우 옳지 못하였다고 여깁니다."라고 하였다.

곧 <태조실록, 太祖實錄>이 완성되자, 세종은 궁중에 언문청(諺文廳)을 설치하고, 실록을 언문청에 들여서 그 당시에 편찬하고 있던 <용비어천가>에 실록의 내용을 첨가하도록 명한 것이다.[40] 이러한 기록을 볼 때 훈민정음과 관련된 일을 맡은 기관으로서 '언문청'이라는 부서가 있었던 것은 분명하다.

이상에서 살펴본 바와 같이 세종은 훈민정음을 창제한 이후에도, 훈민정음으로 된 서적을 편찬하고 언문청을 설치하여 훈민정음을 연구하고 보급하는 뒷받침 사업을 전개하였다. 이로써 새로운 문자를 창제하고 그 문자를 사용하여 국어의 입말을 쉽고도 완전하게 표기하려고 한 세종의 숙원이 어느 정도 이루어진 셈이다.

### 1.3. 세조와 성종 시대의 어문 정책

세종 시대에 활발하게 전개되었던 훈민정음에 관련된 연구와 보급 활동은 그 이후에는 크게 위축되었다. 곧 독자적인 글말 활동이나 국어 교육의 수단으로 이용되지 못하고, 기존에 한문으로 기록된 문헌을 우리말로 언해하는 수단으로만 사용되었다. 여기서는 훈민정음과 관련하여 세조(世祖)와 성종(成宗) 시대에 진행된 어문 정책을 대략적으로 살펴본다.

#### 1.3.1. 세조 시대의 어문 정책

세조(世祖) 시대에는 그 동안 훈민정음 연구의 중심이 되었던 집현전이 철폐되고, 훈민정음을 학문적으로 연구하는 활동은 사실상 맥이 끊겼다. 대신에 세조가 개인적으로 불교를 독실하게 믿었던 까닭으로, 국가 기관으로 간경도감(刊經都監)을 설치하

---

40) <세종실록>에는 단편적이기는 하지만 언문청에 관련된 기사가 여러 번 나온다. 곧 <세종실록> 117권의 세종 29년 7월 1일의 기사와 <세종실록> 123권의 세종 31년 1월 27일 기사 등에 언문청(諺文廳)이 언급되어 있다.

여 한문으로 된 불경을 훈민정음으로써 언해하는 작업이 활발하게 이루어진 것이 특징이다.

〈**집현전의 철폐**〉 세종 사후에 문종(文宗)과 단종(端宗)을 거치면서 연이어 일어난 정치적인 변란[41]은 훈민정음의 발전과 보급에도 영향을 미쳤다. 곧, 1456년(세조 2)에 단종(端宗)의 복위를 꾀한 사육신(死六臣)[42] 사건이 일어났는데, 이들 사육신을 비롯하여 세조에 반대하는 인사들 중의 많은 사람이 세종과 문종 시대에 집현전(集賢殿)에서 활동하던 사람이었다. 이에 세조(世祖)는 1456년(세조 2) 6월 6일에 집현전을 폐지하고 집현전에 소장된 서적을 예문관(藝文館)에서 관장하게 하였다.

(38) ㄱ. 命罷集賢殿 停經筵 其所藏書冊 竝付藝文館掌之。 [세조실록 4권 세조 2년]
ㄴ. "집현전(集賢殿)을 파하고, 경연(經筵)을 정지하며, 거기에 소장(所藏)하였던 서책(書冊)은 모두 예문관(藝文館)에서 관장하게 하라." 명하였다.

이처럼 세종을 도와서 훈민정음을 창제·반포·보급하는 활동의 주요 무대가 되었던 집현전이 폐지됨에 따라서, 훈민정음과 관련된 연구와 보급 사업은 더 이상 진전을 보지 못하게 되었다.

〈**간경도감의 설치와 불경 언해**〉 세조는 수양대군이었던 시절부터 부왕인 세종의 명을 받아서 <석보상절>의 편찬을 주도하였다. 개인적으로도 불교에 심취하여 불경을 편찬하고 언해하는 일에 관심을 보여서, 1459년(세조 4)에는 <월인천강지곡>과 <석보상절>의 내용을 재구성하여 <월인석보>를 간행하였다.

세조는 불교와 관련된 행사를 주관하고 불경의 발간이나 언해 작업을 주관할 기관으로서 궁중에 '간경도감(刊經都監)'을 설치했다. 간경도감의 설치와 관련된 내용이 <세조실록> 24권 세조 7년 6월 16일의 기사에 실려 있다.

(39) ㄱ. 初設刊經都監 置都提調提調使副使判官。
ㄴ. 처음으로 '간경도감(刊經都監)'을 설치하고, '도제조(都提調), 제조(提調), 사(使),

41) 수양대군이 1453년(단종 1)에 일으킨 '계유정란(癸酉靖亂)'과 '왕위 찬탈 사건(1455년, 단종 3)', 그리고 사육신(死六臣) 등이 일으킨 단종 복위 운동(1455년 10월) 등의 정치적인 변란이 연이어서 일어났다.

42) 이른바 '사육신(死六臣)'은 성삼문(成三問), 박팽년(朴彭年), 하위지(河緯地), 이개(李塏), 유성원(柳誠源), 김문기(金文起) 등이다.

부사(副使), 판관(判官)'을 두었다.

간경도감의 주 업무는 불경을 번역하고 간행하는 일이었는데, 아울러 불교 관련 서적을 구입하거나 수집하고, 왕실의 불사(佛事)와 법회(法會)를 관장하기도 하였다. 거의 대부분의 업무를 세조가 직접 관장하였고, '신미(信眉), 수미(守眉), 홍준(弘濬)' 등의 승려와 '윤사로(尹師路), 황수신(黃守身), 김수온(金守溫), 한계희(韓繼禧)' 등의 학자가 실무를 맡았다. 불경 발간은 한문본의 발간과 언해본의 발간으로 나뉘었는데, 이들 경전 중 언해본은 훈민정음을 보급하는 데에 적지 않은 역할을 하였다.[43]

그러나 이처럼 간경도감을 통해서 이루어졌던 불경 언해 사업은 한편으로는 훈민정음의 보급에 크게 이바지한 바도 있지만, 다른 한편으로는 훈민정음의 보급에 지장을 주는 요인이 되기도 했다. 곧 조선의 사대부들은 훈민정음을 단지 불경을 언해하는 데 쓰는 문자(諺文)로 인식하였는데, 이는 성종 이후에 강화된 억불숭유 정책과 맞물려서 훈민정음을 천시한 주요 원인이 되기도 하였다. 또한 열렬한 숭불주의자였던 세조가 1470년에 왕위에서 물러나고 그의 사후에 숭유주의자인 성종(成宗)이 즉위하자, 유학자들이 불교를 반대하는 상소문을 잇달아 올렸다. 성종은 이들의 상소를 받아들여서 1471년(성종 2) 12월에 간경도감을 폐지하였다.

### 1.3.2. 성종 시대의 어문 정책

성종(成宗) 시대에 들어서면서 조선은 태조 이후 닦아온 조선 왕조의 정치·경제·사회·문화적 기반과 체제를 완성하였다. 이와 아울러서 유교 중심의 학풍이 강화되어서 국가가 주도하는 어문 정책이 한학과 한문 교육을 중시하는 방향으로 바뀌었다.

#### 가. 유학의 장려와 간경도감의 폐지

**〈성종 시대의 사회·문화적 동향〉** 성종 16년(1485년)에는 <경국대전, 經國大典>을 최종적으로 완성하여 반포하였는데, 이로써 조선의 통치 제도에 대한 기틀이 마련되었다. 성종은 이와 함께 세조 때의 공신들이 중심이 된 훈구 세력을 견제하기 위하여,

43) 이 당시에 간경도감을 통해서 언해한 불경으로는 <능엄경언해>, <묘법연화경언해>, <금강반야바라밀다경언해>, <불설아미타경언해>, <선종영가집언해>, <반야심경>, <원각경언해>, <목우자수심결>, <법어언해>, <지장경언해>, <몽산화상법어약록> 등이 있다.

김종직(金宗直) 일파의 신진 사림(士林) 세력을 많이 등용하였다.

이러한 정치·사회적인 분위기에 따라 문화적으로는 불교를 배척하고 유학을 장려하는 기존의 정책을 더욱 강화하였다. 이에 따라서 도성 내의 불교 사찰을 모두 철거하여 산중으로 몰아내었으며 승려를 엄하게 통제하여 도첩제(度牒制)[44]를 폐지하고 승려들의 도성 출입을 막았다. 반면에 유학을 적극적으로 육성하는 정책을 펴서 홍문관(弘文館)을 확충하고, 독서당(讀書堂)을 설치하여 젊은 관료들에게 휴가를 주고 독서 제술(讀書製述)에 전념하게 하였다. 성종은 경사(經史)에 밝고 성리학에 조예가 깊어서 경연(經筵)을 통해 학자들과 자주 토론하는 등 학문과 교육을 장려하는 데에 힘썼다. 이에 따라서 사상과 학문에서는 성리학을 기반으로 하는 유학이 더욱 중시되었고 어문 정책에서는 한문의 학습과 교육이 강조되었다.

**〈성종 시대 사대부들의 훈민정음에 대한 인식〉** 위와 같은 정치·사회·문화적인 분위기에 따라서, 성종 시대 이후에는 훈민정음을 대하는 사대부들의 인식과 태도가 더욱 부정적으로 되었다.

첫째, 한자와 한문에 익숙한 사대부들에게는 훈민정음이 꼭 필요한 문자는 아니었다. 당시 사대부들은 어릴 적부터 학문적 소양을 한문을 통해서 길렀고, 그들이 입신양명하기 위해서 치르는 과거(科擧) 시험에서도 주로 유교 경전(經典)을 해석하고 한문 문예문을 창작하는 능력을 측정하였다. 그리고 성종 이후에 사림파(士林派)들이 정계에 진출하게 되자 주자학(朱子學)의 학풍은 이후 조선의 사상과 철학을 지배하게 되었다. 주자학은 유교 경전의 뜻을 해석하고 이들 경전에 담긴 철학적 내용에 대하여 주자(朱子)가 풀이한 주석을 이해하는 것이 중심이 되었다. 이러한 사회 문화적인 분위기에 따라서 당대의 조선 사대부들은 훈민정음을 한문을 모르는 서민이나 아녀자들이 사용하는 하찮은 글자로 여겼다.

둘째, 조선 초기까지만 하더라도 훈민정음을 사용하여 국어의 입말을 직접적으로 적은 예는 거의 없고, 대부분 한문 문장을 언해하는 데에 훈민정음을 사용하였다. 따라서 사대부들은 훈민정음을 한자와 한문에 딸린 보조 글자로만 보아서 훈민정음을 독자적인 글자로는 인정하지 않았다. 또한 세종과 세조 시대를 거치면서 훈민정음 글자가 불경을 언해하는 데에 주로 이용되었기 때문에, 불교를 배척하였던 당대 유학자

---

44) 도첩제(度牒制): 고려와 조선 시대에, 백성이 출가(出家)하는 것을 억제하기 위하여 승려가 되려는 자에게 일정한 대가를 받고 허가장을 내주던 제도이다. 조선 성종 때에 이를 폐지하고 백성이 출가하는 것을 금하였는데, 이 제도를 '도승법(度僧法)'이라고도 한다.

들은 훈민정음에 대해서 더욱 심한 거부감을 가졌던 것이다.

셋째, 당시 사대부들은 훈민정음 글자를 한자음을 정확하게 표기하는 주음(注音) 글자나 한자의 뜻을 밝혀 적는 자석(字釋) 글자 정도로 인식하였다. 곧 표음 문자인 훈민정음의 글자를 <동국정운>과 <홍무정운역훈>과 같은 운서나, <훈몽자회, 訓蒙字會>나 <천자문, 千字文>과 같은 한자 학습서에서 한자의 음과 훈을 밝혀서 적는 수단으로 여겼던 것이다. 결국 조선의 사대부들은 훈민정음 글자의 독자성을 인정하지 않고 한문을 언해하거나 한자를 쉽게 학습하는 데 사용되는 보조 글자로 인식하고 있었다.

〈**억불숭유 정책과 간경도감의 철폐**〉 이와 같은 사회적 분위기 속에서 훈민정음에 대한 부정적인 인식이 커지고 세조 사후에 억불숭유의 정책이 강화됨에 따라서, 성종 초에 이르면 '간경도감'을 폐지할 것을 요구하는 주장이 크게 일어났다.

(40) ㄱ. 今之爲佛者 多背師說 至以其說爲奇貨 漁取生靈 是固不足誅矣。…(중략)… 乞罷刊經都監 且汰僧尼 以圖惟新之治 幸甚。 [성종실록 3권, 성종 1년]

ㄴ. 지금 부처를 섬기는 자들이 흔히 사설(師說)[45]을 배반하면서도 그 말로 기화(奇貨)[46]를 삼아 백성들을 착취하니, 이것은 실로 주살(誅殺)로써도 모자랍니다. …(중략)… 빌건대 간경도감(刊經都監)을 파하고, 또 승니(僧尼)를 쫓아내어 유신(惟新)[47]의 다스림을 도모하시면 매우 다행하겠습니다.

(41) ㄱ. 伏願聖明 夬斷僧尼供奉之費 一切汰減 亟罷刊經都監…[성종실록 9권, 성종 2년]

ㄴ. 엎드려 원하건대 성명(聖明)께서 결단하시어, 승니(僧尼)를 공양하는 비용을 일체 도태(淘汰)하여 줄이고 빨리 간경 도감(刊經都監)을 파(罷)하시고…

(42) ㄱ. 命罷刊經都監。 [성종실록 13권, 성종 2년]

ㄴ. 명하여 간경도감(刊經都監)을 파(罷)하였다.

그 한 예로 1470년(성종 1) 2월 14일과 이듬해인 성종 2년 1월 27일에 대사간(大司諫)인 김수녕(金壽寧) 등이 간경도감을 폐지하도록 촉구하는 내용의 상소문을 성종에게 올렸다. 이처럼 불교를 억제하기 위하여 간경도감을 철폐하라는 상소문을 신하들이 잇

---

45) 사설(師說) : 스승의 의견이나 학설이다.
46) 기화(奇貨) : 잘못된 것을 더욱 못되게 이용하는 기회이다.
47) 유신(惟新) : 낡은 제도를 고쳐 새롭게 함.

달아서 올리자, 성종은 이듬해인 1471년(성종 2) 12월 5일에 간경도감을 폐지하였다.

이처럼 간경도감이 혁파되자 세종과 세조 대에 불경 언해 사업에 기대어서 펼쳐졌던 훈민정음의 보급 활동이, 성종 이후에는 윤리적 규범서와 실용서를 언해하는 것으로 사업의 추진 방향이 바뀌게 되었다.

### 나. 실용 중심의 언해서 발간

성종 이후에 억불숭유의 정책이 강화되고 간경도감이 폐지되자, 훈민정음은 주로 유교에 바탕을 둔 윤리적 규범서와 생활 중심의 실용서를 언해하는 일에 사용되면서 그 명맥을 잇게 되었다.[48]

성종 시대에 훈민정음 글자가 쓰인 문헌을 소개하면 대략 다음과 같은데, 이들 책에서 다룬 주제는 세종이나 세조 때의 언해서에 비하여 훨씬 다양해졌다.

(42) 내훈(內訓), 삼강행실도(三綱行實圖), 두시언해(分類杜工部詩諺解), 구급간이방(救急簡易方), 금양잡록(衿陽雜錄), 이로파(伊路波), 악학궤범(樂學軌範)

먼저 <내훈, 內訓>과 <삼강행실도, 三綱行實圖>는 유교적 생활 규범서이며, <두시언해, 分類杜工部詩諺解>는 두보(杜甫)의 한시를 언해한 책이며, <구급간이방, 救急簡易方>은 의료에 관한 책이며, <금양잡록, 衿陽雜錄>은 농사에 관한 책이며, <이로파, 伊路波>는 역관(譯官)을 양성하기 위한 사자서(寫字書)[49]이며, <악학궤범, 樂學軌範>은 악서(樂書)이다. 세종이나 세조 때에는 불경을 번역한 언해서에 한정된 데 반해서, 성종 때에는 불경 언해서뿐만 아니라 유교적 규범이나 일상생활을 중심으로 한 다양한 언해서들이 발간된 것을 알 수 있다.

언해서에 나타나는 이러한 경향은 16세기 이후의 중종(中宗), 명종(明宗), 선조(宣祖)

---

48) <금강경삼가해, 金剛經三家解>, <남명집언해, 永嘉大師證道歌南明泉禪師繼頌諺解>, <불정심경언해, 佛頂心經諺解>, <영험약초, 靈驗略抄> 등의 불경 언해서들은 비록 성종 때 간행되기는 하였으나, 그 편찬과 간행의 과정을 보면 성종의 의지와는 무관한 책이다. 곧 이들 언해서는 이미 세종이나 세조 당시에 편찬이 진행되던 것이거나, 세조의 비(妃)이며 성종의 할머니인 정희왕후(貞熹王后)나 성종의 모후인 소혜왕후(昭惠王后)가 개인적인 불심으로 간행을 추진한 것들이다.

49) 사자서(寫字書) : 글씨를 베끼어 쓰는 쓰는 책이다. '글씨본'이라고도 한다.

때에도 그대로 지속되었다. 특히 선조 때 간행된 <사서언해, 四書諺解>[50]와 <소학언해, 小學諺解>는 각각 유학의 이론서와 유교적 생활 규범서를 언해한 것으로, 그 이후에 있었던 학문과 교육의 발전에 큰 영향을 끼쳤다.

## 2. <훈민정음>의 이본

지금까지 발견된 <훈민정음>의 이본으로는 '실록본(實錄本), 해례본(解例本), 언해본(諺解本)'의 <훈민정음> 등이 있다.[51]

### 2.1. <훈민정음 해례본>

#### 가. <훈민정음 해례본>의 서지 사항

해례본(解例本)의 <훈민정음>은 훈민정음 글자의 '종류 · 음가 · 사용법'과 제자 원리 및 창제의 경위를 종합적으로 서술한 '훈민정음의 해설서'이다. 이 책은 소장자의 이름을 따서 <간송 전형필본>이라고도 한다.[52]

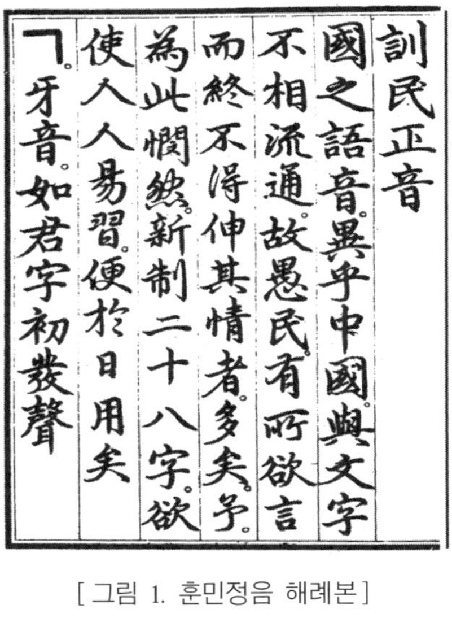
訓民正音
國之語音。異乎中國。與文字
不相流通。故愚民有所欲言
而終不得伸其情者。多矣。予
爲此憫然。新制二十八字。欲
使人人易習。便於日用矣
ㄱ。牙音。如君字初發聲

[그림 1. 훈민정음 해례본]

이 책의 끝에 붙어 있는 '정인지 서'의 내용에 따르면 1446년(세종 28) 음력 9월 상순(正統十一年 九月 上澣)에 간행되었으며, 정인지, 최항, 박팽년, 신숙주, 성삼문, 강희안, 이개, 이선로 등이 이 책의 편찬에 참여하였다.

이 책은 세종이 지은 '본문(本文)'과 '해례(解例)'와 '정인지 서(鄭麟趾 序)'로 구성되어 있다.

---

50) <사서언해>로는 <대학언해, 大學諺解>, <중용언해, 中庸諺解>, <논어언해, 論語諺解>, <맹자언해, 孟子諺解> 등이 있다.

51) <훈민정음>의 판본에 대한 자세한 해설은 최현배(1940=1982:29) 참조

52) 이 책은 1940년 경상북도 안동군의 어느 고가에서 발견되어, 현재 '간송 미술관'에 소장된 한문본의 <훈민정음>이다. 이 책은 현재 국보 70호로 지정되어 있으며, 유네스코에서는 1997년에 '세계 기록 유산'에 등재하였다.

특히 이 책의 '해례' 부분에는 제자 원리 및 역학적 배경 이론, 그리고 제자의 바탕이 되는 음운론적 이론 등이 상세하게 기술되어 있으므로, 이 책을 <훈민정음 해례본>으로 일컫는다.

이 책은 그 내용적인 체제와 판심(版心)이나 서체 등의 서지적인 사항을 종합적으로 고려할 때, 세종이 1446년 9월 상한(上澣)에 훈민정음을 반포할 때 간행한 <훈민정음>의 원본인 것으로 추정된다.

### 나. <훈민정음 해례본>의 체제

<훈민정음 해례본>의 전체적인 짜임과 내용을 살펴보면 다음과 같다.

1. (御製 訓民正音 : 本文)

   - (御製 序) : 훈민정음 창제의 동기와 목적을 소개
   - (例　義) : 자모의 형태와 음가를 소개<br>글자의 운용법인 '종성법, 연서법, 병서법, 부서법, 성음법, 사성법'을 소개

2. 訓民正音 解例 :

   ① 制字解 : 제자의 철학적 배경, 제자 원리, 제자 방법, 자음 체계, 모음 체계, 초성·중성·종성의 특징 비교 등을 설명
   ② 初聲解 : 초성의 개념과 보충 설명
   ③ 中聲解 : 중성의 개념과 보충 설명
   ④ 終聲解 : 종성의 개념과 팔종성법, 사성에 대한 설명
   ⑤ 合字解 : 초성·중성·종성을 합치는 방법, 성조, 기타 음절 단위 글자의 특수한 쓰임을 설명
   ⑥ 用字例 : 훈민정음 글자의 사용 예(총 94단어 예시)

3. (鄭麟趾 序) :

   - 창제의 동기와 목적
   - 훈민정음의 우수성
   - 훈민정음 창제의 경위(편찬자, 편찬일)

[표 1. 훈민정음 해례본의 내용 체제]

첫째, '어제 훈민정음(御製 訓民正音)[53]'은 세종대왕이 직접 지은 '서문'과 '예의'로 구성되어 있다. '어제 서(御製 序)'에서는 대왕이 훈민정음을 창제한 동기와 목적을 밝혔고, '예의(例義)'에서는 훈민정음의 글자 형태와 음가에 대한 예시와 '종성법, 연서법, 병서법, 부서법, 성음법, 사성법' 등 글자의 운용법을 소개했다.

둘째, '해례(解例)'에는 다섯 가지의 '해(解)'와 '용자례(用字例)'로 짜여 있는데, 이 글은 정인지(鄭麟趾)를 비롯한 여덟 명의 집현전 학자들이 편찬했다. 먼저 '해(解)'에는 글자를 만든 기본 원리를 음운학과 역학에 바탕을 두고 설명한 '제자해(制字解)'와, 초성·중성·종성과 관련한 풀이를 보충하여 제시한 '초성해(初聲解)·중성해(中聲解)·종성해(終聲解)'와, 초성·중성·종성을 합하여 음절 단위의 글자로 합치는 원리를 설명한 '합자해(合字解)'가 있다. 끝으로 '용자례(用字例)'에서는 훈민정음의 각 글자를 사용한 순 우리말의 단어(총 94개)를 예로 들고 그 뜻을 한자로 풀이하였다.

셋째, '정인지 서(鄭麟趾 序)'에서는 세종대왕의 훈민정음 창제의 동기와 목적을 자세히 밝히고, 한글의 우수성을 설명하였으며, 세종의 명에 따라서 집현전 학사들이 해례를 짓게 된 경위를 밝혔다.

## 2.2. <훈민정음 실록본>

실록본(實錄本)의 <훈민정음>은 독립적인 책으로 간행된 것이 아니라, <세종실록> 권 113에 실려 있는 훈민정음의 반포와 관련된 기사(記事) 내용이다.[54]

(43) ㄱ. 是月 訓民正音成。御製曰 國之語音 異乎中國 與文字不相流通 故愚民有所欲言 而終不得伸其情者多矣。…… ㄱ牙音 如君字初發聲 竝書如虯字初發聲…… 終聲復用初聲。ㅇ連書脣音之下 則爲脣輕音 初聲合用則竝書。終聲同。…… 入聲加點同而促急。 [세종실록 권 113]

ㄴ. 禮曹判書鄭麟趾序曰 有天地自然之聲 則必有天地自然之文 所以古人因聲制字 以通萬物之情 以載三才之道 而後世不能易也。…… 而開物成務之大智 蓋有待於今日也歟。 [세종실록 권 113]

---

53) '어제 훈민정음'의 이름은 <언해본>의 제목에 따왔으며, 이를 '본문(本文)'이라고도 한다.

54) '한글 학회'의 전신인 '조선어 연구회'에서는 이 기사(記事)가 기록된 날인 세종 28년 음력 9월 29일을 기준으로 하여, 훈민정음 반포일을 1446년 양력 10월 28일로 잡은 적도 있었다.

곧, <훈민정음 실록본>은 <훈민정음 해례본>의 내용 중에서 '본문(本文)'과 '정인지 서(鄭麟趾 序)'의 내용을 <세종실록>에 그대로 옮겨 적은 것이다. <훈민정음 해례본>이 1940년에 안동에서 발견되기 전에는 이 <실록본>이 훈민정음의 창제 과정을 짐작할 수 있는 유일한 문헌으로 생각되었다.

<훈민정음 실록본>에 실려 있는 아래의 기록은 창제 시기 및 제자 원리와 관련해서 연구의 대상이 되었다.

(44) ㄱ. 癸亥冬 我殿下創制正音二十八字 略揭例義以示之 名曰訓民正音。象形而字倣古篆 因聲而音叶七調。…

ㄴ. 계해년(癸亥年) 겨울에 우리 전하(殿下)께서 정음(正音) 스물 여덟 글자를 창제하시고, 간략하게 그 '예의(例義)'를 들어 보이시고, 이름을 지어 이르되 '훈민정음(訓民正音)'이라고 하셨습니다. (사물을) 상형(象形)하되, 글자는 '고전(古篆)'을 본떴고(倣), 소리(聲)를 바탕으로 하였으므로 그 음(音)은 칠조(七調)에 맞습니다. …

곧 (ㄱ)에서는 훈민정음의 창제 시기가 계해년(癸亥年, 세종 25년) 겨울임을 밝히고 있다. 그리고 '象形而字倣古篆'의 구절은 훈민정음 글자의 기원이 중국의 '고전(古篆)'에 있다고 하는 '고전 기원설(古篆起源說)'의 근거가 되기도 했다.

## 2.3. <훈민정음 언해본>

<훈민정음 언해본, 訓民正音 諺解本>은 <훈민정음 해례본>의 내용 중에서 본문인 '어제 서(御製 序)'와 '예의(例義)'의 내용을 훈민정음으로 언해한 것이다. 한문본인 <훈민정음 해례본>의 내용을 언해한 사람이나 연대를 확실하게는 알 수 없다. 그러나 <훈민정음 언해본>에는 한자의 옆에 '동국정운식 한자음'이 달려 있고, <훈민정음 해례본>에는 없는 '치두음(齒頭音)'과 '정치음(正齒音)'에 대한 설명이 추가되어 있다. 이러한 사실을 감안하면, 언해본은 해례본을 편찬하는 데에 참여했던 학자들이 세종 말년부터 세조 초기 사이에 편찬한 것으로 짐작된다.[55]

55) <동국정운>은 1448년(세종 30)에 간행되었는데, 이 책에 처음으로 '치두음'과 '정치음'에 대한 설명이 나온다. '치두음(齒頭音)'은 혀끝을 윗니 뒤에 가까이 하고 내는 치음이며, '정치

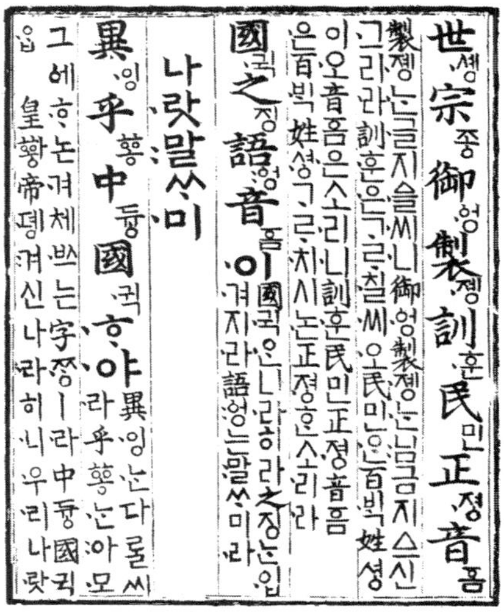

[그림 2. 서강대 소장의 언해본]

언해본의 번역 방식은 한문을 짧은 구절로 나누어서 토를 달고, 한자마다 동국정운식 한자음을 표기하였다. 그 아래에 두 줄로 한자의 뜻을 훈민정음으로 풀이한 다음에, 그 구절 전체를 언해하였다. <훈민정음 언해본>은 다음과 같은 여러 가지 종류가 있다.

첫째, 서강대 소장본의 <훈민정음 언해본>은 1459년(세조 4)에 간행된 <월인석보>의 첫째 권의 책 머리에 수록되어 있다.[56] 이 책은 현재 서강대학교에 소장되어 있는데, <훈민정음 언해본>의 원간본으로 추정된다. 이 책에는 <실록본>이나 <해례본>에 없는 '치두음(齒頭音)'과 '정치음(正齒音)'에 대한 설명이 추가되어 있다.[57]

둘째, 희방사 소장본의 <훈민정음 언해본>은 1568년(선조 1)에 경상북도 영주의 '희방사(喜方寺)'에서 발간한 목판본의 <훈민정음>이다. 이는 서강대본의 복각본으로 추정된다. 희방사 소장본을 살펴보면 초간본인 서강대 소장본에 나타난 일부 오기나 오각된 부분이 교정되어 있는 것이 특징이다.

셋째, 박승빈 소장본의 <訓民正音>은 박승빈 님이 간수한 단행 목판본의 <훈민정음>이다. 현재는 고려대학교의 아세아문제연구소 육당문고에 소장되어 있는데, 이 책은 <월인석보>에서 훈민정음 부분을 따로 떼내어 제책한 것으로 보인다.

넷째, 궁내성 소장본(宮內省本)의 <訓民正音>은 일본 궁내성 도서료에 있는 필사본의 <훈민정음>으로서 박승빈본과 일치한다.

다섯째, 가나자와 소장본의 <訓民正音>은 일본의 가나자와(金澤庄三郞) 박사가 소장하고 있는 필사본의 <훈민정음>이다.

---

음(正齒音)'은 혀를 말아 아랫잇몸에 가까이 하고 내는 치음의 하나이다. '치두음'과 '정치음'은 중국어에서는 구분되나 국어에서는 구분되지 않았다.

56) 서강대와 희방사 소장의 <훈민정음 언해본>은 단행본으로 간행된 것이 아니라, <월인석보>의 책 머리에 붙어 있는 것이 특징이다. <석보상절>과 <월인석보>를 간행한 사정을 감안하면 <석보상절>의 제1권의 첫 머리에도 붙어 있었을 것으로 추측된다.

57) 중국어에만 있고 국어에는 없는 '치두음(齒頭音)'과 '정치음(正齒音)'에 대한 설명을 굳이 추가한 것은, 훈민정음의 글자로써 중국어를 표기할 때 적용하기 위한 것으로 추정한다.

# 【더 배우기】

## 1. 문자의 종류와 특징

〈**문자의 종류**〉 일반적으로 문자는 특정한 개념을 글자로 표기하는 '표의 문자(表意文字)'와 특정한 소리를 글자로 표기하는 '표음 문자(表音文字)'로 나뉜다.

먼저 '표의 문자(表意文字, 뜻 글자, word writing, logogram, logograph)'는 말소리(시니피앙)와 개념(시니피에)의 결합체인 단어 자체를 표기하는 문장인데, 이를 '단어 문자'라고도 한다.

(1) 田 → /tɕən/ ─── [밭]  (2) 容 → /joŋ/ ─── [얼굴]

예를 들어서 '田'과 '容'이라는 한자는 글자 한 자가 말소리와 개념의 결합체인 단어를 표현하므로 표의 문자이다. 이러한 표의 문자는 음절이나 음소를 표기하는 '표음 문자(소리 글자)'에 대립되는 용어이다.

둘째로 '표음 문자(表音文字, 소리 글자, phonogram)'는 특정한 글자가 단어의 시니피에와는 관련을 끊고 시니피앙과만 관련을 맺는 글자이다. 곧 표음 문자는 단어의 한 요소인 말소리(음절이나 음소)를 적는 글자이다.

(3) ㄱ. そら → /so/, /ra/
  ㄴ. かお → /ka/, /o/

(4) ㄱ. 달 → /t/, /a/, /l/
  ㄴ. 얼굴 → /ʌ/, /l/, /g/, /u/, /l/

(5) ㄱ. sun → /s/, /ʌ/, /n/
  ㄴ. foot → /f/, /u:/, /t/

예를 들어 (3)에서 표음 문자인 일본의 '가나 문자'에서 'そら'는 단어의 소리인 /sora/와 관련된다. 그리고 (4)와 (5)에서 한글의 '달'과 영어의 'foot'는 각각 /tal/과 /fu:t/의 소리와만 관련을 맺고 있다.

표음 문자는 낱낱의 문자가 표시하는 소리의 단위에 따라서 '음절 문자'와 '음소 문자'로 나뉘게 된다. '음절 문자(音節文字, syllabic writing)'는 한 개의 문자에 대응하는 시니피앙의 단위가 음절인 문자를 말한다. 곧 (3)처럼 일본어의 'そら'에서 'そ'와 'ら'는 각각 /so/와 /ra/에 대응되기 때문에 음절 문자이다. 반면에 '음소 문자(音素文字, phonetic writing)'는 문자 하나가 표기하는 시니피앙의 단위가 음소인 문자이다. (4)의 '달'에서 낱낱의 문자 'ㄷ', 'ㅏ', 'ㄹ'은 각각 음소의 소리 단위인 /t/, /a/, /l/에 대응되기 때문에 음소 문자가 된다. 마찬가지로 (5)의 'sun'에서 's', 'u', 'n'은 각각 /s/, /ʌ/, /n/에 대응되므로 음소 문자이다.

〈**음소 문자의 특징**〉 표음 문자는 표의 문자에 비하여 글자의 수가 대단히 적다는 것이 큰 특징이다. 예를 들어서 현대 국어의 입말에서 실현될 수 있는 음절의 수는 이론상으로는 3,520개가 나오지만, 실제로 쓰이는 입말의 음절 수는 1,000여 개 정도이다. 반면에 현대 국어의 입말에서 음소의 수는 자음 19개, 모음 10개, 반모음 2개로 모두 31개밖에 되지 않는다. 즉 음소 글자를 사용하면 31개의 글자만 있으면 대략 국어의 모든 소리를 표현할 수 있는 셈이다.[1] 그리고 현대 일본어는 입말의 음절 수가 120개 내외인데, 음절 문자인 일본 문자에서는 약 47개 내외의 글자만 있으면 음절을 표기하는 데 충분하다고 한다.

표의 문자인 한자(漢字)가 수만 개의 낱글자를 가졌다는 사실[2]과 비교해 볼 때 표음 문자는 글자의 수가 대단히 적다는 것을 알 수 있다. 표음 문자 가운데서도 음소 문자는 음절 문자보다 낱글자의 수가 더 적다. 예를 들어서 현대 영어의 알파벳은 26개의 글자가 쓰이며, 현대 한글은 24개의 글자가 쓰인다. 그리고 현대 일본어를 음절 문자로 표기할 때는 47개의 낱글자가 필요하다. 하지만 일본어의 음절 구조를 음소로 분석하면 대충 자음의 음소가 9개, 모음의 음소가 5개이므로 모두 합하여 14개밖에 되지 않는다. 그러므로 만일 일본어를 음소 문자로 개발하여 표기한다면 불과 14개의 낱글자만 있으면 된다.

이러한 점을 보면 음소 문자는 낱글자의 수가 표의 문자나 음절 문자보다는 훨씬 적어서 낱글자를 익히기가 쉽다는 것을 알 수 있다.

---

1) 현대 국어에서 쓰이는 음소의 수가 31개이지만, 실제로는 자음 글자 14개와 모음 글자 10개로서 모두 24개가 쓰이고 있다.

2) 예를 들어 1716년에 제작된 <강희자전, 康熙字典>에는 약 4만 자가 수록되어 있다고 한다.

## 2. 차자 표기

우리나라에 한자와 한문이 전래된 것은 B.C. 1세기인데, 그 이후로는 한자와 한문을 이용하여 국어를 표기하는 수단으로 삼았다. 애초에는 중국어를 적는 데 쓰는 한문을 습득하여 국어를 한문 문장으로 적는 것으로 글자 생활을 하였겠지만, 국어와 중국어의 구조적 차이 때문에 한문으로써 국어를 표기하기는 매우 어려웠다.

따라서 기왕에 사용하던 한자와 한문을 이용하여 국어를 표기하는 수단을 모색하기 시작하였는데, 이러한 표기법을 '차자 표기법(借字表記法)'이라고 한다. 차자 표기법의 종류로는 '고유 명사의 표기법, 이두(吏讀), 향찰(鄕札), 구결(口訣)' 등이 있다.

〈**고유 명사의 표기**〉 이 땅에서 살았던 고대인들은 한자를 이용하여 고유 명사인 인명, 지명, 국명, 관직명을 표기하는 노력을 보였는데, 이러한 노력은 국어 표기의 가장 이른 단계에서 이루어졌다.

한자는 각 글자마다 뜻을 나타내는 '표의적인 기능'과 소리를 나타내는 '표음적인 기능'이 있으므로, 한자를 이용하여 국어를 표기하는 방법은 두 가지가 있었다. 첫째는 '음차(音借)'로서 한자의 표음적 기능만 취하여 국어를 표기하는 방법이고, 둘째는 '훈차(訓借)'로서 한자의 표의적 기능만을 살려서 국어를 표기하는 방법이다.

(1) ㄱ. 음차(音借) : 古 — /고/
고
ㄴ. 훈차(訓借) : 水 — [믈]
수

(1)에서 (ㄱ)처럼 소리 /고/를 표기하는 데에 한자 '古'를 이용하는 방법은 음차(音借)이며, '믈(> 물)'을 표기하는 데에 한자 '水'를 이용하는 방법은 훈차(訓借)이다.

이처럼 한자의 음과 훈을 빌려서 땅 이름이나 사람 이름, 관직 이름과 같은 고유 명사를 표기한 예가 <삼국사기>나 <삼국유사>에 실려 있다.

(2) ㄱ. 淸風縣 本沙熱伊縣 [삼국사기 권 35, 지리 2]
청 풍 현 본 사 열 이 현
ㄴ. 淸風縣은 본디 沙熱伊縣이다.

(2)에서 '淸風縣(청풍현)'은 중세 국어에서 부사로 쓰인 '서늘히(寒)'와 관련이 있는 말이다. 아마 '서늘한 바람'이 많이 부는 고을'이라는 뜻으로 '沙熱伊縣(사열이현)'이라는

땅 이름이 붙은 것 같다. 곧 '서늘히'라는 순 우리말을 한자의 음을 빌려서 '沙熱伊'로 표기한 것이다.

이처럼 땅 이름만 한자를 빌려서 표기한 것이 아니라, 아래와 같이 사람의 이름도 한자를 빌려서 표기하였다.

(3) ㄱ. 赫居世王 … 蓋鄕言也 或作弗矩內王 言光明理世也 [삼국유사 권 1, 신라 시조]
혁 거 세 왕 　 개 향 언 야 혹 작 불 구 내 왕 언 광 명 리 세 야

ㄴ. 赫居世王은 … 대개 향언(鄕言, 국어)이다. 혹은 弗矩內王이라고 하는데, (이는) 광명(光明)이 세상을 다스린다고 하는 말이다.

(3)에서는 '赫居世王(혁거세왕)'을 '弗矩內王(불구내왕)'으로 표기하였는데, 이를 '光明理世(광명이세)'로 그 뜻을 풀이하였다. 이를 종합하면 '弗矩內'는 '불군(ㄱ) 뉘(밝은 세상)'을 한자의 소리로 적은 것이고, 이 말의 뜻을 '赫居世'로 적은 것이다.

이처럼 한자의 음과 훈을 빌려서 땅 이름이나 사람 이름과 같은 고유 명사를 표기한 것은 국어를 표기한 가장 초기 단계의 방법이다.

〈이두〉 중국어(고립어)를 표기하는 한문으로써 첨가어(교착어)인 국어를 표기하는 것은 매우 어려웠고 불편하였다. 따라서 한자의 음과 훈(訓 : 새김)을 빌려서 우리말을 표기하던 차자 표기법(借字表記法)이 생겼는데, 이것이 이두(吏讀)이다. 이두는 특정한 시대에 완성된 것이 아니라, 삼국 시대부터 초기의 형식이 발달하기 시작하여 통일 신라, 고려, 조선 시대까지 쓰인 차자 표기법이다. 이러한 이두는 국어의 입말을 표기하는 방식에 따라서 '초기의 이두'와 '본격적인 이두'로 구분할 수 있다.

먼저 '초기의 이두'는 한문 문장의 어순을 국어의 어순으로 바꾸어 표기하는 방법인데, 이를 '서기문식 표기(誓記文式 表記)'라고도 한다. 이러한 표기는 글자를 한자를 빌려 오되, 중국어의 어법을 완전히 무시하고 국어의 어순에 맞도록 한자를 나열하는 표기법이다. 그리고 일부 문법 형태소를 한자를 이용하여 표기한 것도 있다.

초기 이두문의 예로서, 경주군 견곡면 김척리 석장사 터의 뒤 언덕에서 발견된 '임신서기석(壬申誓記石)'에 새겨진 다음의 (4)와 같은 글이 있다.

(4) 任申年六月十八日, 二人幷誓記, 天前誓, 今自三年以後, 忠道執持, 過失无誓, 若
임 신 년 육 월 십 팔 일 이 인 병 서 기 천 전 서 금 자 삼 년 이 후 충 도 집 지 과 실 무 서 약

此事失, 天大罪得誓, 若國不安大亂世, 可容行誓之, 又別先辛未年 七月卄二日
차 사 실 천 대 죄 득 서 약 국 불 안 대 란 세 가 용 행 서 지 우 별 선 신 미 년 칠 월 입 이 일

大誓, 詩尙書禮傳倫得誓三年[3)]
대 서 시 상 서 예 전 륜 득 서 삼 년

(5) 任申年六月十八日, 二人幷誓記, 天前誓, 自今三年以後, 執持忠道, 誓无過失, 若失此事, 誓得大罪於天, 若國不安大亂世, 誓可容行之, 又別先辛未年 七月廿二日大誓, 誓倫得時尙書禮傳三年

(4)의 문장에 쓰인 한자의 순서를 바꾸면 (5)와 같은 온전한 한문이 된다. 이처럼 서기문식 표기법은 한자를 국어의 어순과 동일하게 배열하여 사용하였기 때문에, 국어의 입말을 표기하는 데는 한문을 그대로 쓰는 것보다 나은 점이 있었다. 그러나 국어에서 문법적 기능을 나타내는 조사나 어미와 같은 문법 형태소를 서기문식 표기로는 적을 수 없었기 때문에 큰 불편이 따랐다.[4)]

이두문 중에서 이른 시기에 된 것으로 추정되는 또 하나의 예로서, 서기 591년에 제작된 경주 남산의 '신성비(新城碑)'의 비문이다.(안병희 · 이광호(1993:19)의 내용 참조.)

(6) ㄱ. 辛亥年二月廿六日 南山新城作節 如法以作後 三年崩破者 罪教事爲聞教令誓事之
ㄴ. 신해년 이월이십육 일 남산의 신성(新城)을 지을 때, 법대로 지은 후(後) 삼년(안)에 붕파(崩破)한 것은 죄 주실 일로 삼아 듣게 하시고 맹세하게 하느니라.

(6ㄱ)의 문장에서 밑줄 친 부분은 (6ㄴ)과 같은 국어 문장의 어순에 따라서 한자를 재배열하여 표현하였으며, '節, 以, 爲, 教, 令, 之' 등은 한자의 훈(訓)을 빌려서 국어의 입말을 표기한 예이다.[5)] (6ㄱ)의 문장은 국어의 어순에 따라서 한자를 배열하였고, 비록 일부이기는 하지만 한자의 훈을 빌려서 국어의 어휘나 문법 형태소를 표기한 문장으로 볼 수 있다.

'초기 이두'의 형태에서 더욱 발전한 것이 '본격적인 이두'이다. 이는 국어의 조사나

3) 임신년 6월 18일 둘이 함께 맹서하여 기록한다. 하늘 앞에 맹서한다. 지금으로부터 3년 이후에 충도를 집지하고 과실이 없기를 맹서한다. 만일 이 일(서약)을 잃으면(어기면) 하늘에 큰 죄를 얻을 것이라고 맹서한다. 만일 나라가 편안치 않고 크게 세상이 어지러우면 가히 모름지기(충도를) 행할 것을 맹서한다. 또 따로 앞서 신미년 7월 22일에 크게 맹서하였다. 모시, 상서, 예기, 춘추전(좌전)을 윤득(차례로 습득)하기를 맹서하되 3년으로써 하였다.

4) 다만, 문법 형태소로는 '之'가 동사의 종결형을 표시하고 있다.(이기문 1998:62 참조.)

5) 節 = 디위(때), 以 = -로(방편), 爲 = 삼다, 教 = -게 ᄒᆞ다(사동), 令 = -게 ᄒᆞ다(사동), 之 = 문장의 종결 기능

어미와 같은 일부 문법 형태소를 한자를 이용하여 표기하여 국어의 입말을 더욱 적극적으로 표기하려고 한 것이다. 곧 문장의 중심을 이루는 성분인 의미부는 그대로 한문식 어휘로 표기하되, 서기문식으로 그 차례를 국어의 어순에 맞게 하였다. 반면에 국어의 형식 형태소와 때로는 극소수의 명사나 부사 등은 국어의 음에 맞는 한자를 빌려와서 적었다.

아래의 (7)은 완전한 한문식 문장인 <대명률, 大明律(1367)>의 문장이다. 그리고 (8)은 1395년에 발간된 <대명률직해, 大明律直解>인데, (7)의 한문 문장을 이두문으로 바꾸어서 적은 것이다.[6]

(7) 凡僧道取妻妾者 杖八十還俗 女家同罪離異 寺觀住持知情 與同罪 若僧道假託親<br>
범승도취처첩자 장팔십환속 녀가동죄이이 사관주지지정 여동죄 약승도가탁친<br>
屬或僮僕爲名求娶而僧道自占者 以奸論 [대명률]<br>
속혹동복위명구취이승도자점자 이간론

(8) 凡僧人等亦 取妻妾爲在乙良 杖八十遣 還俗爲弥 女家罪同遣 離異爲乎矣 寺院住持<br>
돌히 ᄒᆞ겨늘랑 고 ᄒᆞ며 고 ᄒᆞ오ᄃᆡ<br>
亦 知情爲在乙良 罪同齊 僧人亦 妄稱親族及奴子等乙 委爲 求婚爲如可 自娶爲妻<br>
이 ᄒᆞ겨늘랑 제 이 돌ᄒᆞᆯ ᄒᆞ야 ᄒᆞ다가<br>
妾爲在乙良 犯奸以 論爲乎事[7] [대명률직해]<br>
ᄒᆞ겨늘랑 로 ᄒᆞ온일

(8)의 이두문에서 아래에 덧말이 적힌 글자가 이두 글자인데, 이를 중세 국어와 현대 국어로 옮기면 대략 다음과 같다.

(9) 等 = 돌ㅎ(들), 亦 = 이, 爲在乙良 = ᄒᆞ겨늘랑(하거들랑), 遣= (ᄒᆞ)고, 爲弥 = ᄒᆞ며(하며), 爲乎矣 = ᄒᆞ오ᄃᆡ(하오되), 齊 = (ᄒᆞ)제(-라: 명령형 어미), 等乙 = 돌ᄒᆞᆯ(-들을), 爲 = ᄒᆞ야(하여), 爲如可 = ᄒᆞ다가(하다가), 以 = 으로/ᄋᆞ로, 爲乎事 = ᄒᆞ온일(한 일)

그 밖에도 '矣身(= 의몸: 이 몸, 저), 私音丁(= 아ᄅᆞᆷ뎌: 사사로이), 更良(= 가ᄉᆡ야: 다

6) 조선조 태조는 명나라 형률인 <대명률>을 그대로 사용했는데, 그것은 중국의 것이었기 때문에 우리나라 형편에는 맞지 않는 것이었고, 또한 어려운 글귀도 많아서 이로써 형(刑)을 다스리기는 여간 어려운 일이 아니었다. 그러므로 태조는 이두로써 이것을 번역하게 했으니 이것이 <대명률직해>이다.

7) 무릇 중들이 (처첩을) 장가들거든 매 80을 때리고 환속하며, 여자의 집도 죄를 같이 주고, 중과 여자는 떼어 버리되, 절의 주지가 그 사정을 알았다면 또한 죄를 같게 하라. 중이 그 친척이나, 종들의 이름을 빙자하여 구혼하다가 자기가 장가를 들거든 범간한 죄로 다스릴 일.

시), 此樣以(= 이 양으로: 이와 같이), 有去等(= 잇거든: 있거든), 他矣(= 나믹: 남의), 必于(= 비록), 令是良置(= 시기여두: 시키어도), 不冬(= 안들: 아니, 不), 曾只(= 일즉: 일찍)' 등의 이두 글자가 이두문에 많이 쓰였다.(허웅 1983:287 참조.)

그리고 이두문의 또 다른 예로서 한문 문장인 <명률>의 (10)과 같은 구절을 <대명률직해>에서 이두문으로 (11)의 (ㄱ)처럼 표기한 것도 있다.

(10) 凡奴婢毆家長者皆斬 [대명률]
범 노 비 구 가 장 자 개 참

(11) ㄱ. 凡奴婢亦 家長乙 犯打爲在乙良 並只 斬齊 [대명률직해]
이 을 ᄒᆞ 겨 늘 량 다모기 제

ㄴ. 무릇 노비(奴婢)<u>가</u> 가장(家長)<u>을</u> 범(犯)하여 때리<u>거든</u> <u>반드시</u> 참(斬)하<u>라</u>.

(10)과 (11ㄱ)을 비교하면, (10)은 완전한 한문의 어순을 하고 있지만 (11ㄱ)의 이두문은 국어의 어순인 '주어–목적어–서술어'의 짜임을 하고 있다. 그리고 일부 용언의 어간과 부사의 의미부는 '爲(ᄒᆞ-), 並(다모-)'로 적었으며, 형식 형태소인 국어의 조사는 '亦, 乙'로 용언의 어미는 '在乙良(-겨늘랑), 只(-기), 齊(-제)'로 적었다. (11ㄴ)의 글은 (11ㄱ)의 이두문을 다시 현대 국어로 옮긴 것이다.

이처럼 이두는 한자의 음과 뜻의 중의 어느 하나로 읽힌다. 하지만 그것을 어느 쪽으로 읽어야 하는가 하는 데에는 일정한 기준이 없었다. 예를 들어서 '明'의 글자는 현대어에서는 /명/으로만 읽히지만, 이두에서는 소리로 읽어서 /명/으로 읽을 수도 있고 뜻으로 읽어서 '붉-'으로도 읽을 수 있다. 향찰이나 이두에서 발음으로 읽은 것은 음절 글자의 특징이고, 뜻으로 읽은 것은 단어 문자의 특징이라고 할 수 있다. 그러므로 엄격히 말하면 이두 문자는 '단어 - 음절 문자'로 볼 수 있다.

〈**향찰**〉 통일 신라 시대 사람들은 한자의 소리나 뜻을 이용하여 국어의 문장, 특히 향가(鄕歌)의 노랫말을 적는 방법을 생각해 내었는데, 그것이 곧 '향찰(鄕札)'이다.[8]

이두(吏讀)는 한문을 주로 하는 글에서 토로 쓰던 부분에 한정되어 사용되었기 때문에 이두를 생략해도 한문의 형태는 그대로 남아 있기 때문에 문장의 뜻을 이해할 수 있다. 이와는 달리 향찰은 국어의 문장 전부를 한자의 음과 훈을 빌려서 표기했기 때

8) '향찰(鄕札)'이란 용어는 <균여전, 均如傳>에 실린 최행귀(崔行歸)의 역시(譯詩) 서문에 쓰인 말이다. 최행귀는 향찰을 당문(唐文, 漢文)에 대립되는 뜻으로 사용하였는데, 향가(鄕歌)의 문장과 같은 우리말의 문장이라는 뜻으로 썼다.

문에 향찰을 없애면 문장 전체가 없어진다.[9)]

향찰을 사용할 때에는 국어의 문법적 형태소를 될 수 있으면 표음적(表音的)으로 적었는데, 향찰의 쓰임에 나타난 몇 가지 규칙성을 찾아 보면 다음과 같다.

첫째, 한 음절로 된 단어의 끝소리나, 두 음절 이상으로 된 단어의 끝음절을 한자의 음을 이용하여 보태어 썼다.

(12) ㄱ. 道尸 : [길] + /ㄹ/
ㄴ. 夜音 : [밤] + /ㅁ/
ㄷ. 掃尸 : [쁠] + /ㄹ/

(13) ㄱ. 秋察 : [ᄀᆞᅀᆞᆯ] + /슬/
ㄴ. 慕理 : [그리] + /리/
ㄷ. 寢矣 : [자리] + /이/

(12)와 (13)에서 첫 글자를 뜻으로 읽으면 '길, 밤, 쁠'과 'ᄀᆞᅀᆞᆯ, 그리-, 자리'로 읽어서 의사 전달이 가능하다. 그러나 단어의 소리를 좀 더 분명하게 나타내기 위하여, (12)처럼 한 음절로 된 단어의 끝소리와 동일하게 소리 나는 한자를 덧붙여 쓰거나, (13)처럼 두 음절 이상으로 된 단어의 끝 음절을 그와 동일하게 소리 나는 한자로 적었다.

둘째, 조사나 어미 따위의 문법 형태소들은 대체로 한자의 음을 이용하여 적었다.(음차)

(14) ㄱ. 君隱父也
ㄴ. 毛如云遣去內尼叱古

(15) ㄱ. 君隱(님금 은) 父也(아비 야) (님금은 아비여)
ㄴ. 毛如(몯 다) 云遣(니ᄅᆞ 고) 去內尼叱古(가 ᄂᆞ 니 고)(몯다 니ᄅᆞ고 가ᄂᆞ닛고)

(14)에서 밑줄 그은 요소는 조사나 어미와 같은 문법 형태소들인데, 이들은 한자의 음을 빌려 와서 읽었다.[10)]

셋째, 체언·부사·용언 어간 등의 실질 형태소는 그 형태소의 뜻에 대응되는 한자로 표기하였다.(훈차)

9) 향찰식 표기법에 대한 연구사와 학자별 이론에 대한 비평은 유창균(1994)의 내용을 참조.
10) 단, '毛如(몯다)'는 부사인데도 음차를 했다.

(16) ㄱ. 용언의 어간: 浮(ᄠᅳ-), 用(ᄡᅳ-)
ㄴ. 체언, 부사 : 君(님금), 地(ᄯᅡ), 月(ᄃᆞᆯ) ; 又(ᄯᅩ)

(ㄱ)에서 '浮'와 '用'은 각각 용언의 어간인 'ᄠᅳ-'와 'ᄡᅳ-'를 한자로 표기한 것이며, (ㄴ)에서 '君, 地, 月' 등은 체언인 '님금, ᄯᅡ, ᄃᆞᆯ'을, '又'는 부사인 'ᄯᅩ'를 한자로 표기한 것이다. 이들 한자는 모두 한자의 뜻을 빌려서 국어를 적은 예이다.

다음은 <삼국유사 권 2>의 '망해사(望海寺) 조(條)'에 실린 처용가(處容歌)인데, 이 노래도 향찰로 표기되어 있다.

| [향찰 문] | [중세 국어 해독문] | [현대어 해독문] |
|---|---|---|
| 東京 明期 月良 | ᄉᆡᄫᆞᆯ ᄇᆞᆯ긔 ᄃᆞ래 | 서울 밝은 달에 |
| 夜入伊 遊行如可 | 밤드리 노니다가 | 밤이 깊도록 노니다가 |
| 入良沙 寢矣 見昆 | 드러ᅀᅡ 자리 보곤 | 들어 잠자리를 보니 |
| 脚烏伊 四是良羅 | 가ᄅᆞ리 네히어라 | 다리가 넷이구나 |
| 二肹隱 吾下於叱古 | 둘흔 내해엇고 | 둘은 내 것이고 |
| 二肹隱 誰支下焉古 | 둘흔 뉘해언고 | 둘은 뉘 것인고 |
| 本矣 吾下是如馬於隱 | 본ᄃᆡ 내해다마ᄅᆞᆫ | 본디 내 것이다마는 |
| 奪叱良乙 何如爲理古 | 아ᅀᅡᄂᆞᆯ 엇디ᄒᆞ릿고 | 빼앗거늘 어찌하겠는가? |

이 노래에 관한 정확한 해독은 아직 이루어지지 않았지만, 양주동 님의 해독에 따르면 대략 위과 같이 중세 국어와 현대 국어로 옮길 수 있다.(양주동 1965:378 이하 참조.)

여기서 처용가의 앞 부분에 있는 두 구(句)를 양주동 님의 해독에 의거하여 간략히 소개한다.(허웅 1983:284 참조.)

(17) ㄱ. 東京(ᄉᆡᄫᆞᆯ): 東(ᄉᆡ-: 동쪽) + 京(ᄫᆞᆯ: 벌)
ㄴ. 明期(ᄇᆞᆯ긔): 明(ᄇᆞᆰ-: 밝다) + 期(-의: -은)
ㄷ. 月良(ᄃᆞ래): 月(ᄃᆞᆯ: 달) + 良(-애: -에)
ㄹ. 夜入伊(밤드리): 夜(밤: 밤) + 入(들다: 들다)- + 伊(-이: -이)
ㅂ. 遊行如可(노니다가): 遊(노-: 놀다)- + 行(니-: 가다, 지내다)- + 如可(-다가: -다가)
ㅅ. 入良沙(드러ᅀᅡ): 入(들-: 들다)- + 良(-어: -어) + 沙(-ᅀᅡ: -야)

ㅇ. 寢矣(자리) : 寢(자리 : 자리) + -矣(이 : /이/)

ㅈ. 見昆 : 見(보- : 보다) + 昆(-곤 : -고는)

ㅊ. 脚烏伊 : 脚烏(가ᄅᆞᆯ, 가ᄃᆞᆯ : 다리) + -伊(-이 : -이)

ㅋ. 四是良羅 : 四(네ㅎ : 넷) + 是(-이- : 이다) + 良(-어 : -어) + 羅(-라 : -라)

'ᄉᆡᄫᅳᆯ'은 지금말의 '서울'인데 그 당시의 서울은 경주이며 이 경주는 '東京'이라고도 하였으므로, 이것을 한자 '東京'으로 적었다. 그리고 'ᄇᆞᆯ긔'의 'ᄇᆞᆰ-'은 '明', 'ᄃᆞᆯ'은 '月', '밤'은 '夜', '드리'의 '들-'은 '入', '노니다가'의 '노니-'는 '遊行'으로 적었다. 이들 형태소들은 모두 실질 형태소였는데 주로 한자의 뜻을 빌려 와서 적었다.(이하의 풀이는 생략한다.)

그런데 중국말에는 일반적으로 문법 형태소가 발달하지 않았다. 따라서 국어의 문법 형태소를 한자로 적는 방법은 그리 쉽게 해결되지 않았다. 'ᄇᆞᆯ긔'의 '-의', 'ᄃᆞ래'의 '-애', '드리'의 '-이', '노니다가'의 '-다가'에 대응되는 중국말이 없었으므로, 이러한 문법 형태소를 적는 한자도 거의 없었다. 그러므로 그 당시의 사람들은 이러한 문법 형태소를 적는 데에는 한자의 음을 빌려 와서 표기하는 방법을 생각하였다. 곧 'ᄇᆞᆯ긔'의 '-의' 부분은 따로 떨어져 발음되지 않으므로 '긔'를 한자의 '期'로써 적었다. 'ᄃᆞ래'도 그와 비슷한 방법으로 '月'과 '良'으로, '드리'의 '-이'는 바로 '伊'로, '노니다가'의 '-다가'는 '如可'로 적었다. 여기서 '如'로써 '다'를 적은 이유는 '비슷하다(如)'의 뜻을 가진 말에 '-답다'가 있었던 탓이 아닐까 생각된다. 그리고 '가'는 바로 '可'의 음이므로 그 소리로 이 한자를 빌려 와서 쓴 것이다.

〈**구결**〉 서기문식 표기에 문법소 부분을 보완한 것이 이두식 표기이다. 이와 비슷하게 원 한문 글은 그대로 두고, 국어의 문법적인 관계를 표시하는 문법소 부분을 한자의 음과 뜻을 빌려 와서 표기한 방법이 '구결(口訣, 토, 입겿)'이다.

구결식 표기법은 한문을 읽을 때 그 뜻을 이해하기 쉽게 하기 위한 방편으로, 이두의 표기법을 한문의 구절과 단락 사이에 이용한 것에 불과하다. 곧 한문 원문을 읽을 때 원 한문의 어순을 그대로 두고 토를 삽입한 것이다.[11] 구결식으로 표기할 때 처음

---

11) 이두문은 한자의 배열 순서를 국어의 어순으로 바꾸거나 국어의 일부 문법 형태소를 한자를 빌려서 표기하였기 때문에, 이두문에서 이두식 한자를 제외하면 문장이 성립하지 않는다. 반면에 구결은 한문 문장을 읽기 쉽게 하기 위하여 보조적으로 삽입한 것에 지나지 않기 때문에, 구결문에서 구결로 쓰인 글자를 빼어내면 온전한 한문 문장이 된다.

에는 한자를 그대로 쓰다가 차츰 한자의 약체(略體)를 쓰게 되었고, 한글 창제 후에는 한글 토를 달게 되었다. 다음의 (18)은 조선 중종 때 나온 <동몽선습, 童蒙先習, 1541년>에 실린 구결의 예이다.

(18) 天地之間萬物之中<u>厓</u> 唯人<u>伊</u> 最貴<u>爲尼</u> 所貴乎人者<u>隱</u> 以其有五倫也<u>羅</u> 是故<u>奴</u> 孟子<u>伊</u> 曰 父子有親<u>爲弥</u> 君臣有義<u>爲弥</u> 夫婦有別<u>爲弥</u> 長幼有序<u>爲弥</u> 朋友有信<u>是羅</u> <u>爲時尼</u> 人而不知有五常 則其違禽獸<u>伊</u> 不遠矣<u>理羅</u> [동몽선습]

(19) 天地之間萬物之中厓(애) 唯人伊(이) 最貴爲尼(ᄒᆞ니) 所貴乎人者隱(ᄂᆞᆫ) 以其有五倫也羅(라) 是故奴(로) 孟子伊(이) 曰 父子有親爲弥(ᄒᆞ며) 君臣有義爲弥(ᄒᆞ며) 夫婦有別爲弥(ᄒᆞ며) 長幼有序爲弥(ᄒᆞ며) 朋友有信是羅(이라) 爲時尼(ᄒᆞ시니) 人而不知有五常 則其違禽獸伊(이) 不遠矣理羅(리라)

(20) 厓 = -애/-에, 伊 = -이, 爲尼 = ᄒᆞ니, 隱 = -ᄂᆞᆫ/-ᄋᆞᆫ, 羅 = -라, 奴 = -로, 爲弥 = -ᄒᆞ며, 是羅 = -이라, 爲時尼 = ᄒᆞ시니, 理羅 = -리라

(18)에서 밑줄이 그어지지 않은 부분은 온전한 한문 문장이고 밑줄을 그은 부분은 구결이다. 구결은 주로 한문의 구절과 구절 사이에 문법소의 역할을 하는 말을 표기하는 데에 사용이 되었는데, (19)에서 밑줄 그은 구결 부분은 (20)과 같이 읽었다.

그리고 구결문은 (18)처럼 온전한 한자로 표기되기도 하였지만, 한자의 자형을 줄여서 표기하기도 하였다.

(21) ㄱ. 父母<u>阝</u>天性之親<u>、亽</u>生而育之<u>ソロ</u>愛而敎之<u>ソ尔</u>
ㄴ. 父母<u>ᄂᆞᆫ</u>天性之親<u>이라</u>生而育之<u>ᄒᆞ고</u> 愛而敎之<u>ᄒᆞ며</u>
ㄷ. 父母<u>는</u> 天性之親<u>이다</u> 生而育之<u>하고</u> 愛而敎之<u>하며</u>

그리고 (21)에서 (ㄱ)은 구결문이 한자의 약자(略字)로 표기된 것인데, '阝, 、, 亽, ソ, ロ, ソ, 尔' 등이 약자로 된 구결이다.12) 이처럼 구결은 대부분 한자의 음을 취하였는

12) '阝'은 '隱'자의 한 쪽을 딴 것인데 그 음은 /은, 는/이나 때로는 /ㄴ/만을 나타낸다. '、'는 '是'의 밑 부분으로 /이/ 또는 반홀소리 /j/로 읽는다. '亽'는 '羅'의 약체인 '罖'의 밑 부분을 딴 것으로 /라/로 읽었으며, 'ロ'는 '古'의 밑 부분으로 /고/로 읽었다. 'ソ'는 '爲'의 윗 부분을 딴것으로 /ᄒᆞ/로 읽었으며, '尔'는 '旀(弥)'의 오른쪽 부분만 딴 것으로 /며/로 읽는다.(허웅 1983:291의 내용을 참조.)

데, 예를 들어서 '爲尼'에서 '爲(ᄒᆞ)' 등은 한자의 뜻으로도 읽혔지만 실제로는 '하다(爲)'라는 뜻과는 관계없이 쓰였다. 따라서 구결은 표음 문자이며, 표음 문자 중에서도 음절 문자에 해당된다.

### 3. <東國正韻 序>에서 밝힌 조선 한자음의 변화 양상

신숙주는 '동국정운의 서(序)'에서 조선 한자음이 변한 양상을 '자모(字母), 칠음(七音), 청탁(淸濁), 사성(四聲)'으로 나누어서 구체적으로 밝혔다.

첫째, 조선의 한자음 중에서 '자모(字母)'[13]가 변한 것의 예는 다음과 같다.

(1) ㄱ. *若以牙音言之 溪母之字 太半入於見母 此字母之變也。*
ㄴ. 만일 아음으로써 말한다면, '계모(溪母, ㅋ)'의 글자는 태반이 '견모(見母, ㄱ)'에 들어갔는데, 이는 자모(字母)가 바뀐 것이다.

(2) ㄱ. 克 : /큭/ → /극/
ㄴ. 困 : /콘/ → /곤/

예를 들어서 '克'과 '困'은 중국 한자음에서는 '계모(溪母, ㅋ)'로서 각각 /큭/, /콘/으로 소리 났는데, 이것이 조선의 한자음에서는 '견모(見母, ㄱ)'로 바뀌어서 /극/, /곤/으로 발음되었다. 이는 음절의 첫소리인 자음 자체가 변한 것이다.

둘째, 조선의 한자음 중에서 '칠음(七音[14])'이 변한 것의 예는 다음과 같다.

(3) ㄱ. *溪母之字 或入於曉母 此七音之變也。*
ㄴ. '계모(溪母, ㅋ)'의 글자가 혹은 '효모(曉母, ㅎ)'에도 들어갔으니, 이는 '칠음(七音)'이 바뀐 것이다.

---

13) '자모(字母)'는 중국의 음운학에서 동일한 '성모(聲母, 자음)'를 가진 글자들 가운데에서 한 글자를 골라 그 대표로 삼은 글자를 이른다. 예를 들어서 '疑(의)'는 아음의 불청불탁인 'ㆁ'에 대응하는 자모이며, '喩(유)'는 후음의 불청불탁인 'ㅇ'에 대응하는 자모이다. 그리고 '계모(溪母)'는 'ㅋ'에 대응하는 자모이며, '견모(見母)'는 'ㄱ'에 대응하는 자모이다.

14) '칠음(七音)'은 소리를 발성 위치에 따라서 분류한, '아(牙), 설(舌), 순(脣), 치(齒), 후(喉), 반설(半舌), 반치(半齒)'의 7가지 소리를 말한다.

(4) ㄱ. 酷 : /콕/ → /혹/
ㄴ. 欽 : /큼/ → /흠/

예를 들어서 '酷'과 '欽'은 중국의 한자음에서는 '계모(溪母, ㅋ)'로서 각각 /콕/, /큼/으로 소리 났는데, 이것이 조선의 한자음에서는 '효모(曉母, ㅎ)로 바뀌어서 /혹/, /흠/으로 발음되었다. 이는 음절의 첫소리인 조음 위치가 아음(牙音)에서 후음(喉音)으로 변한 것이다.

셋째, 조선의 한자음 중에서 '청탁(淸濁)'이 변한 것의 예는 다음과 같다.

(5) ㄱ. 我國語音 其淸濁之辨 與中國無異 而於字音獨無濁聲 豈有此理 此淸濁之變也。
ㄴ. 우리나라의 말에 청탁(淸濁)의 구분이 있는 것은 중국의 말과 다르지 않다. 그러나 조선의 오직 한자음(字音)에만 탁음(濁音)이 없으니, 이는 어찌된 까닭(理)인가? 이는 청탁이 바뀐 것이다.

(6) 極( /끅/ → /극/ ), 食( /씩/ → /식/ ), 貧( /삔/ → /빈/ ), 談( /땀/ → /담/ )

예를 들어서 (6ㄱ)에서 '極, 食, 貧, 談'의 중국 한자음은 /끅, 씩, 삔, 땀/과 같이 성모(聲母)의 소리가 '전탁(全濁)'인 데 반해서, 조선의 한자음에서는 전탁음이 아니라 /극, 식, 빈, 담/과 같이 전청(全淸)의 소리로 발음되었다. 이는 중국의 한자음에서 탁음이던 것이 조선의 한자음에서 청음으로 바뀐 것이므로, 이를 청탁이 변한 것으로 보았다.15)

넷째, 조선의 한자음 중에서 '사성(四聲)'이 변한 구체적인 예는 다음과 같다.

(7) ㄱ. 語音則四聲甚明 字音則上去無別 質勿諸韻 宜以端母爲終聲 而俗用來母 其聲徐緩 不宜入聲 此四聲之變也
ㄴ. 국어의 어음(입말)에는 사성(四聲)이 대단히 분명한데, (조선의) 한자음에는 상성(上聲), 거성(去聲)의 구별이 없다. '질(質)'의 운(韻)과 '물(勿)'의 운(韻)들은 마땅히 단모(端母, ㄷ)로써 종성(終聲)을 삼아야 한다. 그러나 세속에서 내모(來母, ㄹ)로 발음하여 그 소리가 느리게 되므로 입성(入聲)에 마땅하지 아니하니, 이는 사성(四聲)이 변한 것이다.

15) 이에 따라서 <동국정운>에서는 조선 한자음에서 전청으로 발음되던 한자를 모두 '虯(끃), 覃(땀), 步(뽕), 邪(쌍), 慈(쯩), 洪(뽕)'처럼 전탁으로 바뀌어서 표기하였다.

(8) ㄱ. 景(상성 → 거성), 暫(거성 → 상성)
ㄴ. 質(/진/ → /질/), 勿(/문/ → /물/)

조선의 입말에서는 평성, 상성, 거성, 입성이 분명히 구분되는 반면에 조선의 한자음에서는 상성과 거성이 구분되지 않는다. 예를 들어서 (ㄱ)에서 '景'은 중국어에서는 상성인데 조선의 한자음에서는 거성으로 발음되며, '暫'은 중국어에서는 거성인데 조선의 한자음에서는 상성으로 발음되니, 이는 조선의 한자음에서는 상성과 거성이 뒤섞여서 서로 구분이 되지 않았다. 그리고 (ㄴ)에서 '質'과 '勿'은 중국에서는 /짇/, /묻/과 같이 입성으로 발음되는 데 반해서, 조선의 한자음으로는 /질/과 /물/로 발음되어서 입성이 되지 못한다. 신숙주는 (8)의 변화를 사성(四聲)이 변한 것으로 보았다.[16)]

다섯째, 조선의 한자음이 변한 기타의 예를 다음과 같이 밝혔다.

(9) ㄱ. 端之爲來 不惟終聲 如次第之第 牧丹之丹之類 初聲之變者亦衆 國語多用溪母 而字音則獨夬之一音而已 此尤可笑者也。
ㄴ. '단모(端母, ㄷ)'를 '래모(來母, ㄹ)'로 하는 것이 종성(終聲)에만 있는 것이 아니고, '次第(차뎨>차례)'의 '第(뎨 > 례)'와 '牧丹(목단>모란)'의 '丹(단>란)'같은 따위와 같이 초성(初聲)이 변한 것도 또한 많다. 우리나라의 말에서는 '계모(溪母, ㅋ)'를 많이 쓰지만, 한자음에는 ('계모'가 쓰인 것이) 오직 '夬(쾌)'라는 한 글자의 음뿐이니, 이는 더욱 우스운 것이다.

(10) 次第( /차뎨/ → /차례/ ), 牧丹 (/목단/ → /모란/ )

조선의 한자음 중에서 음절의 초성 /ㄷ/이 /ㄹ/로 개별적으로 발음되는 경우가 있었는데, (10)에서처럼 '次第'를 /차례/로 발음하고, '牧丹'을 '모란'으로 발음하는 것이 그러한 예이다. 그리고 순 우리말에서는 초성이 /ㅋ/으로 소리 나는 것이 많은데, 조선의 한자음에서는 /ㅋ/ 초성이 모두 /ㄱ/으로 바뀌어서 오직 '夬(쾌)'의 글자만 초성이 /ㅋ/으로 소리 난다고 보았다.[17)]

16) 이에 따라서 <동국정운>에서는 /ㄹ/로 끝나는 한자음에 'ㆆ'을 붙여서 입성으로 발음하게 했는데, 이를 '以影補來(이영보래)'라고 하였다.
17) 이처럼 조선의 현실 한자음에서는 /ㅋ/ 초성이 거의 /ㄱ/으로 바뀌어 있었다고 했지만, <동국정운>에서는 /ㅋ/ 초성을 모두 살려서 '콩(空)', '켕(硌)', '콩(苦)'과 같이 표기하였다.

# 제2부 <훈민정음 해례본>의 풀이

# 1. (御製 訓民正音)

## 1.1. (御製 序)

‘어제 서(御製 序)’에는 세종대왕이 훈민정음을 창제한 동기와 목적이 나타나 있다.

國之語音 異乎中國 與文字 不相流通 故愚民 有所欲言而終不得伸其
국지어음 이호중국 여문자 불상류통 고우민 유소욕언이종부득신기

情者 多矣 予 爲此憫然 新制二十八字 欲使人人易習 便於日用耳。
정자 다의 여 위차민연 신제이십팔자 욕사인인이습 편어일용이

나라의 말(語音, 입말)이 중국과 달라서 문자(文字, 한문)와 서로 통하지 아니하므로, 어리석은 백성이 말하고자 할 바가 있어도, 끝내 그 뜻을 능히 펴지 못하는 사람이 많다. 내가 이를 불쌍히 여겨 새로 스물여덟 글자를 만드니, 사람마다 쉽게 익혀서 날마다 쓰는 데에 편하게 하고자 할 따름이다.

**【풀이】 세종대왕의 서문**

‘세종대왕의 서문(御製 序)’에서는 한글을 창제한 동기와 목적을 밝혔는데, 이 서문에는 ‘자주 정신’, ‘평등과 민본 정신’, ‘실용 정신’ 등이 나타나 있다.

첫째로 ‘자주 정신’이 나타나 있다. 첨가어인 국어는 고립어인 중국어와 근본적으로 다르기 때문에, 한자를 사용하여 국어를 적는 데는 여러 가지 불합리한 점과 모순이 발생할 수밖에 없었다. 이러한 문제를 간파한 세종대왕은 한자를 외래의 문자로 인식하고, 이에 따르는 불합리성과 모순을 명확하게 인식하여, “國之語音 異乎中國 與文字 不相流通”이라고 밝히고 있다. 곧 세종대왕은 국어와 중국어에 나타나는 근본적인 차이를 인식하고서 국어의 구조에 알맞은 문자를 창제하고자 했다. 세종대왕이 품었던 이러한 자주적인 정신은 훈민정음을 창제하는 출발점이 되었다.

둘째로 ‘평등’과 ‘민본 정신’이 나타나 있다. 세종은 모든 백성은 입말뿐만 아니라 글말을 통해서도 자신의 감정과 생각을 자유롭게 표현할 수 있어야 한다고 생각했다. 한자를 이해하는 지배 계급은 한자를 익혀서 문자 생활을 영위할 수 있었으나, 일반 민중들은 어려운 한자를 사용할 수 없어서 문자 생활을 제대로 영위할 수 없었다. 따

라서 정치 · 사회 · 문화 등 전 영역에서 민중들은 소외 계층으로 남을 수밖에 없었다. 세종은 이러한 상황을 정확하게 인식하고, 이를 "故愚民 有所欲言而終不得伸其情者多矣"라는 말로 지적하였다. 그리고 세종은 이러한 현실을 인식하는 데 그치지 않고 새로운 글자인 훈민정음을 창제함으로써, 문자 생활의 차이에서 나타나는 사회적 모순을 해결하고자 하였다. 세종은 이러한 의지를 "予 爲此憫然 新制二十八字"와 같이 표현하였다. 결국 세종은 '평등 정신'과 '민본 정신'에 입각하여 훈민정음을 창제한 것이다.

셋째, '실용 정신'이 나타나 있다. 문자 생활은 온 백성들이 누려야 할 기본적인 생활 양식이다. 그러므로 문자는 민중들이 배우기 쉬워야 하고 사용하는 데에 불편하지 않아야 한다. 세종은 이러한 실용적인 정신에 입각하여 단지 28글자로써 우리말의 모든 소리를 적을 수 있는 음소 문자를 창제하였는데, 이와 같은 실용적인 정신은 "欲使人人易習 便於日用耳"와 같이 표현하고 있다. 우리가 세계 어느 나라의 문자보다 한글을 쉽게 배울 수 있고, 또한 편리하게 사용할 수 있는 것은 이 같은 실용 정신에서 말미암은 것이다.

## 1.2. (例義)

'예의(例義)'에서는 훈민정음의 글자 형태와 음가에 대한 예시와 '종성법, 연서법, 병서법, 부서법, 성음법, 사성법' 등 글자의 운용법을 소개했다.

### 1.2.1. 글자의 모양과 소리

#### 가. 초성 글자의 모양과 소리

ㄱ。牙音。 如君字初發聲
아음 여군자초발성

並書。 如虯字初發聲
병서 여규자초발성

ㅋ。牙音。 如快字初發聲
아음 여쾌자초발성

ㆁ。牙音。 如業字初發聲
아음 여업자초발성

ㄷ。舌音。 如斗字初發聲
설음 여두자초발성

竝書。 如覃字初發聲
병서 여담자초발성

ㅌ。舌音。 如呑字初發聲
설음 여탄자초발성

ㄴ。舌音。 如那字初發聲
설음 여나자초발성

ㅂ。脣音。 如彆字初發聲
순음 여별자초발성

竝書。 如步字初發聲
병서 여보자초발성

ㅍ。脣音。 如漂字初發聲
순음 여표자초발성

ㅁ。脣音。 如彌字初發聲
순음 여미자초발성

ㅈ。齒音。 如卽字初發聲
치음 여즉자초발성

竝書。 如慈字初發聲
병서 여자자초발성

ㅊ。齒音。 如侵字初發聲
치음 여침자초발성

ㅅ。齒音。 如戌字初發聲
치음 여술자초발성

竝書。 如邪字初發聲
병서 여사자초발성

ㆆ。喉音。 如挹字初發聲
후음 여읍자초발성

ㅎ。喉音。 如虛字初發聲
후음 여허자초발성

竝書。 如洪字初發聲
병서 여홍자초발성

ㅇ。喉音。 如欲字初發聲
후음 여욕자초발성

ㄹ。半舌音。 如閭字初發聲
반설음 여려자초발성

ㅿ。半齒音。 如穰字初發聲
반치음 여양자초발성

ㄱ은 어금닛소리(牙音)[1]니 '군(君)자'의 처음에 나는 소리(初發聲[2])와 같다.
　　나란히 쓰면(竝書)[3] '끃(虯)자'[4]의 처음에 나는 소리와 같다.
ㅋ은 어금닛소리니 '쾡(快)자'의 처음에 나는 소리와 같다.
ㆁ은 어금닛소리니 '업(業)자'의 처음에 나는 소리와 같다.

ㄷ은 혓소리(舌音)[5]니 '둫(斗)자'의 처음에 나는 소리와 같다.
　　나란히 쓰면 '땀(覃)자'의 처음에 나는 소리와 같다.
ㅌ은 혓소리니 '툰(呑)자'의 처음에 나는 소리와 같다.
ㄴ은 혓소리니 '낭(那)자'의 처음에 나는 소리와 같다.

ㅂ은 입술소리(脣音)[6]니 '볋(彆)자'의 처음에 나는 소리와 같다.
　　나란히 쓰면 '뽕(步)자'의 처음에 나는 소리와 같다.
ㅍ은 입술소리니 '푷(漂)자'의 처음에 나는 소리와 같다.
ㅁ은 입슬소리니 '밍(彌)자'의 처음에 나는 소리와 같다.

ㅈ은 잇소리(齒音)[7]니 '즉(卽)자'의 처음에 나는 소리와 같다.
　　나란히 쓰면 '쭝(慈)자'의 처음에 나는 소리와 같다.
ㅊ은 잇소리니 '침(侵)자'의 처음에 나는 소리와 같다.
ㅅ은 잇소리니 '슗(戌)자'의 처음에 나는 소리와 같다.
　　나란히 쓰면 '썅(邪)자'의 처음에 나는 소리와 같다.
ㆆ은 목소리(喉音)[8]니 '흡(挹)자'의 처음에 나는 소리와 같다.
ㅎ은 목소리니 '헝(虛)자'의 처음에 나는 소리와 같다.
　　나란히 쓰면 '홍(洪)자'의 처음에 나는 소리와 같다.

---

1) 아음(牙音): 어금닛소리. '연구개음(軟口蓋音)'으로서 혀의 뒷부분과 연구개의 사이에서 나는 소리이다.
2) 초발성(初發聲): 음절의 구성에서 처음 소리인 자음이다. 예를 들어 '님'에서 'ㄴ' 따위이다.
3) 병서(竝書): 두 개 이상의 홑 글자를 옆으로 나란히 적는 것이다.
4) 여기서 한자음을 훈민정음의 글자로 표기할 때는, <훈민정음 언해본>에서 취한 방식으로 '동국정운식 한자음'의 표기 방식을 따른다. 곧, '虯'를 '끃'로, '戌'을 '슗'로 적는다.
5) 설음(舌音): 혓소리. '치조음(齒槽音)'으로서, 혀끝과 잇몸 사이에서 나는 소리이다.
6) 순음(脣音): 입술소리. '양순음(兩脣音)'으로서, 두 입술 사이에서 나는 소리이다.
7) 치음(齒音): 잇소리. '설단음(舌端音)'으로서, 혀끝을 윗니의 뒷부분이나 윗잇몸에 대어서 내는 소리이다.
8) 후음(喉音): 목(구멍)소리, 즉 인두의 벽과 혀뿌리를 마찰하여 내는 소리이다.

ㅇ은 목소리니 '욕(欲)자'의 처음에 나는 소리와 같다.
ㄹ은 반혓소리(半舌音)[9]니 '려ᇹ(閭)자'의 처음에 나는 소리와 같다.
ㅿ은 반잇소리(半齒音)[10]니 'ᅀᅣᇰ(穰)자'의 처음에 나는 소리와 같다.

**【풀이】 훈민정음의 초성 글자의 모양과 소리에 대한 예시**

초성 글자의 모양과 소리를 한자의 발음을 활용하여 예를 들어 보였는데, 여기서 사용된 한자는 모두 23자이다. 훈민정음에서는 초성 글자를 설명하는 데에 쓰인 한자를 그대로 종성 글자를 설명하는 데도 이용하여, 훈민정음을 익히는 학습자들에게 편의를 제공하고 있다.

| 淸濁 / 聲音 | 全淸 | 全濁 | 次淸 | 不淸不濁 |
|---|---|---|---|---|
| 牙音 | ㄱ(君, 군) | ㄲ(虯, 뀨ᇹ) | ㅋ(快, 쾌ᇹ) | ㆁ(業, ᅌᅥᆸ) |
| 舌音 | ㄷ(斗, 두ᇹ) | ㄸ(覃, 땀) | ㅌ(呑, ᄐᆞᆫ) | ㄴ(那, 나ᇹ) |
| 脣音 | ㅂ(彆, 벼ᇙ) | ㅃ(步, 뽀ᇹ) | ㅍ(漂, 표ᇹ) | ㅁ(彌, 미ᇹ) |
| 齒音 | ㅈ(卽, 즉)<br>ㅅ(戌, 슈ᇙ) | ㅉ(慈, ᄍᆞᇹ)<br>ㅆ(邪, 쌰ᇹ) | ㅊ(侵, 침) | |
| 喉音 | ㆆ(挹, ᅙᅳᆸ) | ㆅ(洪, ᅘᅩᇰ) | ㅎ(虛, 허ᇹ) | ㅇ(欲, 욕) |
| 半舌 | | | | ㄹ(閭, 려ᇹ) |
| 半齒 | | | | ㅿ(穰, ᅀᅣᇰ) |

[ 표 1. 초성 23글자의 모양과 소리 ]

<훈민정음 해례본>의 '예의편'에서 초성자를 배열한 순서는 다음과 같다.

첫째로 초성이 발음이 되는 '조음 위치(聲音, 七音)'에 따라서 훈민정음의 글자를 '아음-설음-순음-치음-후음-반설음-반치음'의 순서로 배열하였다. 곧 'ㄱ, ㄲ,

9) 반설음(半舌音): 유음(流音). 혀끝을 잇몸에 가볍게 대었다가 떼거나([ɾ]), 잇몸에 댄 채 공기를 그 양옆으로 흘려 보내면서 내는 소리([l])이다.
10) 반치음(半齒音): '유성 치조 마찰음(有聲齒槽摩擦音)'이다. 무성의 치조 마찰음인 /ㅅ/ 소리를 낼 때 목청을 떨어 울려서 내는 유성음인 /z/이다.

ㅋ, ㆁ' 글자의 소리는 혀의 뿌리로써 어금니의 근처(여린입천장 근처)를 막아서 내는 소리이므로 '아음(牙音, 어금닛소리)'이라고 한다. 'ㄷ, ㄸ, ㅌ, ㄴ' 글자의 소리는 혀끝으로 윗잇몸을 막아서 내므로 '설음(舌音, 혓소리)'이라고 한다. 'ㅂ, ㅃ, ㅍ, ㅁ' 글자의 소리는 두 입술을 막아서 내는 소리이므로 '순음(脣音, 입술소리)'이라고 한다. 'ㅈ, ㅉ, ㅊ'과 'ㅅ, ㅆ' 글자의 소리는 혀끝으로 윗니 근처를 막거나 접근시켜서 내므로 '치음(齒音, 잇소리)'이라고 한다. 'ㆆ, ㆅ, ㅎ, ㅇ' 글자의 소리는 목에서 나는 소리이므로 '후음(喉音, 목소리)'이라고 한다. 그리고 'ㄹ' 글자의 소리는 설음인 'ㄷ, ㄸ, ㅌ, ㄴ'과 같은 위치에서 나되 혀끝이 완전하게 닫히지 않는 점이 'ㄷ, ㄸ, ㅌ, ㄴ'의 소리와 다르므로, '반설음(半舌音, 반혓소리)'이라고 한다. 'ㅿ'은 치음인 'ㅈ, ㅉ, ㅊ ; ㅅ, ㅆ'과 같은 위치에서 나되 그 소리가 쓰이는 음성적 환경에 제약이 크므로[11], '반치음(半齒音, 반잇소리)'이라고 한다.

둘째로 동일한 조음 위치에서 나는 글자들을 배열하되, '소리 내는 방법(淸濁)'에 따라서 '전청의 글자－전탁의 글자(병서 글자)－차청의 글자－불청불탁의 글자'의 순서로 배열하였다. 이들 소리 가운데서 '전청(全淸)'인 'ㄱ, ㄷ, ㅂ, ㅈ, ㅅ, ㆆ' 글자의 소리는 약한 소리인 '예사소리(軟音)'에 해당하며, '전탁(全濁)'인 'ㄲ, ㄸ, ㅃ, ㅉ, ㅆ, ㆅ' 글자의 소리는 '된소리(硬音)'에 해당한다. 그리고 차청(次淸)'인 'ㅋ, ㅌ, ㅍ, ㅊ, ㅎ' 글자의 소리는 '거센소리(激音, 有氣音)'에 해당하며, '불청불탁(不淸不濁)'인 'ㆁ, ㄴ, ㅁ, ㅇ, ㄹ, ㅿ' 글자의 소리는 '향음(響音)[12]'에 해당하며[13]

초성 글자 중에서 전청 글자, 차청 글자, 불청불탁의 글자는 '단일 글자'이며, 'ㄲ, ㄸ, ㅃ, ㅉ, ㅆ, ㆅ'의 전탁 글자는 복합 글자인 '각자 병서(各字竝書) 글자'이다.

---

11) /ㅿ/의 소리는 유성음과 유성음의 사이에서만 발음된다는 음운론적인 제약이 있었다.

12) /ㆁ, ㄴ, ㅁ, ㅇ, ㄹ, ㅿ/과 모음(母音)은 발음할 때 입안이나 코안이 공명실의 기능을 하여 음향적으로 주기파가 실현되는 것을 특징으로 한다. 이러한 소리를 '향음(響音, sonorant)' 혹은 '공명음(共鳴音)'이라고 한다.

13) <훈민정음>의 '제자해'에서는 '初聲凡十七字'라고 하여 초성의 기본 글자를 17자로 정했다. 반면에 '제자해'에서 초성을 청탁(淸濁)에 따라서 분류하면서는 [표 1]처럼 전탁의 각자 병서 글자인 /ㄲ, ㄸ, ㅃ, ㅉ, ㅆ, ㆅ/의 6자를 더하여 23자로 분류하였다. 이러한 23자의 초성 체계는 그때 우리나라의 한자음을 정리하고 통일하기 위하여 편찬한 <동국정운, 東國正韻>의 한자음 체계와 일치한다. 이에 대한 자세한 내용은 이 책 81쪽에 있는 '초성 글자의 소리 체계'에 대한 설명을 참조하기 바란다.

## 나. 중성 글자의 모양과 소리

ㆍ。 如呑字中聲
여 ᄐᆞᆫ 자 즁 셩

ㅡ。 如卽字中聲
여 즉 자 즁 셩

ㅣ。 如侵字中聲
여 침 자 즁 셩

ㅗ。 如洪字中聲
여 홍 자 즁 셩

ㅏ。 如覃字中聲
여 담 자 즁 셩

ㅜ。 如君字中聲
여 군 자 즁 셩

ㅓ。 如業字中聲
여 업 자 즁 셩

ㅛ。 如欲字中聲
여 욕 자 즁 셩

ㅑ。 如穰字中聲
여 양 자 즁 셩

ㅠ。 如戌字中聲
여 슐 자 즁 셩

ㅕ。 如彆字中聲
여 별 자 즁 셩

ㆍ는 'ᄐᆞᆫ(呑)자'의 가운뎃소리(中聲)[14]와 같다.
ㅡ는 '즉(卽)자'의 가운뎃소리와 같다.
ㅣ는 '침(侵)자'의 가운뎃소리와 같다.

ㅗ는 'ᅘᅩᆼ(洪)자'의 가운뎃소리와 같다.
ㅏ는 '땀(覃)자'의 가운뎃소리와 같다.
ㅜ는 '군(君)자'의 가운뎃소리와 같다.
ㅓ는 '업(業)자'의 가운뎃소리와 같다.

14) 중성(中聲): 음절의 구성에서 중간 소리인 모음. '땅'에서 'ㅏ', '들'에서 'ㅡ' 따위이다.

ㆊ는 '욕(欲)자'의 가운뎃소리와 같다.
ㅑ는 '샹(穰)자'의 가운뎃소리와 같다.
ㆌ는 '슗(戌)자'의 가운뎃소리와 같다.
ㅕ는 '볋(彆)자'의 가운뎃소리와 같다.

**【풀이】 훈민정음의 중성 글자의 모양과 소리에 대한 예시**

중성 글자는 '하늘(天), 땅(地), 사람(人)'의 삼재(三才)를 본뜬 '상형자(象形字)'와, 이들 상형자를 합성하여 만든 '초출자(初出字)'와 '재출자(再出字)'로 구성하였다. 이들 중성 글자 가운데서 상형자인 '· ㅡ ㅣ'와 초출자인 'ㅗ ㅏ ㅜ ㅓ'는 단모음의 글자이며, 재출자인 'ㅛ ㅑ ㅠ ㅕ'는 이중 모음의 글자이다.

| | 상형자(象形字) | | | 초출자(初出字) | | | | 재출자(再出字) | | | |
|---|---|---|---|---|---|---|---|---|---|---|---|
| 글자의 모양 | · | ㅡ | ㅣ | ㅗ | ㅏ | ㅜ | ㅓ | ㅛ | ㅑ | ㅠ | ㅕ |
| 글자의 소리 | 呑 (ᄐᆞᆫ) | 卽 (즉) | 侵 (침) | 洪 (ᅘᅩᆼ) | 覃 (땀) | 君 (군) | 業 (업) | 欲 (욕) | 穰 (샹) | 戌 (슗) | 彆 (볋) |

[ 표 2. 중성 11글자의 모양과 소리 ]

중성 11글자는 다음과 같은 원리로 배열하여 소개하였다. 첫째, 삼재(三才)를 본떠서 만든 상형자 '· ㅡ ㅣ'를 먼저 소개하되, 양성(·), 음성(ㅡ), 중성(ㅣ)의 순서로 배열하였다. 둘째, 상형자에 한 점을 더하여 만든 초출자 'ㅗ ㅏ ㅜ ㅓ'를 소개하되, 양성(ㅗ, ㅏ)과 음성(ㅜ, ㅓ)의 순으로 배열하였다. 셋째, 상형자에 두 점을 더하여 만든 재출자 'ㅛ, ㅑ, ㅠ, ㅕ'를 소개하되, 양성(ㅛ, ㅑ)과 음성(ㅠ, ㅕ)의 순으로 배열하였다. 그리고 초출자와 재출자 중에서 'ㅗ'와 'ㅏ', 그리고 'ㅜ'와 'ㅓ', 그리고 'ㅛ'와 'ㅑ', 그리고 'ㅠ'와 'ㅕ'를 배열한 순서는, 입이 오므라지는 소리(口蹙)의 글자를 먼저 두고 입이 펴지는 소리(口張)의 글자를 나중에 둔 것이다.[15]

15) 중성 글자를 배열하는 원리에 대한 자세한 내용은 이 책 88쪽 이하의 '중성 글자의 제자 원리'의 내용을 참조하기 바란다.

### 1.2.2. 글자의 운용법

> 終聲 復用初聲。 ㅇ連書脣音之下 則爲脣輕音。 初聲合用則竝書 終聲
> 종성 부용초성 련서순음지하 즉위순경음 초성합용즉병서 종성
>
> 同。 ・ㅡㅗㅜㅛㅠ 附書初聲之下。 ㅣㅏㅓㅑㅕ 附書於右。 凡字必合而
> 동 부서초성지하 부서어우 범자필합이
>
> 成音。 左加一點則去聲 二則上聲 無則平聲。 入聲加點同而促急。
> 성음 좌가일점즉거성 이즉상성 무즉평성 입성가점동이촉급

종성(終聲)은 초성(初聲)을 다시 쓴다. ㅇ를 입술소리(脣音)[16]의 아래에 이어 쓰면(連書) 입술가벼운소리(脣輕音)[17]가 된다. 초성을 합쳐서 사용(合用)하려면 나란히 쓴다(竝書). 종성도 같다. ・ㅡㅗㅜㅛㅠ는 초성의 아래에 붙여 쓰고(附書), ㅣㅏㅓㅑㅕ는 (초성의) 오른쪽에 붙여 쓴다. 무릇 글자는 반드시 합쳐져야 소리(音)[18]를 이룬다. 왼쪽에 한 점(點)을 찍으면 거성(去聲)[19]이요, 둘이면 상성(上聲)[20]이요, (점이) 없으면 평성(平聲)[21]이다. 입성(入聲)[22]은 점을 찍는 것은 같으나 촉급(促急)[23]하다.

**【풀이】 글자의 운용에 대한 예**

〈**종성법**〉 '終聲復用初聲'은 '종성법(終聲法)'에 대한 규정이다. 곧 종성 글자는 따로 만들지 않고 초성의 글자를 다시 사용하였다.

(1) 귁(國) ─┬─ ㄱ (초성) …… [ k ] ┐
　　　　　 ├─ ㅟ (중성) …… [ uj ] ├→ / **k** /
　　　　　 └─ ㄱ (종성) …… [k˺] ┘

예를 들어서 (1)의 /귁/의 음절에서 초성의 'ㄱ[k]'이나 종성의 'ㄱ[k˺]'이 음절 속에서

---

16) 순음(脣音): 입술소리. 두 입술 사이에서 나는 소리인데, 국어의 /ㅂ, ㅃ, ㅍ, ㅁ/이다.
17) 순경음(脣輕音): 입술가벼운소리. 옛말에서 입술을 거쳐 나오는 가벼운 소리인데, <훈민정음>에서 순음 아래 'ㅇ'을 연서(連書)하여 표시한 소리인 /ㅸ, (ㆄ, ㅹ), ㅱ/이 순경음이다.
18) 음(音): 하나의 음절(音節)을 이른다.
19) 거성(去聲): 높은 소리로서, 글자에 표시할 때 왼쪽에 점 하나를 찍는다.
20) 상성(上聲): 처음이 낮고 나중이 높은 소리로, 글자에 표시할 때 왼쪽에 점 두 개를 찍는다.
21) 평성(平聲): 낮은 소리로서, 글자에 점을 찍지 않았다.
22) 입성(入聲): 소리의 높낮이와는 별도로, 종성이 /ㄱ, ㄷ, ㅂ/의 소리로 끝나는 음절이다.
23) 촉급(促急): 촉박하여 매우 급한 것이다.

실현되는 위치만 다를 뿐이지, 머릿속(認識)에서는 둘 다 동일한 소리인 /k/ 음소로 인식된다. 이에 따라서 국어의 종성을 초성의 변이음(allophone)으로 처리하여 종성의 소리를 표기하는 글자를 따로 만들지 않았다.

〈**연서법**〉 'ㅇ連書脣音之下 則爲脣輕音'은, 순음 아래에 'ㅇ'을 이어서 적어서 순경음을 만드는 '연서법(連書法)'에 관한 규정이다.

(2) ㄱ. (순중음의 글자) : ㅂ, (ㅃ, ㅍ), ㅁ
　ㄴ. (순경음의 글자) : ㅸ, (ㅹ, ㆄ), ㅱ

곧 'ㅇ'을 순음 글자인 'ㅂ, ㅃ, ㅍ, ㅁ'의 아래에 이어서 적으면, (ㄴ)처럼 순경음 글자인 'ㅸ, (ㅹ, ㆄ), ㅱ'이 된다.[24]

〈**병서법**〉 '初聲合用則竝書 終聲同'은, 초성을 옆으로 나란히 합쳐서 적는 '병서법(竝書法)'에 관한 규정이다.

(3) ㄲ, ㄸ, ㅃ, ㅉ, ㅆ, ㆅ　　　(각자 병서)

(4) ㄱ. ㅳ, ㅄ, ㅶ　　　('ㅂ'계 합용 병서)
　ㄴ. ㅺ, ㅻ, ㅼ, ㅽ　　　('ㅅ'계 합용 병서)
　ㄷ. ㅴ, ㅵ　　　('ㅄ'계 합용 병서)

초성과 종성의 글자를 합해서 사용할 때에는 (3)의 'ㄲ, ㄸ' 등이나 (4)의 'ㅳ, ㅺ, ㅴ'처럼 두 글자를 왼쪽에서 오른쪽으로 나란히 잇대어서 쓴다.

〈**부서법**〉 'ㆍㅡㅗㅜㅛㅠ 附書初聲之下 ㅣㅏㅓㅑㅕ附書於右'는, 초성에 중성을 붙여서 적는 '부서법(附書法)'에 관한 규정이다.

(5) ㄱ. ᄀᆞ, 그, 고, 구, 교, 규
　ㄴ. 기, 가, 거, 갸, 겨

곧 초성은 반드시 중성을 붙여 써야 하는데, (ㄱ)처럼 중성 중에서 'ㆍ ㅡ ㅗ ㅜ ㅛ

24) 이들 중에서 'ㅸ'만 우리말 표기에 쓰였고, 'ㅱ'은 동국정운식 한자음을 표기하는 데에만 쓰였다. 그리고 'ㅹ'과 'ㆄ'은 실제로 사용된 예가 발견되지 않는다.

ㅠ'는 초성의 아래에 붙여 쓰고, (ㄴ)처럼 'ㅣ ㅏ ㅓ ㅑ ㅕ'는 초성의 오른쪽에 붙여 쓴다.

〈**성음법**〉 '凡字必合而成音'은, 초성・중성・종성을 합쳐서 음절 글자로 적는 '성음법(成音法)'에 관한 규정이다.

(6) ㄱ. 快쾡, 那낭, 步뽕, 彌밍, 慈ᄍᆞᆼ, 邪썅, 虛헝, 閭령
　ㄴ. 君군, 覃땀, 呑ᄐᆞᆫ, 彆볋, 卽즉, 侵침

(7) ㄱ. 구리, 벼, 누에, 벼로, 서리
　ㄴ. 범, 별, 잣, 발측, 율믜
　ㄷ. 반되, 사ᄉᆞᆷ, 브섭

훈민정음의 글자는 자음과 모음의 소리 단위를 각각 한 글자로 적는 음소 글자이다. 하지만 실제로 문장으로 적을 때는 (6)과 (7)처럼 초성과 중성의 글자를 합치거나, '초성・중성・종성'의 글자를 합쳐서 음절 단위로 적는다.

〈**사성법**〉 '左加一點則去聲 二則上聲 無則平聲 入聲加點同而促急'은 음절의 높낮이를 표시하는 '사성법(四聲法)'에 관한 규정이다.

(8) ㄱ. ·갈(刀), ·키(箕)
　ㄴ. :돌(石), :범(虎)
　ㄷ. 벼(稻), 콩(大豆)

(9) ㄱ. ·몯(釘), ·톡(頤)
　ㄴ. :낟(穀), :깁(繒)
　ㄷ. 독(甕), 녑(脅)

초성, 중성, 종성의 글자 이외에도 '방점(傍點, 四聲點)'을 찍어서 '성조(聲調, 소리의 높낮이)'를 표시했다. 곧 높은 소리인 '거성(去聲)'에는 (8ㄱ)의 '·갈(刀)'과 '·키(箕)'처럼 한 점을 찍으며, 처음에는 낮았다가 나중에는 높은 소리인 '상성(上聲)'에는 (8ㄴ)의 ':돌(石)'과 ':범(虎)'처럼 두 점을 찍었고, 낮은 소리인 '평성(平聲)'에는 (8ㄷ)의 '벼(稻)'와 '콩(大豆)'처럼 점을 찍지 않았다. 그리고 '입성(入聲)'은 소리의 높낮이와는 관계없이 짧고 빨리 끝나는 음절의 소리인데, (9ㄱ)의 거성적 입성에서는 '·몯(釘)'과 '·톡(頤)'처럼 한 점을 찍거나, (9ㄴ)의 상성적 입성에서는 ':낟(穀)'과 ':깁(繒)'처럼 두 점을 찍거나, (9ㄷ)의 평성적 입성에서는 '독(甕)'과 '녑(脅)'처럼 점을 찍지 않았다.

## 2. 訓民正音 解例

### 2.1. 制字解

‘제자해’에서는 훈민정음 글자를 만든 철학적 배경, 제자의 원리, 제자의 방법, 자음 체계, 모음 체계, 초성·중성·종성의 특징 비교 등에 대하여 설명하였다.

#### 2.1.1. 제자의 철학적 배경

天地之道 一陰陽五行而已。 坤復之間爲太極 而動靜之後爲陰陽。 凡有
천지지도 일음양오행이이 곤복지간위태극 이동정지후위음양 범유
生類在天地之間者 捨陰陽而何之。 故人之聲音 皆有陰陽之理 顧人不察
생류재천지지간자 사음양이하지 고인지성음 개유음양지리 고인불찰
耳。 今正音之作 初非智營而力索 但因其聲音而極其理而已。 理旣不二
이 금정음지작 초비지영이력색 단인기성음이극기리이이 이기불이
則何得不與天地鬼神同其用也。
즉하득불여천지귀신동기용야

천지(天地)의 도(道)는 단 하나의 음양(陰陽)[1]과 오행(五行)[2]뿐이다. 곤(坤)과 복(復)의 사이[3]가 태극(太極)[4]이 되고, (태극이) 움직이거나(動) 멈춘(靜) 다음에 음(陰)과 양(陽)이 된다. 무릇 천지(天地)의 사이에 살아 있는 것들이 음과 양을 버리고서 어디로 가겠는가? 그러므로 사람의 소리(성음, 聲音)는 모두 음과 양의 이치가 있는데, 생각건대 사람이 살피지 못할 따름이다.

이제 정음(正音)을 만드는 것도 처음부터 지식(智)으로 계획하거나(營) 힘(力)을 들여서 찾은(索) 것이 아니라, 다만 그 소리(聲音)에 바탕을 두어서 그 이치(理)를 다했을 따름이다. 이치는 이미 둘이 아니니, 어찌 능히 천지(天地) 귀신(鬼神)과 함께 그 쓰임(用)을 같이하지 않겠는가?

1) 음양(陰陽) : 우주 만물의 서로 반대되는 두 가지 기운으로서 이원적 대립 관계를 나타내는 것. 달과 해, 겨울과 여름, 북과 남, 여자와 남자 등은 모두 음과 양으로 구분된다.
2) 오행(五行) : 우주 만물을 이루는 다섯 가지 원소, ‘쇠(金), 물(水), 나무(木), 불(火), 흙(土)’이다.
3) 곤복지간(坤復之間) : 주역에서 ‘곤괘(坤卦)’와 ‘복괘(復卦)’의 사이이다. 주역에서는 ‘곤복지간’을 ‘무극(無極)’이라고도 하고 ‘태극(太極)’이라고도 한다.
4) 태극(太極) : 중국 철학에서, 우주 만물의 근원이 되는 실체이다.

**【풀이】 훈민정음의 글자를 만든 철학적 배경**

이 글은 제자해의 서문에 해당하는 글이다. <훈민정음>에서는 사람의 말소리(聲音)는 음양(陰陽)과 오행(五行)의 원리에서 비롯되었다고 보았다. 따라서 새로 만드는 훈민정음의 글자도 사람의 지식으로 억지로 만든 것이 아니라, 소리(聲音)에 내재해 있는 음양과 오행의 이치에 바탕을 두고 만든 것임을 밝혔다.

## 2.1.2. 제자의 원리

훈민정음 글자를 만든 원리를 '일반 원리'인 '상형(象形)'과, 초성을 만들 때 적용한 '가획(加畫)', 그리고 중성을 만들 때 적용한 '합성(合成)'으로 나누어서 설명하고 있다.

### 2.1.2.1. 제자의 일반 원리

> 正音二十八字　各象其形而制之。
> 정 음 이 십 팔 자　각 상 기 형 이 제 지

훈민정음(訓民正音)의 스물여덟 글자는 각기 그 모양을 본떠서(象形) 만들었다.

**【풀이】 훈민정음 글자를 만든 일반 원리**

훈민정음의 기본적인 제자 원리가 '상형(象形)'의 원리임을 밝히고 있다. 이렇게 훈민정음의 가장 기본적인 제자 원리로서 상형을 택한 것은 한자를 만든 기본 원리인 육서(六書)의 원리와 관련이 있다. 곧 한자를 만든 육서의 원리로는 '상형(象形), 지사(指事), 회의(會意), 형성(形聲), 전주(轉注), 가차(假借)' 등이 있었는데, 이 가운데서 상형이 가장 기본이 되는 한자의 제자 원리였다. 따라서 훈민정음의 창제할 때에도 이러한 상형의 원리를 기본적인 원리로 삼았음을 알 수 있다.

그런데 표의 문자인 한자가 실제 사물의 모양을 상형한 데에 반해서, 표음 문자인 훈민정음의 글자는 그 상형의 대상을 달리 했다. 곧 훈민정음의 글자 가운데서 초성(자음) 글자는 그것을 발음할 때의 발음 기관의 모양을 본떠서 'ㄱ, ㄴ, ㅁ, ㅅ, ㅇ'의 상형자를 만들었다. 이는 훈민정음이 표음 문자라는 것에서 착안하여 소리를 내는 발음 기관의 모양을 상형한 것이다. 그리고 중성(모음)의 상형자는 우주와 인간 세계의 기본적인 구성 요소이면서 그 변화의 동인(動因)으로 작용하는 '삼재(三才)'를 본떠서 만들었다. 곧 '·'는 '하늘(天)이 둥근 모양'과 'ㅡ'는 '땅(地)이 평평한 모양', 그리고 'ㅣ'는 '사람(人)이 서 있는 모양'을 본떠서 만들었다. 이렇게 상형의 원리로써 초성의 상형자 5자와 중성의 상형자 3자를 만들고, 여기에다 초성에는 다시 '가획(加畫)' 원리를 적용하고 중성에는 '합성(合成)'의 원리를 적용하여 나머지 글자를 만들었다.

#### 2.1.2.2. 초성 글자의 제자 원리

초성 글자는 소리를 낼 때의 발음 기관을 상형(象形)함으로써 'ㄱ, ㄴ, ㅁ, ㅅ, ㅇ'의 상형 글자(상형자)를 만들었고, 이들 글자에 '가획(加畫)'의 방법을 적용하여 다른 글자를 만들었다. 그리고 종성 글자는 따로 만들지 않고 초성 글자를 다시 사용하였다.

##### 가. '상형', '가획', '이체'

初聲凡十七字。 牙音ㄱ 象舌根閉喉之形。 舌音ㄴ 象舌附上腭之形。 脣音
초성범십칠자 아음 상설근폐후지형 설음 상설부상악지형 순음

ㅁ 象口形。 齒音ㅅ 象齒形。 喉音ㅇ 象喉形。 ㅋ比ㄱ 聲出稍厲 故加畫。
상구형 치음 상치형 후음 상후형 비 성출초려 고가획

ㄴ而ㄷ ㄷ而ㅌ ㅁ而ㅂ ㅂ而ㅍ ㅅ而ㅈ ㅈ而ㅊ ㅇ而ㆆ ㆆ而ㅎ 其因聲加
이 이 이 이 이 이 이 이 기인성가

畫之義皆同 而唯ㆁ爲異。 半舌音ㄹ 半齒音ㅿ 亦象舌齒之形而異其體 無
획지의개동 이유 위이 반설음 반치음 역상설치지형이이기체 무

加畫之義焉。
가획지의언

초성(첫소리, 初聲)은 모두 열일곱 글자이다.

아음(어금닛소리, 牙音)인 'ㄱ'은 혀의 뿌리가 목을 막는 모양을 본떴다. 설음(혓소리, 舌音)인 'ㄴ'은 혀가 윗잇몸에 붙는 모양을 본떴다. 순음(입술소리, 脣音)인 'ㅁ'은 입의 모양을 본떴다. 치음(잇소리, 齒音)인 'ㅅ'은 이의 모양을 본떴다.

'ㅋ'은 'ㄱ'에 비하여 소리가 약간 세게 나오므로 획(畫)을 더하였다. ㄴ과 ㄷ, ㄷ과 ㅌ, ㅁ과 ㅂ, ㅂ과 ㅍ, ㅅ과 ㅈ, ㅈ과 ㅊ, ㅇ과 ㆆ, ㆆ과 ㅎ은 그 소리를 말미암아서 획을 더하는 뜻은 모두 같으나, 그러나 오직 'ㆁ'만은 다르다.

반설음(半舌音)인 'ㄹ', 반치음(半齒音)인 'ㅿ'는 역시 혀와 이의 모양을 본떴으나, 그 체(體)가 (ㄴ, ㅅ과) 다를 뿐이지 획을 더하는 뜻은 없다.

**【풀이】 초성 글자를 만든 원리**

초성 글자는 소리를 낼 때의 발음 기관을 상형(象形)함으로써 'ㄱ, ㄴ, ㅁ, ㅅ, ㅇ'를 만들고, 이 상형 글자에 '가획(加畫)'의 방법을 적용하여 다른 글자를 만들었다.

| 조음점 | 상형의 대상 | 상형자 | 1차 가획 글자 | 2차 가획 글자 | 이체 글자 |
|---|---|---|---|---|---|
| 아음(牙音) | 舌根閉喉之形 | ㄱ | ㅋ | | (ㅇ→)ㆁ |
| 설음(舌音) | 舌附上腭之形 | ㄴ | ㄷ | ㅌ | (ㄴ→)ㄹ |
| 순음(脣音) | 口形 | ㅁ | ㅂ | ㅍ | |
| 치음(齒音) | 齒形 | ㅅ | ㅈ | ㅊ | (ㅅ→)ㅿ |
| 후음(喉音) | 喉形 | ㅇ | ㆆ | ㅎ | |

[ 표 1. 초성 글자의 가획 원리 ]

〈**상형**〉 초성 글자를 만든 일차적인 원리는 '상형(象形)'이다. 곧 상형자(象形字)인 'ㄱ, ㄴ, ㅁ, ㅅ, ㅇ'은 소리를 낼 때 관여하는 발음 기관의 모습을 본뜬 것이다.

먼저 'ㄱ'은 소리를 발음할 때 혀의 뒷부분이 올라가서 입천장의 맨 안쪽 부분(연구개)을 막는 모양을 본떠서 글자의 꼴을 만들었다. 'ㄴ'은 혀끝이 윗잇몸에 닿는 모양을 본떴다. 'ㅁ'은 별도의 글자를 만들지 않고 한자의 '口' 모양을 그대로 가져와서 입의 (네모진) 모양을 본떴고, 'ㅅ'은 이의 (뾰쪽한) 모양을, 'ㅇ'은 목구멍의 (둥근) 모양을 그대로 본떴다.

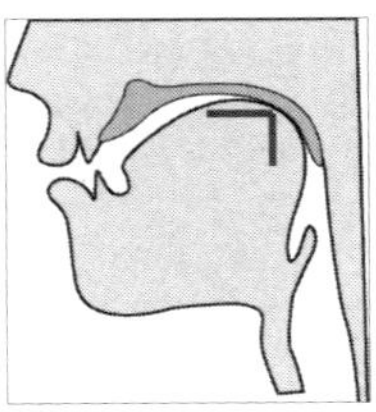
['ㄱ'의 상형]

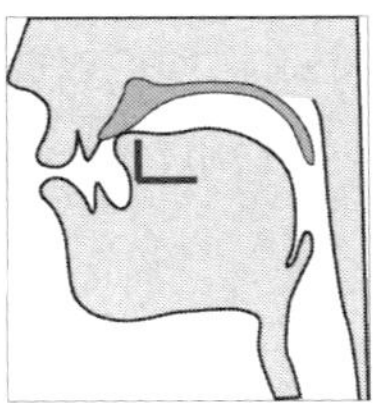
['ㄴ'의 상형]

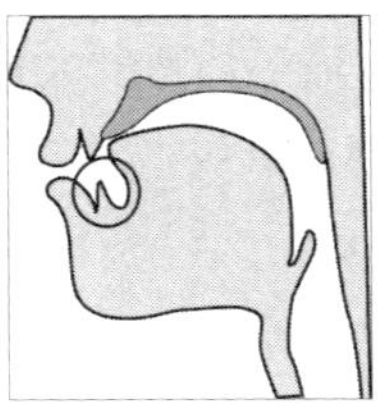
['ㅅ'의 상형]

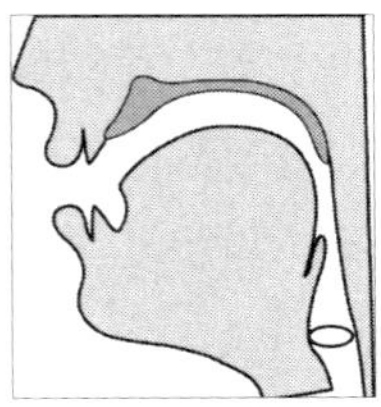
['ㅇ'의 상형]

〈**가획**〉 초성 글자를 만드는 데에 적용한 두 번째 원리는 '가획(加畫)'이다. 곧 상형의 원리로써 다섯 개의 상형자를 먼저 만들고, 나머지 글자는 소리가 세어짐에 따라서 획을 더하는 원리를 사용하여 글자를 만들었다.

이때 상형자에 획을 더하여 글자를 만든 것은 'ㄱ'보다 'ㅋ'이 소리가 세게 나고, 'ㄴ'보다 'ㄷ'이 더 세게 나고, 'ㄷ'보다는 'ㅌ'이 더 세게 나기 때문이다. 결국 소리의 세기를 획을 더해서 나타낸 것이다.

〈**이체**〉 훈민정음의 초성 글자 가운데서 불청불탁의 'ㆁ, ㄹ, ㅿ' 글자를 '이체(異體)'라고 하였는데, 이들 세 글자는 상형의 방법이나 가획의 방법의 면에서 원칙에 어긋나기 때문이다.

첫째, 불청불탁의 아음(牙音) 글자인 'ㆁ'은 원칙적으로는 아음의 상형자인 'ㄱ'과 비슷하게 글자를 만들어야 했다. 그러나 훈민정음의 창제자들은 후음(喉音)인 'ㅇ'에 가획하여 글자를 만듦으로써, 'ㆁ'은 아주 예외적인 글자(異體)가 되었다.

(1) ㄱ. 唯牙之ㆁ 雖舌根閉喉聲氣出鼻 而其聲與ㅇ相似 故韻書疑與喩多相混用 今亦取象於喉 而不爲牙音制字之始。 [훈해 제자해]

ㄴ. 오직 어금닛소리의 'ㆁ'은 비록 혀뿌리가 목을 막아 소리의 공기가 코로 나오지만 그 소리는 'ㅇ'과 비슷하다. 그러므로 운서(韻書)에는 'ㆁ'과 'ㅇ'이 흔히 서로 혼용된다. 지금 역시 목구멍에서 상형을 취하였고, 아음을 글자를 짓는 시초로 삼지 않았다.

이렇게 'ㆁ'을 같은 아음인 'ㄱ'과 비슷하게 만들지 않고 후음인 'ㅇ'과 연관시켜서 글자를 만든 것은 (1)에서 설명한 것처럼 'ㆁ[ŋ]'이 'ㅇ'과 소리가 비슷하다는 이유 때문이다.[5] 그리고 'ㆁ'은 가장 약한 소리인 불청불탁의 소리를 나타내기 때문에, 가획의 원리에 따르면 'ㆁ'이 상형자가 되어야 한다. 그러나 가획의 원리에 어긋나게 'ㆁ'이 상형자가 되지 못했다는 점도 이체(異體)로 처리된 이유이다.

둘째, 반설음인 'ㄹ'과 반치음인 'ㅿ'은 가획의 일반적인 원리와 관계없이 만든 예외적인 글자(異體)라고 하였다.

5) 초성 글자로 쓰인 'ㆁ'은 /ŋ/으로 발음되며, 'ㅇ'은 음가가 없거나 '유성 후두 마찰음(有聲喉頭摩擦音)'인 /ɦ/의 소리를 나타내는 글자로 추정한다. 따라서 (1)의 설명에서 'ㆁ'이 'ㅇ'과 소리가 비슷하다는 것은 초성으로 쓰인 /ŋ/과 /ɦ/의 두 소리가 유사함을 이른 말로 보인다.

(2) ㄱ. 半舌音ㄹ 半齒音ㅿ 亦象舌齒之形 而異其體 無加畫之義焉。 [훈해 제자해]

ㄴ. 반설음 'ㄹ'과 반치음 'ㅿ'은 역시 혀와 이의 모양을 본떴으나, 그 체(體)를 달리했을 뿐이지, ('ㄹ'과 'ㅿ'에는) 가획의 뜻이 없다.

'ㄷ' 글자에 가획을 하여 'ㄹ' 글자를 만들고 'ㅅ' 글자에 가획을 하여 'ㅿ' 글자를 만들었으나, 오히려 'ㄹ'의 소리는 'ㄷ'의 소리보다 약하며 'ㅿ' 소리는 'ㅅ'의 소리보다 약하다. 따라서 이들 글자는 소리가 세어짐에 따라서 더하는 '가획의 뜻'이 없다.6)

결국 초성의 17자는 먼저 상형의 원리로써 'ㄱ, ㄴ, ㅁ, ㅅ, ㅇ'의 다섯 개의 상형자를 만들었고, 나머지 글자는 소리의 세기에 따라서 가획의 원리를 적용하여 만들었다.

### 나. '오성 · 오행 · 사시 · 오음 · 방위'의 관련성

夫人之有聲本於五行。 故合諸四時而不悖 叶之五音而不戾。 喉邃而潤
부인지유성본어오행 고합제사시이불패 협지오음이불려 후수이윤

水也。 聲虛而通 如水之虛明而流通也。 於時爲冬 於音爲羽。 牙錯而長
수야 성허이통 여수지허명이류통야 어시위동 어음위우 아착이장

木也。 聲似喉而實 如木之生於水而有形也。 於時爲春 於音爲角。 舌銳而
목야 성사후이실 여목지생어수이유형야 어시위춘 어음위각 설예이

動 火也。 聲轉而颺 如火之轉展而揚揚也。 於時爲夏 於音爲徵。 齒剛而
동 화야 성전이양 여화지전전이양양야 어시위하 어음위치 치강이

斷 金也。 聲屑而滯 如金之屑瑣而鍛成也。 於時爲秋 於音爲商。 脣方而
단 금야 성설이체 여금지설쇄이단성야 어시위추 어음위상 순방이

合 土也。 聲含而廣 如土之含蓄萬物而廣大也。 於時爲季夏 於音爲宮。
합 토야 성함이광 여토지함축만물이광대야 어시위계하 어음위궁

然水乃生物之源 火乃成物之用 故五行之中 水火爲大。 喉乃出聲之門 舌
연수내생물지원 화내성물지용 고오행지중 수화위대 후내출성지문 설

乃辨聲之管 故五音之中 喉舌爲主也。 喉居後而牙次之北東之位也。 舌齒
내변성지관 고오음지중 후설위주야 후거후이아차지북동지위야 설치

又次之 南西之位也。 脣居末 土無定位而寄旺四季之義也。 是則初聲之中
우차지 남서지위야 순거말 토무정위이기왕사계지의야 시즉초성지중

自有陰陽五行方位之數也。
자유음양오행방위지수야

6) 'ㄹ'과 'ㅿ'은 불청불탁(不淸不濁)의 글자로서 가장 약한 소리의 글자이며, 'ㄷ'과 'ㅅ'은 전청(全淸)의 글자로 불청불탁의 글자보다는 센 소리의 글자이다. 이 책 81쪽의 [표 3] 참조.

무릇 사람이 소리(聲)가 있는 것은 오행(五行)에 근본을 두었다. 그러므로 네 계절(四時)[7]에 맞추어도 거스르지 않고 오음(五音)[8]에 맞추어도 어그러지지 않는다.

'목(喉)'은 깊고 젖어 있어서 (오행에 맞추어 보면) '물(水)'이다. (목) 소리(聲)가 비고(虛) 통(通)한 것은 물이 비고 밝으며(虛明) 흘러 통하는(流通) 것과 같다. 계절(時)로는 '겨울(冬)'이요, 음률(音)로는 '우(羽)'가 된다.

'어금니(牙)'는 (뿌리가) 뒤섞여 있고(錯) 길어서(長) (오행에 맞추어 보면) '나무(木)'이다. (어금니) 소리가 목소리와 비슷하지만 여문(實) 것은 나무가 물에서 태어나서 형체가 있는 것과 같다. 계절로는 '봄(春)'이요, 음률로는 '각(角)'이다.

'혀(舌)'는 민첩하고(銳) 잘 움직여서(動) (오행에 맞추어 보면) '불(火)'이다. (혀) 소리가 구르고 재빠른 것(颺)은 불이 굴러서 퍼져 나가 활활 타오르는 것과 같다. 계절로는 '여름(夏)'이며 음률로는 '치(徵)'이다.

'이(齒)'는 강하고 끊어져서(斷) (오행에 맞추어 보면) '쇠(金)'이다. (이) 소리가 부스러지고(屑) 막힌(滯) 것은 쇠(金)의 가루가 부스러져서 (그 쇳가루를) 불리어서 (다시 쇠가) 이루어지는 것과 같다. 계절로는 '가을(秋)'이요, 음률로는 '상(商)'이다.

'입술(脣)'은 모나고(方) 합쳐져 있으니(合) (오행에 맞추어 보면) '흙(土)'이다. (입술) 소리가 머금고(含) 넓은(廣) 것은 흙이 만물을 함축하여 넓고 큰 것과 같다. 계절로는 '늦여름(季夏)'이요 음률로는 '궁(宮)'이다.

그러나 '물(水)'은 곧 만물을 낳는 근원(源)이요, '불(火)'은 곧 만물을 이루는 쓰임(用)이므로, 오행(五行) 중에서 물과 불이 가장 큰 것이 된다. 목은 곧 소리를 내는 '문(門)'이요, 혀는 곧 소리를 구별하는 '관(管)'이므로, 오음(五音) 중에서 목소리와 혓소리가 주(主)가 된다. 목은 뒤에 있고 어금니가 그 다음에 있으므로 (각각) '북(北)'과 '동(東)'의 위치이다. 혀와 이가 그 다음에 있으므로 '남(南)'과 '서(西)'의 위치이다. 입술은 마지막에 있는데, 흙(土)은 정해진 위치가 없이 사 계절(四季)에 기대어서 왕성하

---

7) 사시(四時): 일 년의 계절을 '오행(五行)'과 '오음(五音)'에 맞추어서 다섯 가지로 나누어서 설명하였다. 곧, 계절을 '봄(春), 여름(夏), 늦여름(季夏), 가을(秋), 겨울(冬)'의 다섯으로 구분하였다. 여름을 '하(夏)'와 '계하(季夏, 음력 6월)'로 나누어서 오행(五行)과 오음(五音)의 수(數)에 맞춘 것이 특징이다.

8) 오음(五音): 소리(音)의 유형을 다섯 가지로 나눈 것인데, 이에는 '말소리(聲音)'를 분류한 것과 '음악의 소리(樂音)'를 분류한 것이 있다. '성음(聲音)'의 유형은 조음 위치에 따라 나눈 다섯 종류의 자음(五聲), 곧 '아음, 설음, 순음, 치음, 후음'이 있다. 그리고 '악음(樂音)'은 '궁(宮), 상(商), 각(角), 치(徵), 우(羽)'의 다섯 음율(五音)이 있다.

다는 뜻이다. 이러므로 초성(初聲)의 안에는 자연히 음양(陰陽)과 오행(五行)과 방위(方位)의 수(數)가 들어 있다.

**【풀이】'오성(五聲), 오행(五行), 사시(四時), 오음(五音), 방위(方位)'의 관련성**

〈**초성 제자의 철학적 배경**〉 초성 글자를 제자하는 데 바탕이 되는 철학적 이론을 정립한 것이다. 곧 초성 글자를 상형할 때 기준이 된 조음 자리의 특징이 '오성(五聲)'이었는데, 이러한 오성을 다시 '오행(五行)', '사시(四時)', '오음(五音)', '방위(方位)'에 맞추어 볼 때, 어느 하나도 어그러짐이 없다는 것이다.

| 오성 | (생리적 특성) | (음상) | 오행 | 사시 | 오음 | 사방 |
|---|---|---|---|---|---|---|
| 喉 | 邃而潤 | 虛而通 | 水 | 冬 | 羽 | 北 |
| 牙 | 錯而長 | 似喉而實 | 木 | 春 | 角 | 東 |
| 舌 | 銳而動 | 轉而颺 | 火 | 夏 | 徵 | 南 |
| 齒 | 剛而斷 | 屑而滯 | 金 | 秋 | 商 | 西 |
| 脣 | 方而合 | 含而廣 | 土 | 季夏 | 宮 | (無定位) |

[ 표 2. 오성, 오행, 사시, 오음, 방위의 대응 관계 ]

[표 2]를 보면 오성의 배열 순서가 글자를 만든 순서인 '牙－舌－脣－齒－喉'의 순서로 되어 있지 않고, '喉－牙－舌－齒－脣'처럼 발성할 때에 공기가 지나가는 순서로 배열되어 있다. 그리고 오성에 따르는 조음 기관의 생리적(生理的)인 특성과, 조음 기관에서 발음되는 소리의 음상(音相)이 기술되어 있다. 이를 통해서 훈민정음의 글자가 단순히 음양과 오행의 철학적인 이론으로만 만든 것이 아니라, 소리가 발성되는 조음 기관의 특성과 그 소리의 음성학적인 특징을 살펴서 만든 것임을 알 수 있다.

〈**목(喉)과 혀(舌)의 중요성**〉 오행(五行) 중에서 '물(水)'과 '불(火)'이 가장 중요한 것처럼, 발음 기관도 '목(喉)'과 '혀(舌)'가 중요하다는 점을 밝히고 있다. 곧 '목'은 소리를 내는 '문(門)'이고 '혀'는 소리를 변별하는 '관(管)'이므로, 오음 중에서 목소리와 혓소리가 중요하다고 밝히고 있다. 이러한 견해는 '후두(喉)'가 유성(有聲)과 무성(無聲)의 소리를 구분하는 발성 기관이고, '혀(舌)'가 소리를 조음하는 조음 기관으로서, 목구멍(喉)과 혀(舌)의 중요성을 강조하였다는 점에서 현대 음성학의 견해와 일치한다.

### 다. 초성 글자의 소리 체계

又以聲音淸濁而言之。 ㄱㄷㅂㅈㅅㆆ 爲全淸。 ㅋㅌㅍㅊㅎ 爲次淸。
우이성음청탁이언지 위전청 위차청

ㄲㄸㅃㅉㅆㆅ 爲全濁。 ㆁㄴㅁㅇㄹㅿ 爲不淸不濁。 ㄴㅁㅇ 其聲最不厲
위전탁 위불청불탁 기성최불려

故次序雖在於後 而象形制字則爲之始。 ㅅㅈ 雖皆爲全淸 而ㅅ比ㅈ 聲不
고차서수재어후 이상형제자즉위지시 수개위전청 이 비 성불

厲 故亦爲制字之始。 唯牙之ㆁ 雖舌根閉喉聲氣出鼻 而其聲與ㅇ相似 故
려 고역우제자지시 유아지 수설근폐후성기출비 이기성여 상사 고

韻書疑與喩多相混用 今亦取象於喉 而不爲牙音制字之始。 盖喉屬水而牙
운서의여유다상혼용 금역취상어후 이불위아음제자지시 개후속수이아

屬木 ㆁ雖在牙而ㅇ相似 猶木之萌芽生於水而柔軟 尙多水氣也。 ㄱ木之成
속목 수재아이 상사 유목지맹아생어수이유연 상다수기야 목지성

質 ㅋ木之盛長 ㄲ木之老壯 故至此乃皆取象於牙也。
질 목지성장 목지로장 고지차내개취상어아야

또 성음(聲音)[9]과 청탁(淸濁)[10]으로써 말한다. 'ㄱ ㄷ ㅂ ㅈ ㅅㆆ'은 전청(全淸)이다. 'ㅋ ㅌ ㅍ ㅊ ㅎ'은 차청(次淸)이다. 'ㄲ ㄸ ㅃ ㅉ ㅆ ㆅ'은 전탁(全濁)이다. 'ㆁ ㄴㅁ ㅇ ㄹ ㅿ'은 불청불탁(不淸不濁)이다.

'ㄴ ㅁ ㅇ'은 그 소리가 가장 세지 않으므로(不厲) (운서의 자모 표에 있는) 차례는 비록 뒤에 있으나, 상형(象形)하여서 글자를 만들 때는 으뜸(始, 처음)으로 삼는다. 'ㅅ ㅈ'은 비록 모두 전청(全淸)이지만, 'ㅅ'은 'ㅈ'에 비하여 소리가 세지 않으므로 역시 글자를 만드는 으뜸으로 삼는다.

오직 어금닛소리(牙)의 'ㆁ'은 비록 혀의 뿌리(舌根)가 목을 막아서 소리가 코로 나오지만, 그 소리가 'ㅇ'과 서로 비슷하므로, 운서(韻書)[11]에서도 의모(疑母)와 유모(喩母)[12]를 흔히 서로 섞어서 사용한다. 이제 또한 (ㆁ은) 목구멍에서 상형하고 어금닛소

9) 성음(聲音): 성음은 초성을 조음되는 위치에 따라 나눈 다섯 종류의 소리(五聲)이다. 곧 '아음, 설음, 순음, 치음, 후음'이 있다.

10) 청탁(淸濁): 초성 소리의 대립 관계를 설명하는 음성적 특징의 한 가지로서, '조음의 방법'에 따른 소리의 분류 체계이다. 곧 초성의 소리는 청탁에 따라서 '전청음(예사소리, 全淸), 차청음(거센소리, 次淸), 전탁음(된소리, 全濁), 불청불탁음(울림소리, 不淸不濁)'으로 분류된다.

11) 운서(韻書): 한자(漢字)의 운(韻)을 분류하여 일정한 순서로 배열한 서적을 통틀어 이르는 말이다. 중국 수나라 때의 <절운>, 송나라의 <광운>, 명나라의 <홍무정운> 따위가 있다.

12) 의모(疑母)와 유모(喩母): '의(疑)'와 '유(喩)'는 모두 자모(字母)의 하나이다. 여기서 '자모'란

리(牙音)를 글자를 만드는 시초(始)로 삼지 않는다. 대개 목은 물(水)에 속하며 어금니는 나무(木)에 속한다. 'ㆁ'이 비록 아음(牙音)에 속하나 'ㅇ'과 서로 비슷한 것은, 비유하면 나무의 움이 물에서 나서 부드러우며 아직 물기(水氣)가 많은 것과 같다. 'ㄱ'은 나무가 바탕을 이루는 것이요, 'ㅋ'은 나무가 무성하게 자라는 것이요, 'ㄲ'은 나무가 늙어서 굳건하게 되는 것이므로, 여기까지는 모두 어금니(牙)에서 본떠서 취한 것이다.

**【풀이】 성음(聲音)과 청탁(淸濁)에 따른 초성의 소리 체계**

**〈초성의 소리 체계〉** 초성 글자의 소리 체계를 성음(聲音)과 청탁(淸濁)에 따라서 분류하였다.

| 청탁(淸濁) / 성음(聲音) | 전청(全淸) | 차청(次淸) | 전탁(全濁) | 불청불탁(不淸不濁) |
|---|---|---|---|---|
| 아 음(牙 音) | /ㄱ/ | /ㅋ/ | /ㄲ/ | /ㆁ/ |
| 설 음(舌 音) | /ㄷ/ | /ㅌ/ | /ㄸ/ | /ㄴ/ |
| 순 음(脣 音) | /ㅂ/ | /ㅍ/ | /ㅃ/ | /ㅁ/ |
| 치 음(齒 音) | /ㅈ/, /ㅅ/ | /ㅊ/ | /ㅉ/, /ㅆ/ | |
| 후 음(喉 音) | /ㆆ/ | /ㅎ/ | /ㆅ/ | /ㅇ/ |
| 반설음(半舌音) | | | | /ㄹ/ |
| 반치음(半齒音) | | | | /ㅿ/ |

[ 표 3. 초성 글자의 소리 체계 ]

초성의 소리를 먼저 '성음(聲音)', 곧 소리를 내는 자리에 따라서 아음(牙音), 설음(舌音), 순음(脣音), 치음(齒音), 후음(喉音), 반설음(半舌音), 반치음(半齒音)으로 나누었다. 그리고 '청탁(淸濁)', 곧 소리를 내는 방법과 힘의 강도에 따라서 초성의 소리를 '전청, 차청, 전탁, 불청불탁'으로 나누었다. 이들 소리 가운데서 '전청(全淸)'인 'ㄱ, ㄷ, ㅂ, ㅈ, ㅅ, ㆆ'은 약한 소리인 '예사소리(軟音)'에 해당하며, '차청(次淸)'인 'ㅋ, ㅌ, ㅍ, ㅊ, ㅎ'은 '거센소리(激音, 氣音)'에 해당한다. 그리고 '전탁(全濁)'인 'ㄲ, ㄸ, ㅃ, ㅉ, ㅆ, ㆅ'

---

중국 음운학에서 동일한 성모(聲母, 자음)를 가진 글자들 가운데에서 한 글자를 골라 그 대표로 삼은 글자를 이른다. 여기서 '疑(의)'는 아음의 불청불탁인 'ㆁ'에 대응하는 자모이며 '喩(유)'는 후음의 불청불탁인 'ㅇ'에 대응하는 자모이다.

은 '된소리(硬音)'에 해당하며, '불청불탁(不淸不濁)'인 'ㆁ, ㄴ, ㅁ, ㅇ, ㄹ, ㅿ'은 '향음(響音)[13]'에 해당한다.[14](허웅 1983:299)

〈**제자의 순서와 소리 체계**〉 초성 글자 중에서 'ㄴ, ㅁ, ㅇ'은 불청불탁의 글자로서 그 소리가 가장 약하게 나므로, 발음 기관의 모양을 상형하여 제자의 으뜸(始)으로 삼았다. 그리고 'ㅅ'과 'ㅈ'은 둘 다 전청의 글자이지만, 마찰음인 /ㅅ/은 파찰음인 /ㅈ/보다 소리가 세지 않으므로, 'ㅅ'을 으뜸으로 삼았다. 이러한 원리에 따라서 먼저 'ㄴ, ㅁ, ㅅ, ㅇ'을 제자의 상형자로 삼았으며, 그 다음으로 소리가 세어짐에 따라서 상형자에 가획을 하여서 나머지 글자를 만들었다.

| 오음(五音) | 으뜸자(상형자) | 가획자(加畫字) | | 이체(異體) |
|---|---|---|---|---|
| 아음(牙音) | ㄱ | | ㅋ | ㆁ |
| 설음(舌音) | ㄴ | ㄷ | ㅌ | ㄹ |
| 순음(脣音) | ㅁ | ㅂ | ㅍ | |
| 치음(齒音) | ㅅ | ㅈ | ㅊ | ㅿ |
| 후음(喉音) | ㅇ | ㆆ | ㅎ | |
| 소리의 세기 | 약함(不厲) | 셈(厲) | 가장 셈(最厲) | |

[ 표 4. 초성의 제자와 소리 체계 ]

〈**이체 글자**〉 초성 글자는 동일한 조음 자리에서 발음되는 글자 중에서 'ㄴ, ㅁ, ㅇ'처럼 소리가 가장 약한 글자를 제자의 기준으로 삼는 것이 원칙이다. 이러한 원칙에 따르면 아음, 설음, 치음의 불청불탁 글자인 'ㆁ, ㄴ, ㅿ' 등을 상형자로 삼아야 한다. 이러한 원칙에도 불구하고 <훈민정음>에서는 'ㆁ'과 'ㅿ' 대신에 각각 전청 글자

13) /ㄴ, ㅁ, ㆁ, ㄹ, ㅿ/과 모음(母音)은 발음할 때 입안이나 코안이 공명실의 기능을 하여 음향적으로 주기파가 실현되는 것을 특징으로 한다. 이러한 소리를 '향음(響音, sonorant)' 혹은 '공명음(共鳴音)'이라고 한다.

14) <훈민정음>의 '제자해'에서는 '初聲凡十七字'라고 하여 초성을 17자로 분류했다. 반면에 같은 '제자해'에서 초성을 청탁(淸濁)에 따라서 분류하면서는 [표 3]처럼 전탁의 각자 병서 글자 6자를 더하여 23자로 분류하였다. 이러한 23자의 초성 체계는 그때 우리나라의 한자음을 정리하고 통일하기 위하여 편찬한 <동국정운, 東國正韻>의 한자음 체계와 일치한다. 이러한 점을 감안하면 [표 3]에 제시한 23자의 초성 체계는 고유어의 음운 체계라기보다는 조선 한자의 음운 체계를 정리한 것으로 보인다.(나찬연 2012ㄴ:30 참조.)

인 'ㄱ'과 'ㅅ'을 상형자로 삼았고, 'ㆁ'과 'ㅿ'을 '이체(異體)'의 글자로 처리하였다.

① **아음의 이체 글자 'ㆁ'**: 먼저, 일반적인 가획의 원리에 따르면 아음의 불청불탁인 글자는 아음의 상형자인 'ㄱ'과 모양이 유사해야 한다. 하지만 <훈민정음>에서는 아음의 불청불탁인 /ŋ/의 글자를 후음인 'ㅇ'을 상형해서 'ㆁ'으로 만듦으로써, 다른 아음 글자인 'ㄱ, ㅋ'과는 모양이 완전히 달라졌다(異體). <훈민정음>에서는 'ㆁ'의 제자 과정에서 생긴 모순을 다음과 같이 설명한다.

(3) ㄱ. 唯牙之ㆁ雖舌根閉喉聲氣出鼻 而其聲與ㅇ相似 故韻書疑與喩多相混用 今亦取象於喉 而不爲牙音制字之始。 [훈해 제자해]

ㄴ. 오직 어금닛소리의 'ㆁ'은 비록 혀뿌리가 목을 막아 소리의 공기가 코로 나오지만 그 소리는 'ㅇ'과 비슷하다. 그러므로 운서(韻書)에서는 'ㆁ'과 'ㅇ'이 흔히 서로 혼용된다. 지금 역시 ('ㆁ'은) 목구멍에서 상형을 취하였고, 아음을 글자를 만드는 시초로 삼지 않았다.

곧 'ㆁ'은 비록 아음에 속하기는 해도 소리의 바탕이 후음의 'ㅇ'과 비슷하기 때문에, 예전부터 중국의 운서(韻書)에서도 'ㆁ'과 'ㅇ'을 서로 혼용해 왔다. 이처럼 'ㆁ'과 'ㅇ' 소리가 유사하므로, 아음의 불청불탁 글자를 목구멍을 상형하여 'ㆁ'으로 만들었다.

다음으로, 가획의 일반적인 원칙에 따르면 가장 약한 소리인 불청불탁의 소리를 상형자로 삼아야 한다. 그러나 <훈민정음>에서는 불청불탁인 'ㆁ'을 상형자로 삼지 않고 'ㆁ'보다도 소리가 더 세게 나는 전청의 'ㄱ'을 제자의 기준으로 삼았다.

결과적으로 아음(牙音)의 글자는 어금니를 상형한 글자(ㄱ, ㅋ, ㄲ)와 목구멍을 상형한 글자(ㆁ)가 뒤섞이게 되었는데, <훈민정음>에서는 이렇게 된 이유를 오행(五行)의 원리를 가져와서 비유적으로 설명하였다.(앞의 [표 2]의 내용 참조.)

(4) ㅇ(水) → ㆁ(木) [ ㄱ(成質) → ㅋ(盛長) → ㄲ(老壯) ]

오행(五行)에 따르면 후음(喉音)은 '물(水)'에 속하며 아음(牙音)은 '나무(木)'에 속한다. 이를 감안하면 나무인 'ㆁ'은 물인 'ㅇ'에서 나오게 되는데, 이는 나무의 움(萌)이 물에서 나오는 이치와 같다는 것이다. 이러한 관련성에 바탕을 두고서 아음의 불청불탁의 글자를 후음인 'ㅇ'에 가획하여 'ㆁ'의 모양으로 만들어 내었다고 설명하였다.

② **설음의 이체 글자 'ㄹ'**: 설음에는 불청불탁 소리로 /ㄴ/과 /ㄹ/이 있는데 <훈민정음>에서는 이 중에서 'ㄴ'을 상형자로 삼았다.[15] 이에 따라서 /ㄹ/의 소리에 해당하는 글자는 상형자인 'ㄴ'에 가획하여 'ㄹ'의 글자를 만들었으나, 가획함으로써 소리가 세어진다는 가획의 기능은 글자에 반영되지 않았다. 이렇게 'ㄹ' 글자는 가획의 뜻이 없이 만들어진 가획 글자라는 점에서 이체 글자로 처리한 것이다.

③ **치음의 이체 글자 'ㅿ'**: /ㅅ, ㅈ, ㅊ, ㅿ/ 중에서 불청불탁인 /ㅿ/의 소리가 가장 약하므로, 치음의 상형자로는 /ㅿ/의 소리를 나타내는 글자를 상형의 기준 글자로 정하는 것이 원칙이다. 그럼에도 불구하고 <훈민정음>에서는 전청 글자인 'ㅅ'을 상형자로 정하고 가장 소리가 약한 'ㅿ' 글자를 치음의 상형자로 삼지 않았다. 이는 초성의 자리에서 /ㅿ/의 소리가 실현되는 빈도수가 /ㅅ/에 비해서 극히 낮고 그 실현되는 자리가 매우 한정되었기 때문인 것으로 추정된다.(허웅 1983:309의 내용 참조.)

### 라. 전탁음과 병서

> 全淸並書則爲全濁 以其全淸之聲凝則爲全濁也。唯喉音次淸爲全濁者 蓋
> 전청병서즉위전탁 이기전청지성응즉위전탁야 유후음차청위전탁자 개
> 以ㆆ聲深不爲之凝 ㅎ比ㆆ聲淺 故凝而爲全濁也。
> 이 성심불위지응 비 성천 고응이위전탁야

전청(全淸)을 나란히 쓰면(並書) 전탁(全濁)이 되는 것은 전청(全淸)의 소리가 엉기면 전탁(全濁)이 되기 때문이다. 오직 목구멍소리(喉音)에서는 차청(次淸)이 전탁(全濁)이 되는 것은, 대개 'ㆆ'은 소리가 깊어서 엉기지 않으나 'ㅎ'은 'ㆆ'에 비하여 소리가 얕아서 엉기어서 전탁(全濁)이 되기 때문이다.

**【풀이】 전탁음(全濁音)과 병서(並書)**

'전탁(全濁)'의 소리를 적는 데는 전청 글자를 아울러서 나란히 적어서 사용하였다.

---

15) /ㄴ/은 혀끝이 윗잇몸에 완전히 닿아서 발음된다. 반면에 /ㄹ/은 '우리'의 'ㄹ'에서는 탄설음(彈舌音)인 [ɾ]으로 발음되고 '달'의 'ㄹ'에서는 설측음(舌側音)인 [l]로 발음되어서, 혀끝이 윗잇몸에 불완전하게 닿는다. 두 글자에 나타나는 조음 방법상의 차이와 분포적인 제약성을 감안하여 설음 중에서 'ㄴ'을 상형자로 하고 'ㄹ'을 이체자로 처리한 것으로 추정한다.

| | 牙音 | 舌音 | 脣音 | 齒音 | | 喉音(次淸) |
|---|---|---|---|---|---|---|
| 전청(全淸) 글자 | ㄱ | ㄷ | ㅂ | ㅈ | ㅅ | ㅎ |
| 전탁(全濁) 글자 | ㄲ | ㄸ | ㅃ | ㅉ | ㅆ | ㆅ |

[표 5. 전탁과 병서 글자]

전청(全淸)의 소리가 엉기어서(凝) 전탁(全濁)의 소리가 되는데[16], 이러한 전탁의 소리(된소리)를 표기하는 데는 별도의 글자를 만들지 않고 전청의 글자인 'ㄱ, ㄷ, ㅂ, ㅈ, ㅅ, ㅎ'을 아울러서 'ㄲ, ㄸ, ㅃ, ㅉ, ㅆ, ㆅ'처럼 병서 글자로 표기한다는 것이다.

'ㄲ, ㄸ, ㅃ, ㅉ, ㅆ, ㆅ'은 전탁 계열의 글자로서 각각 현대 국어의 /k', t', p', ts', s', ç'/의 된소리와 대응된다.(고등학교 문법 2010:279) 이러한 전탁 글자는 다음과 같은 환경에서 실현된다.(나찬연 2012ㄴ:35 참조.)

(5) ㄱ. 말ᄊᆞᆷ, 쓰다, 싸호다, 블써 ; ᅘᅧ다
　ㄴ. ᄂᆞᄅᆞᆯ 끼릅, 수물 띄, 여흴 쩌긔, 펼 쓰ᅀᅵ예
　ㄷ. 일흘까, 아ᅀᆞᄫᆞᆯ까, 이실까, 겻굴따
　ㄹ. 녀ᄊᆞᆸ고, 듧ᄊᆞᆸ고, 노ᄊᆞᆸ고 ; 연ᄍᆞᆸ고, 무ᄍᆞᄫᆞᆫ대, 조ᄍᆞᆸ고, 마ᄍᆞᄫᆡ
　ㅁ. 엄ᄊᆞ리, 니ᄊᆞ리, 혀ᄊᆞ리
　ㅂ. 而ᅀᅵᆼ終즁不붏得득伸신其끵情쪙者쟝ㅣ多당矣읭라

(ㄱ)에서는 개별 어휘에 'ㅆ'과 'ㆅ'의 각자 병서 글자가 쓰였으며, (ㄴ)에서는 관형사형 어미인 '-을' 다음에서 'ㄲ, ㄸ, ㅉ, ㅆ' 등의 각자 병서 글자가 실현되었고, (ㄷ)에서는 의문형 종결 어미가 'ㄲ, ㄸ'의 각자 병서 글자로 실현되었다. (ㄹ)에서는 객체 높임 선어말 어미인 '-ᅀᆞᆸ-'과 '-ᄌᆞᆸ-'의 변이 형태로서 '-ᄊᆞᆸ-'과 '-ᄍᆞᆸ-'이 실현되었으며, (ㅁ)에서는 '*엄ㅅ소리'나 '*니ㅅ소리'와 같이 사잇소리나 관형격 조사를 표기하는 과정에서 'ㅆ'의 글자가 실현되었다. 끝으로 '동국정운식 한자음'을 표기할 때에는 (ㅂ)의 '끵(其)'와 '쪙(情)'처럼 각자 병서 글자가 단어의 첫머리에도 쓰였다.[17]

16) 여기서 '전탁' 소리의 특징을 '엉긴다(凝)'고 했는데, 이는 현대어의 '된소리(硬音)'의 음성적인 특징을 이르는 것으로 추정한다.

17) 각자 병서 글자 가운데서, 'ㄲ, ㄸ, ㅃ, ㅉ'의 글자들은 주로 동국정운식 한자음을 표기하는 데에 쓰였다. 그리고 이들 글자는 순 우리말을 표기할 때에는 단어의 첫머리에 잘 쓰이지 않는

그런데 다른 글자들은 전청의 글자를 아울러서 전탁의 소리를 표기하는 데 반해서, '후음(喉音)'에서만은 전청의 'ㆆ' 글자 대신에 차청(次淸) 글자인 'ㅎ'을 아울러서 'ㆅ'의 글자로 전탁의 소리를 표기하였다.[18] 이는 전청 글자인 'ㆆ'의 소리가 깊어서 엉길 수 없어서 된소리로 낼 수 없기 때문에, 얕은 소리인 차청의 'ㅎ' 글자를 아울러 적어서 후음의 전탁 소리를 표기하는 데에 사용하였다고 설명하고 있다.

### 마. 순경음과 연서

> ㅇ連書脣音之下 則爲脣輕音者 以輕音脣乍合而喉聲多也。
> 련서순음지하 즉위순경음자 이경음순사합이후성다야

'ㅇ'을 입술소리(脣音)의 아래에 이어서 쓰면 '입술 가벼운 소리(脣輕音)'가 되는 것은, 소리를 가볍게 냄(輕音)으로써 입술이 가볍게 합쳐지고(乍合) 목소리(喉聲)가 많기 때문이다.

**【풀이】 순경음(脣輕音)과 연서(連書)**

**〈순경음〉** 순경음의 음성적인 특징을 설명했는데, '소리를 가볍게 냄으로써 두 입술이 가볍게 합쳐진다'는 것은 마찰음(摩擦音)이라는 것이고, '목소리가 많다'는 것은 '유성음(有聲音)'이라는 것이다. 이러한 설명에 따르면 순경음은 '유성의 양순 마찰음(有聲兩脣摩擦音)'이며, 'ㅸ'은 /β/의 소리를 나타내는 글자라는 것을 알 수 있다.[19] 이러한 순경음(脣輕音)을 적는 글자는 따로 만들지 않고, 순음(脣音)의 아래에 'ㅇ'를 이어서 적었다(竝書).

**〈순경음 ㅸ〉** 중국의 성운학에서는 '순음(脣音)'을 '순중음(脣重音)'과 '순경음(脣輕音)'으로 구분하였다. 이에 따르면 순중음은 /ㅂ, ㅍ, ㅃ, ㅁ/처럼 두 입술을 완전히 닫아서 입안의 공기를 모았다가 이를 터뜨려서 내는 소리이다.[20] 반면에 순경음은 /ㅸ,

---

제약이 있었으며, 세조 때인 <원각경언해, 圓覺經諺解(1465)>부터는 쓰이지 않게 되었다.

18) 'ㆅ'은 앞혓바닥을 센입천장에 접근시켜 마찰하면서 소리를 내는데, /ç/보다 길고 세게 낸다.

19) 'ㅸ'의 소리는 현대어에서 '부부'나 '갈비'의 소리를 자연스럽게 낼 때 나는 'ㅂ' 소리에 대응된다.

20) 단, /ㅁ/은 비음(콧소리)이므로 공기의 터뜨림은 없으나, 발음할 때에 두 입술이 완전히 닫히는 것은 마찬가지이다.

ㆄ, ㅹ, ㅱ/처럼 두 입술 사이에 약간의 틈을 두고 그 사이로 소리를 마찰시키면서 유성음으로 내는 소리이다.

(6) ㄱ. 순중음: /ㅂ, ㅍ, ㅃ, ㅁ/
ㄴ. 순경음: /ㅸ, ㆄ, ㅹ, ㅱ/

순경음을 적는 글자로는 이론상으로는 'ㅸ, ㆄ, ㅹ, ㅱ'의 네 가지의 글자가 있겠으나, 우리말을 적는 데는 'ㅸ'만이 쓰였다. 그리고 'ㅱ'은 동국정운식 한자음을 표기하는 데에만 쓰였고, 나머지 'ㆄ'과 'ㅹ'은 그것이 실제로 쓰인 예를 발견할 수 없다.

다음은 최세진(崔世珍)이 지은 <번역노걸대박통사범례, 飜譯老乞大朴通事凡例>에 있는 순중음의 'ㅂ'과 순경음의 'ㅂ'에 관한 설명이다.

(7) ㄱ. 合脣作聲 爲ㅂ而曰脣重音。爲ㅂ之時 將合勿合吹氣出聲 爲ㅸ而曰脣輕音。制字加空圈於ㅂ下者 則虛脣出聲之義也。
ㄴ. 입술을 닫아서 소리를 내면 'ㅂ'이 되는데, (이를) '순중음(脣重音)'이라고 한다. 'ㅂ'이 될 때 (입술을) 닫으려다가 입술을 닫지 말고, 공기를 불어서 소리를 내면 'ㅸ'이 되는데, (이를) '순경음(脣輕音)'이라고 한다. 글자를 만들 때 동그라미(空圈)를 'ㅂ'의 아래에 붙이는 것은 곧 입술을 비워서(붙이지 않고서) 소리를 낸다는 뜻이다.

이와 같은 최세진의 글을 통하여, /p/로 발음되는 순중음의 'ㅂ'과 /β/로 발음되는 순경음의 'ㅸ' 사이에 나타나는 차이를 대략적으로 짐작할 수 있다.(허웅 1986:312 참조.)

〈**'ㅸ'의 실현 양상**〉 'ㅸ'은 대체로 유성음과 유성음 사이에서만 실현되어서, 분포가 극히 제한적이다.(나찬연 2012ㄴ:39 참조.)

(8) ㄱ. ᄀᆞᄅᆞᄫᅵ, 셔ᄫᅳᆯ, 사ᄫᅵ, ᄒᆞᄫᅀᅡ, 드ᄫᅴ, 대ᄫᅥᆷ, 메ᄫᅡᆺ고
ㄴ. 열ᄫᅳᆫ, 셜ᄫᅥ, 글ᄫᅡᆯ, 말ᄫᅡᆷ ; 웃ᄫᅳ니
ㄷ. 斗ᄃᆞᇢ 字, 漂푷ᇢ 字

(ㄱ)에서 'ᄀᆞᄅᆞᄫᅵ, 셔ᄫᅳᆯ, 사ᄫᅵ, ᄒᆞᄫᅀᅡ, 드ᄫᅴ, 대ᄫᅥᆷ, 메ᄫᅡᆺ고' 등에는 'ㅸ'이 모음과 모음

사이에 쓰였다. (ㄴ)의 '열븐, 셜버, 글발, 말밤' 등에서는 'ㅸ'이 /ㄹ/과 모음 사이에서, '웃브니'에서는 'ㅸ'이 /ㅿ/과 모음 사이에서 쓰였다. 그리고 (ㄷ)의 예에서는 'ㅸ'이 /ㅱ/ 다음에 실현되는 사잇소리 글자나 관형격 조사를 적는 글자로 쓰였다. 이처럼 분포적인 제약이 크기 때문에 /ㅸ/은 세조가 등극한 이후(15세기 후반 이후)에는 대체로 /ㅗ/, /ㅜ/나 반모음인 /w/로 바뀌었다. 이에 따라서 'ㅸ' 글자는 15세기 후반부터는 문헌에서 사라지고 'ㅸ'으로 표기되던 글자는 '오/우'로 바뀌었다.(나찬연 2012:40 참조.)

### 2.1.2.3. 중성 글자의 제자 원리

중성(모음) 글자는 '하늘(天), 땅(地), 사람(人)'을 상형하여 'ㆍ, ㅡ, ㅣ'의 세 글자를 만들고, 나머지 중성 글자는 'ㆍ, ㅡ, ㅣ'를 합성하여 만들었다.

#### 가. 상형자의 제자

> 中聲凡十一字。 ·舌縮而聲深 天開於子也。 形之圓 象乎天也。 一舌小
> 중성범십일자 설축이성심 천개어자야 형지원 상호천야 설소
> 縮而聲不深不淺 地闢於丑也。 形之平 象乎地也。 ㅣ舌不縮而聲淺。 人生
> 축이성불심불천 지벽어축야 형지평 상호지야 설불축이성천 인생
> 於寅也。 形之立 象乎人也。
> 어인야 형지립 상호인야

중성(中聲)은 모두 열한 자이다.

'ㆍ'는 혀가 오그라들고(縮) 소리는 깊으니(深), 하늘(天)이 자시(子時)[21]에 열리는 것이다. 'ㆍ'의 꼴이 둥근 것은 하늘(天)을 본떴다. 'ㅡ'는 혀가 조금 오그라들고(小縮) 소리는 깊지도 않고 얕지도 않으니(不深不淺), 땅(地)이 축시(丑時)[22]에 열리는 것이다. 'ㅡ'의 꼴이 평평한 것은 땅(地)을 본떴다. 'ㅣ'는 혀가 오그라들지 않고(不縮) 소리는 얕으니(淺), 사람(人)이 인시(寅時)[23]에 태어나는 것이다. 'ㅣ'의 꼴이 서 있는 것은 사람(人)을 본떴다.

21) 자시(子時) : 십이시(十二時)의 첫째 시. 밤 열한 시부터 오전 한 시까지이다.
22) 축시(丑時) : 십이시(十二時)의 둘째 시. 오전 한 시부터 세 시까지이다.
23) 인시(寅時) : 십이시(十二時)의 셋째 시. 오전 세 시에서 다섯 시까지이다.

**【풀이】 상형자의 음가와 제자 원리**

중성 11자 중에서 상형자인 'ㆍ, ㅡ, ㅣ'는 '하늘, 땅, 사람'을 상형하여서 만들었다.

〈**상형자의 선정**〉 <훈민정음>에서는 초성의 경우와 마찬가지로 중성의 경우도 제자의 기준이 되는 /ㆍ, ㅡ, ㅣ/를 '으뜸 소리'로 정하였다. 이는 /ㆍ, ㅡ, ㅣ, ㅗ, ㅏ, ㅜ, ㅓ/의 단모음 7개 가운데서 /ㆍ, ㅡ, ㅣ/를 가장 중립적인 소리로 인식했기 때문이다.

| 으뜸 소리 | 음양 | 소리의 특징 |
|---|---|---|
| /ㆍ/ | 양성 | /ㅗ/와 /ㅏ/의 중간 소리 |
| /ㅡ/ | 음성 | /ㅜ/와 /ㅓ/의 중간 소리 |
| /ㅣ/ | 중성 | 가장 중립적인 소리 |

[표 6. 으뜸 소리의 선정 원리]

먼저 양성 모음인 /ㆍ/는 같은 양성 모음인 /ㅗ/와 /ㅏ/의 중간 소리이므로, /ㆍ/를 양성 모음의 으뜸 소리로 삼았다. 그리고 음성 모음인 /ㅡ/는 같은 음성 모음인 /ㅜ/와 /ㅓ/의 중간 소리이므로 /ㅡ/를 음성 모음의 으뜸 소리로 삼았다. 끝으로 /ㅣ/는 단모음 중에서 유일하게 중성 모음이므로 으뜸 소리 중의 하나로 삼았다.

〈**상형자의 조음 방법과 청각적인 인상**〉 제자의 기준이 되는 상형자를 'ㆍ, ㅡ, ㅣ'로 정하고, 이들 글자의 조음 방식과 함께 청각적인 인상을 기술하였다.

| 글자 | 음가 | 음성학적 특징 | | |
|---|---|---|---|---|
| | | 조음 방법 | 청각적 인상 | 현대 음성학의 해석 |
| ㆍ | /ʌ/ | 舌 縮 | 聲 深 | 후설 모음(後舌母音) |
| ㅡ | /ɨ/ | 舌小縮 | 不深不淺 | 중설 모음(中舌母音) |
| ㅣ | /i/ | 舌不縮 | 聲 淺 | 전설 모음(前舌母音) |

[표 7. 상형자의 조음 방법과 청각적인 인상]

첫째로 'ㆍ'의 조음 방법으로는 혀가 오그라들며(縮), 청각적인 인상으로는 소리가 깊다(深). 이러한 설명을 감안하면 /ㆍ/는 '후설 모음'임을 짐작할 수 있다. 둘째로 'ㅡ'의 조음 방법으로는 혀가 약간 오그라지며, 청각적인 인상으로는 소리가 깊지도 않고 얕지도 않다(不深不淺). 이러한 설명을 감안하면 /ㅡ/는 '중설 모음'임을 짐작할 수 있다. 셋째로 'ㅣ'의 조음 방법으로는 혀가 오그라지지 않으며(不縮), 청각적인 인상으로는 소리가 얕다(淺). 이러한 설명을 감안하면 /ㅣ/는 전설 모음임을 짐작할 수 있다.

**〈상형자의 제자 원리〉** <훈민정음>에서는 으뜸 소리인 /·, ㅡ, ㅣ/에 대응되는 상형 글자를 성리학적 원리에 바탕을 두고 글자의 모양을 정하였다.

| 자형 | 성리학적 특징 | | 상형 대상 |
|---|---|---|---|
| | 삼재와의 관련 | 형태 | |
| · | 天開於子 | 形之圓 | 天 |
| ㅡ | 地闢於丑 | 形之平 | 地 |
| ㅣ | 人生於寅 | 形之立 | 人 |

[ 표 8. 상형자의 상형 대상과 형태 ]

곧 중성의 상형자를 만들 때는 상형의 원리를 적용하되, 우주와 인간 세계의 기본적인 구성 요소이면서 그 변화의 동인(動因)으로 작용하는 '하늘(天)', '땅(地)', '사람(人)'을 상형하였다. 여기서 양성 모음인 /·/는 같은 '하늘'에 대응시키고, 음성 모음인 /ㅡ/는 '땅'에, 중성 모음인 /ㅣ/는 '사람'에 대응시켜서 상형자를 만들었다. 먼저 양성 모음인 /·/를 표기하는 글자는 '하늘(天)'을 본떠서 '둥글게(圓)' 만들었고, 다음으로 음성 모음인 /ㅡ/를 표기하는 글자는 '땅(地)'을 본떠서 '평평하게(平)' 만들었다. 그리고 마지막으로 중성 모음인 /ㅣ/를 표기하는 글자는 '사람(人)'을 본떠서 '서 있게(立)' 만들었다.

지금까지 살펴본 상형자의 제자 원리를 요약하면 다음과 같다. /·, ㅡ, ㅣ/를 제자의 기준이 되는 소리로 정한 뒤에, 이들 소리를 나타내는 글자를 각각 '하늘(天, 양성), 땅(地, 음성), 사람(人, 중성)'의 삼재(三才)를 상형하여서 만들었다.[24] 곧 성리학에서 말하는 음양의 이론에 입각하여 '하늘'과 '땅'과 '사람'이라는 대상을 추상화하고 관념화하여 그 꼴을 본떠서 '·, ㅡ, ㅣ'의 상형자를 만든 것이다.

24) '삼재론(三才論)'는 자연적 구성 요소의 대표라 할 수 있는 '하늘과 땅(天地)'에 '인간(人)'을 참여시켜서 우주 현상을 설명하는 '인간 중심적 사고'가 바탕을 이루고 있다.

### 나. 초출자의 음가와 제자 방법

此下八聲 一闔一闢。 ㅗ與·同而口蹙 其形則·與一合而成 取天地初交
차하팔성 일합일벽 여 동이구축 기형즉 여 합이성 취천지초교

之義也。 ㅏ與·同而口張 其形則ㅣ與·合而成 取天地之用發於事物待人而
지의야 여 동이구장 기형즉 여 합이성 취천지지용발어사물대인이

成也。 ㅜ與一同而口蹙 其形則一與·合而成 亦取天地初交之義也。 ㅓ與
성야 여 동이구축 기형즉 여 합이성 역취천지초교지의야 여

一同而口張 其形則·與ㅣ合而成 亦取天地之用發於事物待人而成也。
동이구장 기형즉 여 합이성 역취천지지용발어사물대인이성야

이 아래의 여덟 소리는, 하나가 '합(闔)'이면 하나는 '벽(闢)'[25]이다.

'ㅗ'는 '·'와 같으나 입이 오므라진다(口蹙). 그 꼴은 '·'와 'ㅡ가' 합쳐져서 이루어졌는데, 이는 천지(天地)가 처음으로 만나는(交) 뜻을 취했다. 'ㅏ'는 '·'와 같으나 입이 펴진다(口張). 그 꼴은 'ㅣ'와 '·'가 합쳐져서 이루어졌는데, 이는 천지의 운용(用)이 사물에서 나타나되 사람을 기다려서 이루어지는 것을 취했다. 'ㅜ'와 'ㅡ'는 같으나 입이 오므라진다. 그 꼴은 'ㅡ'와 '·'가 합쳐져서 이루어졌는데, 이는 역시 천지가 처음으로 만나는 뜻을 취했다. 'ㅓ'와 'ㅡ'는 같으나 입이 펴진다. 그 꼴은 '·'와 'ㅣ'가 합쳐져서 이루어졌는데, 이는 역시 천지의 운용(用)이 사물에서 나타나되 사람을 기다려서 이루어지는 것을 취했다.

### 【풀이】 초출자의 음가와 제자의 방법

단모음인 /ㅗ, ㅏ, ㅜ, ㅓ/와 이들 소리에 대응되는 초출자(初出字)의 꼴에 관한 설명을 하였다. <훈민정음>에서는 이들 단모음을 '합(입이 닫힘, 閉母音, 闔)'과 '벽(입이 열림, 開母音, 闢)'의 대립 관계로 설명하였다.

〈**초출자의 음가와 제자의 방법**〉 초출자인 'ㅗ, ㅏ, ㅜ, ㅓ'의 음가(音價)와 자형(字形)을 상형자인 '·'와 'ㅡ'를 이용해서 설명하였다.

첫째, 초출자인 /ㅗ, ㅏ, ㅜ, ㅓ/의 소리를 상형자인 /·/와 /ㅡ/의 소리를 바탕으로 해서, '구축(口蹙)'과 '구장(口張)'의 특징으로 설명하고 있다.

25) 합(闔)과 벽(闢): '합(闔)'은 입이 닫히는 것(폐모음, 고모음, 閉母音, 高母音)이고, '벽(闢)'은 입이 열리는 것(개모음, 저모음, 開母音, 底母音)이다.

| | <口蹙> | | 상형자의 소리 | | <口張> |
|---|---|---|---|---|---|
| (양성) | /ㅗ/ | ← | /·/ | → | /ㅏ/ |
| (음성) | /ㅜ/ | ← | /ㅡ/ | → | /ㅓ/ |
| | | | /ㅣ/ | | |
| | <闔> | | | | <闢> |

[ 표 9. 초출자의 음가 ]

곧 양성 모음인 /ㅗ/는 /·/보다 입이 오므라지며 /ㅏ/는 /·/보다 입이 펴진다. 반면에 음성 모음인 /ㅜ/는 /ㅡ/보다 입이 오므라지며 /ㅓ/는 /ㅡ/보다 입이 펴진다. 곧, <훈민정음>에서는 상형자인 '·'와 'ㅡ'의 소리를 이용해서 초출자인 'ㅗ'와 'ㅜ'의 소리를 입이 오므라지는 '구축(口蹙)'으로, 그리고 'ㅏ'와 'ㅓ'를 입이 펴지는 '구장(口張)'으로 보았다. 초출자의 음운적 특징을 '구축'과 '구장'의 대립 관계로 설명한 것이다.

둘째, 'ㅗ, ㅏ, ㅜ, ㅓ'의 글자 만든 방법을 '합성(合成)'의 원리로써 설명하였다. 먼저 'ㅗ'는 '·'와 'ㅡ'를 합성해서 만들었으며, 'ㅏ'는 'ㅣ'와 '·'를 합성해서 만들었다. 'ㅜ'는 'ㅡ'와 '·'를 합성해서 만들었고, 'ㅓ'는 '·'와 'ㅣ'를 합성해서 만들었다. 'ㅗ, ㅏ, ㅜ, ㅓ'처럼 'ㅡ'나 'ㅣ'에 '·'를 하나 더하여 만든 합성 글자를 '초출자(初出字)'라고 하는데, 이는 단모음을 적은 글자이다.

셋째, 'ㅗ, ㅏ, ㅜ, ㅓ' 글자를 만드는 방법과 의의를 성리학 이론으로 뒷받침하였다.

| 자형 | 음성적 특징 | 제자 방법 | 제자의 성리학적 원리 | 음양 | 입술 모양 |
|---|---|---|---|---|---|
| ᆠ | · 同而口蹙 | · + ㅡ | 天地初交之義 | 양(陽) | 합(闔) |
| ᆡ | · 同而口張 | ㅣ + · | 天地之用發於事物待人而成 | 양(陽) | 벽(闢) |
| ᆢ | ㅡ 同而口蹙 | ㅡ + · | 天地初交之義 | 음(陰) | 합(闔) |
| ᆟ | ㅡ 同而口張 | · + ㅣ | 天地之用發於事物待人而成 | 음(陰) | 벽(闢) |

[ 표 10. 초출자의 음가, 제자의 방법, 성리학적 의의 ]

곧 'ㅗ'와 'ㅜ'는 둘 다 '·'와 'ㅡ'를 합성하여서 만들었는데, 이는 '하늘(·)'과 '땅(ㅡ)'이 서로 만나는 뜻을 나타낸다고 하였다. 이 설명은 'ㅗ'와 'ㅜ'가 '·'와 'ㅡ'가 어울려서 만들어졌음을 음양의 이론으로 뒷받침한 것이다. 그리고 'ㅏ'와 'ㅓ'는 둘 다 'ㅣ'

와 '·'를 합성하여서 만들었는데, 이는 '하늘'과 '땅'을 운용(用)하는 것이 사물에서 시작하되 사람의 행위를 기다려서 이루어지는 뜻을 나타낸다고 하였다. 이 설명은 'ㅏ'와 'ㅓ'를 제자할 때 'ㅣ'가 기준이 됨을 삼재의 이론으로 설명한 것이다.

### 다. 재출자의 음가

ㆇ與(여)ㅗ同(동)而(이)起(기)於(어)ㅣ。ㆈ與(여)ㅏ同(동)而(이)起(기)於(어)ㅣ。ㆊ與(이)ㅜ同(동)而(이)起(기)於(어)ㅣ。ㆋ與(이)ㅓ同(동)而(이)起(기)於(어)ㅣ。

'ㅛ'는 'ㅗ'와 같으나 (소리가) 'ㅣ'에서 시작한다(起). 'ㅑ'는 'ㅏ'와 같으나 'ㅣ'에서 시작한다. 'ㅠ'는 'ㅜ'와 같으나 'ㅣ'에서 시작한다. 'ㅕ'는 'ㅓ'와 같으나 'ㅣ'에서 시작한다.

**【풀이】 재출자의 음가**

'ㅛ, ㅑ, ㅠ, ㅕ'의 소리를 'ㅣ' 글자의 소리와 초출자의 소리를 이용하여 설명하고 있다.

| 재출자의 소리 | 입의 모양의 변화 | | | 음양 | 입의 최종 모양 |
|---|---|---|---|---|---|
| | 시작 모양 | → | 끝 모양 | | |
| /ㅛ/ | /ㅣ/ | → | /ㅗ/ | 陽 | 闔 |
| /ㅑ/ | /ㅣ/ | → | /ㅏ/ | 陽 | 闢 |
| /ㅠ/ | /ㅣ/ | → | /ㅜ/ | 陰 | 闔 |
| /ㅕ/ | /ㅣ/ | → | /ㅓ/ | 陰 | 闢 |

[표 11. 재출자의 음가]

곧 'ㅣ'계 이중 모음인 'ㅛ, ㅑ, ㅠ, ㅕ' 글자의 소리는 처음에는 /ㅣ/의 입 모양에서 시작하되(起於ㅣ), 나중에는 각각 /ㅗ/, /ㅏ/, /ㅜ/, /ㅓ/와 동일하게 소리난다고 설명하고 있다. 이러한 설명은 현대 음운론에서 설명하는 'ㅣ'계 이중 모음의 조

음 방법을 그대로 보여 주고 있다.[26]

### 라. 초출자와 재출자의 제자 원리

> ㅗㅏㅜㅓ始於天地 爲初出也。 ㅛㅑㅠㅕ起於ㅣ而兼乎人 爲再出也。 ㅗ
> 시어천지 위초출야 기어 이겸호인 위재출야
> ㅏㅜㅓ之一其圓者 取其初生之義也。 ㅛㅑㅠㅕ之二其圓者 取其再生之義
> 지일기원자 취기초생지의야 지이기원자 취기재생지의
> 也。 ㅗㅏㅛㅑ之圓居上與外者 以其出於天而爲陽也。 ㅜㅓㅠㅕ之圓居下
> 야 지원거상여외자 이기출어천이위양야 지원거하
> 與內者 以其出於地而爲陰也。 ·之貫於八聲者 猶陽之統陰而周流萬物也。
> 여내자 이기출어지이위음야 지관어팔성자 유양지통음이주류만물야
> ㅛㅑㅠㅕ之皆兼乎人者 以人爲萬物之靈而能參兩儀也。 取象於天地人 而
> 지개겸호인자 이인위만물지령이능참량의야 취상어천지인 이
> 三才之道備矣。 然三才爲萬物之先 而天又爲三才之始 猶·ㅡㅣ三字爲八
> 삼재지도비의 연삼재위만물지선 이천우위삼재지시 유 삼자위팔
> 聲之首 而·又爲三字之冠也。
> 성지수 이 우위삼자지관야

'ㅗ, ㅏ, ㅜ, ㅓ'는 천지에서 시작하므로 초출(初出, 처음 나옴)이다. 'ㅛ, ㅑ, ㅠ, ㅕ'는 (소리가) 'ㅣ'에서 시작하여 사람(人)을 겸하였으므로 재출(再出, 다시 나옴)이다. 'ㅗ, ㅏ, ㅜ, ㅓ'의 원(圓, ·)이 하나인 것은 그것이 처음 생겨난(初生) 뜻을 취했다. 'ㅛ, ㅑ, ㅠ, ㅕ'의 원이 둘인 것은 다시 생겨난(再生) 뜻을 취했다. 'ㅗ, ㅏ, ㅛ, ㅑ'의 원이 위와 밖에 있는 것은 그것이 하늘에서 나와서 양(陽)이 되기 때문이다. 'ㅜ, ㅓ, ㅠ, ㅕ'의 원이 아래와 안에 있는 것은 그것이 땅(地)에서 나와서 음(陰)이 되기 때문이다.

'·'가 여덟 소리에 다 꿰여 있는 것(貫)은 양(陽)이 음(陰)을 거느리고(統) 만물에 두루 미치는(周流) 것과 같다. 'ㅛ, ㅑ, ㅠ, ㅕ'가 모두 사람(人)을 겸한 것은 사람이 만물의 영장(靈長)이 되어 양의(兩儀, 양과 음, 하늘과 땅)[27]에 참여할 수 있기 때문이다. 하늘과 땅과 사람을 본뜸으로써 삼재(三才)의 도(道)를 갖추었다. 그러나 삼재가 만물

---

26) 이와 같은 설명으로 볼 때, 훈민정음의 창제자들은 '·, ㅡ, ㅣ'와 'ㅗ, ㅏ, ㅜ, ㅓ'는 단모음을 나타내는 글자이고, 'ㅛ, ㅑ, ㅠ, ㅕ'는 이중 모음을 나타내는 글자인 것을 인식하고 있었음을 알 수 있다. 그럼에도 불구하고, 'ㅛ, ㅑ, ㅠ, ㅕ'와 같은 'ㅣ'계 이중 모음을 표기하는 재출자를 초출자와 함께 단일(기본) 글자로 처리한 것이 특징이다.

27) 양의(兩儀) : 하늘(天)과 땅(地), 혹은 양(陽)과 음(陰)을 이른다.

의 으뜸(先)이요 하늘은 또 삼재의 처음(始)이니, (이는) 'ㆍ, ㅡ, ㅣ'의 세 글자가 여덟 소리의 우두머리(首)이고 'ㆍ'가 (ㆍㅡㅣ) 세 글자의 으뜸(冠)인 것과 같다.

**【풀이】 초출자와 재출자를 만든 원리**

〈**초출자와 재출자의 제자 원리**〉 [표 9]에서 밝힌 바와 같이, 양성 모음인 /ㅗ/와 /ㅏ/는 하늘(天)인 /ㆍ/에서 입을 오므리거나(口蹙) 펴서(口張) 나왔으며, 음성 모음인 /ㅜ/와 /ㅓ/는 땅(地)인 /ㅡ/에서 입을 오므리거나(口蹙) 펴서(口張) 나왔다. 따라서 'ㅗ, ㅏ, ㅜ, ㅓ' 글자는 하늘과 땅에서 '처음 나온 것(初出)'이다. 이러한 초출의 뜻을 글자에 반영하여 'ㅗ, ㅏ, ㅜ, ㅓ'에는 원(圓)을 하나 찍었다. 반면에 /ㅛ, ㅑ, ㅠ, ㅕ/의 소리는 /ㅣ/에서 시작하여서 /ㅗ, ㅏ, ㅜ, ㅓ/의 소리로 바뀌는 소리이기 때문에 사람(人)을 겸하였다. 따라서 'ㅛ, ㅑ, ㅠ, ㅕ' 글자는 사람을 통하여 '다시 나온 것(再出)'이다. 이러한 재출의 뜻을 글자에 반영하여 'ㅛ, ㅑ, ㅠ, ㅕ'에는 원(圓)을 두 개 찍었다.

초출자와 재출자의 형태도 음과 양이 대립하는 이치를 적용하여 만들었다. 곧 'ㅗ, ㅏ'와 'ㅛ, ㅑ'는 양성 모음을 적는 글자이므로, 각각 'ㅡ'의 위와 'ㅣ'의 바깥(오른쪽)으로 원을 찍어서 글자를 만들었다. 반면에 'ㅜ, ㅓ'와 'ㅠ, ㅕ'는 음성 모음을 적는 글자이므로, 각각 'ㅡ'의 아래와 'ㅣ'의 안(왼쪽)으로 원을 찍어서 글자를 만들었다.

| | 재출 (口蹙) | | 초출 (口蹙) | | (상형자) | | 초출 (口張) | | 재출 (口張) |
|---|---|---|---|---|---|---|---|---|---|
| 양(陽) | ㅛ | ← | ㅗ | ← | ㆍ | → | ㅏ | → | ㅑ |
| 음(陰) | ㅠ | ← | ㅜ | ← | ㅡ | → | ㅓ | → | ㅕ |
| 원(圓) | 둘 | | 하나 | | | | 하나 | | 둘 |

[표 11. 초출자와 재출자의 제자 원리]

〈**'삼재'의 의의**〉 초출자와 재출자에 모두 'ㆍ'가 들어 있는 것은 양(陽, 하늘)이 음(陰, 땅)을 거느려서 만물을 지배하기 때문이라고 설명했다. 그리고 재출자인 'ㅛ, ㅑ, ㅠ, ㅕ'의 소리가 /ㅣ/에서 시작하므로 이들 글자가 '사람(人)'을 겸하게 되었는데, 이는 사람이 만물의 영장이 되어 양과 음에 모두 참여할 수 있기 때문인 것으로 설명했다.

결국 <훈민정음>의 글자는 모두 하늘, 땅, 사람의 '삼재(三才)'를 갖추어서 그것들을 본떠서 만들었다. 삼재는 만물의 으뜸(先)이며 삼재 중에서도 하늘이 처음(始)이다. 이에 따라서 'ㆍ, ㅡ, ㅣ' 세 글자는 'ㅗ, ㅏ, ㅜ, ㅓ ; ㅛ, ㅑ, ㅠ, ㅕ'의 여덟 소리를 이루는 우두머리(首)이며, 'ㆍ, ㅡ, ㅣ' 글자 중에서 'ㆍ'는 으뜸(冠)이다.

### 마. 중성의 역학적 풀이

> ㅗ初生於天 天一生水之位也。ㅏ次之 天三生木之位也。ㅜ初生於地 地
> 초생어천 천일생수지위야 차지 천삼생목지위야 초생어지 지
> 二生火之位也。ㅓ次之 地四生金之位也。ㅛ再生於天 天七成火之數也。
> 이생화지위야 차지 지사생금지위야 재생어천 천칠성화지수야
> ㅑ次之 天九成金之數也。ㅠ再生於地 地六成水之數也。ㅕ次之 地八成
> 차지 천구성금지수야 재생어지 지륙성수지수야 차지 지팔성
> 木之數也。水火未離乎氣 陰陽交合之初故闔。木金陰陽之定質 故闢。ㆍ天
> 목지수야 수화미리호기 음양교합지초고합 목금음양지정질 고벽 천
> 五生土之位也。ㅡ地十成土之數也。ㅣ獨無位數者 盖以人則無極之眞 二
> 오생토지위야 지십성토지수야 독무위수자 개이인즉무극지진 이
> 五之精 妙合而凝 固未可以定位成數論也。是則中聲之中 亦自有陰陽五
> 오지정 묘합이응 고미가이정위성수론야 시즉중성지중 역자유음양오
> 行方位之數也。
> 행방위지수야

'ㅗ'는 하늘(天)에서 처음 나왔는데(初生), 하늘의 수(天數)로는 일(一)이며 물(水)을 낳는 자리(位)이다. 'ㅏ'는 그 다음인데, 하늘의 수로는 삼(三)이며 나무(木)를 낳는 자리이다. 'ㅜ'는 땅(地)에서 처음 나왔는데, 땅의 수(地數)로는 이(二)이며 불(火)을 낳는 자리이다. 'ㅓ'는 그 다음인데, 땅의 수로는 사(四)이며 쇠(金)를 낳는 자리이다.

'ㅛ'는 하늘에서 다시 나왔는데(再生), 하늘의 수로는 칠(七)이며 불(火)을 이루는 수(數)이다. 'ㅑ'는 그 다음인데, 하늘의 수로는 구(九)이며 쇠(金)를 이루는 수이다. 'ㅠ'는 땅(地)에서 다시 나왔는데, 땅의 수로는 육(六)이며 물(水)을 이루는 수이다. 'ㅕ'는 그 다음인데, 땅의 수로는 팔(八)이며 나무(木)를 이루는 수이다.

물(水)과 불(火)은 기(氣)에서 떠나지 못하고, 음(陰)과 양(陽)이 사귀어 어우러지는 시초이므로 '합(입을 닫음, 闔)'이다. 나무(木)와 쇠(金)는 음(陰)과 양(陽)이 바탕을 정하는 것이므로 '벽(입을 엶, 闢)'이다.

'ㆍ'는 하늘의 수(天數)로는 오(五)이며 땅을 낳는 자리이다. 'ㅡ'는 땅의 수(地數)로는 십(十)이며 땅(土)의 수(數)를 이루는 것이다. 'ㅣ'만 홀로 자리(位)와 수(數)가 없는 것은, 대개 사람이면 무극(無極)[28]의 참(眞)과 이오(二五)[29]의 정(精)이 묘하게 어울리고(合) 엉기어서(凝), 진실로 자리를 정하고(定位) 수를 이루는(成數) 것을 논(論)할 수 없기 때문이다. 이는 곧 중성의 가운데(중심)이므로, 중성(中聲)에도 역시 자체적으로 음양(陰陽)과 오행(五行)과 방위(方位)의 수(數)가 있는 것이다.

### 【풀이】 중성의 역학적 풀이

중성을 역학적으로 풀이한 것이다. 이 부분의 내용은 중성을 '음양(天地)', '수(數)', '오행(五行)', '방위(方位)'의 특성에 바탕을 둔 역학의 원리로 설명한 것으로서, 중성의 음운론적 특성과는 아무런 관계가 없다.

| | 중성(中聲) | 음양(天地) | 수(數) | 오행과 방위(五行・方位) |
|---|---|---|---|---|
| 초출자 | ㅗ | 初生於天－(陽) | 一 | 水－(北) |
| | ㅏ | 初生於天－(陽) | 三 | 木－(東) |
| | ㅜ | 初生於地－(陰) | 二 | 火－(南) |
| | ㅓ | 初生於地－(陰) | 四 | 金－(西) |
| 재출자 | ㅛ | 再生於天－(陽) | 七 | 火－(南) |
| | ㅑ | 再生於天－(陽) | 九 | 金－(西) |
| | ㅠ | 再生於地－(陰) | 六 | 水－(北) |
| | ㅕ | 再生於地－(陰) | 八 | 木－(東) |
| 상형자 | ㆍ | 天－(陽) | 五 | 土－(中) |
| | ㅡ | 地－(陰) | 十 | 土－(中) |
| | ㅣ | 無 | 無 | 無 |

[표 12. 중성의 역학적 원리]

28) 무극(無極) : 태극(太極)이다. 중국 철학에서, 우주 만물의 근원이 되는 실체이다.
29) 이오(二五) : 이(二)는 음양(陰陽)을 이르고, 오(五)는 오행(五行)을 이른다.

### 2.1.2.4. 초성과 중성의 음성적 특성 비교

以初聲對中聲而言之。 陰陽 天道也。 剛柔 地道也。 中聲者 一深一淺
이초성더중성이언지 음양 천도야 강유 지도야 중성자 일심일천

一闔一闢 是則陰陽分而五行之氣具焉 天之用也。 初聲者 或虛或實或颺
일합일벽 시즉음양분이오행지기구언 천지용야 초성자 혹허혹실혹양

或滯或重若輕 是則剛柔著而五行之質成焉 地之功也。 中聲以深淺闔闢唱
혹체혹중약경 시즉강유저이오행지질성언 지지공야 중성이심천합벽창

之於前 初聲以五音淸濁和之於後 而爲初亦爲終。 亦可見萬物初生於地
지어전 초성이오음청탁화지어후 이위초역위종 역가견만물초생어지

復歸於地也。
복귀어지야

초성을 중성에 대비하여 말한다. 음(陰)과 양(陽)은 하늘의 도(道)이다. 강(剛)과 유(柔)는 땅의 도이다.

중성은 (그 소리가) 하나가 '심(深, 깊다)'이면 하나는 '천(淺, 얕다)'이고, 하나가 '합(闔, 입을 엶)'이면 하나는 '벽(闢, 입을 닫음)'이다. 이는 음(陰)과 양(陽)이 나뉘어서(分) 오행(五行)의 기(氣)가 갖추어진 것이니, 곧 하늘의 용(쓰임, 用)이다.

초성은 어떤 것(喉音)은 '허(虛, 비다)'하며, 어떤 것(牙音)은 '실(實, 튼튼하다)'하며, 어떤 것(舌音)은 '양(颺, 날리다)'하며, 어떤 것(齒音)은 '체(滯, 막히다)'하며, 어떤 것(脣音)은 '중(重, 무겁다: 순중음)'하거나 '경(輕, 가볍다: 순경음)'하다. 이는 강(剛)과 柔(유)가 드러나서 오행의 바탕을 이루는 것이니, 곧 땅의 공(업적, 功)이다.

중성이 심천(深淺)과 합벽(闔闢)으로써 앞에서 부르면, 초성은 오음(五音)과 청탁(淸濁)으로써 뒤에서 화답하여 (음절의) 초성(初)이나 종성(終)이 된다. 역시 만물이 땅에서 처음 생겨나서 땅으로 다시 돌아가는 것을 볼 수 있다.

**【풀이】 초성과 중성의 음성적 특성 비교**

음양(陰陽)과 오행(五行)에 따른 역학적 특징과 소리에 바탕을 둔 음운학적인 특징에 맞추어서, 초성과 중성의 관련성을 설명하였다.

〈**중성의 특징**〉 중성(中聲)의 도(道)는 '음(陰)'과 '양(陽)'으로 대립되는 하늘의 도(天道)이다.

중성 글자 중에서 상형자는 소리의 청각적인 인상에 따라서 '심(深)'과 '천(淺)'으로

대립되는데, '·'는 '심(深)'이며 'ㅣ'는 '천(淺)'이며 'ㅡ'는 '불심불천(不深不淺)'이다. 반면에 초출자와 재출자는 입의 벌림에 따라서 '합(闔)'과 '벽(闢)'으로도 대립되는데, 'ㅗ, ㅜ, ㅛ, ㅠ'는 입을 닫는 소리의 글자이므로 '합(闔)'이며, 'ㅏ, ㅓ, ㅑ, ㅕ'는 입을 여는 소리의 글자이므로 '벽(闢)'이다. '심'과 '천'에 따른 상형자의 대립 관계와 '합'과 '벽'에 따른 초출자와 재출자의 대립 관계를 정리하면 다음과 같다.

| 음상 | 심(深) | 불심불천(不深不淺) | 천(淺) |
|---|---|---|---|
| 상형자 | · | ㅡ | ㅣ |

[ 표 13. '심(深)'과 '淺(천)'에 따른 상형자의 대립 관계 ]

| 합(闔) | ㅗ | ㅜ | ㅛ | ㅠ |
|---|---|---|---|---|
| | ↕ | ↕ | ↕ | ↕ |
| 벽(闢) | ㅏ | ㅓ | ㅑ | ㅕ |

[ 표 14. '합(闔)'과 '벽(闢)'에 따른 초출자와 재출자의 대립 관계 ]

〈**초성의 특징**〉 초성(初聲)의 도(道)는 '강(강함, 剛)'과 '유(부드러움, 柔)'로 대립되는 '땅의 도(地道)'이다. '강'과 '유'에 따른 오음의 대립 관계를 정리하면 다음과 같다.

| 오음(五音) | 음상(音相) | | 강유(剛柔) |
|---|---|---|---|
| 후 음(喉 音) | 허 (虛) | 비다 | 유 (柔) |
| 아 음(牙 音) | 실 (實) | 튼튼하다 | 강 (剛) |
| 설 음(舌 音) | 양 (颺) | 날리다 | 유 (柔) |
| 치 음(齒 音) | 체 (滯) | 막히다 | 강 (剛) |
| 순경음(脣輕音) | 경 (輕) | 가볍다 | 유 (柔) |
| 순중음(脣重音) | 중 (重) | 무겁다 | 강 (剛) |

[ 표 15. 초성의 강유(剛柔)의 대립 관계 ]

오음(五音)에 대한 소리의 인상(音相, 음상)을 '강(剛)'과 '유(柔)'의 대립 관계로 설명하였다. 곧 후음(喉音)은 음상이 비어서(虛) '유'하며, 아음(牙音)은 음상이 튼튼하여서

(實) '강'하다. 설음(舌音)은 음상이 날리어서(颺) '유'하며, 치음(齒音)은 음상이 막히어서(滯) '강'하다. 순경음(脣輕音)은 가벼워서(輕), '유'하며, 순중음(脣重音)은 무거워서(重) '강'하다.

결국 '심천'과 '합벽'의 자질로 체계를 이룬 중성 글자가 중심이 되어서, '오음'과 '청탁'의 자질로 체계를 이룬 초성 글자와 결합하게 된다. 이때 초성 글자는 음절의 처음(초성의 자리)이나 끝의 자리(종성의 자리)에 두루 쓰이게 된다. 초성 글자의 이러한 특징을 만물의 생성과 소멸의 과정에 비유하여 표현하면, 만물이 땅(= 초성)에서 태어나서 다시 땅(= 초성)으로 돌아가는 것과 마찬가지의 이치이다.

#### 2.1.2.5. 음절을 구성하는 초·중·종성 글자의 특성

음절을 구성하는 초성, 중성, 종성 글자의 특성을 역학적으로 설명하였다.

以初中終合成之字言之 亦有動靜互根陰陽交變之義焉。 動者 天也。 靜

이 초 중 종 합 성 지 자 언 지 역 유 동 정 호 근 음 양 교 변 지 의 언 동 자 천 야 정

者 地也。 兼互動靜者 人也。 盖五行在天則神之運也 在地則質之成也

자 지 야 겸 호 동 정 자 인 야 개 오 행 재 천 즉 신 지 운 야 재 지 즉 질 지 성 야

在人則仁禮信義智神之運也 肝心脾肺腎質之成也。 初聲有發動之義 天之

재 인 즉 인 례 신 의 지 신 지 운 야 간 심 비 폐 신 질 지 성 야 초 성 유 발 동 지 의 천 지

事也。 終聲有止定之義 地之事也。 中聲承初之生 接終之成 人之事也。

사 야 종 성 유 지 정 지 의 지 지 사 야 중 성 승 초 지 생 접 종 지 성 인 지 사 야

盖字韻之要 在於中聲 初終合而成音。 亦猶天地生成萬物 而其財成輔相

개 자 운 지 요 재 어 중 성 초 종 합 이 성 음 역 유 천 지 생 성 만 물 이 기 재 성 보 상

則必賴乎人也。 終聲之復用初聲者 以其動而陽者乾也 靜而陰者亦乾也

즉 필 뢰 호 인 야 종 성 지 부 용 초 성 자 이 기 동 이 양 자 건 야 정 이 음 자 역 건 야

乾實分陰陽而無不君宰也。 一元之氣 周流不窮 四時之運 循環無端 故貞

건 실 분 음 양 이 무 불 군 재 야 일 원 지 기 주 류 불 궁 사 시 지 운 순 환 무 단 고 정

而復元 冬而復春。 初聲之復爲終 終聲之復爲初 亦此義也。

이 부 원 동 이 부 춘 초 성 지 부 위 종 종 성 지 부 위 초 역 차 의 야

초성, 중성, 종성이 합쳐져서 이루어진 (음절의) 글자에 대하여 말하자면, 역시 동(動, 움직이는 것)과 정(靜, 머물러 있는 것)이 서로 뿌리(根)가 되고, 음(陰)과 양(陽)이 서로 만나서(交) 변(變)하는 뜻이 있다. 동(動)은 하늘(天)이며, 정(靜)은 땅(地)이며, 동과 정을 겸한 것이 사람(人)이다. 대개 오행이 하늘에 있으면 신(神)이 부리는 것(運)

이며, 땅에 있으면 바탕(質)이 이루어지는(成) 것이며, 사람에게 있으면 '인(仁), 예(禮), 신(信), 의(義), 지(智)'가 신(神)이 부리는 것(運)이며, 간장(肝), 심장(心), 비장(脾), 폐장(肺), 신장(腎)이 바탕(質)을 이루는(成) 것이다.

초성에는 발동(發動, 움직이기 시작함)의 뜻이 있으니, (이는) 하늘의 일(事)이다. 종성에는 지정(止定, 멈추어서 정착함)의 뜻이 있으니, (이는) 땅의 일이다. 중성은 초성의 생겨남(生)을 이어서(承) 종성의 이룸(成)을 이어 주니(接), (이는) 사람의 일이다.

대개 자운(字韻)[30]의 중심은 중성에 있으니 초성과 종성이 (중성에) 어울려서 소리(음절, 音)를 이룬다. 이는 역시 하늘과 땅이 만물을 생성하여도 그 재성(財成)과 보상(輔相)[31]은 반드시 사람(人)에게 힘입는 것(賴)과 같다.

종성(終聲)에 초성(初聲, 초성 글자)을 다시 쓰는 것은, 동(動)하여서 양(陽)인 것도 건(乾, 초성 글자)이며, 정(靜)하여서 음(陰)인 것도 역시 건(乾, 초성 글자)이니, 건(乾)이 실제로 음과 양으로 나뉘어도 주재(君宰)하지 않는 것이 없기 때문이다. 일원(一元, 큰 근본)의 기운이 두루 흘러서 다하지(窮) 아니하고, 사시(四時)의 운행(運)이 돌고 돌아서 끝(端)이 없으므로, 정(貞)이 다시 원(元)이 되고, 겨울(冬)이 다시 봄(春)이 된다. 초성이 다시 종성이 되며, 종성이 다시 초성이 되는 것은 역시 이와 같은 뜻이다.

### 【풀이】 음절을 구성하는 초 · 중 · 종성 글자의 특성

**〈음절을 이루는 초성, 중성, 종성 글자의 역학적 특성〉** 하나의 음절은 초성, 중성, 종성이 모여서 이루어지는데, 이러한 음절을 구성하는 낱글자인 초성, 중성, 종성 글자의 역학적 특성을 다음과 같이 설명하였다.

| 글자 | 성질 | 삼재 | 역학적 의의 |
|---|---|---|---|
| 初聲 | 동(動) | 天(陽) | 神之運(신이 부리는 것) |
| 中聲 | 겸동정(兼動靜) | 人 | 人之事(사람의 일) ─ 神之運－仁禮信義智 / 質之成－肝心脾肺腎 |
| 終聲 | 정(靜) | 地(陰) | 質之成(바탕이 이루어지는 것) |

[표 16. 초성, 중성, 종성 글자의 역학적 특성]

30) 자운(字韻) : 글자의 소리(음, 音)이다. 여기서는 '음절(音節)'을 이른다.
31) 재성(財成) 보상(輔相) : 재성(財成)은 다듬어서 이루는 것이며, 보상(輔相)은 보완하는 것이다.

첫째로 초성 글자의 성질을 '동(動, 움직임)'하면서, 양(陽)의 성질을 띠고 하늘에서 신(神)이 오행(五行)을 부리는 것으로 보았다. 둘째로 종성 글자의 성질을 '정(靜, 머물러 있는 것)'하면서, 음(陰)의 성질을 띠고 땅에서 오행(五行)의 바탕이 이루어지는 것으로 보았다. 셋째로 중성 글자의 성질을 동(動)과 정(靜)을 겸하면서, '신(神)이 부리는 것(仁, 禮, 信, 義, 智)'과 바탕(質)이 이루어지는 것(肝, 心, 脾, 肺, 腎)으로 보았다.

〈**중성 글자의 기능**〉 음절 속에서 쓰이는 중성 글자의 기능을 다음과 같이 설명하였다.

| 소리 | 음운론적 기능 | | 역학적 기능 |
|---|---|---|---|
| 初聲 | 발동(發動) | 움직이기 시작함 | 天之事－만물을 생성 |
| 中聲 | 승접(承接) | 초성을 이어서 종성을 완성 | 人之事－만물을 재성(財成) 하고 보상(輔相)함 |
| 終聲 | 지정(止定) | 멈추어서 정착함 | 地之事－만물을 생성 |

[ 표 17. 초성, 중성, 종성 글자의 기능 ]

곧 초성과 종성은 중성에 이끌려서 자운(字韻)을 이루므로, 중성은 음절을 이루는 핵심적인 역할을 한다. 중성의 이러한 역할을 역학적으로 설명하면, '하늘(= 초성)'과 '땅(= 종성)'이 만물을 생성하지만, '사람(= 중성)'이 그 만물을 다듬어서 완성하고(재성, 財成) 보완하는(보상, 輔相) 것과 같다.

〈**초성 글자를 종성에 사용함**〉 종성의 글자를 따로 만들지 않고 초성의 글자를 종성의 자리에 함께 쓴다. 예를 들어서 '각'이라는 소리에서 초성의 'ㄱ'과 종성의 'ㄱ'은 객관적이고 물리적인 소리로는 다르지만, 한국 사람은 머릿속에서는 초성의 'ㄱ' 소리와 종성의 'ㄱ'는 동일하게 인식한다. 이러한 점을 감안하면 종성의 글자를 초성의 글자와 굳이 구분하여 별도로 만들 필요가 없다는 사실을 알 수 있다.

| 음절 단위의 글자 | 물리적인 소리 | 인식하는 소리 |
|---|---|---|
| '각' | [ kak' ] | / kak / |

[ 표 18. 물리적인 소리와 인식하는 소리 ]

이에 따라서 <훈민정음>에서는 '예의편'에 '終聲復用初聲'의 규정을 두어서, 종성 글자를 따로 만들지 않고 초성 글자를 그대로 종성 글자로 쓰게 하였다. 이처럼 종성 글자를 따로 만들지 않음으로써 자음(초성과 종성)의 글자 수를 대폭 줄일 수 있었다.

초성 글자를 종성 글자로 쓸 수 있는 역학적인 근거를 다음과 같이 제시하였다.

(9) 乾 (건, 天, 초성 글자) ─┬→ 초성의 자리 : 動 (양)
　　　　　　　　　　　　　└→ 종성의 자리 : 靜 (음)

곧 '건(乾)'인 초성 글자는 하늘(天)에 관계하므로 초성의 자리(動, 양)와 종성(靜, 음)의 자리에 두루 쓰일 수 있다고 하였다. 또한 이러한 사실을 역학에서 말하는 천도(天道)의 네 가지 원리가 순환하는 과정인 '원형이정(元亨利貞)'[32]과 계절의 순환 과정인 '춘하추동(春夏秋冬)'에 비유하여 아래와 같이 설명하였다.

[그림 1. 천도와 계절의 순환]

이처럼 천도(天道)가 '元 → 亨 → 利 → 貞 → 元……'으로 순환하고 계절이 '春 → 夏 → 秋 → 冬 → 春 → …'으로 순환하듯이, 초성 글자가 종성이 되고 다시 종성이 초성이 되는 것을 설명하였다.

> 吁。 正音作而天地萬物之理咸備 其神矣哉。 是殆天啓聖心而假手焉者乎。
> 우 정음작이천지만물지리함비 기신의재 시태천계성심이가수언자호

아, 정음(正音)이 만들어져서, 천지 만물의 이치가 다 갖추어져 있으니, 그 신기함이

---

32) 원형이정(元亨利貞) : 역학(易學)에서 말하는 천도(天道)의 네 원리(原理)라는 뜻으로, 사물의 근본이 되는 원리이다. 곧 만물이 처음 생겨나서(元), 자라고(亨), 삶을 이루고(利), 완성(貞)하는 것이다. 이를 계절에 대응시키면 '원(元)'은 봄으로서 만물의 시초, '형(亨)'은 여름으로서 만물이 자라고, '이(利)'는 가을로서 만물이 이루어지고, '정(貞)'은 겨울로서 만물을 거둠을 뜻한다.

여! 이는 하늘이 거의 성상(세종대왕, 聖)의 마음을 열고, (성인에게) 손을 빌려 준 것이구나!

| | |
|---|---|
| 訣曰<br>결 왈 | 결(訣)[33]에 이른다. |
| 天地之化本一氣<br>천 지 지 화 본 일 기 | 천지가 이루어지는 것은 본래 한 기운이며[34] |
| 陰陽五行相始終<br>음 양 오 행 상 시 종 | 음양과 오행은 서로 처음과 끝이네. |
| 物於兩間有形聲<br>물 어 량 간 유 형 성 | 만물은 둘(음과 양) 사이에 모양과 소리가 있어 |
| 元本無二理數通<br>원 본 무 이 리 수 통 | 근본은 둘이 아니니 이치(理)와 수(數)[35]가 통하네. |
| 正音制字尙其象<br>정 음 제 자 상 기 상 | 정음의 글자 만듦은 상형(象形)을 받들되 |
| 因聲之厲每加畫<br>인 성 지 려 매 가 획 | 소리가 세어질수록 획(畫)을 더하네. |
| 音出牙舌脣齒喉<br>음 출 아 설 순 치 후 | 소리는 어금니와 혀와 입술과 이와 목에서 나오니 |
| 是爲初聲字十七<br>시 위 초 성 자 십 칠 | 이것이 초성이 되어 글자가 열 일곱이네. |
| 牙取舌根閉喉形<br>아 취 설 근 폐 후 형 | 아음은 혀의 뿌리가 목을 막는 모양을 취하나 |
| 唯業似欲取義別<br>유 업 사 욕 취 의 별 | 오직 'ㆁ(業)'은 'ㅇ(欲)'과 비슷하니 뜻을 취함이 다르네[36]. |
| 舌迺象舌附上腭<br>설 내 상 설 부 상 악 | 설음은 곧 혀가 윗잇몸에 닫는 모양을 본떴네. |
| 脣則實是取口形<br>순 즉 실 시 취 구 형 | 순음은 곧바로 입의 모양을 취하네. |
| 齒喉直取齒喉象<br>치 후 직 취 치 후 상 | 치음과 후음은 바로 이와 목구멍의 모양을 취하네. |

33) 결(訣): '요결(要訣)'의 준말로서 가장 중요한 방법이나 긴요한 뜻을 나타낸 말이다.
34) 일기(一氣): 음양(陰陽)과 오행(五行)을 이른다.
35) 수(數): 우주 만물에서 나타나는 모든 현상을 '수(數)'로써 풀이한 것이다.
36) 취의별(取義別): 다른 아음('ㄱ, ㅋ')은 혀의 뿌리가 목구멍을 막는 모양을 본떴으나, 아음 중에서 오직 'ㆁ'은 후음인 'ㅇ'과 꼴이 비슷하므로 제자 방식이 다르다는 것이다.

| | |
|---|---|
| 知斯五義聲自明<br>지 사 오 의 성 자 명 | 이 다섯 가지 뜻을 알면 소리는 저절로 훤하네. |
| 又有半舌半齒音<br>우 유 반 설 반 치 음 | 또 반설음과 반치음이 있으니 |
| 取象同而體則異<br>취 상 동 이 체 즉 이 | 상형을 취한 것은 같으나 체(體)가 다르네[37]. |
| 那彌戌欲聲不厲<br>나 미 술 욕 성 불 려 | ‘ㄴ(那), ㅁ(彌), ㅅ(戌), ㅇ(欲)’은 소리가 세지 않으니 |
| 次序雖後象形始<br>차 서 수 후 상 형 시 | 순서가 비록 뒤이나 상형하는 데는 처음이네[38]. |
| 配諸四時與沖氣<br>배 제 사 시 여 충 기 | (초성을) 사 계절과 충기(沖氣)[39]에 짝을 맞추어 보니 |
| 五行五音無不協<br>오 행 오 음 무 불 협 | 오행과 오음이 어울리지 않는 것이 없네. |
| 維喉爲水冬與羽<br>유 후 위 수 동 여 우 | 후음(喉音)은 물(水)이 되어 겨울(동)과 우(羽)이며 |
| 牙迺春木其音角<br>아 내 춘 목 기 음 각 | 어금니(牙音)는 봄(春)과 나무(木), 그 음(音)이 각(角)이며 |
| 徵音夏火是舌聲<br>치 음 하 화 시 설 성 | 치음(徵音)은 여름(夏)과 불(火), 이것은 설성(舌聲)이며 |
| 齒則商秋又是金<br>치 즉 상 추 우 시 금 | 이(齒)는 상(商)과 가을(秋), 또 이것은 쇠(金)이며 |
| 脣於位數本無定<br>순 어 위 수 본 무 정 | 입술(脣)은 위치(位)와 수(數)가 본디 정해지지 않으며 |
| 土而季夏爲宮音<br>토 이 계 하 위 궁 음 | 땅(土)과 늦여름(季夏)은 궁음(宮音)이 되네. |
| 聲音又自有淸濁<br>성 음 우 자 유 청 탁 | 성음(聲音)에는 또 각자 청탁(淸濁)이 있으니 |
| 要於初發細推尋<br>요 어 초 발 세 추 심 | 초성이 나올 때 자세하게 살펴야 하네. |
| 全淸聲是君斗彆<br>전 청 성 시 군 두 별 | 전청(全淸)의 소리는 ‘ㄱ(君), ㄷ(斗), ㅂ(彆)’이며 |

37) 체즉이(體則異) : 반설음(ㄹ)과 반치음(ㅿ)은 각각 혀와 이를 본떠서 만든 글자인 ‘ㄴ’과 ‘ㅅ’에 획을 더하여 글자를 만들었으나, 소리가 세어지는 뜻이 없는 것을 말하였다.

38) 차서수후상형시(次序雖後象形始) : ‘ㄴ(那), ㅁ(彌), ㅇ(欲)’의 글자는 불청불탁의 소리이므로, 전청, 차청, 전탁, 불청불탁의 순으로 기술되는 중국의 36자모표에서는 순서가 뒤이다. 그러나 글자를 만들 때는 상형자로 삼았다는 것이다.(단, ‘ㅅ’은 전청의 글자이지만, 제자의 으뜸으로 삼았다.)

39) 충기(沖氣) : 오행도(五行圖) 중에서 가운데에 위치한 ‘土’를 가리킨다.

| | |
|---|---|
| 則戌挹亦全淸聲<br>즉 술 읍 역 전 청 성 | ‘ㅈ(則), ㅅ(戌), ㆆ(挹)’도 역시 전청의 소리이네. |
| 若迺快呑漂侵虛<br>약 내 쾌 탄 표 침 허 | 만일 ‘ㅋ(快), ㅌ(呑), ㅍ(漂), ㅊ(侵), ㅎ(虛)’에 이르면 |
| 五音各一爲次淸<br>오 음 각 일 위 차 청 | 오음은 각각 하나씩 차청(次淸)이 되네. |
| 全濁之聲虯覃步<br>전 탁 지 성 규 담 보 | 전탁(全濁)의 소리는 ‘ㄲ(虯), ㄸ(覃), ㅃ(步)’이며 |
| 又有慈邪亦有洪<br>우 유 자 사 역 유 홍 | 또 ‘ㅉ(慈), ㅆ(邪)과 ㆅ(洪)’이 있네. |
| 全淸竝書爲全濁<br>전 청 병 서 위 전 탁 | 전청을 나란히 쓰면 전탁이 되며 |
| 唯洪自虛是不同<br>유 홍 자 허 시 부 동 | 오직 ‘ㆅ(洪)’만 ‘ㅎ(虛)’에서 나와서 다르네. |
| 業那彌欲及閭穰<br>업 나 미 욕 급 려 양 | ‘ㆁ(業), ㄴ(那), ㅁ(彌), ㅇ(欲)과 ㄹ(閭), ㅿ(穰)’은 |
| 其聲不淸又不濁<br>기 성 불 청 우 불 탁 | 그 소리가 불청(不淸)하고 또 불탁(不濁)하네. |
| 欲之連書爲脣輕<br>욕 지 련 서 위 순 경 | (순음에) ‘ㅇ(欲)’을 이어쓰면 순경음(脣輕音)이 되니 |
| 喉聲多而脣乍合<br>후 성 다 이 순 사 합 | 후성(喉聲)이 많고 입술이 잠깐 합쳐지네. |
| 中聲十一亦取象<br>중 성 십 일 역 취 상 | 중성은 열한 개인데 역시 상형을 취하니 |
| 精義未可容易觀<br>정 의 미 가 용 이 관 | (중성을 만든) 심오한 뜻은 가히 쉽게 보기 어렵네. |
| 呑擬於天聲最深<br>탄 의 어 천 성 최 심 | ‘ㆍ(呑)’는 하늘에 본떠서 소리가 가장 깊으니 |
| 所以圓形如彈丸<br>소 이 원 형 여 탄 환 | 둥근 모양이어서 탄환과 같네. |
| 卽聲不深又不淺<br>즉 성 불 심 우 불 천 | ‘ㅡ(卽)’는 소리가 깊지도 않고 얕지도 않으니 |
| 其形之平象乎地<br>기 형 지 평 상 호 지 | 그 모양이 평평한 것은 땅에서 본떴네. |
| 侵象人立厥聲淺<br>침 상 인 립 궐 성 천 | ‘ㅣ(侵)’는 사람이 서 있음을 본떴고, 그 소리는 얕네. |
| 三才之道斯爲備<br>삼 재 지 도 사 위 비 | 삼재(三才)의 도(道)가 이처럼 갖추어졌네. |
| 洪出於天尙爲闔<br>홍 출 어 천 상 위 합 | ‘ㅗ(洪)’는 하늘(天)에서 나와서[40] 또한 합(闔)[41]이 되니 |

| | |
|---|---|
| 象取天圓合地平<br>상 취 천 원 합 지 평 | 하늘이 둥근 것이 땅이 평평한 것을 아울러서 취했네. |
| 覃亦出天爲已闢<br>담 역 출 천 위 이 벽 | ‘ㅏ(覃)’는 역시 하늘에서 나와서 이미 벽(闢)이 되니42) |
| 發於事物就人成<br>발 어 사 물 취 인 성 | 사물에서 나와서 사람이 됨에 이르렀네43). |
| 用初生義一其圓<br>용 초 생 의 일 기 원 | (‘ㅗ’와 ‘ㅏ’)는 처음 생긴 뜻을 써서 그 원(圓)을 하나로 하니 |
| 出天爲陽在上外<br>출 천 위 양 재 상 외 | 하늘에서 나와서 양(陽)이 되어서 (원이) 위와 밖에 있네. |
| 欲穰兼人爲再出<br>욕 양 겸 인 위 재 출 | ‘ㅛ(欲)’와 ‘ㅑ(穰)’는 사람을 겸하였으니44) 재출(再出)이 되니 |
| 二圓爲形見其義<br>이 원 위 형 견 기 의 | 두 원(圓)을 꼴로 삼은 것이 그 뜻을 보였네. |
| 君業戌彆出於地<br>군 업 술 별 출 어 지 | ‘ㅜ(君), ㅓ(業), ㅠ(戌), ㅕ(彆)’가 땅에서 나온 것은 |
| 據例自知何須評<br>거 례 자 지 하 수 평 | 예를 듦으로써 절로 알 것이니 어찌 반드시 평가해야 할까? |
| 呑之爲字貫八聲<br>탄 지 위 자 관 팔 성 | ‘ㆍ’가 여덟 소리에 두루 들어간 글자가 된 것은 |
| 維天之用徧流行<br>유 천 지 용 편 류 행 | 하늘의 작용(用)이 두루 흘러 가기 때문이네. |
| 四聲兼人亦有由<br>사 성 겸 인 역 유 유 | 네 소리(四聲)45)가 사람을 겸한 것은 역시 이유가 있으니 |
| 人參天地爲最靈<br>인 참 천 지 위 최 령 | 사람이 하늘과 땅에 참여해서 가장 영(靈)하기 때문이네. |
| 且就三聲究至理<br>차 취 삼 성 구 지 리 | 또 세 소리(초, 중, 종성)에 나아가서 깊은 이치를 살피면 |

---

40) ‘홍’출어천(洪出於天) : /ㅗ/는 /ㆍ/에서 나오되 /ㆍ/보다 입을 오무려서 내는 소리(口蹙)인데, ‘洪出於天’은 하늘을 상형한 /ㆍ/에서 나왔다는 것을 이른다.

41) 합(闔) : 합(闔)은 합구(合口)의 상태로 발음하는 것. 곧 폐모음(閉母音)을 이른다.

42) 벽(闢) : 벽(闢)은 개구(開口)의 상태로 발음하는 것. 곧 개모음(開母音)을 이른다.

43) ‘땀’역출천위이벽(覃亦出天爲已闢) : ‘ㅏ(覃)’는 둘 다 ‘ㅣ’와 ‘ㆍ’를 합성하여서 만들었는데, 이는 ‘하늘’과 ‘땅’을 운용(用)하는 것이 사물에서 시작하되 사람의 행위를 기다려서 이루어지는 뜻을 나타낸다.

44) ‘욕샹’겸인(欲穰兼人) : /ㅛ/(欲)와 /ㅑ/(穰)는 /ㅣ/의 입 모양에서 발음을 시작하여 /ㅗ/와 /ㅏ/의 입 모양으로 발음을 끝마치는 이중모음이다. 따라서 ‘ㅛ’와 ‘ㅑ’의 글자를 사람을 상형한 ‘ㅣ’ 글자를 겸했다고 표현하였다.

45) 사성(四聲) : 재출자인 ‘ㅛ, ㅑ, ㅠ, ㅕ’의 네 소리이다.

|  |  |
|---|---|
| 自有剛柔與陰陽<br>자 유 강 유 여 음 양 | 스스로 강유(剛柔)[46]와 음양(陰陽)[47]이 있네. |
| 中是天用陰陽分<br>중 시 천 용 음 양 분 | 중성은 곧 하늘의 쓰임(用)이며 음양으로 나누어지네. |
| 初迺地功剛柔彰<br>초 내 지 공 강 유 창 | 초성은 땅의 공(功)이며 강(剛)과 유(柔)가 드러나네. |
| 中聲唱之初聲和<br>중 성 창 지 초 성 화 | 중성이 부르면(唱) 초성이 어울리는(和) 것은 |
| 天先乎地理自然<br>천 선 호 지 리 자 연 | 하늘이 땅에 앞서는 것처럼 그 이치(理)가 자연스럽네. |
| 和者爲初亦爲終<br>화 자 위 초 역 위 종 | (중성에) 어울린 것이 초성도 되고 또한 종성도 되니 |
| 物生復歸皆於坤<br>물 생 복 귀 개 어 곤 | 만물(物)이 생겨나서 다시 모두가 땅(坤)에 돌아가네. |
| 陰變爲陽陽變陰<br>음 변 위 양 양 변 음 | 음(陰)이 바뀌어 양(陽)이 되고, 양이 변하여 음이 되니 |
| 一動一靜互爲根<br>일 동 일 정 호 위 근 | 한 번 동(動)하고 한 번 精(정)하여 서로 근본(根)이 되네. |
| 初聲復有發生義<br>초 성 부 유 발 생 의 | 초성은 또 다시 피어서 생겨남(發生)의 뜻이 있으니 |
| 爲陽之動主於天<br>위 양 지 돋 주 어 천 | 양(陽)의 동(動)이 되어서 하늘에서 주(主)가 되네. |
| 終聲比地陰之靜<br>종 성 비 지 음 지 정 | 종성(終聲)은 땅처럼 음(陰)의 정(靜)이니 |
| 字音於此止定焉<br>자 음 어 차 지 정 언 | 글자의 소리(字音)는 이것(종성)에서 그치어서 정해지네. |
| 韻成要在中聲用<br>운 성 요 재 중 성 용 | 운(韻)이 이루어지는 요체(要)가 중성의 쓰임에 있는 것은 |
| 人能輔相天地宜<br>인 능 보 상 천 지 의 | 사람이 능히 천지를 보완(輔相)할 수 있기 때문이네. |
| 陽之爲用通於陰<br>양 지 위 용 통 어 음 | 양(陽)의 쓰임(用)은 음(陰)에도 통하니 |
| 至而伸則反而歸<br>지 이 신 즉 반 이 귀 | (양이 음에) 이르러 펼쳐지면 거꾸로 되돌아가네. |

46) 강유(剛柔) : 초성의 오음(五音)에 대한 소리의 인상(음상, 音相)을 '강(剛)'과 '유(柔)'의 대립 관계로 설명하였다.

47) 음양(陰陽) : 중성을 '심(深)'과 '천(淺)'에 따른 상형자의 대립 관계와, '합(闔)'과 '벽(闢)'에 따른 초출자와 재출자의 대립 관계를 '음(陰)'과 '양(陽)'으로 설명하였다.

| | |
|---|---|
| 初終雖云分兩儀<br>초 종 수 운 분 량 의 | 초성과 종성이 비록 양의(兩儀)로 나뉠지라도 |
| 終用初聲義可知<br>종 용 초 성 의 가 지 | 종성에 초성을 쓰는 뜻을 알겠네. |
| 正音之字只廿八<br>정 음 지 자 지 입 팔 | 정음(正音)의 글자는 단지 스물 여덟이지만 |
| 探賾錯綜窮深幾<br>탐 색 착 종 궁 심 기 | 깊은 도리(賾)와 복잡한 것(錯綜)를 찾아 내고, 깊은 뜻(深幾)을 다했네(窮). |
| 指遠言近牖民易<br>지 원 언 근 유 민 이 | 뜻(指)은 멀어도 말(言)이 가까워 백성을 깨우치기 쉬우니 |
| 天授何曾智巧爲<br>천 수 하 증 지 교 위 | (正音은) 하늘이 준 것이다. 어찌 일찍이 (사람의) 지혜(智)와 재주(巧)로써 된 것이겠는가? |

앞의 '제자해'에서 산문으로 설명한 훈민정음 글자의 제자의 원리를, 다시 총 70행으로 된 '칠언시(七言詩)'로 옮겨서 풀이하였다.

## 【 더 배우기 】

### {'ㆁ'의 제자 원리와 이체}

아음(牙音) 글자인 'ㆁ'을 만들 때에는 후음(喉音)의 글자인 'ㅇ'에 가획하여서 만들었다. 그런데 /ŋ/ 은 아음 중에서 가장 약한 소리인 불청불탁의 소리이므로, 상형과 가획의 원리에 따르면 아음의 상형자로 삼아서 글자의 형태를 'ㄱ'으로 만들어야 했다. 그러나 훈민정음의 창제자들은 /ŋ/ 의 음가에 대응되는 글자를 후음(喉音)인 'ㅇ'에 가획하여 글자를 만듦으로써, 'ㆁ'의 글자는 아주 예외적인 글자(異體)가 되었다.

<훈민정음 해례본>의 제자해에서는 이렇게 된 이유를 다음과 같이 설명하고 있다.

(1) ㄱ. 唯牙之ㆁ 雖舌根閉喉聲氣出鼻 而其聲與ㅇ相似 故韻書疑與喩多相混用 今亦取象於喉 而不爲牙音制字之始。 [훈해 제자해]

ㄴ. 오직 어금닛소리의 'ㆁ'은 비록 혀뿌리가 목을 막아 소리의 공기가 코로 나오지만 그 소리는 'ㅇ'과 비슷하다. 그러므로 운서(韻書)에는 'ㆁ'과 'ㅇ'이 흔히 서로 혼용된다. 지금 역시 목구멍에서 상형을 취하였고, 아음을 글자를 짓는 시초로 삼지 않았다.

(1)의 설명에 따르면 'ㆁ'을 같은 아음인 'ㄱ'과 비슷하게 만들지 않고 후음인 'ㅇ'과 연관시켜서 글자를 만든 것은, /ŋ/의 음가를 나타내는 'ㆁ'이 후음인 'ㅇ'과 소리가 비슷하다는 이유 때문이라는 것이다. 곧 'ㆁ'이 아음이지만 후음의 기본자인 'ㅇ'과 소리가 비슷하므로, 아음 글자의 모양인 /ㄱ/과 유사하게 만들지 않고 후음인 'ㅇ'에 가획하여 글자를 만들었다는 것이다. 그리고 이렇게 'ㆁ'과 'ㅇ'을 혼용하는 것은 중국의 운서(韻書)에서도 흔히 있는 일이라고 하여서, 'ㆁ'을 'ㅇ'에서 가획하여 만든 것을 합리화하였다.

그러나 실제로는 글꼴의 문제 때문에 /ŋ/ 의 음가에 대응되는 글자를 후음인 'ㅇ'에서 가획하여 'ㆁ'으로 만든 것으로 보인다. 만일 <훈민정음>의 제자 원리를 그대로 지켜서 글자를 만든다면, /ŋ/이 불청불탁의 소리여서 가장 약한 소리이기 때문에 아음의 기본자가 되어야 한다. 따라서 불청불탁의 /ŋ/의 소리를 나타내는 글자를 'ㄱ'으로 만들어야 하고, 전청(全淸)의 /k/의 소리는 1차 가획을 해서 'ㅋ'으로 만들어야 한다. 이에 따라서 가장 센소리인 차청(次淸)의 /kʰ/에 대응되는 글자는 'ㄱ'에 2차 가획을 해서 'ㅋ'과 같은 모양으로 글자를 만들어야 한다.

| 음가 | 청탁 | 제자 원리에 따른 자형 | | 수정된 실제의 자형 | |
|---|---|---|---|---|---|
| | | 제자 원리 | 자형 | 자형 | 제자 원리 |
| /ŋ/ | 불청불탁 | 상 형 | ㄱ | ㆁ | (후음 가획) |
| /k/ | 전 청 | 1차 가획 | ㅋ | ㄱ | (상 형) |
| /kʰ/ | 차 청 | 2차 가획 | ㅋ | ㅋ | (1차 가획) |

[표 1. 제자 원리에 따른 아음 글자의 자형과 수정된 실제 자형]

이렇게 상형과 가획의 원리를 지켜서 글자를 만들면 /kʰ/의 소리를 나타내는 글자 'ㅋ'이 원래 있던 설음의 거센소리 글자인 'ㅌ'과 혼동될 가능성이 높다. 물론 낱글자로만 적으면 글꼴을 혼동하지 않을 수도 있겠으나, 초성·중성·종성을 모아서 음절 글자로 적으면 언중들이 'ㅌ'과 'ㅋ' 글자를 혼동할 가능성이 매우 컸다. 이처럼 제자 원리를 지켜서 아음 글자를 만들면 글자 사용에 혼란이 올 수 있었으므로, 세종은 과감하게 상형과 가획의 원리를 버리고, 아음인 /ŋ/에 대응되는 글꼴을 후음인 'ㅇ'에 가획하여서 'ㆁ'로 만들었던 것이다.

이처럼 세종은 상형과 가획의 제자 원리에 어긋나지만 'ㆁ'의 글자를 후음 글자인 'ㅇ'에 가획해서 만들었다.48) 그런데 이번에는 'ㆁ'이 'ㅇ'과 글자와 비슷하게 되어 버려서 일상 생활에서 언중들이 'ㆁ'과 'ㅇ'의 글자를 사용하는 데에 혼란을 겪었다. 이에 따라서 16세기 중엽 이후에는 'ㆁ' 글자가 문헌에서 사라지고, 근대 국어의 시기인 17세기 초부터는 종성에 실현되었던 /ŋ/ 소리를 'ㅇ' 글자로 쓰게 되었다.

48) 세종 자신도 이러한 모순을 알고 있었기 때문에 'ㆁ'의 글자를 '이체(異體)'라고 한 것이다.

## 2.2. 初聲解

‘초성해(初聲解)’는 한자의 음을 이용하여 초성 글자의 개념과 소리를 풀이하였다.

正音初聲 卽韻書之字母也。 聲音由此而生 故曰母。 如牙音君字初聲是
정음초성 즉운서지자모야 성음유차이생 고왈모 여아음군자초성시
ㄱ ㄱ與ᅟᅮᆫ而爲군。 快字初聲是ㅋ ㅋ與ᅟᅫ而爲쾌。 虯字初聲是ㄲ ㄲ與ᅟᅲ而
여 이위 쾌자초성시 여 이위 규자초성시 여 이
爲뀨。 業字初聲是ㆁ ㆁ與ᅟᅥᆸ而爲ᅌᅥᆸ之類。 舌之斗呑覃那 脣之彆漂步彌
위 업자초성시 여 이위 지류 설지두탄담나 순지별표보미
齒之卽侵慈戌邪 喉之挹虛洪欲 半舌半齒之閭穰 皆倣此。
치지즉침자술사 후지읍허홍욕 반설반치지려양 개방차

정음(正音)의 초성은 운서(韻書)의 ‘자모(字母)’이다. 성음(聲音, 말소리)이 이로부터 생기므로 ‘모(母)’라고 한다. 아음(牙音)인 ‘군(君)자’의 초성은 곧 ‘ㄱ’인데 ‘ㄱ’과 ‘ᅮᆫ’이 (합쳐서) ‘군’이 된다. ‘쾌(快)자’의 초성은 곧 ‘ㅋ’인데 ‘ㅋ’과 ‘ㅙ’가 (합쳐서) ‘쾌’가 된다. ‘뀨(虯)자’의 초성은 곧 ‘ㄲ’인데 ‘ㄲ’과 ‘ㅠ’가 (합쳐서) ‘뀨’가 된다. ‘업(業)자’의 초성은 곧 ‘ㆁ’인데 ‘ㆁ’과 ‘ᅥᆸ’이 (합쳐서) ‘ᅌᅥᆸ’이 되는 따위(類)와 같다. 설음(舌音)의 ‘ㄷ(斗), ㅌ(呑), ㄸ(覃), ㄴ(那)’과 순음(脣音)의 ‘ㅂ(彆), ㅍ(漂), ㅃ(步), ㅁ(彌)’과 치음(齒音)의 ‘ㅈ(卽), ㅊ(侵), ㅉ(慈), ㅅ(戌), ㅆ(邪)’과, 후음(喉音)의 ‘ㆆ(挹), ㅎ(虛), ㆅ(洪), ㅇ(欲)’과, 반설(半舌), 반치(半齒)의 ‘ㄹ(閭), ㅿ(穰)’은 모두 이와 같다.

### 【풀이】 초성의 개념과 예시

**〈초성 글자의 개념〉** 훈민정음에서는 초성의 개념을 “초성(初聲)은 중국 운서(韻書)의 ‘자모(字母)’에 해당한다.”라고 설명하였다.49)

훈민정음의 낱글자(字素)는 하나의 음소 단위를 나타내기 때문에, 한 글자가 음절의 소리 단위를 나타내는 한자와 아주 다르다. 따라서 한자에만 익숙하던 당시의 사람들은 음소 글자인 훈민정음 글자의 특징을 이해하기가 쉽지는 않았을 것이다.

이러한 점을 감안하여 ‘초성해’에서는 음소 글자인 훈민정음의 ‘초성’의 개념을 쉽

49) 여기서 ‘자모(字母)’란 중국 음운학에서 동일한 성모(聲母)를 가진 글자들 가운데에서 한 글자를 골라 그 대표로 삼은 글자이다. 곧 자모(字母)는 한자의 절음(切音)을 보이는 36글자인데, 예를 들어서 ‘見’으로써 /ㄱ/을, ‘端’으로써 /ㄷ/을, ‘疑’으로써 /ㆁ/을 나타내는 것과 같다.

게 설명하기 위하여, 중국의 운서(韻書)에서 한자의 음을 분석하는 방법인 '자모(字母)'와 '운모(韻母)'의 개념을 도입한 것이다. 곧 새로 만든 훈민정음의 초성이 나타내는 소리 단위를 설명하기 위하여, 초성을 한자의 자모(字母)에 대응시켜서 설명함으로써, 학습자들이 쉽게 이해할 수 있도록 배려하였다.

〈**초성 글자의 음가**〉 '君, 快, 虯, 業' 등의 한자를 이용하여 'ㄱ, ㅋ, ㄲ, ㆁ'의 훈민정음의 아음 글자가 나타내는 소리를 구체적으로 설명했다. 곧 '君, 快, 虯, 業'의 한 음절을 '자모(字母, 聲母 = 초성)'와 '운모(韻母, 중성 + 종성)'로 분석하여서, 초성의 개념과 음가를 설명하였다.

| 초성 글자(初聲字) | 자모(字母) | 운모(韻母) | 자운(字韻) |
|---|---|---|---|
| ㄱ | /ㄱ/ | /ᅮᆫ/ | 君/군/ |
| ㅋ | /ㅋ/ | /ᅫ/ | 快/쾌/ |
| ㄲ | /ㄲ/ | /ㅠ/ | 虯/뀨/ |
| ㆁ | /ㆁ/ | /ᅥᆸ/ | 業/ᅌᅥᆸ/ |

[ 표 1. 아음 글자의 소리 ]

[표 1]처럼 아음 글자인 'ㄱ, ㅋ, ㄲ, ㆁ'의 소리를 설명한 다음에, 나머지 '설음, 순음, 치음, 후음, 반설음, 반치음'의 소리도 한자의 음을 이용하여서 설명하였다.

| 자리＼방법 | 全淸 | 次淸 | 全濁 | 不淸不濁 |
|---|---|---|---|---|
| 牙音 | 君/군/ | 快/쾌ᇰ/ | 虯/뀨ᇰ/ | 業/ᅌᅥᆸ/ |
| 舌音 | 斗/두ᇰ/ | 呑/ᄐᆞᆫ/ | 覃/땀/ | 那/나ᇰ/ |
| 脣音 | 彆/벼ᇙ/ | 漂/표ᇢ/ | 步/뽀ᇰ/ | 彌/미ᇰ/ |
| 齒音 | 卽/즉/<br>戌/슈ᇙ/ | 侵/침/ | 慈/ᄍᆞᆼ/<br>邪/쌰ᇰ/ | |
| 喉音 | 挹/ᅙᅳᆸ/ | 虛/허ᇰ/ | 洪/ᅘᅩᆼ/ | 欲/욕/ |
| 半舌 | | | | 閭/려ᇰ/ |
| 半齒 | | | | 穰/ᅀᅣᆼ/ |

[ 표 2. 초성 23글자의 소리 ]

|  |  |
|---|---|
| 訣曰<br>결 왈 | 결(訣)에 이른다. |
| 君快虯業其聲牙<br>군 쾌 규 업 기 성 아 | 'ㄱ(君), ㅋ(快), ㄲ(虯), ㆁ(業)'은 그 소리가 어금닛소리(牙)이네. |
| 舌聲斗呑及覃那<br>설 성 두 ᄐᆞᆫ 급 담 나 | 혓소리(舌聲)는 'ㄷ(斗), ㅌ(呑)'과 'ㄸ(覃), ㄴ(那)'이네. |
| 彆漂步彌則是脣<br>별 표 보 미 즉 시 순 | 'ㅂ(彆), ㅍ(漂), ㅃ(步), ㅁ(彌)'는 곧 입술소리(脣)이네. |
| 齒有卽侵慈戌邪<br>치 유 즉 침 자 술 사 | 잇소리(齒)는 'ㅈ(卽), ㅊ(侵), ㅉ(慈), ㅅ(戌), ㅆ(邪)'이네. |
| 挹虛洪欲迺喉聲<br>읍 허 홍 욕 내 후 성 | 'ㆆ(挹), ㅎ(虛), ㆅ(洪), ㅇ(欲)'은 목소리(喉聲)이네. |
| 閭爲半舌穰半齒<br>려 위 반 설 양 반 치 | 'ㄹ(閭)'은 반혓소리(半舌)이며, 'ㅿ(穰)'은 반잇소리(半齒)이네. |
| 二十三字是爲母<br>이 십 삼 자 시 위 모 | 스물석 자가 곧 자모(字母)가 되니 |
| 萬聲生生皆自此<br>만 성 생 생 개 자 차 | 만(萬) 가지 소리(聲)가 모두 이것에서 나네. |

## 2.3. 中聲解

'중성해(中聲解)'는 중성 글자의 개념과 각 글자의 소리를 한자로써 풀이하였다. 아울러 '상형자, 초출자, 재출자' 등의 기본 글자를 합해서 사용하는(合用) 원리를 설명하였다.

### 2.3.1. 중성의 개념과 종성 글자의 소리

> 中聲者 居字韻之中 合初終而成音。 如呑字中聲是・ ・居ㅌㄴ之間而爲ᄐᆞᆫ。 卽字中聲是ㅡ ㅡ居ㅈㄱ之間而爲즉。 侵字中聲是ㅣ ㅣ居ㅊㅁ之間而爲침之類。 洪覃君業欲穰戌彆 皆倣此。

중성(中聲)은 자운(字韻)[50]의 가운데에 있어서 초성(初聲)과 종성(終聲)을 합하여 소리(音)를 이룬다. 'ᄐᆞᆫ(呑)자'의 중성은 곧 '・'인데, '・'가 'ㅌ'과 'ㄴ'의 사이에 있어서 'ᄐᆞᆫ'이 된다. '즉(卽)자'의 중성은 곧 'ㅡ'인데, 'ㅡ'가 'ㅈ'과 'ㄱ'의 사이에 있어서 '즉'이 된다. '침(侵)자'의 중성은 곧 'ㅣ'인데, 'ㅣ'가 'ㅊ'과 'ㅁ'의 사이에 있어서 '침'이 되는 따위(類)와 같다. 'ㅗ(洪), ㅏ(覃), ㅜ(君), ㅓ(業), ㅛ(欲), ㅑ(穰), ㅠ(戌), ㅕ(彆)'도 모두 이와 같다.

**【풀이】 중성의 개념과 중성 글자의 소리**

훈민정음의 중성 글자의 개념을 제시하고 중성 글자 11자의 소리를 한자의 음을 이용하여 설명하였다.

〈**중성의 개념**〉 훈민정음의 중성은 자운(字韻), 곧 음절의 가운데에 위치하여, 초성과 중성을 합하여서 소리(음절)를 이루는 것이라고 설명하였다. <훈민정음>에서는 운서에서 한자의 소리를 성모(聲母)와 운모(韻母)로 이분하던 방식에서 벗어나서, 훈

50) 자운(字韻) : '자운(字韻)'은 '하나의 음절을 구성하는 한자의 음(소리)'이라는 뜻으로 쓰이는 말이다. 여기서는 훈민정음 글자의 초성, 중성, 종성이 모여서 나타내는 음절의 소리 단위를 뜻한다.

민정음 글자의 소리를 음절 내에서의 위치에 따라서 초성, 중성, 종성으로 삼분하였다. 이렇게 음절을 3분한 것은 음절 단위의 글자인 한자와는 달리 훈민정음의 글자가 음소 글자로 만들어졌기 때문인데, 그 결과 훈민정음에서는 중성을 독자적인 소리 단위로 다루게 되었다.

〈**상형자의 소리**〉 훈민정음의 11개의 기본 중성 글자의 소리를 한자음을 이용하여 소개하였다. 먼저 상형자인 'ㆍ, ㅡ, ㅣ' 글자의 소리를 각각 '呑(ᄐᆞᆫ), 卽(즉), 侵(침)'의 세 글자를 이용하여 설명하였다.

| 중성 글자(中聲字) | 초성(初聲) | 중성(中聲) | 종성(終聲) | 자운(字韻) |
|---|---|---|---|---|
| ㆍ | /ㅌ/ | /ㆍ/ | /ㄴ/ | 呑/ᄐᆞᆫ/ |
| ㅡ | /ㅈ/ | /ㅡ/ | /ㄱ/ | 卽/즉/ |
| ㅣ | /ㅊ/ | /ㅣ/ | /ㅁ/ | 侵/침/ |

[표 1. 중성 상형자의 소리]

곧 '呑'의 중성인 'ㆍ'는 초성인 'ㅌ'과 종성인 'ㄴ'의 사이에서 'ᄐᆞᆫ'을 형성하며, '卽'의 중성인 'ㅡ'는 초성인 'ㅈ'과 종성인 'ㄱ' 사이에서 '즉'을 형성하며, '侵'의 중성인 'ㅣ'는 초성인 'ㅊ'과 종성인 'ㅁ' 사이에서 '침'을 형성한다. 이처럼 중성은 초성과 종성 사이에 있으면서, 초성과 종성을 이어서 자운(字韻)을 형성한다.

〈**초출자와 재출자의 소리**〉 상형자와 동일한 방식으로 초출자인 'ㅗ, ㅏ, ㅜ, ㅓ'와 재출자인 'ㅛ, ㅑ, ㅠ, ㅕ'의 소리를 각각 '洪(ㅗ), 覃(ㅏ), 君(ㅜ), 業(ㅓ)'와 '欲(ㅛ), 穰(ㅑ), 戌(ㅠ), 彆(ㅕ)'의 소리를 이용하여 아래의 [표 2]와 같이 설명하였다.

| | 상형자 | | | 초출자 | | | | 재출자 | | | |
|---|---|---|---|---|---|---|---|---|---|---|---|
| 중성 글자 | ㆍ | ㅡ | ㅣ | ㅗ | ㅏ | ㅜ | ㅓ | ㅛ | ㅑ | ㅠ | ㅕ |
| 자운(字韻) | /ᄐᆞᆫ/ | /즉/ | /침/ | /ᅘᅩᇰ/ | /땀/ | /군/ | /업/ | /욕/ | /ᅀᅣᇰ/ | /ᄉᆔᇙ/ | /ᄇᆑᇙ/ |
| 예시 한자 | 呑 | 卽 | 侵 | 洪 | 覃 | 君 | 業 | 欲 | 穰 | 戌 | 彆 |

[표 2. 중성 기본 글자의 소리]

### 2.3.2. 중성 글자의 합용

> 二字合用者 ㅗ與ㅏ同出於ㆍ 故合而爲ㅘ。 ㅛ與ㅑ又同出於ㅣ 故合而爲ㆇ。 ㅜ與ㅓ同出於ㅡ 故合而爲ㅝ。 ㅠ與ㅕ又同出於ㅣ 故合而爲ㆊ。 以其同出而爲類 故相合而不悖也。 一字中聲之與ㅣ相合者十 ㆎㅢㅚㅐㅟㅔㆉㅒㆌㅖ是也。 二字中聲之與ㅣ相合者四 ㅙㅞㆈㆋ是也。 ㅣ於深淺闔闢之聲 竝能相隨者 以其舌展聲淺而便於開口也。 亦可見人之參贊開物而無所不通也。

'두 글자(二字)를 합하여 사용하는 것(合用)'은, 'ㅗ'와 'ㅏ'가 'ㆍ'에서 같이 나왔으므로(同出) 합쳐져서 'ㅘ'가 된다. 'ㅛ'와 'ㅑ'가 또한 'ㅣ'에서 같이 나왔으므로 합쳐져서 'ㆇ'가 된다. 'ㅜ'와 'ㅓ'가 'ㅡ'에서 같이 나왔으므로 합쳐져서 'ㅝ'가 된다. 'ㅠ'와 'ㅕ'가 또한 'ㅣ'에서 같이 나왔으므로 합쳐져서 'ㆊ'가 된다. (두 글자가) 같이 나와서 짝(類)이 됨으로써 서로 합쳐져서 어긋나지 않았다.

'한 글자로 된 중성(一字 中聲)'이 'ㅣ'와 서로 합쳐진 것은 열(十)이니, 'ㆎ, ㅢ, ㅚ, ㅐ, ㅟ, ㅔ, ㆉ, ㅒ, ㆌ, ㅖ'가 그것이다. '두 글자로 된 중성(二字 中聲)'이 'ㅣ'와 서로 합쳐진 것은 넷(四)이니, 'ㅙ, ㅞ, ㆈ, ㆋ'가 그것이다. 'ㅣ'가 깊거나(深) 얕거나(淺), 닫거나(闔) 열거나(闢) 하는 소리에 어울려서 능히 서로 따를 수 있는 것은, 그것이 혀가 펴지고 소리가 얕아서 입을 여는 데(開口) 편하기 때문이다. 또한 사람(人)이 만물(物)을 여는(開) 데에 참여하여 통하지 않는 것이 없음을 가히 볼 수 있다.

### 【풀이】 중성 글자의 합용

상형자, 초출자, 재출자를 합쳐서 사용(合用)할 수 있었는데, 이렇게 두 글자를 합용할 때에는 '동출 합용(同出合用)'의 원리를 따른다. 이는 양성 모음인 'ㆍ'에서 나온 것(ㅗ, ㅏ)과 음성 모음인 'ㅡ'에서 나온 것(ㅜ, ㅓ), 그리고 중성 모음인 'ㅣ'에서 나온 것(ㅛ, ㅑ ; ㅠ, ㅕ) 등과 같이 공통적인 바탕에서 나온 글자를 둘씩 포개어서 새로운 글자를 만드는 원리이다.

〈**초출자의 합용**〉 '제자해'의 '중성해'에 따르면 상형자인 'ㆍ'에서 입을 오므리면(口蹙) 'ㅗ'가 되고 'ㆍ'에서 입을 펴면(口張) 'ㅏ'가 된다고 했다. 그리고 상형자인 'ㅡ'에서 입을 오므리면(口蹙) 'ㅜ'가 되고 'ㅡ'에서 입을 펴면(口張) 'ㅓ'가 된다고 했다.

(1) ㄱ. ㅗ與ㆍ同而口蹙 … ㅏ與ㆍ同而口張 … ㅜ與ㅡ同而口蹙 … ㅓ與ㅡ同而口張 ….
ㄴ. 'ㅗ'는 'ㆍ'와 같으나 입이 오므라지고, … 'ㅏ'는 'ㆍ'와 같으나 입이 펴지고… 'ㅜ'는 'ㅡ'와 같으나 입이 오므라지고, … 'ㅓ'는 'ㅡ'와 같으나 입이 펴지고….

| | 구축(口蹙) | | 상형자 | | 구장(口張) |
|---|---|---|---|---|---|
| (양성) | ㅗ | ← | ㆍ | → | ㅏ |
| (음성) | ㅜ | ← | ㅡ | → | ㅓ |
| | | | ㅣ | | |

[ 표 3. 초출자의 동출 ]

이러한 관점에서 양성 모음인 'ㅗ'와 'ㅏ'는 상형자인 'ㆍ'에서 동출(同出)한 것으로 보았으며, 음성 모음인 'ㅜ'와 'ㅓ'는 상형자인 'ㅡ'에서 동출한 것으로 보았다. 이를 바탕으로 [표 3]처럼 동출한 'ㅗ'와 'ㅏ'를 아울러서 'ㅘ'로 합용하였으며, 동출한 'ㅜ'와 'ㅓ'를 아울러서 'ㅝ'로 합용하였다.

〈**재출자의 합용**〉 재출자인 'ㅛ, ㅑ, ㅠ, ㅕ'는 모두 중성(中性) 모음인 'ㅣ'에서 함께 나오는 것(同出)으로 보았다.

(2) ㄱ. ㅛ與ㅗ同而起於ㅣ ㅑ與ㅏ同而起於ㅣ ㅠ與ㅜ同而起於ㅣ ㅕ與ㅓ同而起於ㅣ
ㄴ. ㅛ는 ㅗ와 같으나 ㅣ에서 일어나며, ㅑ는 ㅏ와 같으나 ㅣ에서 일어난다. ㅠ는 ㅜ와 같으나 ㅣ에서 일어나며, ㅕ는 ㅓ와 같으나 ㅣ에서 일어난다.

/ㅛ, ㅑ, ㅠ, ㅕ/가 'ㅣ'계 이중 모음이라는 사실에 근거해서 'ㅛ, ㅑ, ㅠ, ㅕ'를 'ㅣ'에서 동출한 것으로 보았다. 이에 따라서 'ㅛ'와 'ㅑ'를 아울러서 'ᆇ'로 합용하였고, 'ㅠ'와 'ㅕ'를 아울러서 'ᆎ'로 합용하였다.

초출자와 재출자의 글자 모양과 동출 합용의 원리를 정리하면 [표 4]와 같다.

| 합용의 유형 | 동출한 상형자 | 합용의 방식 | 합용 글자 | 음양 |
|---|---|---|---|---|
| 초출자의 합용 | · | ㅗ + ㅏ | ㅘ | 양성 |
| | ㅡ | ㅜ + ㅓ | ㅝ | 음성 |
| 재출자의 합용 | ㅣ | ㅛ + ㅑ | ᆄ | 양성 |
| | | ㅠ + ㅕ | ᆑ | 음성 |

[표 4. 동출 합용의 원리]

이렇게 '동출 합용'의 원리에 따라서 중성의 기본 글자를 아울러서 사용했기 때문에, 합용된 글자들이 서로 자연스럽게 합쳐지고 어그러짐이 없었다.

〈**'일자 중성' 및 '이자 중성'과 'ㅣ'의 합용**〉 단일 글자인 '일자 중성 글자(一字中聲字)'나 복합 글자인 '이자 중성 글자(二字中聲字)'의 뒤에 'ㅣ'를 합쳐서, 더 많은 글자를 만들어서 사용하였다.

(3) ㄱ. 一字中聲之與ㅣ相合者十 ㆎ ㅢ ㅚ ㅐ ㅟ ㅔ ㆉ ㅒ ㆌ ㅖ是也。二字中聲之與ㅣ相合者四 ㅙ ㅞ ᆅ ᆒ是也。

ㄴ. 한 글자로 된 중성(一字 中聲)으로서 'ㅣ'와 서로 합친 것은 열(十)이니, 'ㆎ, ㅢ, ㅚ, ㅐ, ㅟ, ㅔ, ㆉ, ㅒ, ㆌ, ㅖ'가 그것이다. 두 글자로 된 중성(二字 中聲)으로서 'ㅣ'와 서로 합친 것은 넷(四)이니, 'ㅙ, ㅞ, ᆅ, ᆒ'가 그것이다.

'ㆎ, ㅢ, ㅚ, ㅐ, ㅟ, ㅔ, ㆉ, ㅒ, ㆌ, ㅖ'의 10개의 글자는 '일자 중성 글자(一字中聲字)'[51]인 '·, ㅡ, ㅗ, ㅏ, ㅜ, ㅓ, ㅛ, ㅑ, ㅠ, ㅕ'에 'ㅣ'를 합쳐서 사용하는 글자이다. 이렇게 합용된 글자는 '이자 중성 글자(二字中聲字)'가 된다. 그리고 'ㅙ, ㅞ, ᆅ, ᆒ'는 '이자 중성 글자(二字中聲字)'인 'ㅘ, ㅝ, ᆄ, ᆑ'에 다시 'ㅣ'를 합쳐서 사용하는 글자인데, 이들 글자는 '삼자 중성 글자(三字中聲字)'가 된다.

이처럼 중성 글자는 상형자를 합성하여 초출자와 재출자를 만들어서 기본 글자로 사용하고, 나아가서 이들 기본 글자를 아울러서 사용(合用)함으로써 더 많은 소리를 글자로 표현할 수 있게 하였다.

51) '일자 중성 글자(一字 中聲字)'는 상형자, 초출자, 재출자를 포함한 기본자를 이른다.

지금까지 살펴본 중성 합용 글자의 합용 방법과 예를 정리하면 다음과 같다.

| | 합용의 방법 | 합용 글자의 예 | 글자의 겹침 |
|---|---|---|---|
| (ㄱ) | 초출자와 재출자의 합용 | ㅘ ㅝ ㆇ ㆊ | 이자 상합자(二字相合者) |
| (ㄴ) | 일자 중성과 'ㅣ'의 합용 | ㆎ ㅢ ㅚ ㅐ ㅟ ㅔ ㆉ ㅒ ㆌ ㅖ | |
| (ㄷ) | 이자 중성과 'ㅣ'의 합용 | ㅙ ㅞ ㆈ ㆋ | 삼자 상합자(三字相合者) |

[ 표 5. 중성 글자의 합용 방법과 예 ]

(ㄱ)의 'ㅘ, ㅝ ; ㆇ, ㆊ'와 (ㄴ)의 'ㆎ, ㅢ, ㅚ, ㅐ, ㅟ, ㅔ, ㆉ, ㅒ, ㆌ, ㅖ'는 '일자 중성 글자' 두 개를 합용한 '이자 상합자(二字 相合者)'이다. 반면에 (ㄷ)의 'ㅙ, ㅞ, ㆈ, ㆋ'는 'ㅘ, ㅝ, ㆇ, ㆊ'와 같은 '이자 중성 글자'에 다시 'ㅣ'를 합용한 '삼자 상합자(三字 相合者)'이다.

〈**합용에서 'ㅣ'의 역할**〉 글자를 합용할 때 'ㅣ'가 다양한 중성 글자에 붙어서 사용될 수 있는 것은, 'ㅣ' 글자의 소리에 나타나는 음성적 특징 때문이라고 하였다. 곧 /ㅣ/는 발음할 때에 혀가 펴지고 소리의 성질이 얕아서, 입을 열어서 발음하기에 편하기 때문에, 다양한 글자에 'ㅣ'를 합할 수가 있었다.

실제로 음운학적으로 보면, 반모음 /j/는 여러 가지의 모음과 결합하여 'ㅣ'계의 이중 모음을 형성할 수 있다.

(4) ㄱ. 'ㅣ'계 이중 모음: ㆎ[ʌj], ㅢ[ɨj], ㅚ[oj], ㅐ[aj], ㅟ[uj], ㅔ[əj]
ㄴ. 'ㅣ'계 삼중 모음: ㆉ[joj], ㅒ[jaj], ㆌ[juj], ㅖ[jəj] ; ㅙ[waj], ㅞ[wəj]

/ㆎ, ㅢ, ㅚ, ㅐ, ㅟ, ㅔ/는 /ㆍ, ㅡ, ㅗ, ㅏ, ㅜ, ㅓ/의 입 모양에서 시작하여 반모음인 /j/의 입 모양으로 발음하는 '하향적 이중 모음'이다. 그리고 /ㆉ, ㅒ, ㆌ, ㅖ/는 'ㅣ'계의 상향적으로 발음한 후에 다시 'ㅣ'계의 하향적으로 발음하는 삼중 모음이며, /ㅙ, ㅞ/는 'ㅜ'계의 상향적으로 발음한 후에 'ㅣ'계 하향적으로 발음하는 삼중 모음이다.

이처럼 'ㅣ'가 다양한 모음과 결합하는 특징을 역학적으로 다음과 같이 설명하였다. 곧 'ㅣ'는 역학적 볼 때 삼재(三才) 중에서 '사람(人)'에 대응되는데, 이는 사람이 만물을 여는 데에 두루두루 참여하는 특징이 있기 때문으로 설명하였다.

지금까지 '중성해'에서 살펴본, 중성 글자의 종류와 제자 방법을 종합하여 정리하면 다음의 [표 6]과 같다.

| 글자의 종류 | | 글자의 예 | 제자 방법 |
|---|---|---|---|
| 기본자 | 상형자 | ㆍ ㅡ ㅣ | 상형 |
| | 초출자 | ㅗ ㅏ ㅜ ㅓ | 합성 |
| | 재출자 | ㅛ ㅑ ㅠ ㅕ | |
| 합용 | 이자 상합자 | ㅘ ㅝ ㆇ ㆊ | 초출자와 재출자의 합용 |
| | | ㆎ ㅢ ㅚ ㅐ ㅟ ㅔ ㆉ ㅒ ㆌ ㅖ | '일자중성'과 'ㅣ'의 합용 |
| | 삼자 상합자 | ㅙ ㅞ ㆈ ㆋ | '이자중성'과 'ㅣ'의 합용 |

[표 6. 중성 글자의 종류와 제자 방법]

| | |
|---|---|
| 訣曰<br>결 왈 | 결(訣)에 이른다. |
| 母字之音各有中<br>모 자 지 음 각 유 중 | 모(母)가 되는 글자(字)의 소리는 각각 중성(中聲)이 있네. |
| 須就中聲尋闢闔<br>수 취 중 성 심 벽 합 | 모름지기 중성에서 벽(闢)과 합(闔)을 찾으라. |
| 洪覃自呑可合用<br>홍 담 자 탄 가 합 용 | 'ㅗ(洪)'와 'ㅏ(覃)'는 'ㆍ(呑)'에서 나오니 합쳐서 쓸 수 있고 |
| 君業出卽亦可合<br>군 업 출 즉 역 가 합 | 'ㅜ(君)'과 'ㅓ(業)'은 'ㅡ(卽)'에서 나오니 역시 합칠 수 있네. |
| 欲之與穰戌與彆<br>욕 지 여 양 술 여 별 | 'ㅛ(欲)'와 'ㅑ(穰)', 그리고 'ㅠ(戌)'와 'ㅕ(彆)'는 |
| 各有所從義可推<br>각 유 소 종 의 가 추 | 각기 좇는 바가 있어서 그 뜻을 알 수 있네. |
| 侵之爲用最居多<br>침 지 위 용 최 거 다 | 'ㅣ(侵)'의 쓰임이 가장 많이 있어서 |
| 於十四聲徧相隨<br>어 십 사 성 편 상 수 | 열넷의 소리(聲)가 두루 따르네. |

## 2.4. 終聲解

‘종성해(終聲解)’는 먼저 종성 글자의 개념과 그 소리를 한자로써 풀이하였다. 아울러 종성 소리의 완급(緩急), 팔종성법(八終聲法), 오음(五音)에 따른 종성 소리의 대립 관계 등, 종성에서 나타나는 음운학적 특징도 풀이하였다.

### 2.4.1. 종성의 개념과 종성 글자의 소리

> 終聲者 承初中而成字韻。 如卽字終聲是ㄱ ㄱ居즈終而爲즉。 洪字終聲
> 종성자 승초중이성자운 여즉자종성시 거 종이위 홍자종성
> 是ㆁ ㆁ居ᅘᅩ終而爲ᅘᅩᇰ之類。 舌脣齒喉皆同。
> 시 거 종이위 지류 설순치후개동

종성은 초성과 중성에 이어서 자운(字韻)을 이룬다. ‘즉자(卽字)’의 종성은 ‘ㄱ’인데, ‘ㄱ’이 ‘즈’의 끝에 있어서 ‘즉’이 된다. ‘ᅘᅩᇰ자(洪字)’의 종성은 ‘ㆁ’인데 ‘ㆁ’이 ‘ᅘᅩ’의 끝에 있어서 ‘ᅘᅩᇰ’이 되는 따위이다. 설음, 순음, 치음, 후음도 모두 같다.

**【풀이】 종성의 개념과 종성 글자의 예시**

**〈종성의 개념〉** ‘종성해’에서는 종성을 초성과 중성에 이어서 자운(字韻, 음절)을 이루는 것이라고 정의했다. 곧 하나의 음절을 초성, 중성, 종성으로 구분하고 음절의 맨 끝에서 음절을 완성하는 소리(글자)로 본 것이다.[52] 그리고 종성을 아음인 ‘ㄱ’과 ‘ㆁ’을 예로 들어서 설명하였다. 곧 ‘卽(즉)’과 ‘洪(ᅘᅩᇰ)’을 ‘즉’을 ‘즈’와 ‘ㄱ’으로 분리하고, ‘ᅘᅩᇰ’을 ‘ᅘᅩ’와 ‘ㆁ’으로 분리함으로써 ‘ㄱ’과 ‘ㆁ’이 종성으로 쓰인 것을 밝혔다.

| 종성 글자(終聲字) | 초성(初聲)+중성(中聲) | 종성(終聲) | 자운(字韻) |
|---|---|---|---|
| ㄱ | /즈/ | /ㄱ/ | 卽/즉/ |
| ㆁ | /ᅘᅩ/ | /ㆁ/ | 洪/ᅘᅩᇰ/ |

[표 1. 종성 개념과 예시]

52) 운서(韻書)에서 자운을 성모(聲母)와 운모(韻母)로 구분하여 2분법으로 인식하고 있었는 데 반해서, <훈민정음>에서는 하나의 자운(字韻)을 초성, 중성, 종성의 3분법으로 설명했다.

〈**초성을 종성에 사용**〉 초성 글자를 종성의 글자로 다시 쓰는 원칙은 '예의'나 '제자해'에 있는 다음과 같은 규정과 풀이를 통하여 이미 제시하였다.

(1) ㄱ. 終聲復用初聲。 [훈해 예의]
ㄴ. 종성은 초성을 다시 쓴다.

(2) ㄱ. 中聲以深淺闔闢唱之於前 初聲以五音淸濁和之於後 而爲初亦爲終 亦可見萬物初生於地 復歸於地也。 [훈해 제자해]
ㄴ. 중성이 심천(深淺)과 합벽(闔闢)으로써 앞에서 부르면, 초성은 오음(五音)과 청탁(淸濁)으로써 뒤에서 화답하여, (음절의) 초성(初)이나 종성(終)이 된다. 역시 만물이 땅에서 처음 생겨나서 땅으로 다시 돌아가는 것을 볼 수 있다.

곧 <훈민정음>의 '예의'에서 (1)과 같이 규정하여 초성 글자를 종성에 다시 사용한다는 원칙을 밝혔으며, 나아가서 '제자해'에서는 초성 글자가 초성이나 종성의 자리에 두루 쓰일 수 있는 이유를 (2)와 같이 음운론과 역학적인 이론으로써 뒷받침하였다.

### 2.4.2. 종성의 특징

'종성 소리의 완급(緩急)', '종성의 표기법', '완급(緩急)에 따른 종성의 대립', '반설음 ㄹ의 종성 표기 방법' 등으로, 종성의 음운론적인 특징을 설명했다.

#### 가. 종성의 완급

聲有緩急之殊 故平上去其終聲不類入聲之促急。 不淸不濁之字 其聲不
성 유 완 급 지 수 고 평 상 거 기 종 성 불 류 입 성 지 촉 급 불 청 불 탁 지 자 기 성 불
厲 故用於終則宜於平上去 全淸次淸全濁之字 其聲爲厲 故用於終則宜於
려 고 용 어 종 즉 의 어 평 상 거 전 청 차 청 전 탁 지 자 기 성 위 려 고 용 어 종 즉 의 어
入。 所以ㆁㄴㅁㅇㄹㅿ六字爲平上去聲之終 而餘皆爲入聲之終也。
입 소 이 육 자 위 평 상 거 성 지 종 이 여 개 위 입 성 지 종 야

소리(聲)에는 느리고(緩) 빠른(急) 차이가 있으므로, 평성(平聲), 상성(上聲), 거성(去聲)은 그 종성이 입성(入聲)의 빠름(促急)과 같지 않다. 불청불탁(不淸不濁)의 글자는

그 소리가 세지 않으므로(不厲), 종성의 자리에 쓰이면 평성(平聲), 상성(上聲), 거성(去聲)에 알맞다. 전청(全淸), 차청(次淸), 전탁(全濁)의 글자는 그 소리가 세므로(厲), 종성에 쓰이면 입성(入聲)에 알맞다. 그러므로 'ㆁ, ㄴ, ㅁ, ㅇ, ㄹ, ㅿ'의 여섯 글자가 평성, 상성, 거성의 종성이 되고, 나머지 모두는 입성의 종성이 된다.

### 【풀이】 종성의 완급

〈**종성의 특징**〉 종성의 소리에는 늦고(緩) 빠름(急)의 차이가 있다. 곧 불청불탁인 'ㆁ, ㄴ, ㅁ, ㅇ, ㄹ, ㅿ'의 여섯 글자는 소리가 세지 않으므로(不厲), 이들 글자가 종성에 쓰이면 평성(平聲), 상성(上聲), 거성(去聲)으로 쓰일 수 있다. 반면에 전청(全淸), 차청(次淸), 전탁(全濁)의 글자는 그 소리가 세므로(厲), 종성에 쓰이면 촉급(促急)하여 입성(入聲)이 된다고 하였다.[53)]

(3) ㄱ. 불청불탁: 가ᇰ, 간, 감, 강, 갈, 가ᇫ<br>
ㄴ. 전　　청: 각, 갇, 갑, 갖, 갓, 가ᇹ<br>
ㄷ. 차　　청: 갘, 같, 갚, 갗, 갛

(3)의 예는 초성·중성·종성을 갖춘 음절 단위의 글자의 예이다. 여기서 (ㄱ)처럼 불청불탁 글자를 종성에 쓴 음절은 지속음(持續音)으로서 길게 발음할 수 있으므로, 비입성의 특징을 나타낸다. 반면에 (ㄴ)과 (ㄷ)처럼 전청 글자나 차청의 글자를 종성에 사용한 음절은 정지음(停止音)으로서 촉급하게 끝나므로, 입성의 특징을 나타낸다.

중국어의 '입성(入聲)'은 그 운미(韻尾)가 /k/, /t/, /p/인 글자의 소리를 말한다. 이러한 음절은 그 종성의 특징 때문에 전체 음절이 짧게 발음되는데, 여기서 '빠르다(촉급, 促急)'라고 한 것은 이러한 현상을 말한 것이다. 이에 비해서 모음으로 끝나거나 울림 닿소리(유성 자음)인 'ㆁ, ㄴ, ㅁ' 따위로 끝나는 글자의 소리는, 음절이 입성에 비하면 길다. 이러한 현상들을 해례본의 지은이들은 '느리다(완, 緩)'라고 표현한 것이다.(허웅 1983:323 참조.)

종성의 자리에서 나타나는 이러한 특징을 감안하여 종성의 청탁에 따라서 나타나는 '강약(强弱), 완급(緩急), 성조(聲調)'의 특징을 다음의 [표 2]와 같이 설명하였다.

---

53) '전탁 글자'인 'ㄲ, ㄸ, ㅃ, ㅉ, ㅆ, ㆅ'이 실제로 종성의 자리에 쓰인 예는 거의 없다.

| 종성의 종류 | 강약(強弱) | 완급(緩急) | 사성(四聲) |
|---|---|---|---|
| 불청불탁 | 세지 않음(불려, 不厲) | 느림(완, 緩) | 평성, 상성, 거성 |
| 전청, 차청, (전탁) | 셈(려, 厲) | 빠름(급, 急) | 입성 |

[ 표 2. 종성의 특징 ]

**〈모든 초성을 종성에 쓸 수 있음〉** 위의 [표 2]를 통하여 <훈민정음>에서는 원칙적으로 '불청불탁'을 비롯한 '전청, 차청, 전탁' 등 모든 초성 글자를 종성 글자로 쓸 수 있음을 밝힌 것을 짐작할 수 있다. 이러한 원칙에 따라서 <용비어천가>나 <월인천강지곡>에서는 전청이나 차청, 그리고 불청불탁의 글자를 종성에 두루 사용하였다.[54)]

(3) ㄱ. 곶비, 낮과, 맞나ᄉᆞᄫᆞ며 [월천 81장, 16장, 178장]
 ㄴ. 빛나시니이다, 좇거늘 [용가 80장, 36장]
 ㄷ. 닢, 높고, 깊고 [용가 34장, 84장, 월천 99장]
 ㄹ. 낱 [월천 40장]
 ㅁ. 바ᄅᆞᇗ 우희, 나라ᇫ 일훔 [용가 83장, 용가 85장]
 ㅂ. 하ᄂᆞᇙ ᄠᅳ들, ᄀᆞᇙ 길히 [용가 86장, 용가 19장]

(3)의 예는 종성의 자리에 'ㅈ, ㅊ, ㅍ, ㅌ, ㅿ, ㆆ'의 초성 글자를 적은 예이다. 비록 일반적으로는 '팔종성법(八終聲法)'이 통용되기는 했으나, (3)의 예를 보면 모든 초성 글자를 종성에 사용하는 원칙을 지켜서 글자를 적을 수도 있음을 보여 준다.

## 나. 종성 표기의 방법

> 然ㄱㆁㄷㄴㅂㅁㅅㄹ八字可足用也。 如빗곶爲梨花 여ᇫ의갗爲狐皮 而ㅅ字可以通用 故只用ㅅ字。
> (연 팔 자 가 족 용 야 여 위 리 화 위 호 피 이 자 가 이 통 용 고 지 용 자)

54) 이들 문헌에서는 특정한 형태소가 쓰이는 환경에 따라서 형태가 달라지더라도 원래의 기본 형태대로 적는 경우가 있었는데, 이 과정에서 전청이나 차청, 그리고 불청불탁의 글자가 종성에 쓰이는 경우가 있었다.(단, 전탁의 소리는 종성에 쓰인 예가 거의 발견되지 않는다.)

그러나 ‘ㄱ, ㆁ, ㄷ, ㄴ, ㅂ, ㅁ, ㅅ, ㄹ’의 여덟 글자로 (종성에) 쓰는 데 충분하다. ‘빗곶(배꽃, 梨花)’과 ‘엿의갗(여우 가죽, 狐皮)’처럼 (‘ㅈ, ㅿ, ㅊ’을) ‘ㅅ자(字)’로 통용할 수 있으므로 다만 ‘ㅅ자(字)’를 사용한다.

**【풀이 1】 팔종성법**

앞에서 원칙적으로 초성 글자를 모두 종성에 사용할 수 있다고 했으나, 실제로는 ‘ㄱ, ㆁ, ㄷ, ㄴ, ㅂ, ㅁ, ㅅ, ㄹ’의 여덟 글자만으로 종성에 쓰는 데 충분하다고 하였다.

(4) ㄱㆁㄷㄴㅂㅁㅅㄹ八字可足用也。

이는 종성을 소리 나는 대로 적는 것인데, 종성의 위치에서는 ‘ㄱ, ㆁ, ㄷ, ㄴ, ㅂ, ㅁ, ㅅ, ㄹ’의 여덟 개의 소리만이 나고 다른 소리는 이 여덟 소리 중의 하나로 바뀌기 때문이다.

(5) ㄱ. 빗곶, 엿의갗
   ㄴ. 빗곳, 엿의갓

예를 들어서 (ㄱ)의 ‘빗곶(배꽃, 梨花)’과 ‘엿의 갗(여우의 가죽, 狐皮)’은 각각 ‘빗곳’과 ‘엿의갓’처럼 종성으로 쓰인 ‘ㅈ, ㅊ, ㅿ’을 ‘ㅅ’으로 적을 수 있다고 하였다. 15세기 국어에서는 음절의 말에서 실현되는 종성의 소리가 /ㄱ, ㆁ, ㄴ, ㄷ, ㅂ, ㅁ, ㅅ, ㄹ/의 여덟 소리로 제한되기 때문에, 이와 다른 초성 소리는 이들 여덟 소리 중의 하나로 바뀐다.[55] <훈민정음>에서는 중세 국어의 종성에서 일어나는 이러한 변동 현상을 인식하고, 이를 글자 표기에 반영하여 소리 나는 대로 적기를 시행함으로써, 일반 백성들이 글자 생활을 손쉽게 할 수 있도록 한 것이다.

| 且ㅇ聲淡而虛 不必用於終 而中聲可得成音也。<br>차 성담이허 불필용어종 이중성가득성음야 |
|---|

55) 이러한 현상은 ‘음절 끝소리 규칙’의 하나이다. 단, 현대 국어에서는 /ㅅ/이 종성의 자리에서 /ㄷ/으로 바뀌는 데 반해서, 15세기 국어에서는 /ㅅ/이 /ㄷ/으로 바뀌지 않는 것이 특징이다.

또 'ㅇ'은 소리가 맑고(淡) 비어서(虛)[56], ('ㅇ'이) 반드시 종성에 쓰지 않아도 중성만으로도 가히 소리(음절, 音)를 이룰 수 있다.

### 【풀이 2】 순 우리말에서 'ㅇ' 종성의 표기법

<훈민정음>에서는 하나의 음절은 원칙적으로 초성, 중성, 종성을 갖추어서 적어야 한다고 생각했는데, 이런 생각은 이미 '예의' 부분에서 다음과 같은 규정으로 밝혔다.

(6) ㄱ. 凡字必合而成音。 [훈해 예의]
ㄴ. 무릇 글자는 반드시 합쳐져야 소리를 이룬다.

그런데 특히 한자음을 훈민정음으로 적을 때에는 반드시 초성, 중성, 종성을 갖추어서 적도록 하였다.

(7) ㄱ. 君군, 覃땀, 呑ᄐᆞᆫ, 彆ᄇᆑᇙ, 卽ᄌᆞᆨ, 侵침
ㄴ. 快쾡, 那낭, 步뽕, 彌밍, 慈ᄍᆞᆼ, 邪ᄊᆞᆼ, 虛헝, 閭령

이러한 원칙에 따라서 <훈민정음>에서는 (7)에서 (ㄱ)처럼 실제로 종성이 있는 한자음과 마찬가지로, (ㄴ)처럼 종성의 소리가 없는 한자음에도 'ㅇ' 글자를 종성의 자리에 붙여서 초성, 중성, 종성을 맞추어서 적게 하였다.

한자음을 적을 때 이와 같이 규정한 것은 특정한 훈민정음의 글자를 한자와 함께 병기할 때에, 한자와 훈민정음의 글꼴을 맞추어서 조화를 이루게 하기 위해서였다.

(8) ㄱ. 月－/ᅌᅯᇙ/, 陰－/ᅙᅳᆷ/, 陽－/양/
ㄴ. 地－/딩/, 羅－/랑/, 家－/강/
ㄷ. 五－/ᅌᅩᆼ/,

곧 한자의 소리 중에는 (8)에서 (ㄱ)처럼 초성이 없는 것도 있고, (ㄴ)처럼 종성이 없는

56) 담(淡), 허(虛): '담(淡)'의 뜻은 '(빛깔이)엷다'나 '맑다'의 뜻으로 쓰이며, '허(虛)'는 '비다', '없다'의 뜻으로 쓰인다. 따라서 '담(淡)'과 '허(虛)'는 음가(소릿값)가 없는 것을 이른 말이다.

것도 있고, 또는 (ㄷ)처럼 초성과 종성이 없는 것도 있다. 그럼에도 불구하고 그들은 (ㄴ)과 (ㄷ)을 소리를 적을 때에도 초성이나 종성의 자리에 어떠한 소리가 있는 것으로 생각하고서, 이 소리를 'ㅇ'으로 적었던 것이다. 그 이유는 (ㄱ)처럼 초성, 중성, 종성의 세 소리를 모두 갖춘 한자음의 '틀'에 맞추어서 표기함으로써, 한자와 훈민정음의 글자 모양을 조화롭게 하기 위해서였다고 생각한다.(허웅 1986:373 참조.)[57]

그러나 순 우리말의 소리를 적을 때에는 한자와 한글을 병기할 필요가 없었다. 따라서 순 우리말을 적을 때에는 한자음의 표기에 적용된 관념적인 틀에 얽매일 필요가 없다고 생각하여, 'ㅇ' 글자를 종성의 자리에 쓰지 않는다고 하였다.

(9) ㄱ. 且ㅇ聲淡而虛 不必用於終 而中聲可得成音也。
ㄴ. 또 'ㅇ'은 소리가 맑고 비어서, 반드시 종성에 쓰지 않아도 중성만으로도 가히 소리(음절, 音)를 이룰 수 있다.

곧 기존의 한자음을 적을 때는 앞의 (6)과 같은 성음법의 원칙을 충실하게 적용하여 초성, 중성, 종성을 갖추어서 적었다. 반면에, 우리말을 적을 때는 (9)처럼 실용적인 태도를 취하여 'ㅇ' 글자를 종성에 쓰지 않았던 것이다.

| ㄷ如볃爲彆 ㄴ如군爲君 ㅂ如업爲業 ㅁ如땀爲覃 ㅅ如諺語옷爲衣 ㄹ如諺語실爲絲之類。 |
|---|

'ㄷ'은 '볃'(彆)과 같으며, 'ㄴ'은 '군'(君)과 같으며, 'ㅂ'은 '업'(業)과 같으며, 'ㅁ'은 '땀(覃)'과 같으며, 'ㅅ'은 우리말인 '옷'(衣)와 같고, 'ㄹ'은 우리말인 '실'(絲)과 같은 따위이다.

**【풀이 3】 종성 표기의 예시**

'종성해'의 맨 앞에서 한자 '卽(즉)'과 '洪(홍)'으로써 아음인 'ㄱ'과 'ㆁ'이 종성으로 쓰이는 것을 예로 들었다. 이들 아음 글자의 예에 이어서 설음인 'ㄷ, ㄴ'과 순음인 'ㅂ, ㅁ', 치음인 'ㅅ', 반설음인 'ㄹ'이 종성으로 쓰인 예를 한자를 이용하여 소개했다.

57) 이처럼 한자음에 음가가 없는 'ㅇ' 글자를 종성의 자리에 적은 데에는, 한자의 소리가 기본적으로 초성, 중성, 종성을 갖추었다고 생각하는 관념론적(觀念論的)인 이유도 있었다.

(10) ㄱ. ㄷ如볃爲彆 ㄴ如군爲君 ㅂ如업爲業 ㅁ如땀爲覃 ㅅ如諺語옷爲衣 ㄹ如諺語실爲絲之類

ㄴ. ㄷ(볃, 彆), ㄴ(군, 君) ; ㅂ(업, 業), ㅁ(땀, 覃) ; ㅅ(옷, 衣) ; ㄹ(실, 絲)

곧 먼저 '彆(볃)'의 소리를 이용해서 종성 'ㄷ'을, '君(군)'의 소리를 이용해서 종성 'ㄴ'을, '業(업)'의 소리를 이용해서 종성 'ㅂ'을, '覃(땀)'의 소리를 이용해서 종성 'ㅁ'을 설명했다. 그리고 한자의 음에는 쓰이지 않는 종성의 'ㅅ'과 'ㄹ'은 한자의 뜻에 대응되는 순 우리말 단어를 이용하여 설명했는데, '衣(옷 : 순 우리말)'을 이용해서 종성 'ㅅ'을, '絲(실 : 순 우리말)'를 이용해서 종성 'ㄹ'의 쓰임을 설명했다.

### 다. 완급에 따른 종성의 대립

> 五音之緩急 亦各自爲對 如牙之ㆁ與ㄱ爲對 而ㆁ促呼則變爲ㄱ而急 ㄱ
> 오음지완급 역각자위대 여아지 여 위대 이 촉호즉변위 이급
> 舒出則變爲ㆁ而緩 舌之ㄴㄷ 脣之ㅁㅂ 齒之ㅿㅅ 喉之ㅇㆆ 其緩急相對
> 서출즉변위 이완 설지 순지 치지 후지 기완급상대
> 亦猶是也。
> 역유시야

오음(五音)의 느리고 빠름(緩急)이 역시 각기 저절로 짝(對)을 이룬다. 아음(牙)의 'ㆁ'과 'ㄱ'이 짝을 이루는데, 'ㆁ'을 빨리 발음하면(促乎) ('ㆁ'이) 변하여 'ㄱ'이 되어서 급(急)하고, 'ㄱ'을 천천히 내면(舒出) ('ㄱ'이) 변하여 'ㆁ'이 되어 느린(緩) 것과 같다. 설음의 'ㄴ'과 'ㄷ', 순음의 'ㅁ'과 'ㅂ', 치음의 'ㅿ'과 'ㅅ', 후음의 'ㅇ'과 'ㆆ'은, 그 느리고(緩) 빠름(急)이 서로 짝이 되는 것이 역시 이와 같다.

**【풀이】 오음(五音)의 완급(緩急)에 따른 종성의 대립**

아음(牙音), 설음(舌音), 순음(脣音), 치음(齒音), 후음(喉音)으로 분류되는 오음(五音)이 종성으로 쓰일 때에, 그 소리에 나타나는 '느리고 빠름(緩急)'의 특징에 따라서 종성을 두 가지 유형으로 분류했다.

| 오음(五音) / 성질(性質) | 아음(牙音) | 설음(舌音) | 순음(脣音) | 치음(齒音) | 후음(喉音) |
|---|---|---|---|---|---|
| 완(緩) | ㆁ | ㄴ | ㅁ | ㅿ | ㅇ |
| 舒出 ⇅ 促呼 | ⇅ | ⇅ | ⇅ | ⇅ | ⇅ |
| 급(急) | ㄱ | ㄷ | ㅂ | ㅅ | ㆆ |

[ 표 3. 오음의 완급에 따른 종성의 대립 ]

'ㆁ, ㄴ, ㅁ, ㅿ, ㅇ'이 종성에 오면 그 음절의 소리가 느리며, 'ㄱ, ㄷ, ㅂ, ㅅ, ㆆ'이 종성에 오면 그 음절의 소리가 빠르다. 예를 들어서 아음인 'ㆁ'을 느리게 발음하면 'ㄱ'으로 변하여 급(急)하고, 'ㄱ'을 빨리 발음하면 'ㆁ'이 되어서 느리다. 곧 종성이 유성 자음일 경우에는 소리의 지속 시간이 길어서 '緩(느림)'이며, 종성이 무성 자음일 경우에는 소리의 지속 시간이 짧아서 '急(빠름)'인 것으로 파악하였다.

### 라. 반설음 'ㄹ'의 종성 표기

> 且半舌之ㄹ 當用於諺 而不可用於文。 如入聲之彆字 終聲當用ㄷ 而俗
> 차반설지 당용어언 이불가용어문 여입성지별자 종성당용 이속
> 習讀爲ㄹ 盖ㄷ變而爲輕也。 若用ㄹ爲彆之終 則其聲舒緩不爲入也。
> 습독위 개 변이위경야 약용 위별지종 즉기성서완불위입야

또 반설음(半舌音)의 'ㄹ'은 우리말(諺)에만 (종성으로) 써야 하고 한문(文)에는 (종성으로) 쓰지 못한다. 입성(入聲)인 '彆자'와 같은 것도 종성에 마땅히 'ㄷ'을 써야 하나 속간(俗)의 습관(習)으로는 'ㄹ'로 읽는데, 대개 'ㄷ'이 변하여 가볍게(輕) 된 것이다. 만약 ㄹ을 '彆자'의 종성으로 쓴다면 그 소리가 느려서(舒緩) 입성이 되지 못한다.

**【풀이】 반설음 'ㄹ'의 종성 표기**

반설음 'ㄹ'은 순 우리말에만 종성으로 쓰고, 한자음을 표기할 때에는 'ㄹ'을 종성으로 쓰지 못하게 한 규정이다.

15세기의 중국 한자음에서는 입성(入聲)인 한자의 운미(韻尾)[58]로는 /k/, /t/, /p/가

58) 운미(韻尾) : 중국어에서, 운모(韻母)의 끝 부분. 또는 그런 음(音)을 이른다.

있었는데, 이들 입성의 운미 중에서 /t/가 우리나라의 한자음에서는 비입성인 /ㄹ/로 변하여 있었다. 그 결과로서 중국의 한자음에서는 입성인 종성 /t/로 발음되는 운미가 우리나라의 한자음에서는 비입성인 /ㄹ/ 종성으로 발음되어서 두 나라의 한자음에 차이가 나게 되었다.

(10) ㄱ. 質勿諸韻宜以端母爲終聲 而俗用來母。其聲徐緩 不宜入聲 此四聲之變也。

ㄴ. '질운(質韻)'과 '물운(勿韻)' 등 여러 운(韻)이 마땅히 '단모(端母, /ㄷ/)'로써 종성을 삼아야 하지만, 속간에서는 '래모(來母, /ㄹ/)'로써 (종성을) 삼고 있다. 따라서 그 소리가 느려져서 입성(入聲)으로는 마땅하지 않으니, 이는 사성(四聲)이 변한 것이다. [동국정운 서]

<동국정운, 東國正韻>의 서문에서 신숙주는 이러한 현상의 문제점을 (10)과 같이 지적하였다. 신숙주는 이러한 현상을 조선의 속간(俗間)에서, 잘못된 발음 습관으로 인해서 /ㄷ/를 가볍게 읽어서 /ㄹ/로 발음하는 것으로 보았다.

(11) ㄱ. 중국의 실제 한자음 : '彆' — /볃/

ㄴ. 조선의 실제 한자음 : '彆' — /별/

예를 들어서 '彆'은 중국의 한자음으로는 (ㄱ)처럼 입성인 /볃/으로 발음되었는데, 조선의 한자음으로는 (ㄴ)처럼 /별/로 발음되어서 입성이 되지 못했다. 두 나라의 한자음 사이에서 나타나는 이러한 차이를 극복하기 위하여 <훈민정음>에서는 한자음을 표기할 때에는 비입성 글자인 'ㄹ'을 종성으로 쓰지 못하게 규정하였다. 곧 한자음을 표기할 때에는 'ㄹ'을 종성으로 쓰지 못하게 하여서 중국의 종성 체계에 맞추어서 'ㄷ'으로 적게 한 것이다.

그러나 <훈민정음 해례본>에 이어서 발간된 <동국정운, 東國正韻>[59]에서는, 이른바 '이영보래(以影補來)'라는 규정을 두어서[60] 종성으로 쓰인 /ㄹ/의 표기법에 변화를 가

59) 세종의 명으로 신숙주(申叔舟), 최항(崔恒), 박팽년(朴彭年) 등이 편찬하여 1448년(세종 30)에 6권 6책으로 간행한 우리나라 최초의 운서(韻書)이다. <동국정운>은 중국의 운서인 <홍무정운, 洪武正韻>에 대비되는데, '동국정운'이란 우리나라의 바른 (한자)음이라는 뜻이다.

60) 여기서 '影'은 '영모(影母)'인 'ㆆ'을 뜻하고 '來'는 '래모(來母)'인 'ㄹ'을 뜻한다. 곧 '이영보래'는 'ㄹ' 받침으로 끝난 한자어에는 반드시 'ㆆ'을 붙여서 'ㅭ'으로 표기한다는 것인데,

져 왔다.

(12) <동국정운>의 표기 방법: '彆' — 볋 (以影補來)

곧 /ㄹ/ 종성을 표기할 때 조선의 한자음 표기를 원칙으로 하되 중국의 한자음을 반영한 절충적인 표기법을 고안하였다. 곧 (12)처럼 종성으로 쓰인 'ㄹ' 뒤에 'ㆆ'을 덧붙여서 'ㅭ'으로 적음으로써, '彆'을 입성으로 발음하게 한 것이다.

| | |
|---|---|
| 訣曰<br>결 왈 | 결(訣)에 이른다. |
| 不清不濁用於終<br>불 청 불 탁 용 어 종 | 불청불탁은 종성에 쓰면 |
| 爲平上去不爲入<br>위 편 상 거 불 위 입 | 평성, 상성, 거성이 되고 입성은 되지 않네. |
| 全清次清及全濁<br>전 청 차 청 급 전 탁 | 전청과 차청 및 전탁은 |
| 是皆爲入聲促急<br>시 개 위 입 성 촉 급 | 이들이 모두 입성이 되어서 소리가 빠르네(促急). |
| 初作終聲理固然<br>초 작 종 성 리 고 연 | 초성이 종성이 되는 것은 이치가 진실로 그러한데(然) |
| 只將八字用不窮<br>지 장 팔 자 용 불 궁 | 다만 여덟 자만 쓰이더라도 막힘(窮)이 없네. |
| 唯有欲聲所當處<br>유 유 욕 성 소 당 처 | 오직 'ㅇ(欲)'이 마땅히 있어야 하는 자리(處)에 |
| 中聲成音亦可通<br>중 성 성 음 역 가 통 | 중성만으로 소리(음절, 音)를 이루어서 역시 통할 수 있네. |
| 若書卽字終用君<br>약 서 즉 자 종 용 군 | 만약 '즉(則)'자를 쓰려면 종성에 ㄱ(君)을 사용하고 |
| 洪彆亦以業斗終<br>홍 별 역 이 업 두 종 | 'ᅘᅩᇰ(洪)'과 '볃(彆)'도 역시 'ㆁ(業)'과 'ㄷ(斗)'으로 끝나네. |
| 君業覃終又何如<br>군 업 담 종 우 하 여 | '군(君)', '업(業)', '땀(覃)'의 종성은 또 어떠한가? |

이렇게 'ㅭ'로 표기함으로써 입성으로 발음할 것을 표기에 반영한 것이다. 그러나 이러한 처리는 당시 조선의 언중들이 사용하였던 현실 발음을 도외시한 것으로서, 국가가 개인의 언어 생활을 인위적으로 고치는 결과를 가져왔다.

| | |
|---|---|
| 以那彆彌次第推<br>이 나 별 미 차 제 추 | ‘ㄴ(那)’, ‘ㅂ(彆)’, ‘ㅁ(彌)’으로써 차례대로 미루어 보라. |
| 六聲通乎文與諺<br>육 성 통 호 문 여 언 | 여섯 소리(ㄱㆁㄷㄴㅂㅁ)는 한자(文)와 우리말(諺)에 통하고 |
| 戌閭用於諺衣絲<br>술 려 용 어 언 의 사 | ‘ㅅ(戌)’과 ‘ㄹ(閭)’은 우리말의 ‘옷(衣)’과 ‘실(絲)’에 쓰네. |
| 五音緩急各自對<br>오 음 완 급 각 자 대 | 오음(五音)은 느리고(緩) 빠른(急) 것이 각각 그 짝이 되니 |
| 君聲迺是業之促<br>군 성 내 시 업 지 촉 | ‘ㄱ(君)’ 소리는 ‘ㆁ(業)’의 소리를 빠르게 낸 것이며 |
| 斗彆聲緩爲那彌<br>두 별 성 완 위 나 미 | ‘ㄷ(斗)’, ‘ㅂ(彆)’의 소리는 느려지면 ‘ㄴ(那)’과 ‘ㅁ(彌)’이 되며 |
| 穰欲亦對戌與挹<br>양 욕 역 대 술 여 읍 | ‘ㅿ(穰), ㅇ(欲)’은 역시 ‘ㅅ(戌), ㆆ(挹)’과 짝을 이루네. |
| 閭宜於諺不宜文<br>려 의 어 언 불 의 문 | ‘ㄹ(閭)’은 우리말(諺)에는 마땅하나 한자(文)에는 마땅하지 않네. |
| 斗輕爲閭是俗習<br>두 경 위 려 시 속 습 | ‘ㄷ(斗)’이 가볍게 되면 ‘ㄹ(閭)’이 되는데, 이는 속간의 습관이네. |

## 2.5. 合字解

'합자해(合字解)'에서는 '초성, 중성, 종성'을 합하여 음절 단위의 글자로 합치는 방법을 풀이하였다. 그리고 '초성, 중성, 종성'의 글자를 병서하는 방법과, 성조(聲調)와 방점(傍點)에 대하여 설명하였다.

### 2.5.1. 합자의 개념

> 初中終三聲 合而成字。
> 초중종삼성 합이성자

초성, 중성, 종성의 세 소리가 합쳐져서 글자를 이룬다.

**【풀이】 합자(合字)의 개념**

초성, 중성, 종성의 세 글자를 합쳐서 음절 단위로 모아서 적는 것을 '합자(合字)'라고 한다.

원래 훈민정음의 자모는 음소 글자이므로 한 글자가 하나의 음소를 대표한다. 이러한 점을 고려하면 훈민정음 글자는 영어의 알파벳처럼 풀어서 적어야 한다. 그러나 실제로 글자를 적을 때는 초성, 중성, 종성의 글자를 음절 단위로 모아서 적어 왔는데, 이는 <훈민정음 해례본>의 '예의'에 있는 다음과 같은 규정 때문이다.

(1) ㄱ. 凡字必合而成音
ㄴ. 무릇 글자는 반드시 합쳐야 소리를 이룬다.

이렇게 모아쓰기를 하게 된 것은 두 가지 이유 때문이라고 추측한다. 첫 번째 이유는 한자의 소리가 모두 음절 단위로 구성되어 있다는 것이다.

(2) 君 /군/
- <모아쓰기> : 군
- <풀어쓰기> : ㄱ ㅜ ㄴ

곧, '君'이라는 한자는 초성, 중성, 종성의 결합체인 /군/의 음절에 대응된다. 이 때문에 훈민정음의 글자도 한자의 이러한 특징에 맞추기 위하여 음절 단위로 모아서 적었을 가능성이 크다. 그리고 두 번째 이유는 모아쓰기를 하면 훈민정음 글자와 한자의 글꼴이 조화를 이룰 수 있다는 것이다. '君'의 한자음을 풀어 적으면 'ㄱㅜㄴ'과 같이 되는데, 이것은 '君'과 비교할 때 글꼴이 아주 다르다. 일상의 문자 언어 생활에서 훈민정음 글자와 한자를 함께 사용할 것을 염두에 둔다면, 훈민정음 글자를 한자의 글꼴과 비슷하게 할 필요가 있었기 때문에 모아쓰기를 한 것이다.

훈민정음 글자는 음소 글자(낱소리 글자)이기 때문에 낱말 글자(표의 문자)인 한자와는 본질적으로 다르다. 그러나 훈민정음의 창제자들은 훈민정음 글자의 초성, 중성, 종성을 음절 단위로 모아서 쓰게 함으로써, 한자와 함께 쓸 때 조화를 이루게 하였다.

## 2.5.2. 합자의 방법

> 初聲或在中聲之上 或在中聲之左。 如君字ㄱ在ᅮ上 業字ㆁ在ᅥ左之類。
> 초 성 혹 재 중 성 지 상 　혹 재 중 성 지 좌 　여 군 자 재 상 　업 자 재 좌 지 류
>
> 中聲則圓者橫者在初聲之下 ·ㅡㅗㅛㅜㅠ是也。 縱者在初聲之右 ㅣㅏ
> 중 성 즉 원 자 횡 자 재 초 성 지 하 　시 야 　종 자 재 초 성 지 우
>
> ㅑㅓㅕ是也。 如呑字·在ㅌ下 即字ㅡ在ㅈ下 侵字ㅣ在ㅊ右之類。 終聲在
> 시 야 　여 탄 자 재 하 　즉 자 재 하 　침 자 재 우 지 류 　종 성 재
>
> 初中之下 如君字ㄴ在구下 業字ㅂ在ᅌᅥ下之類。
> 초 중 지 하 　여 군 자 재 하 　업 자 재 하 지 류

초성은 어떤 것(或)은 중성의 위에 있고 어떤 것은 중성의 왼쪽에 있는데, '君字'의 'ㄱ'이 'ㅜ'의 위에 있고 '業字'의 'ㆁ'이 'ㅓ'의 왼쪽에 있는 따위와 같다.

중성은, 둥근 것(圓者)과 가로로 그은 것(橫者)은 초성의 아래에 있는데, '·, ㅡ, ㅗ, ㅛ, ㅜ, ㅠ'가 그것이다. 세로로 그은 것(縱者)은 초성의 오른쪽에 있는데, 'ㅣ, ㅏ, ㅑ, ㅓ ㅕ'가 그것이다. '呑(툰)자'의 '·'가 'ㅌ'의 아래에 있으며, '即(즉)자'의 'ㅡ'가 'ㅈ'의 아래에 있으며, '侵(침)자'의 'ㅣ'가 'ㅊ'의 오른쪽에 있는 따위와 같다.

종성은 초성과 중성의 아래에 있는데, '君(군)자'의 'ㄴ'이 '구'의 아래에 있으며 '業(업)자'의 'ㅂ'이 '어'의 아래에 있는 따위와 같다.

**【풀이】 합자의 방법**

초성은 단독으로 발음되지 않으므로 반드시 중성을 붙여 써야 한다. 그런데 <훈민정음>의 '예의'에서는 중성 중에서 어떤 것은 초성의 아래에 붙여 쓰고, 또 어떤 것은 초성의 오른쪽에 붙여 쓴다는 규정을 두었는데, 이러한 규정을 '부서법(附書法)'이라고 한다.

(3) ㄱ. ㆍㅡㅗㅜㅛㅠ 附書初聲之下 ㅣㅏㅓㅑㅕ 附書於右 [훈해 예의]
　ㄴ. 'ㆍ, ㅡ, ㅗ, ㅜ, ㅛ, ㅠ'는 초성의 아래에 붙여 쓰고, 'ㅣ, ㅏ, ㅓ, ㅑ, ㅕ'는 (초성의) 오른쪽에 붙여 쓴다.

(3)은 '예의'에 있는 부서법에 대한 규정으로서, 'ㆍ, ㅡ, ㅗ, ㅜ, ㅛ, ㅠ'는 초성의 아래에 붙여 쓰고, 'ㅣ, ㅏ, ㅓ, ㅑ, ㅕ'는 초성의 오른쪽에 붙여 쓴다는 것을 규정했다.

(3)의 부서법에 대한 근거를 제시한 것이 '합자해'의 풀이이다. 곧 중성 가운데 둥근 것(ㆍ)과 가로로 그은 것(ㅡ, ㅗ, ㅜ, ㅛ, ㅠ)은 초성의 아래에 두고, 위에서 아래로 내리 그은 것(ㅣ, ㅏ, ㅓ, ㅑ, ㅕ)은 초성의 오른쪽에 둔다는 것이다.

| 중성 글자의 모양 | 중성 글자 | 합자의 방식 | 초성과 중성의 합자 |
|---|---|---|---|
| 원자(圓者)와 횡자(橫者) | ㆍ ㅡ ㅗ ㅜ ㅛ ㅠ | 초성의 아래쪽 | ᄀᆞ 그 고 구 교 규 |
| 종자(縱者) | ㅣ ㅏ ㅓ ㅑ ㅕ | 초성의 오른쪽 | 기 가 거 갸 겨 |

[표 1. 초성과 중성의 합자 방법]

부서법에 따라서 초성 'ㄱ'에 중성을 붙여 쓰면 [표 1]처럼 된다. 곧 'ᄀᆞ, 그, 고, 구, 교, 규'는 초성의 아래에 중성을 붙여 적은 예이며, '기, 가, 거, 갸, 겨'는 초성의 오른쪽에 중성을 붙여 쓴 예이다.

그런데 초성의 아래나 오른쪽에 붙여 쓰는 중성의 글자들을 보면, 양성 글자와 음성 글자, 그리고 상형자와 초출자와 재출자가 섞여 있다. 이렇게 초성에 중성을 합자하는 방식이 음성학적인 특징이나 역학적인 원리와 관계없이 정해진 것은, 오직 훈민정음의 글자를 한자처럼 네모 반듯하게 만들어서 한자와 함께 쓸 때 조화를 이루게 하기 위해서였기 때문이다.

종성 또한 '君(군), 業(업)'의 'ㄴ'과 'ㅂ' 글자처럼 초성과 중성의 아래에 붙여 적어서, 초성·중성·종성을 모아서 쓰게 하였다.

### 2.5.3. 합용(合用)과 병서(竝書)

初聲二字三字合用竝書 如諺語 ·ᄯᅡ爲地 ᄧᅡᆨ爲隻 ·ᄣᅳᆷ爲隙之類。 各自竝
초성이자삼자합용병서 여언어 위지 위척 위극지류 각자병

書 如諺語 ·혀爲舌而 ·ᅘᅧ爲引 괴·여爲我愛人而 괴·ᅇᅧ爲人愛我 소·다爲
서 여언어 위설이 위인 위아애인이 위인애아 위

覆物而 ·쏘·다爲射之之類。 中聲二字三字合用 如諺語 ·과爲琴柱 ·홰爲炬
복물이 위사지지류 중성이자삼자합용 여언어 위금주 위거

之類。 終聲二字三字合用 如諺語 ᄒᆞᆰ爲土 ·낛爲釣 ᄃᆞᇌ·ᄣᅢ爲酉時之類。
지류 종성이자삼자합용 여언어 위토 위조 위유시지류

其合用竝書 自左而右 初中終三聲皆同。
기합용병서 자좌이우 초중종삼성개동

초성으로서 두 자나 세 자를 합쳐서 사용하여 나란히 쓰는 것(합용 병서, 合用竝書)은, 우리말(諺語)의 '·ᄯᅡ(땅, 地), ᄧᅡᆨ(짝, 隻), ·ᄣᅳᆷ(틈, 隙)' 따위와 같다. 낱낱의 글자를 나란히 쓰는 것(각자 병서, 各自竝書)은 우리말(諺語)의 '·혀(혀, 舌)'에서 '·ᅘᅧ(끌다, 引)'[61], '괴·여(我愛人)'[62]에서 '괴·ᅇᅧ(人愛我[63])', '소·다(쏟다, 覆物)'[64]에서 '·쏘·다(쏘다, 射之)'[65] 따위와 같다. 중성으로서 두 자나 석 자를 합쳐서 사용하는 것(合用)은, 우리말의 '·과(琴柱)'[66]나 '·홰(炬)'[67] 따위와 같다. 종성으로서 두 자나 석 자를 합쳐서 사용하는 것(合用)은, 우리말의 'ᄒᆞᆰ(흙, 土), ·낛(낚시, 釣), ᄃᆞᇌ·ᄣᅢ(닭때, 酉時)' 따위와 같다.

---

61) ᅘᅧ : 'ᅘᅧ(끌다, 引)-+-어(연결 어미)'로 분석되는 타동사이다.

62) 괴여(我愛人) : '괴(사랑하다, 愛)-+-여(←-어 : 연결 어미)'로 분석되는 타동사이다. 그리고 '我愛人'은 '내가 남을 사랑하다'라는 뜻으로 쓰였는데, 이는 '괴여'가 능동사(= 타동사)로 쓰였음을 나타낸다.

63) 괴ᅇᅧ(人愛我) : '[괴(사랑하다, 愛)-+-Ø(← -이- : 피동 접미사)-]-+-ᅇᅧ(←-어 : 연결 어미)'로 분석되는 피동사이다. 그리고 '人愛我'은 '남이 나를 사랑하다(= 내가 남에게 사랑을 받다)'의 뜻으로 쓰였는데, 이는 '괴ᅇᅧ'가 피동사로 쓰였음을 나타낸다.

64) 소다 : '솓(쏟다, 覆物)-+-아(연결 어미)'로 분석되는 타동사이다.

65) 쏘다 : '쏘(쏘다, 射之)-+-다(평서형 종결 어미)'로 분석되는 타동사이다.

66) 과(琴柱) : 괘. 거문고, 가야금 따위 현악기의 현(絃)을 괴는 작은 받침이다.

67) 홰(炬) : 횃불. '홰에 켠 불'이다.

왼쪽에서 오른쪽으로 글자를 합쳐서 사용하여 나란히 쓰는 것(合用竝書)은 초성·중성·종성의 세 소리(三聲)가 모두 같다.

**【풀이】 합용(合用)과 병서(竝書)**

〈**병서 글자의 개념**〉 15세기의 국어에서는 초성이나 중성이나 종성의 소리가 각각 두세 개가 겹쳐서 나는 경우가 있었다. 이러한 겹소리를 글자로 적을 때에는 옆으로 나란히 적는데, 이를 '병서(竝書)'라고 한다. <훈민정음>의 '예의'에는 병서에 대하여 다음과 같이 규정하고 있다.

(4) ㄱ. 初聲合用則竝書 終聲同。 [훈해 예의]
ㄴ. 초성을 합쳐서 사용(合用)하려면 나란히 쓴다(竝書). 종성도 같다.

(4)와 같은 병서법(竝書法)의 규정을 자세하게 설명한 것이 '합자해'의 풀이이다. 곧 '병서'를 '합용 병서(合用竝書)'의 방식과 '각자 병서(各自竝書)'의 방식으로 구분하고, 초성, 중성, 종성을 병서한 예를 제시하였다.

병서 글자는 초성, 중성, 종성에 다 쓰일 수가 있었는데, 글자를 합치는 방식에 따라서 '합용 병서 글자'와 '각자 병서 글자'로 구분된다.

| 병서의 위치 | 병서의 방법 | 병서 글자의 예 |
|---|---|---|
| 초성 자리 | 합용 병서 | ᄯᅡ(地), ᄧᅡᆨ(隻), ᄢᅳᆷ(隙) |
| | 각자 병서 | ᅘᅧ(引), 괴ᅇᅧ(人愛我), 쏘다(射之) |
| 중성 자리 | 합용 병서 | 과(琴柱), 홰(炬) |
| 종성 자리 | 합용 병서 | ᄒᆞᆰ(土), 낛(釣), ᄃᆞᇌᄣᅢ(酉時) |

[ 표 2. 병서의 원리와 예 ]

〈**합용 병서 글자의 종류**〉 '합용 병서(合用竝書)'는 'ㅼ, ㅶ, ㅴ ; ㅘ, ㅙ ; ㄺ, ㄳ, ㅩ' 처럼 초성, 중성, 종성의 서로 다른 글자의 두세 자를 왼쪽에서 오른쪽으로 나란히 쓰는 것이다.

첫째, 초성의 합용 병서 글자로 쓰인 예로는 'ㅼ, ㅶ, ㅴ'를 들고 있는데, 이는 각각

‘ㅅ’계, ‘ㅂ’계, ‘ㅄ’계의 합용 병서 글자를 대표로 제시한 것이다. 이 시기에 쓰인 초성의 합용 병서 글자로는 ‘ㅲ, ㅄ, ㅶ, ㅷ ; ㅺ, ㅻ, ㅼ, ㅽ ; ㅴ, ㅵ’ 등이 있었는데, 이들 글자는 주로 ‘이중 자음(二重子音, 겹자음)이나 경음(硬音, 된소리)을 표기하는 것으로 알려져 있다.68)

(6) ㄱ. [ㅲ]: ᄠᅡᆯ기(苺), ᄠᅳᆮ(意)
　ㄴ. [ㅄ]: ᄡᅮᆨ(艾), ᄡᅵ(種), ᄡᆞᆯ(米)
　ㄷ. [ㅶ]: 대ᄧᅩᆨ(竹片), ᄧᅡᆨ(隻)
　ㄹ. [ㅷ]: ᄩᅳ고(裂), ᄩᅥ디며(坼)

(7) ㄱ. [ㅺ]: ᄭᅬ(謨), ᄭᅩ리(尾), ᄭᅮᆷ(夢)
　ㄴ. [ㅻ]: ᄮᅡᄒᆡ(男丁)
　ㄷ. [ㅼ]: ᄯᅡᇂ(地), ᄯᅥᆨ(餠), ᄯᅩ(又)
　ㄹ. [ㅽ]: ᄲᅧ(骨)

(8) ㄱ. [ㅴ]: ᄢᅮᆯ(蜜), ᄢᅳᆷ(隙), ᄢᅢ니(破)
　ㄴ. [ㅵ]: ᄣᅢ(時), ᄣᅵ며(濫), ᄣᅳ리니(打)

합용 병서 가운데서 (6)에 쓰인 ‘ㅲ, ㅄ, ㅶ, ㅷ’을 ‘ㅂ계 합용 병서’, (7)에 쓰인 ‘ㅺ, ㅻ, ㅼ, ㅽ’을 ‘ㅅ계 합용 병서’, (8)에 쓰인 ‘ㅴ, ㅵ’은 ‘ㅄ계 합용 병서’라고 한다.

둘째, 중성의 합용 병서 글자의 예로서 ‘ㅘ’와 ‘ㅙ’를 들고 있는데, 앞의 ‘중성해’에서는 이외에도 더 많은 합용 병서 글자를 소개한 바가 있었다.

| | 합용의 방법 | 합용 글자의 예 | 글자의 겹침 |
|---|---|---|---|
| (ㄱ) | 동출 합용의 글자 | ᅪ ᅯ ; ᆄ ᆑ | 이자 상합자<br>(二字 相合者) |
| (ㄴ) | 일자 중성과 ‘ㅣ’의 합용 | ᆡ ᅴ ᅬ ᅢ ᅱ ᅦ ᆈ ᅤ ᆔ ᅨ | |
| (ㄷ) | 이자 중성과 ‘ㅣ’의 합용 | ᅫ ᅰ ᆅ ᆒ | 삼자 상합자<br>(三字 相合者) |

[표 3. 중성의 합용 병서 글자]

68) 합용 병서 글자의 음가에 대한 다양한 견해에 대하여는 나찬연(2012ㄴ:36)을 참조.

셋째, 종성의 합용 병서 글자의 예로서 'ㄺ, ㆟, ㅧ'을 들고 있다. 그러나 실제로는 종성의 합용 병서 글자로서 'ㄺ, ㄻ, ㄼ, ㅭ(ㄽ) ; ㆟ ; ㅧ'[69] 등이 15세기 문헌에 쓰인 예를 확인할 수 있다.

(9) ㄱ. ᄒᆞᆰ(土), ᄃᆞᆰ(酉) ; 옮디, 옮겨 ; 밟디, 밟ᄃᆞᆺ ; 도라옳, 열ᄃᆞᆳ 마내
　ㄴ. 낛(釣)
　ㄷ. ᄃᆞᇌᄣᅢ(酉時)

〈**각자 병서 글자**〉 '각자 병서(各自竝書)'는 'ㆅ, ㆀ, ㅆ'처럼 같은 초성 글자 두 자를 나란히 쓰는 것으로, 전탁(全濁)의 소리를 적는 데에 쓰였다.

(10) ㄱ. 虯끃 覃땀 便뼌 邪쌰 字ᄍᆞᆼ 洪ᅘᅩᆼ
　ㄴ. 쏘다(射之), ᅘᅧ(引), 괴ᅇᅧ(人愛我), 슬ᄔᆞ니(哀)

각자 병서 글자 중에서 한자음을 표기하는 데는 (ㄱ)과 같이 'ㄲ, ㄸ, ㅃ, ㅆ, ㅉ, ㆅ'이 쓰였고, 순 우리말을 표기하는 데는 (ㄴ)과 같이 'ㅆ, ㆅ, ㆀ, (ㅥ)'이 쓰였다.[70]

### 2.5.4. 낱글자가 홀로 쓰이는 예

> **文與諺雜用則有因字音而補以中終聲者 如孔子ㅣ 魯ㅅ:사ᄅᆞᆷ之類。**
> 문 여 언 잡 용 즉 유 인 자 음 이 보 이 중 종 성 자　여 공 자　로　지 류

한자(文)와 우리말(諺)이 섞여 쓰이면, 글자의 소리(字音)에 따라서 중성이나 종성을 보태는(補) 경우가 있는데, '孔子ㅣ 魯ㅅ:사ᄅᆞᆷ' 따위와 같다.

---

69) 'ㅧ'이 종성에 쓰인 예는 'ᄃᆞᇌᄣᅢ'의 하나뿐인데, 여기서 'ㅧ'의 'ㅅ'은 사이시옷 글자이다.

70) 단, 다음과 같은 특수한 환경에서는 'ㄲ, ㄸ, ㅃ, ㅉ' 등도 순 우리말을 표기하는 데에 쓰일 수가 있었다. 곧 관형사형 전성 어미인 '-ㄹ'의 뒤에서 실현되는 체언, 미래 시제의 선어말 어미 '-ㄹ-'의 뒤에서 실현되는 의문형 종결 어미, 객체 높임의 선어말 어미 등에서 실현될 수가 있었다.(나찬연 2012:35 참조.)
　(보기) ㄱ. ᄇᆞᄅᆞᆯ 끼름, 수믈 ᄣᅵ, 여흴 쩌긔, 펼 쓰ᅀᅵ예
　　ㄴ. 일흘까, 아ᅀᆞᄫᆞᆯ까, 이실까, 겻굴따
　　ㄷ. 연쫍고, 무ᄍᆞᄫᆞᆫ대, 조쫍고, 마ᄍᆞᄫᅵ

**【풀이】 초성이나 중성의 낱글자가 홀로 쓰이는 예**

한자어를 훈민정음의 글자로 표기할 때에는, 성음법(成音法)의 규정에 따라서 반드시 초성, 중성, 종성을 갖추어서 적도록 하였다.

(11) ㄱ. 凡字必合而成音 [훈해 예의]
ㄴ. 무릇 글자는 반드시 합쳐야 소리를 이룬다.

그런데 한자와 우리말을 섞어서 적는 경우에는, 예외적으로 중성이나 종성의 낱글자를 따로 적을 수도 있다고 하였다.

| | 형태의 결합 | 끝 음절의 소리 | 글자 |
|---|---|---|---|
| 체언 + 주격 조사 | 孔子 + -ㅣ | /짛/ | 孔子ㅣ |
| 체언 + 관형격 조사 | 魯 + -ㅅ | /롯/ | 魯ㅅ |

[표 4. 중성이나 종성 글자의 홀로 쓰임]

예를 들어서 한자어 '孔子'의 '子(ᄌᆞᇹ)'가 중성으로 끝난 음절이므로, 그 뒤에 반모음인 /j/로 소리 나는 주격 조사 '-ㅣ'가 결합하면 하나의 음절인 /짛/로 소리난다. 이렇게 孔子와 주격 조사인 '-ㅣ'가 결합된 음절인 /짛/를 소리대로 적으려면 '子ㅣ'로 적을 수밖에 없는데, 결과적으로 모음 'ㅣ'가 단독으로 쓰이게 되었다. 그리고 한자어 '魯'도 중성으로 끝난 음절이므로 그 뒤에 관형격 조사인 '-ㅅ'이 결합하면 하나의 음절인 /롯/으로 소리난다. 이렇게 '魯'와 관형격 조사인 '-ㅅ'이 결합한 음절인 /롯/을 소리 나는 대로 적으려면 '魯ㅅ'으로 적어야만 했다.

결과적으로 'ㅣ'와 'ㅅ'의 글자는 한 글자가 단독으로 쓰이게 되었는데, 이와 같은 표기는 <훈민정음>의 '예의'에 있는 성음법의 규정에서 벗어난 예외적 표기이다.

## 2.5.5. 방점(傍點)

훈민정음에서는 '초분절 음소(超分節 音素)'인 성조(聲調)를 방점(傍點)으로 표기하였다.[71] <합자해>에서는 성조(聲調)의 종류와 방점의 사용법, 그리고 성조에 따른 어감의 차이 등을 설명하였다.

> 諺語平上去入 如활爲弓而其聲平 :돌爲石而其聲上 ·갈爲刀而其聲去 ·붇
> 언 어 평 상 거 입 여 위 궁 이 기 성 평 위 석 이 기 성 상 위 도 이 기 성 거
> 爲筆而其聲入之類。 凡字之左 加一點爲去聲 二點爲上聲 無點爲平聲。
> 위 필 이 기 성 입 지 류 범 자 지 좌 가 일 점 위 거 성 이 점 위 상 성 무 점 위 평 성
> 而文之入聲 與去聲相似。 諺之入聲無定 或似平聲 如긷爲柱 녑爲脅。 或
> 이 문 지 입 성 여 거 성 상 사 언 지 입 성 무 정 혹 사 평 성 여 위 주 위 협 혹
> 似上聲 如:낟 爲穀 :깁爲繒。 或似去聲 如·몯爲釘 ·입爲口之類。 其加點
> 사 상 성 여 위 곡 위 증 혹 사 거 성 여 위 정 위 구 지 류 기 가 점
> 則與平上去同。 平聲安而和 春也 萬物舒泰。 上聲和而擧 夏也 萬物漸
> 즉 여 평 상 거 동 평 성 안 이 화 춘 야 만 물 서 태 상 성 화 이 거 하 야 만 물 점
> 盛。 去聲擧而壯 秋也 萬物成熟。 入聲促而塞 冬也 萬物閉藏。
> 성 거 성 거 이 장 추 야 만 물 성 숙 입 성 촉 이 색 동 야 만 물 폐 장

우리말(諺語)의 평성(平聲), 상성(上聲), 거성(去聲), 입성(入聲)은, '활(활, 弓)'은 그 성(聲)이 평성(平聲)이며, ':돌(돌, 石)'은 그 성(聲)이 상성(上聲)이며, '·갈(칼, 刀)'은 그 성(聲)이 거성(去聲)이며, '·붇(붓, 筆)'은 그 성(聲)이 입성(入聲)인 따위와 같다. 무릇 글자의 왼쪽에 한 점(點)을 찍으면(加) 거성이요, 두 점이면 상성이요, 점이 없으면 평성이다.

한자(文)의 입성은 거성과 서로 비슷하지만(相似), 우리말의 입성은 정해지지 않았다.(無定) (우리말의 입성은) 어떤 것(或)은 평성과 비슷하여 '긷(기둥, 柱)'이나 '녑(옆구리, 脅)'과 같다. 어떤 것은 상성과 비슷하여 ':낟(곡식, 穀)'이나 ':깁(비단, 繒)'과 같다. 어떤 것은 거성과 비슷하여 '·몯(못, 釘)'이나 '·입(입, 口)'과 같은 따위이다. (입성에) 그 점을 찍는 방법은 평성, 상성, 거성과 같다.

평성은 편안하고 부드러워서(安而和) (계절로는) 봄(春)이며, 만물이 서서히 피어난다(舒泰). 상성은 부드럽고 높아서(和而去) (계절로는) 여름(夏)이며, 만물이 점점 무성하다(漸盛). 거성은 높고 씩씩해서(去而壯) (계절로는) 가을(秋)이며, 만물이 무르익는다(成熟). 입성은 빠르고 막히니(促而塞) (계절로는) 겨울(冬)이며, 만물이 드러나지 않게 감추어진다(閉藏).

---

71) '초분절 음소(suprasegmental phoneme)'란 분절 가능한 소리가 아니면서도 의미를 변별하는 기능을 하는 '길이, 세기, 높이' 등을 말한다. '초분절 음소(운소)' 중에서 '소리의 높이'가 단어의 의미를 변별하는 것이 있는데, 이를 '성조(聲調, tone)'라고 한다.

## 【풀이】 성조의 종류, 방점의 사용법, 사성의 음색

〈**성조의 종류**〉 '성조(聲調)'는 원래 각 음절 위에 배치된 '의미 있는 일정한 높이(高低, pitch)', 곧 '높낮이의 가락'을 아울러서 이르는 말이다.

15세기 국어에서는 단어의 각 음절에 이러한 높낮이의 가락이 일정하게 붙어 있었으며, 이러한 높낮이를 통해서도 단어의 뜻이 구분될 수 있었다. <훈민정음>에서는 중국어에서 성조를 이르는 용어를 그대로 가져와서, 국어에서 나타나는 소리의 높낮이를, '평성(平聲), 상성(上聲), 거성(去聲), 입성(入聲)'으로 불렀다. 여기서 '평성'은 '활(弓)'처럼 낮고 평평한 말의 가락이며, '상성'은 ':돌(石)'처럼 낮은 데서 위로 올라가는 말의 가락이며, '거성'은 '·갈(刀)'처럼 높고 평평한 말의 가락이며, '입성'은 '·붇(筆)'처럼 빨리 끝나는 소리인 것으로 설명했다.

〈**방점의 사용법**〉 <훈민정음>에서는 '방점(傍點, 四聲點)'을 찍어서 '성조'를 표시하였다.

| 사성(四聲) | 소리의 특징 | 방점 (傍點) | 예 |
|---|---|---|---|
| 평성(平聲) | 낮고 평평함 | 無點 | 활(弓) |
| 상성(上聲) | 낮은 데서 위로 올라감 | 二點 | :돌(石) |
| 거성(去聲) | 높고 평평함 | 一點 | ·갈(刀) |
| 입성(入聲) | 빨리 끝남 | 無定 | 닥(楮) :낟(穀) ·입(口) |

[표 5. 성조의 종류와 음성적 특징 및 방점]

높은 소리인 거성(去聲)은 한 점을 찍었으며, 처음에는 낮았다가 나중에는 높은 소리인 상성(上聲)은 두 점을 찍었고, 낮은 소리인 평성(平聲)은 점을 찍지 않았다.

국어의 성조와 중국어의 성조에 약간의 차이가 있었는데, 당시의 학자들은 이러한 사실을 알고 있었다. 원래 중국어의 입성은 높낮이는 거성과 비슷하나 운미(韻尾), 곧 종성이 /k/, /t/, /p/의 소리로 끝나는 음절의 성조였다. 이러한 점에서 중국어의 입성은 평성, 상성, 거성과 분명하게 구분되어서, 독자적인 성조로서의 자격을 갖추고 있었다. 이에 반해서 국어의 입성은 /k/, /t/, /p/로 끝나는 음절이기는 하지만 그 높낮이가 일정하게 고정되어 있지 않아서, 그 높낮이에 따라서 각기 '평성적인 입성(= 닥), 상성적인 입성(= :낟), 거성적인 입성(= ·입)'으로 쓰였다. 곧 국어에서 입성은 소리의 높낮이와는 관계없이 '빨리 끝나는 소리'의 음성적 특징을 나타내므로, 국어의 성조 체계에서는 원칙적으로 입성을 설정할 필요가 없었다.

이에 따라서 <훈민정음>에서는 중국어의 사성에 대한 개념을 도입하되, 국어의 실정에 맞도록 사성에 대하여 새로운 설명 방법을 시도하였다. 곧 '종성해'에서는 'ㆁ, ㄴ, ㅁ, ㅇ, ㄹ, ㅿ'과 같은 불청불탁(不淸不濁)의 글자를 제외한, 나머지 글자인 전청(全淸), 차청(次淸), 전탁(全濁)의 글자가 종성으로 쓰일 때는 입성이 된다고 하였다.

(12) ㄱ. ㆁㄴㅁㅇㄹㅿ六字爲平上去聲之終 而餘皆爲入聲之終也 [종성해]

ㄴ. 'ㆁ, ㄴ, ㅁ, ㅇ, ㄹ, ㅿ'의 여섯 자는 '평성, 상성, 거성'의 종성이 되고, 그 나머지는 모두 입성의 종성이 된다.

곧 입성은 소리의 높낮이와는 관계없이 짧고 빨리 끝나는 음절의 소리이므로[72], 소리의 높낮이에 따라서 '거성적 입성'에는 한 점, '상성적 입성'에는 두 점을 찍었고, '평성적 입성'에는 점을 찍지 않았다.[73]

| 종성의 성질 / 성조(聲調) | 入聲 (전청, 차청, 전탁) | 非入聲 (불청불탁) |
|---|---|---|
| 평성 (平聲) | 긴(柱), 녑(脅) | 활(弓) |
| 상성 (上聲) | :낟(穀), :깁(繒) | :돌(石) |
| 거성 (去聲) | ·몯(釘), ·입(口) | ·갈(刀) |

[ 표 6. 사성에 따른 방점 찍기 ]

**〈사성의 음색〉** '합자해'에서는 사성에 따른 음성적 특징을 '安, 和, 擧, 壯, 促, 塞' 등의 한자로써 풀이하였다. 그리고 이를 성리학적 이론에 입각하여 춘하추동(春夏秋冬)의 사 계절의 성격과 관련시켜서 다시 풀이하였다.

---

72) 입성(入聲)은 '독(甕), ·ᄐᆞᆨ(頤), 긴(柱), :낟(穀), ·몯(釘), :깁(繒), 녑(脅), ·입(口)'처럼 종성이 폐쇄음인 /k/, /t/, /p/로 된 음절이다. 단, 종성 'ㅅ'은 폐쇄음이 아니므로 비입성으로 처리될 가능성이 있었다. 하지만 <훈민정음>에서는 종성 'ㅅ'은 불청불탁의 글자가 아니기 때문에 'ㅅ' 종성의 음절은 입성으로 처리하였다.

73) 16세기 초기 문헌에서부터 방점의 사용법에 혼란이 나타나다가, 16세기 후반에 간행된 문헌에는 거의 방점이 표시되지 않았다.

| 사성 | 음성적 특징 | 성리학적 특징 | | <훈민정음 언해본>의 풀이 |
|---|---|---|---|---|
| | | 계절 | 특징 | |
| 평성(平聲) | 안이화(安而和) | 춘(春) | 萬物舒泰 | ᄆᆞᆺ ᄂᆞᆺ가ᄫᆞᆫ 소리 |
| 상성(上聲) | 화이거(和而擧) | 하(夏) | 萬物漸盛 | 처ᅀᅥ미 ᄂᆞᆽ갑고 내즁이 노ᄑᆞᆫ 소리 |
| 거성(去聲) | 거이장(擧而壯) | 추(秋) | 萬物成熟 | ᄆᆞᆺ 노ᄑᆞᆫ 소리 |
| 입성(入聲) | 촉이색(促而塞) | 동(冬) | 萬物閉藏 | ᄲᆞᆯ리 긋ᄃᆞᆮᄂᆞᆫ 소리 |

[표 7. 사성의 음성적·성리학적 특징]

여기서 '평성, 상성, 거성'은 소리의 특징이 '安－和－擧－壯'으로 서로 관련을 지어서 기술하였으나, '입성'만은 '促－塞'으로 별도로 기술하였다. 이는 '평성, 상성, 거성'이 높낮이에 바탕을 둔 성조인 데에 반해서, 입성은 빨리 끊어지는 소리로서 음절 길이의 특징에 바탕을 두었기 때문이다.

<훈민정음>에서 쓰인 사성법과 방점의 사용법을 종합하여 정리하면 다음과 같다.[74]

| 사성(四聲) | | 좌가점(左加點) | 용례 | 소리의 성질 | |
|---|---|---|---|---|---|
| | | | | 해례본 | 언해본 |
| 비입성(非入聲) | 거성(去聲) | 一 點 | ·갈(刀), ·키(箕) | 擧而壯 | ᄆᆞᆺ 노ᄑᆞᆫ 소리 |
| | 상성(上聲) | 二 點 | :돌(石), :범(虎) | 和而擧 | 처ᅀᅥ미 ᄂᆞᆽ갑고 내즁이 노ᄑᆞᆫ 소리 |
| | 평성(平聲) | 無 點 | 벼(稻), 콩(大豆) | 安而和 | ᄆᆞᆺ ᄂᆞᆺ가ᄫᆞᆫ 소리 |
| 입성(入聲) | 거성(去聲) | 一 點 | ·몯(釘), ·ᄐᆞᆨ(頤) | 促而塞 | ᄲᆞᆯ리 긋ᄃᆞᆮᄂᆞᆫ 소리 |
| | 상성(上聲) | 二 點 | :낟(穀), :깁(繒) | | |
| | 평성(平聲) | 無 點 | 독(甕), 녑(脅) | | |

[표 8. 방점의 운용법]

먼저 음절의 소리를 짧고 빨리 끝나는 '입성'과 그렇지 않은 '비입성'으로 나누었다. 그리고 비입성과 입성의 소리를 높낮이를 기준으로 하여 각각 '거성, 상성, 평성'으로 구분하고, 거성에는 방점을 한 개, 상성에는 방점을 두 개 찍었으며, 평성에는 방점을 찍지 않았다.

74) 단, 한자음의 입성에는 거성과 같이 한 점을 찍었는데, 이는 중국어에서 입성은 운미(韻尾)가 /k/, /t/, /p/이면서 동시에 거성처럼 높은 음으로 발음되었기 때문이다.

### 2.5.6. 합자해의 붙임 규정

#### 가. ‘ㆆ’과 ‘ㅇ’의 통용

> 初聲之ㆆ與ㅇ相似 於諺可以通用也。
> 초 성 지 　 여 　 상 사 　 어 언 가 이 통 용 야

초성의 ‘ㆆ’과 ‘ㅇ’은 서로 비슷해서(相似), 우리말에서 통용(通用)할 수 있다.

**【풀이】 ‘ㆆ’과 ‘ㅇ’의 통용**

‘ㆆ’은 후음(喉音)의 전청 글자로서, ‘후두 폐쇄음(喉頭 閉鎖音)’인 [ʔ]의 음가를 가진다. ‘ㆆ’은 순 우리말을 적을 때는 초성의 글자로 사용된 예가 보이지 않았다. 다만, ‘ㆆ’은 종성의 자리에서 일부 문법 형태소를 표기하거나 관형격 조사나 사잇소리를 적는 글자로 사용되었을 뿐이다.

(13) ㄱ. 長湍ᄋᆞᆯ 건너시ᇙ 제, 가ᇙ 길히, 니르고져 호ᇙ 배, 도라오ᇙ 軍士, 지브로 도라오시ᇙ 제
ㄴ. 功德이 져그ᇙ가
ㄷ. 快ㆆ字, 那ㆆ字, 先考ㆆᄠᅳᆮ, 하ᄂᆞᇙᄠᅳᆮ

(ㄱ)과 (ㄴ)에서는 ‘ㆆ’이 미래 시제를 나타내는 어미인 ‘-을’과 ‘-을-’의 다음에 쓰여서 절음(絶音)을 위한 휴지(休止)의 부호로 사용되었다. 그리고 (ㄷ)에서는 ‘ㆆ’이 사잇소리를 표기하거나 관형격 조사로 쓰인 예이다. 이처럼 ‘ㆆ’은 순 우리말을 적을 때에는 초성의 자리에 쓰이지 않았고 (13)과 같이 아주 제한된 위치에서만 쓰였다.

이처럼 ‘ㆆ’은 우리말의 초성을 표기하는 데에는 쓰이지 않았으나, ‘동국정운식 한자음’을 적을 때에는 다음과 같이 ‘ㆆ’이 초성이나 종성의 자리에 쓰였다.

(14) ㄱ. 於ᅙᅥᆼ, 一ᅙᅵᇙ, 因ᅙᅵᆫ, 依ᅙᅴᆼ, 音ᅙᅳᆷ
ㄴ. 日ᅀᅵᇙ, 發버ᇙ, 戌슈ᇙ, 八바ᇙ, 不부ᇙ, 節져ᇙ

(ㄱ)에서 ‘於ᅙᅥᆼ, 一ᅙᅵᇙ, 因ᅙᅵᆫ, 依ᅙᅴᆼ, 音ᅙᅳᆷ’ 등은 동국정운식 한자음을 표기할 때 ‘ㆆ’이 초성에 쓰인 예이다. 그리고 (ㄴ)에서 ‘日ᅀᅵᇙ, 發버ᇙ, 戌슈ᇙ, 八바ᇙ, 不부ᇙ, 節져ᇙ’ 등은 /ㄹ/ 종

성으로 끝난 국어의 한자음을 중국의 발음인 입성에 가깝게 표기하기 위하여 'ㆆ'으로써 'ㄹ'을 보충하여 표기한 것이다.(이영보래, 以影補來) 이처럼 동국정운식 한자음을 표기하는 데에 초성이나 종성의 자리에 'ㆆ'을 쓰도록 한 것은 중국 운학(韻學)에서 나오는 칠음(七音)[75] 청탁(淸濁)[76]의 체계에 맞추려고 한 것이다.[77]

지금까지 살펴본 바에 따르면, 순 우리말을 표기하는 데는 초성의 'ㆆ'을 굳이 사용할 필요는 없었다. 이에 따라서 <훈민정음>에서는 'ㆆ'을 비록 기본 글자로 처리하기는 하였으나, 순 우리말의 초성을 적을 때에는 'ㆆ' 대신에 'ㅇ'으로 통용할 수 있도록 하였다.

### 나. '반설 경음(半舌輕音)'과 '반설 중음(半舌重音)'

> 半舌有輕重二音。 然韻書字母唯一 且國語雖不分輕重 皆得成音。 若欲備用 則依脣輕例 ㅇ連書ㄹ下 爲半舌輕音 舌乍附上腭。
> (반설유경중이음 연운서자모유일 차국어수불분경중 개득성음 약욕비용 즉의순경례 련서 하 위반설경음 설사부상악)

반설음(半舌音)은 가볍고(輕) 무거운(重) 두 가지의 소리(音)가 있다. 그러나 운서(韻書)의 자모(字母)에서는 (반설음이) 오직 하나이고, 또 우리말(國語)에서도 비록 가벼움과 무거움을 구분하지 않더라도 모두 소리를 이룰 수가 있다. 만일 (우리말에서 가벼운 반설음과 무거운 반설음을) 갖추어서 쓰려면, 순경음(脣輕音)의 예에 따라서 'ㅇ'을 'ㄹ'의 아래에 이어서 쓰면(連書) 반설경음(半舌輕音, 'ᄛ')이 되는데, ('ᄛ'은 발음할 때에) 혀가 윗잇몸(上腭)에 잠깐(乍) 닿는다(附).

---

75) 칠음(七音) : 음(소리)을 발성 위치에 따라서 분류한, '아(牙), 설(舌), 순(脣), 치(齒), 후(喉), 반설(半舌), 반치(半齒)'의 7가지 소리를 말한다.

76) 청탁(淸濁) : 초성(初聲)의 청음(淸音)과 탁음(濁音)을 합하여 일컫는 말이다. 예를 들어서 초성(初聲)을 소리 내는 방법에 따라 전청(全淸), 차청(次淸), 전탁(全濁), 불청불탁(不淸不濁) 등으로 분류했다.

77) 초성 글자 중에서 'ㆆ' 글자는 <훈민정음> 해례의 용자례에서 제외되었는데, 이는 'ㆆ' 글자가 <동국정운>의 한자음을 표기하기 위한 것이기 때문이다.(이기문 1998:130 참조.) 이처럼 'ㆆ'은 아주 제한된 범위에서만 쓰이다가, 1465년에 간행된 <원각경언해, 圓覺經諺解>에서부터는 'ㆆ' 글자가 쓰인 예가 보이지 않는다.

**【풀이】 '반설 경음(半舌輕音)'과 '반설 중음(半舌重音)'**

우리말의 /ㄹ/ 음소는 그 변이음으로서 무거운 소리인 [l]과 가벼운 소리인 [ɾ]이 있다.

(15) ㄱ. 반설 중음(半舌重音): 설측음. [l]  (보기) '달, 발, 갈'의 'ㄹ' 소리
  ㄴ. 반설 경음(半舌輕音): 설탄음. [ɾ]  (보기) '우리, 나라'의 'ㄹ' 소리

곧, (ㄱ)에서 '달, 발, 갈'의 종성으로 발음되는 'ㄹ'의 소리는 설측음(舌側音)인 [l]로 발음되는데, 이는 혀끝이 윗잇몸에 붙은 상태에서 입안의 공기가 혀의 양 옆으로 새어 나가게 하면서 내는 소리이다. 반면에 (ㄴ)에서 '우리'나 '나라'의 초성으로 발음되는 'ㄹ'의 소리는 설탄음(舌彈音)인 [ɾ]로 발음되는데, 이는 혀가 윗잇몸을 가볍게 두들기면서 내는 소리이다.

그런데 중국의 운서에서는 /ㄹ/을 나타내는 '래모(來母)'에서 설측음과 설탄음의 구분이 원래부터 없었다. 국어에서는 설측음인 [l]과 설탄음인 [ɾ]이 구분되어서 발음되기는 했으나, 이 두 소리는 하나의 음소인 /ㄹ/의 변이음에 불과하기 때문에 실제로는 이 두 소리를 글자로써 구분할 필요는 없었다. 따라서 '합자해'에서는 '반설 경음'과 '반설 중음'을 구분하여 적을 필요가 없다는 사실을 지적하였다. 만일 이 두 소리를 굳이 구분해서 적으려면 '반설 경음(半舌輕音)'은 'ᄛ'로 적을 수 있다는 것이다.

### 다. 'ᄀᆝ'와 'ᄀᆜ' 따위의 글자

> ·一起ㅣ聲 於國語無用。 兒童之言 邊野之語 或有之 當合二字而用
> 기 성 어국어무용 아동지언 변야지어 혹유지 당합이자이용
> 如ᄀᆝᄀᆜ之類。 其先縱後橫 與他不同。
> 여 지류 기선종후횡 여타부동

'ㅣ'에서 일어나는 '·'와 'ㅡ'의 소리(聲)는 우리말(國語)에는 쓰이지 않는다. 그러나 아이(兒童)의 말이나 변두리(邊野)의 말에 간혹 (이들 소리가) 있으며, 이 경우에는 두 글자를 합하여 쓰는데, 'ᄀᆝ'와 'ᄀᆜ'의 따위와 같다. (이들 글자를 적을 때에) 먼저 세로(縱)로 그은 다음에 가로(橫)로 긋는 것은 다른 글자와는 다르다.

**【풀이】 'ᄀᆝ'와 'ᄀᆜ' 따위의 글자**

반모음인 /j/에서 /ㆍ/나 /ㅡ/로 이행하는 이중 모음에 관한 설명을 하였다. 이들 소리는 우리말에는 쓰이지 않으나, 간혹 아이들이나 시골 사람들의 말에서 이러한 소리를 간혹 들을 수 있는데, 'ㅣ'와 'ㆍ'의 글자를 합치거나 'ㅣ'와 'ㅡ' 글자를 합쳐서 'ᄀᆝ'나 'ᄀᆜ'처럼 적는다고 하였다. 그리고 /j/계 이중 모음을 적은 글자인 'ㅛ, ㅑ, ㅠ, ㅕ'와 'ㆎ, ㅢ, ㅚ, ㅐ, ㅟ, ㅔ, ㆉ, ㅒ, ㆌ, ㅖ'의 글자를 적을 때와는 달리, 'ᄀᆝ'나 'ᄀᆜ'의 중성 글자는 먼저 세로로 내리 그은 다음에 그 아래에 가로로 그어서 쓰는 것이 특이하다고 밝혔다.

그러나 이러한 소리가 당대의 현실 발음으로 존재했는지도 의문이며, 'ᄀᆝ'나 'ᄀᆜ'의 글자가 실제로 쓰인 예도 발견할 수 없다. 다만, 훈민정음의 창제자들은 'ᄀᆝ'와 'ᄀᆜ'와 같은 실험적인 글자를 만들어 보임으로써, 훈민정음이 당대 국어나 한자의 표준 발음뿐만 아니라 특수한 계층어나 지역 방언의 말소리도 다 적을 수 있는 실용적인 문자 체계라는 점을 과시하였다.(허웅 1984:327 참조.)

| | |
|---|---|
| 訣曰<br>결 왈 | 결(訣)에 이른다. |
| 初聲在中聲左上<br>초 성 재 중 성 좌 상 | 초성은 중성의 왼쪽과 위에 있네. |
| 挹欲於諺用相同<br>읍 욕 어 언 용 상 동 | 'ㆆ'(挹)과 'ㅇ(欲)'은 우리말(諺)에서는 서로 함께 쓰이네. |
| 中聲十一附初聲<br>중 성 십 일 부 초 성 | 중성 열한 자는 초성에 붙으니 |
| 圓橫書下右書縱<br>원 횡 서 하 우 서 종 | 둥근 것(圓)과 가로 그은 것(橫)은 (초성의) 아래에 쓰고 내리 그은 것(縱)은 (초성의) 오른쪽에 쓰네. |
| 欲書終聲在何處<br>욕 서 종 성 재 하 처 | 종성을 쓰려고 하면 어디에 쓰나? |
| 初中聲下接着寫<br>초 중 성 하 접 착 사 | 초성과 중성의 아래에 붙여서 쓰네. |
| 初終合用各竝書<br>초 종 합 용 각 병 서 | 초성과 종성을 아울러서 쓰려면(合用) 각기 나란히 쓰고(竝書) |

| | |
|---|---|
| 中亦有合悉自左<br>중 역 유 합 실 자 좌 | 중성 역시 아우름(合)이 있으니 모두 왼쪽부터 쓰네. |
| 諺之四聲何以辨<br>언 지 사 성 하 이 변 | 우리말의 사성(四聲)은 어떻게 구별하나? |
| 平聲則弓上則石<br>평 성 즉 궁 상 즉 석 | 평성(平聲)은 '활(弓)'이요 상성(上聲)은 ':돌(石)'이요 |
| 刀爲去而筆爲入<br>도 위 거 이 필 위 입 | '·갈ㅎ'은 거성(去聲)이요 '·붇'은 입성(入聲)이네. |
| 觀此四物他可識<br>관 차 사 물 타 가 식 | 이 네 가지(四物)를 보면 다른 것도 알 수 있네. |
| 音因左點四聲分<br>음 인 좌 점 사 성 분 | 소리(音)는 왼쪽의 점(左點)으로써 사성을 구분하니 |
| 一去二上無點平<br>일 거 이 상 무 점 평 | 한 점은 거성이요 두 점은 상성이며 무점(無点)은 평성이다. |
| 語入無定亦加點<br>어 입 무 정 역 가 점 | 우리말(語)의 입성은 정(定)함이 없으나 역시 점을 찍고 |
| 文之入則似去聲<br>문 지 입 즉 사 거 성 | 한자(文)의 입성은 거성과 비슷하네. |
| 方言俚語萬不同<br>방 언 리 어 만 부 동 | 방언(方言)과 이어(俚語)가 모두 달라서 |
| 有聲無字書難通<br>유 성 무 자 서 난 통 | 소리(聲)는 있으나 글자(字)가 없어 글로써 통하기 어렵더니 |
| 一朝制作侔神工<br>일 조 제 작 모 신 공 | (임금께서 훈민정음을) 하루 아침에 만드시어 하늘의 솜씨(神工)에 견줄 만하니 |
| 大東千古開矇矓<br>대 동 천 고 개 몽 롱 | 우리나라(大東)의 오랜 역사(千古)에 어둠(矇矓)을 깨우치셨구나. |

## 2.6. 用字例

용자례(用字例)에서는 초성, 중성, 종성의 글자가 쓰인 94개 단어의 예를 제시했다.

### 2.6.1. 초성의 용자례

> 初聲 ㄱ 如:감爲柿 ·ᄀᆞᆯ爲蘆。 ㅋ 如우·케爲未春稻 콩 爲大豆。 ㆁ 如러·ᅌᅮᆯ爲獺 서·ᅌᅦ爲流澌。 ㄷ 如·뒤爲茅 ·담爲墻。 ㅌ 如고·티爲繭 두텁爲蟾蜍。 ㄴ 如노로爲獐 납爲猿。 ㅂ 如ᄇᆞᆯ爲臂 :벌爲蜂。 ㅍ ·如파爲葱 ·풀爲蠅。 ㅁ 如:뫼爲山 ·마爲薯藇。 ㅸ 如사·ᄫᅵ爲蝦 드·ᄫᅴ爲瓠。 ㅈ 如·자爲尺 죠·ᄒᆡ爲紙。 ㅊ 如·체爲簏 ·채爲鞭。 ㅅ 如·손爲手 :셤爲島。 ㅎ 如·부ᅘᅥᆼ爲鵂鶹 ·힘爲筋。 ㅇ 如·비육爲鷄雛 ·ᄇᆞ얌爲蛇。 ㄹ 如·무뤼爲雹 어·름爲氷。 ㅿ 如아ᅀᆞ爲弟 :너ᅀᅵ爲鴇。

초성(初聲) ‘ㄱ’은 ‘:감(柿), ·ᄀᆞᆯ(蘆)’과 같다. ‘ㅋ’은 ‘우·케(未春稻), 콩(大豆)’과 같다. ‘ㆁ’은 ‘러·울(獺), 서·에(爲流澌)’와 같다. ‘ㄷ’은 ‘·뒤(茅), ·담(墻)’과 같다. ‘ㅌ’은 ‘고·티(繭), 두텁(蟾蜍)’과 같다. ‘ㄴ’은 ‘노로(獐), 납(猿)’과 같다. ‘ㅂ’은 ‘ᄇᆞᆯ(臂), :벌(蜂)’과 같다. ‘ㅍ’은 ‘·파(葱), ·풀(蠅)’과 같다. ‘ㅁ’은 ‘:뫼(山), ·마(薯藇)’와 같다. ‘ㅸ’은 ‘사·ᄫᅵ(蝦), 드·ᄫᅴ(瓠)’와 같다. ‘ㅈ’은 ‘·자(尺), 죠·ᄒᆡ(紙)’와 같다. ‘ㅊ’은 ‘·체(簏), ·채(鞭)’와 같다. ‘ㅅ’은 ‘·손(手), :셤(島)’과 같다. ‘ㅎ’은 ‘·부헝(鵂鶹), ·힘(筋)’과 같다. ‘ㅇ’은 ‘·비육(鷄雛), ·ᄇᆞ얌(蛇)’과 같다. ‘ㄹ’은 ‘·무뤼(雹), 어·름(氷)’과 같다. ‘ㅿ’은 ‘아ᅀᆞ(弟), :너ᅀᅵ(爲鴇)’와 같다.

**【풀이】 초성의 용자례**

초성 글자가 쓰인 단어의 예로서, ‘ㆆ’를 제외한 기본자 16자와 ‘ㅸ’의 글자 1자를 추가하여 17자의 글자에 대한 예시 단어를 각각 2개씩 제시하였다.(총 34개의 단어) '용자례'에서는 병서 글자와 'ㆆ'이 쓰인 단어의 예가 없는 반면에, 기본자가 아닌 'ㅸ'이 쓰인 단어를 예에 포함시킨 것이 특징이다.[78]

| 오음(五音) | 초성 글자 | 용례 1 | | | 용례 2 | | |
|---|---|---|---|---|---|---|---|
| | | 용자례 | 한자 | 현대어 | 용자례 | 한자 | 현대어 |
| 아음 | ㄱ | :감 | 柿 | 감 | ·ᄀᆞᆯ | 蘆 | 갈대 |
| | ㅋ | 우·케 | 未舂稻 | 우케[79] | 콩 | 大豆 | 콩 |
| | ㆁ | 러·ᅌᅮᆯ | 獺 | 너구리 | 서·ᅌᅦ | 流澌 | 성엣장[80] |
| 설음 | ㄷ | ·뒤 | 茅 | 띠[81] | ·담 | 墻 | 담 |
| | ㅌ | 고·티 | 繭 | 고치 | 두텁 | 蟾蜍 | 두꺼비 |
| | ㄴ | 노로 | 獐 | 노루 | 납 | 猿 | 원숭이 |
| 순음 | ㅂ | ᄇᆞᆯ | 臂 | 팔 | :벌 | 蜂 | 벌 |
| | ㅍ | ·파 | 葱 | 파 | ·ᄑᆞᆯ | 蠅 | 파리 |
| | ㅁ | :뫼 | 山 | 산 | ·마 | 薯藇 | 마[82] |
| | ㅸ | 사·ᄫᅵ | 蝦 | 새우 | 드·ᄫᅴ | 瓠 | 뒤웅박[83] |
| 치음 | ㅈ | ·자 | 尺 | 자 | 죠·ᄒᆡ | 紙 | 종이 |
| | ㅊ | ·체 | 籭 | 체 | ·채 | 鞭 | 채찍 |
| | ㅅ | ·손 | 手 | 손 | :셤 | 島 | 섬 |
| 후음 | ㅇ | ·비육 | 鷄雛 | 병아리 | ᄇᆞ얌 | 蛇 | 뱀 |
| | ㅎ | ·부헝 | 鵂鶹 | 부엉이 | ·힘 | 筋 | 힘줄 |
| 반설음 | ㄹ | ·무뤼 | 雹 | 우박 | 어·름 | 氷 | 얼음 |
| 반치음 | ㅿ | 아ᅀᆞ | 弟 | 아우 | :너ᅀᅵ | 鴇 | 너새[84] |

[표 1. 초성 글자의 용자례]

78) 먼저 각자 병서의 글자와 합용 병서의 글자는 기본자에 속하지 않으므로, 용자례에서 제외되었다. 그리고 'ㆆ'은 기본자에 속하기는 했지만, 주로 동국정운식 한자음을 적는 데에 쓰였고, 초성의 자리에서는 순 우리말의 단어를 적은 예가 드물었기 때문에 용자례에서 제외되었다. 반면에 'ㅸ'은 비록 기본자는 아니었지만, /ㅸ/이 음소의 자격을 갖추고 있었고, 우리말을 표기하는 데에 널리 쓰였다는 점에서 '용자례'에 포함시킨 것으로 보인다.

79) 우케: 찧지 않은 벼이다.

80) 서에: 물 위에 떠내려가는 얼음덩이다.

81) 띠: 볏과의 여러해살이풀.

82) 마: 맛과의 덩굴풀을 통틀어 이르는 말이다. 강장제로 쓰인다.

83) 뒤웅박: 박을 쪼개지 않고 꼭지 근처에 구멍만 뚫어 속을 파낸 바가지이다.

84) 너새: 느싯과의 겨울새이다.

### 2.6.2. 중성의 용자례

> 中聲 ㆍ 如·ᄐᆞᆨ爲頤 ·ᄑᆞᆺ爲小豆 ᄃᆞ리爲橋 ·ᄀᆞ래爲楸。ㅡ 如·믈爲水 ·발·측爲跟 그력爲鴈 드·레爲汲器。ㅣ 如·깃爲巢 :밀爲蠟 ·피爲稷 ·키爲箕。ㅗ 如·논爲水田 ·톱爲鉅 호·ᄆᆡ爲鉏 벼·로爲硯。ㅏ 如·밥爲飯 ·낟爲鎌 이·아爲綜 사·ᄉᆞᆷ爲鹿。ㅜ 如숫爲炭 ·울爲籬 누·에爲蚕 구·리爲銅。ㅓ 如브섭爲竈 :널爲板 서·리爲霜 버·들爲柳。ㅛ 如:죵爲奴 ·고욤爲梬 ·쇼爲牛 삽됴爲蒼朮菜。ㅑ 如남샹爲龜 약爲鼅鼊 다·야爲匜 쟈감爲蕎麥皮。ㅠ 如율믜爲薏苡 쥭爲飯𣛹 슈·룹爲雨繖 쥬련爲帨。ㅕ 如·엿爲飴餹 ·뎔爲佛寺 ·벼爲稻 :져비爲燕。

중성(中聲)인 'ㆍ'는 '·ᄐᆞᆨ(頤), ·ᄑᆞᆺ(小豆), ᄃᆞ리(橋), ·ᄀᆞ래(楸)'와 같다. 'ㅡ'는 '·믈(水), ·발·측(跟), 그력(鴈), 드·레(汲器)'와 같다. 'ㅣ'는 '·깃(巢), :밀(蠟), ·피(稷), ·키(箕)'와 같다. 'ㅗ'는 '·논(水田), ·톱(鉅), 호·ᄆᆡ(鉏), 벼·로(硯)'와 같다. 'ㅏ'는 '·밥(飯), ·낟(鎌), 이·아(綜), 사·ᄉᆞᆷ(鹿)'과 같다. 'ㅜ'는 '숫(炭), ·울(籬), 누·에(蚕), 구·리(銅)'와 같다. 'ㅓ'는 '브섭(竈), :널(板), 서·리(霜), 버·들(柳)'과 같다. 'ㅛ'는 ':죵(奴), ·고욤(梬), ·쇼(牛), 삽됴(蒼朮菜)'와 같다. 'ㅑ'는 '남샹(龜), 약(鼅鼊), 다·야(匜), 쟈감(蕎麥皮)'과 같다. 'ㅠ'는 '율믜(薏苡), 쥭(飯𣛹), 슈·룹(雨繖), 쥬련(帨)'과 같다. 'ㅕ'는 '·엿(飴餹), ·뎔(佛寺), ·벼(稻), :져비(燕)'와 같다.

**【풀이】 중성의 용자례**

중성 글자를 상형자(ㆍ, ㅡ, ㅣ), 초출자(ㅗ, ㅏ, ㅜ, ㅓ), 재출자(ㅛ, ㅑ, ㅠ, ㅕ)의 순으로 배열하되, 각 글자의 예시 단어를 4개씩 제시했다.(총 88개의 단어)

| 중성 글자 | | 용례 | | | 용례 | | |
|---|---|---|---|---|---|---|---|
| | | 용자례 | 한자 | 현대어 | 용자례 | 한자 | 현대어 |
| 상형자 | ㆍ | ·ᄐᆞᆨ | 頤 | 턱 | ·ᄑᆞᆺ | 小豆 | 팥 |
| | | ᄃᆞ리 | 橋 | 다리 | ·ᄀᆞ래 | 楸 | 가래 |
| | ㅡ | ·믈 | 水 | 물 | ·발·측 | 跟 | 발뒤축 |
| | | 그력 | 鴈 | 기러기 | 드·레 | 汲器 | 두레박 |
| | ㅣ | ·깃 | 巢 | 보금자리 | :밀 | 蠟 | 꿀밀 |
| | | ·피 | 稷 | 피 | ·키 | 箕 | 키 |
| 초출자 | ㅗ | ·논 | 水田 | 논 | ·톱 | 鉅 | 톱 |
| | | 호·ᄆᆡ | 鉏 | 호미 | 벼·로 | 硯 | 벼루 |
| | ㅏ | ·밥 | 飯 | 밥 | ·낟 | 鎌 | 낫 |
| | | 이·아 | 綜 | 잉아[85] | 사·ᄉᆞᆷ | 鹿 | 사슴 |
| | ㅜ | 숫 | 炭 | 숯 | ·울 | 籬 | 울타리 |
| | | 누·에 | 蚕 | 누에 | 구·리 | 銅 | 구리 |
| | ㅓ | 브ᅀᅥᆸ | 竈 | 부엌 | :널 | 板 | 널 |
| | | 서·리 | 霜 | 서리 | 버·들 | 柳 | 버들 |
| 재출자 | ㅛ | :죵 | 奴 | 종 | ·고욤 | 梬 | 고욤[86] |
| | | ·쇼 | 牛 | 소 | 삽됴 | 蒼朮菜 | 삽주[87] |
| | ㅑ | 남샹 | 龜 | 남생이[88] | 약 | 鼅鼊 | 구벽[89] |
| | | 다·야 | 匜 | 손대야 | 쟈감 | 蕎麥皮 | 메밀 껍질 |
| | ㅠ | 율믜 | 薏苡 | 율무 | 쥭 | 飯粞 | 죽 |
| | | 슈·룹 | 雨繖 | 우산 | 쥬련 | 帨 | 수건 |
| | ㅕ | ·엿 | 飴餹 | 엿 | ·뎔 | 佛寺 | 절 |
| | | ·벼 | 稻 | 벼 | 져비 | 燕 | 제비 |

[ 표 2. 중성 글자의 용자례 ]

85) 잉아 : 베틀의 날실을 한 칸씩 걸러서 끌어 올리도록 맨 굵은 실이다.
86) 고욤 : 고욤나무의 열매. 감보다 작고 맛이 달면서 좀 떫다.
87) 삽주 : 국화과의 여러해살이풀이다. 높이는 50cm 정도이며, 잎은 어긋나고 달걀 모양의 타원형이다.
88) 남생이 : 남생잇과의 하나. 거북과 비슷하나 작으며, 등은 진한 갈색의 딱지로 되어 있고 네 발에는 각각 다섯 개의 발가락이 있는데 발가락 사이에는 물갈퀴가 있다.
89) 구벽 : 거북(龜)의 일종이다.

## 2.6.3. 종성의 용자례

> 終聲 ㄱ 如닥爲楮 독爲甕。 ㆁ 如:굼ᄫᅥᆼ爲蠐螬 ·올창爲蝌蚪。 ㄷ 如·갇爲笠 싣爲楓。 ㄴ 如·신爲屨 ·반되爲螢。 ㅂ 如섭爲薪 ·굽爲蹄。 ㅁ 如:범爲虎 :심爲泉。 ㅅ 如:잣爲海松 ·못爲池。 ㄹ 如·ᄃᆞᆯ爲月 :별爲星之類。

종성(終聲) ‘ㄱ’은 ‘닥(楮), 독(甕)’과 같다. ‘ㆁ’은 ‘:굼ᄫᅥᆼ(蠐螬), ·올창(蝌蚪)’과 같다. ‘ㄷ’은 ‘·갇(笠), 싣(楓)’과 같다. ‘ㄴ’은 ‘·신(屨), ·반되(螢)’와 같다. ‘ㅂ’은 ‘섭(薪), ·굽(蹄)’과 같다. ‘ㅁ’은 ‘:범(虎), :심(泉)’과 같다. ‘ㅅ’은 ‘:잣(海松), ·못(池)’과 같다. ‘ㄹ’은 ‘·ᄃᆞᆯ(月), :별(星)’ 따위와 같다.

**【풀이】 종성의 용자례**

종성으로 쓰일 수 있는 글자를 ‘아음 - 설음 - 순음 - 치음 - 반설음’의 순서로 나열하여 ‘ㄱ, ㆁ, ㄷ, ㄴ, ㅂ, ㅁ, ㅅ, ㄹ’ 글자가 쓰인 단어를 예로 들었다.(총 32개 단어)

| 오음 (五音) | 종성글자 | 용례 1 | | | 용례 2 | | |
|---|---|---|---|---|---|---|---|
| | | 용자례 | 한자 | 현대어 | 용자례 | 한자 | 현대어 |
| 아음 | ㄱ | 닥 | 楮 | 닥나무 | 독 | 甕 | 독 |
| | ㆁ | :굼ᄫᅥᆼ | 蠐螬 | 굼벵이 | ·올창 | 蝌蚪 | 올챙이 |
| 설음 | ㄷ | ·갇 | 笠 | 갓 | 싣 | 楓 | 단풍 |
| | ㄴ | ·신 | 屨 | 신 | ·반되 | 螢 | 반디 |
| 순음 | ㅂ | 섭 | 薪 | 섶[90] | ·굽 | 蹄 | 굽[91] |
| | ㅁ | :범 | 虎 | 범 | :심 | 泉 | 샘 |
| 치음 | ㅅ | :잣 | 海松 | 잣나무 | ·못 | 池 | 못 |
| 반설음 | ㄹ | ·ᄃᆞᆯ | 月 | 달 | :별 | 星 | 별 |

[ 표 3. 종성 글자의 용자례 ]

90) 섶 : 잎나무, 풋나무, 물거리 따위의 땔나무를 통틀어 이르는 말이다.
91) 굽 : 말, 소, 양 따위 짐승의 발 끝에 있는 두껍고 단단한 발톱이다.

## 3. ( 鄭麟趾 序 )

'정인지 서(鄭麟趾 序)'에서는 세종대왕이 훈민정음을 창제한 동기와 목적을 자세히 밝히고, 한글의 우수성을 설명하였다. 아울러 세종의 명에 따라서 집현전 학사들이 해례를 짓게 된 경위를 밝혔다.

### 가. 말과 글의 관련성

有天地自然之聲 則必有天地自然之文。 所以古人因聲制字 以通萬物之
유천지자연지성 즉필유천지자연지문 소이고인인성제자 이통만물지

情 以載三才之道 而後世不能易也。 然四方風土區別 聲氣亦隨而異焉。
정 이재삼재지도 이후세불능역야 연사방풍토구별 성기역수이이언

蓋外國之語 有其聲而無其字 假中國之字以通其用 是猶枘鑿之鉏鋙也。
개외국지어 유기성이무기자 가중국지자이통기용 시유예조지서어야

豈能達而無礙乎。 要皆各隨所處而安 不可强之使同也。
기능달이무애호 요개각수소처이안 불가강지사동야

천지 자연의 소리(聲)가 있으면 천지 자연의 글(文)이 있습니다. 그러므로 옛 사람들은 소리(聲)를 바탕으로(因) 글자를 만들어, 글자로써 만물의 정(情)을 통하고, 글자로써 (天地人) 삼재(三才)의 도(道)를 (책에) 실음으로써, 후세 사람들(後世)이 (글자를) 바꿀(易) 수 없었습니다.

그러나 사방의 풍토(風土)가 다르고, 소리(聲)의 기운(氣)도 역시 풍토를 따라서 다릅니다. 대개 (중국 외의) 외국의 말은 그 소리가 있으나 글자가 없어서 중국의 글자를 빌려 와서 그 쓰임(用)을 통(通)하였는데, 이것은 마치 모난 자루(枘)와 둥근 구멍(鑿)[1]처럼 (서로) 틀어져서 어긋나는(鉏鋙) 것과 같습니다. 어찌 능히 통달(達)하는 데에 막힘(礙)이 없겠습니까? 요컨대 모두 각기 그 처(處)해 있는 바를 좇아서 편리하게(安) 할 것이요, 억지로 같게 할 수가 없는 것입니다.

---

1) 枘鑿之鉏鋙(예조지서어) : '예조(枘鑿)'는 '방예원조(方枘圓鑿)'의 준말인데, '모난 자루와 둥근 구멍이라는 뜻으로, 사물이 서로 맞지 않음을 이르는 말이다. '서어(鉏鋙)'는 서로 어긋남을 이른다. 枘(자루 예), 鑿(구멍 조), 鉏(어긋날 서), 鋙(어긋날 어).

## 나. 한문과 이두 사용의 불편함

吾東方禮樂文章 侔擬華夏。但方言俚語 不與之同。學書者患其旨趣之
오 동 방 례 악 문 장 모 의 화 하 단 방 언 리 어 불 여 지 동 학 서 자 환 기 지 취 지
難曉 治獄者病其曲折之難通。昔新羅薛聰 始作吏讀 官府民間 至今行之。
난 효 치 옥 자 병 기 곡 절 지 난 통 석 신 라 설 총 시 작 리 두 관 부 민 간 지 금 행 지
然皆假字而用 或澁或窒。非但鄙陋無稽而已 至於言語之間 則不能達其
연 개 가 자 이 용 혹 삽 혹 질 비 단 비 루 무 계 이 이 지 어 언 어 지 간 즉 불 능 달 기
萬一焉。
만 일 언

우리 동방(東方)의 예악(禮樂)과 문장(文章)은 중국(華夏)에 비해서(擬) 비슷합니다(侔). 오직 방언(우리말, 方言)[2]과 이어(俚語, 우리말)[3]만은 (중국과) 같지 않습니다. (그러므로) 글을 배우는 사람은 그 뜻(旨趣)을 깨닫기(曉)가 어려운 것을 걱정하고, 옥사(獄事)를 다스리는 사람은 그 곡절(曲折)을 통하기 어려운 것을 괴로워합니다.

옛날에 신라의 설총(薛聰)[4]이 처음으로 이두(吏讀)[5]를 만들어서 관청(官府)과 민간(民間)에서 지금까지 사용했습니다. 그러나 모두 (한자에서) 글자를 빌려 와서 사용했으므로, 껄끄럽거나 막혔습니다. 그리고 (이두는) 단지 비루(鄙陋)하고 근거가 없을(無稽) 뿐이어서, 언어를 실제로 사용하는 데(言語之間)에 이르러서는 그 만분의 일도 통달하지 못했습니다.

---

2) 방언(方言) : 우리말. 중국인들이 자신들이 쓰는 중국어 이외에 다른 지역에서 쓰는 외국말을 이르던 말이다. 여기서는 우리말로 번역한다.

3) 이어(俚語) : 사투리. 원래는 항간(巷間)에 떠돌며 쓰이는 속된 말을 가리키는데, 여기서는 중국어를 높이고 우리말을 낮추어서 표현한 것이다.

4) 설총(薛聰) : 신라 경덕왕 때의 학자(655~?)이다. 국학(國學)에서 학생들을 가르쳐 유학의 발전에 공헌하였으며, 이두(吏讀)를 정리하고 집대성하였다.

5) 이두(吏讀) : 한자의 음과 뜻을 빌려 우리말을 적는 표기법이다. 신라 때에 발달한 것으로, 넓은 의미로는 향찰, 구결 및 삼국 시대의 고유 명사 표기 따위의 한자 차용 표기법들을 통틀어 이르는 말로 쓴다. 그러나 일반적으로는 한문의 어순을 국어의 문장 구성법에 따라 고치고 이에 토를 붙인 것을 이른다. <대명률직해, 大明律直解>나 최만리(崔萬理)의 '훈민정음 창제 반대 상소문', <훈민정음>의 '정인지 서' 등 여러 문헌에도 설총이 이두를 만든 것으로 기록하고 있다. 그러나 실제로는 이두의 표기가 보이는 경주의 '남산 신성비(南山新城碑)'가 591년에 건립된 사실 등의 사실로 미루어 보아서 설총이 이두를 처음으로 만들었다는 것은 인정할 수 없게 되었다. 다만, 설총이 기존의 한자 차용 표기법을 집대성하여서 그 이후에 있었던 한자 차용 표기법의 발달에 크게 기여한 것으로 보인다.

### 다. 훈민정음의 창제 과정과 우수성

> 癸亥冬 我殿下創制正音二十八字 略揭例義以示之 名曰訓民正音。象形
> 계해동 아전하창제정음이십팔자 략게례의이시지 명왈훈민정음 상형
> 而字倣古篆 因聲而音叶七調。三極之義 二氣之妙 莫不該括。以二十八
> 이자방고전 인성이음협칠조 삼극지의 이기지묘 막불해괄 이이십팔
> 字而轉換無窮 簡而要 精而通。故智者不終朝而會 愚者可浹旬而學。以
> 자이전환무궁 간이요 정이통 고지자부종조이회 우자가협순이학 이
> 是解書 可以知其義。以是聽訟 可以得其情。字韻則淸濁之能辨 樂歌則
> 시해서 가이지기의 이시청송 가이득기정 자운즉청탁지능변 악가즉
> 律呂之克諧。無所用而不備 無所往而不達。雖風聲鶴唳 鷄鳴狗吠 皆可
> 률려지극해 무소용이불비 무소왕이부달 수풍성학려 계명구폐 개가
> 得而書矣。
> 득이서의

계해년(癸亥年) 겨울[6]에 우리 전하(殿下)께서 정음(正音) 스물 여덟 글자를 창제하시고, 간략하게 그 '예의(例義)[7]'를 들어 보이시고, 이름을 지어 이르되 '훈민정음(訓民正音)'이라고 하셨습니다.

[ 소전 ]

(사물을) 상형(象形)하되, 글자는 고전(古篆)[8]을 본떴고(倣), 소리(聲)를 바탕으로 하였으므로, 그 음(音)은 칠조(七調)[9]에 맞습니다. 그리고 삼극

6) 계해년 동(癸亥年 冬): 세종 25년의 음력 12월이다.(양력으로 환산하면 1444년 1월이다.) 그동안 세종이 측근들과 함께 비공개적으로 창제하여 완성한 훈민정음의 글자와 사용법을 이때에 세상에 공개한 것을 이른다.

7) 예의(例義): '예(例)'는 훈민정음 글자의 모양과 음가를 예시한 것을 뜻한다. 그리고 '의(義)'는 훈민정음 글자의 사용법인 '종성법, 연서법, 병서법, 부서법, 성음법, 사성법' 등에 대한 규정을 이른다.

8) 고전(古篆): '옛날의 전자(篆字)'를 이른다. '전자(篆字)'는 한자(漢字) 서체의 하나로서 '예서(隸書)' 이후에 여러 체가 발명되기 전에 있었던 가장 오랜 서체이다. '전자(篆字)'는 좌우가 한결같이 고르고 자형이 방정(方正)하고 필획이 균등하게 되어 있어서 흔히 '방형자(方形字)'라고 한다. 참고로 '전자(篆字)'에는 '대전(大篆)'과 '소전(小篆)'의 두 가지가 있는데, 대전(大篆)은 주(周)나라 때에 행(行)해진 것이고, 소전(小篆)은 진(秦)나라 시황제(始皇帝) 때에 이사(李斯)가 대전(大篆)을 간략화한 것이라고 한다. 일반적으로 '전서(篆書)'라고 하면 흔히 '소전(小篆)'을 이른다.(본문의 '皇'의 그림 참조.) 여기서 훈민정음의 글자가 '전자'를 모방했다는 것은 훈민정음의 자형이 '전자'처럼 네모반듯함을 이른 것으로 보인다.

9) 칠조(七調): 음악의 칠조(七調)를 이른 것이다. 곧 음악의 가락은 '궁(宮), 상(商), 각(角), 치(徵), 우(羽)'의 오음(五音)에다가 '반상(半商)'과 '반치(半徵)'를 포함시킨 것이다. 훈민정음의 글자 체계의 기반이 되는 음운 체계는 '아음(牙音), 설음(舌音), 순음(脣音), 치음(齒音), 후음

(三極)[10]의 뜻과 이기(二氣)[11]의 묘(妙)가 다 포함되지(該括) 않은 것이 없습니다. 스물 여덟 글자로써 전환(轉換)이 무궁(無窮)하며, 간략하면서도 요긴(要)하고, 정밀(精)하고도 두루 통(通)합니다.

따라서 지혜로운 사람은 아침이 끝나기 전에 이해하며(會), 어리석은 사람이라도 열흘(浹旬)[12]이면 배울 수 있습니다. 이 (글)로써 글(한문, 書)을 풀이하면, 그 뜻(義)을 알 수 있습니다. 이 (글)로써 송사(訟事)를 들으면, 가히 그 사정(情)을 알 수 있습니다.

자운(字韻)[13]에서는 곧 청탁(淸濁)[14]이 능히 변별되고, 악가(樂歌)[15]에서는 율려(律呂)[16]가 잘 어울립니다(諧). (글자를) 쓰는 데에 갖추어지지 않는 것이 없고, 나아가서(往) 통달하지 않는 바가 없습니다. 비록 바람 소리(風聲)와 학(鶴)의 울음(唳), 닭이 홰를 치면서 우는 소리(鳴)와 개가 짖는 소리(吠)일지라도 모두 적을 수 있습니다.

## 라. <훈민정음>의 저자 소개

遂命詳加解釋　以喩諸人。　於是臣與集賢殿　應教臣崔恒　副校理臣朴彭年

수명상가해석　이유제인　어시신여집현전　응교신최항　부교리신박팽년

---

(喉音)'의 오음(五音)에다가 '반설음(半舌音), 반치음(半齒音)'의 이음(二音)이 추가된 것이다. 여기서 '칠조에 맞다'라는 것은 훈민정음의 글자 체계가 음악의 칠조(七調)와 잘 어울린다는 것이다.

10) 삼극(三極) : '천지인(天地人)', 곧 '하늘, 땅, 사람'을 이른다.

11) 이기(二氣) : '음(陰)'과 '양(陽)'을 이른다.

12) 협순(挾旬/浹旬) : 열흘 동안. 십간(十干)을 날짜에 배당하여 갑(甲)에서부터 마지막 계(癸)에 이르는 날수를 뜻한다

13) 자운(字韻) : '자운(字韻)'은 '하나의 음절을 구성하는 한자의 음(소리)'이라는 뜻으로 쓰이는 말이다. 여기서는 훈민정음 글자의 초성, 중성, 종성이 모여서 나타내는 음절의 소리 단위를 뜻한다.

14) 청탁(淸濁) : 초성(닿소리)의 청음(淸音)과 탁음(濁音)을 아울러서 이르는 말이다. 운서(韻書)에서는 초성을 소리내는 방법에 따라서 '전청(全淸), 차청(次淸), 전탁(全濁), 불청불탁(不淸不濁)'으로 분류하였는데, 훈민정음의 글자에서는 이러한 청탁의 특징이 잘 구분되고 있다는 것이다.

15) 악가(樂歌) : 악곡(樂曲) 또는 악장(樂章)에 따라 부르는 노래이다.

16) 율려(律呂) : 국악에서, 음악이나 음성의 가락을 이르는 말이다. '율(律)의 음'과 '여(呂)의 음'이라는 뜻에서 나온 말이다. 곧 십이율(十二律)의 양률(陽律)인 육률(六律)과 음려(陰呂)인 육려(六呂)를 통틀어 율려(律呂)라고 일컫는다. 육률은 황종(黃鐘), 태주(太簇), 고선(姑洗), 유빈(蕤賓), 이칙(夷則), 무역(無射)이고, 육려는 대려(大呂), 협종(夾鐘), 중려(中呂), 임종(林鐘), 남려(南呂), 응종(應鐘)인데, 십이율의 기수번(奇數番)이 율(律)이고, 우수번(偶數番)이 여(呂)가 된다.

臣申叔舟 修撰臣成三問 敦寧府注簿臣姜希顔 行集賢殿副修撰臣李塏 臣李善老
신신숙주 수찬신성삼문 돈녕부주부신강희안 행집현전부수찬신이개 신이선로

等 謹作諸解及例 以敍其梗槪。 庶使觀者不師而自悟。 若其淵源精義之妙
등 근작제해급례 이서기경개 서사관자불사이자오 약기연원정의지묘

則非臣等之所能發揮也。
즉비신등지소능발휘야

드디어 (전하께서) 상세하게 해석을 붙이어 여러 사람을 깨우치라고 명하셨습니다. 이에 신(臣)[17]이 집현전(集賢殿)의 응교(應敎)[18]인 최항(崔恒)[19], 부교리(副校理)[20]인 박팽년(朴彭年)[21]과 신숙주(申叔舟)[22], 수찬(修撰)[23]인 성삼문(成三問)[24], 돈령부(敦寧府)[25]의 주부(主簿)[26]인 강희안(姜希顔)[27], 행[28]집현전 부수찬(行集賢殿副修撰)인 이개

17) 신(臣) : '해례'의 대표 저술자인 '정인지(鄭麟趾)'가 자기를 낮추어서 일컫는 말이다.

18) 응교(應敎) : 조선 시대에, 홍문관에 속하여 학문 연구와 교명(敎命) 제찬(制撰)에 관한 일을 맡아보던 정사품 벼슬이다. 경연관의 일원이 되기도 하였는데, 홍문관 직제학 이하 교리 가운데서 겸하였다.

19) 최항(崔恒) : 조선 전기의 문신·학자로서(1409~1474), 영의정을 지냈다. 훈민정음 창제에 공을 세웠으며 실록 편찬에 참여하고 <경국대전, 經國大典>, <동국통감, 東國通鑑>을 찬정(撰定)하였다.

20) 부교리(副校理) : 조선 시대에, 홍문관에 속한 종오품 벼슬. 또는 그 벼슬아치이다.

21) 박팽년(朴彭年) : 조선 세종 때의 집현전 학자이다(1417~1456). 사육신의 한 사람으로, 세조가 단종을 내쫓고 왕위를 빼앗자 상왕(上王)의 복위를 꾀하다 처형되었다.

22) 신숙주(申叔舟) : 조선 초기의 문신이다(1417~1475). 훈민정음 창제에 공을 세웠으며, <세조실록>의 편찬에 참여하고 <동국통감>과 <오례의, 五禮儀>를 편찬하였다.

23) 수찬(修撰) : 조선시대에 홍문관(弘文館)에 두었던 정육품(正六品) 관직으로 정원은 2원이다. 문한(文翰)을 편수(編修)하는 일을 맡았고, 부수찬(副修撰, 從六品)과 함께 지제교(知製敎, 왕이 내리는 교서(敎書)의 글을 짓는 사람)를 겸임하였다.

24) 성삼문(成三問) : 조선 세종 때의 문신이다(1418~1456). 집현전 학사로 세종을 도와 <훈민정음>을 창제하였다. 사육신(死六臣)의 한 사람으로, 세조 원년에 단종의 복위를 꾀하다가 실패하여 처형되었다. 저서에 <성근보집, 成謹甫集>이 있다.

25) 돈령부(敦寧府) : 조선 시대에, 왕실 친척들의 친목을 위한 사무를 맡아보던 관아이다. 태종 14년(1414년)에 처음 설치하였다가 고종 31년(1894년)에 종정부에 합쳤다.

26) 주부(主簿) : 조선시대 관서의 문서와 부적(符籍)을 주관하던 종6품 관직이다.

27) 강희안(姜希顔) : 조선 세조 때의 문신·서화가이다(1418~1465). 집현전 직제학, 인수 부윤(仁壽府尹) 따위를 지냈다. 당시에 시(詩)·서(書)·화(畫)의 삼절(三絶)로 이름이 높았으며, 북송의 화풍을 이어받았다. 작품에 <산수인물도> 따위가 있다.

28) 행집현전 부수찬(行集賢殿副修撰) : '행(行)-'은 조선 시대에, 관계(官階)가 높고 관직이 낮은 경우에 벼슬 이름 앞에 붙여 이르던 말이다. 따라서 '행집현전 부수찬(行集賢殿副修撰)'은 '이개'가 자신의 품계보다 낮은 관직인 '집현전 부수찬'에 종사했음을 나타낸다.

(李塏)[29]와 이선로(李善老)[30] 등과 삼가 여러 가지 '해(解, 풀이)'[31]와 '예(例, 보기)[32]'를 지어서, 그 (글자에 대한) 줄거리(梗槪)를 서술하였습니다. 보는 사람으로 하여금 스승이 없어도 스스로 깨우치게 하고 싶었습니다(庶). 만약 그 연원(淵源)과 정밀한 뜻(精義)이 오묘하다면, (그것은) 신(臣) 등이 발휘(發揮)할 수 있는 것이 아니었습니다.

### 마. 세종의 독창성을 찬양함

> 恭惟我殿下 天縱之聖 制度施爲超越百王。 正音之作 無所祖述 而成於
> 공유아전하 천종지성 제도시위초월백왕 정음지작 무소조술 이성어
> 自然。 豈以其至理之無所不在 而非人爲之私也。 夫東方有國 不爲不久
> 자연 기이기지리지무소부재 이비인위지사야 부동방유국 불위불구
> 而開物成務之大智 蓋有待於今日也歟。
> 이개물성무지대지 개유대어금일야여

공손히 생각건대, 오직 우리 전하(殿下)께옵서는 하늘이 내리신 성인(聖人)으로서, 법도를 만들어서 시행하는 것이 백왕(百王)을 넘어섰습니다(超越). 정음(正音)을 지으신 것도 앞선 사람(祖)이 설명한(述) 바가 없이 자연(自然)으로 이루어졌습니다. 참으로 그 지극한 이치(理)가 있지 않은 바가 없으며, 인위(人爲)의 사사(私私)로움이 아닌 것입니다. 무릇 동방(東方)에 나라가 있는 것이 오래 되지 않은 것이 아니지만, 개물성무(開物成務)[33]의 큰 지혜는 대개 오늘을 기다리고 있었구나!

---

29) 이개(李塏): 조선 전기의 문신(1417~1456). 직제학(直提學)을 지냈으며, 시문이 청절(淸節)하고 글씨를 잘 썼다. 사육신의 한 사람으로, 세조 2년(1456년)에 단종의 복위를 꾀하다 발각되어 처형되었다.

30) 이선로(李善老): 조선 전기의 문신(?~1453)이다. 나중의 이름은 이현로(李賢老)이다. 1438(세종 20) 식년문과에 을과로 급제, 집현전 교리가 되었으며, 언문청에서 활동하면서 <동국정운>의 편찬에도 참여하였다. 안평대군의 책사로 활동하면서 수양대군과 대립하였다. 1453년(단종 1) 벼슬을 그만두고 고향으로 내려 가 있던 중 수양대군이 일으킨 계유정란으로 참형되었다.

31) 해(解): <훈민정음>의 제자해(制字解), 초성해(初聲解), 중성해(中聲解), 종성해(終聲解), 합자해(合字解) 등 다섯 가지 풀이(解)를 이른다.

32) 예(例): <훈민정음>의 용자례(用字例)를 이른다. '해(解)'와 '례(例)'를 합쳐서 '해례(解例)'라고 일컫는다.

33) 개물성무(開物成務): 만물의 뜻을 깨달아 모든 일을 이루는 것이다.

### 바. <훈민정음>의 간행일과 대표 저자

正統十一年九月上澣。 資憲大夫禮曹判書集賢殿大提學知春秋館事 世子右賓客臣鄭麟趾拜手稽首謹書
(정통십일년구월상한 자헌대부예조판서집현전대제학지춘추관사 세자우빈객신정인지배수계수근서)

정통(正統) 십일 년[34] 구월 상한(上澣)[35]. 자헌대부(資憲大夫)[36] 예조판서(禮曺判書)[37] 집현전 대제학(集賢殿大提學)[38] 지춘추관사(知春秋館事)[39] 세자우빈객(世子右賓客)[40]인 정인지(鄭麟趾)[41]가 손을 모아 절을 올리고 삼가 씁니다.

---

34) 정통(正統) 십일 년 : '正統(정통)'은 중국 명(明)나라 영종(英宗) 때의 연호(1436~1449)이며, 정통 십일 년은 1446년(세종 28)이다.

35) 상한(上澣) : 한 달 가운데 1일에서 10일까지의 동안이다.(= 상순, 上旬) 당시의 음력으로 9월 상순은 양력으로 환산하면 10월 9일까지가 된다. 이 기록을 기준으로 하여 상순의 맨 마지막 날인 10월 9일을 한글날로 정했다.

36) 자헌대부(資憲大夫) : 조선시대 정이품(正二品) 동반(東班)과 서반(西班)의 문무관(文武官)에게 주던 품계(品階)이다. 정이품의 하계(下階)로서 정헌대부(正憲大夫)보다 아래 자리이다.

37) 예조판서(禮曺判書) : 조선 시대에 둔 예조의 으뜸 벼슬이다. 공양왕 원년(1389)에 예의판서를 고친 것으로 정이품 문관의 벼슬이다

38) 대제학(大提學) : 조선 시대에 둔, 홍문관과 예문관의 으뜸 벼슬이다. 정이품으로, 태종 1년(1401년)에 그 이전의 관직인 '태학사(太學士)'를 고친 것이다.

39) 지춘추관사(知春秋館事) : 조선 시대에 둔 춘추관(春秋館)의 정이품 벼슬이다.

40) 세자우빈객(世子右賓客) : 조선 시대에, 왕세자의 교육을 맡아보던 관아인 '세자시강원(世子侍講院)'에 속한 정이품의 문관 벼슬이다.

41) 정인지(鄭麟趾) : 조선 전기의 문신, 학자로서 대제학, 영의정을 지냈다.(1396~1478) 대통력(大統曆)과 역법(曆法)을 개정하였으며, <고려사, 高麗史>를 찬수하였다. 훈민정음 창제에 크게 공헌하였으며, 안지(安止), 최항(崔恒) 등과 <용비어천가, 龍飛御天歌>를 지었다. 저서에 <자치통감훈의, 資治通鑑訓義>, <치평요람, 治平要覽> 따위가 있다.

# 【부록1】 훈민정음과 관련한 자료

1. <훈민정음 해례본>의 영인

2. <훈민정음 언해본>의 풀이

3. <최만리 상소문>의 풀이

4. <훈몽자회> '범례'의 풀이

5. 조선 초기의 '한글 문헌' 일람표

6. 훈민정음과 관련한 세종대왕의 해적이

曹判書集賢殿大提學知春秋
館事 世子右賓客 臣鄭麟趾
拜手稽首謹書

訓民正音

[鄭麟趾 序]
(32 뒤)

能發揮也。恭惟我
殿下。天縱之聖制度施爲超越
百王。正音之作。無所祖述。而成
於自然。豈以其至理之無所不
在。而非人爲之私也。夫東方有
國。不爲不久。而開物成務之
大智。蓋有待於今日也歟。正統
十一年九月上澣。資憲大夫禮

[鄭麟趾 序]
(32 앞)

命詳加解釋。以喻諸人。於是。臣
與集賢殿應敎臣崔恒。副校理
臣朴彭年。臣申叔舟。修撰臣成
三問。敦寧府注簿臣姜希顔。行
集賢殿副修撰臣李塏。臣李善
老等。謹作諸解及例。以敍其梗
槩。庶使觀者不師而自悟。若其
淵源精義之妙。則非臣等之所

[鄭麟趾 序]
(31 뒤)

括。以二十八字而轉換無窮。簡而要。精而通。故智者不終朝而會。愚者可浹旬而學。以是解書。可以知其義。以是聽訟。可以得其情。字韻則淸濁之能辨。樂歌則律呂之克諧。無所用而不備。無所往而不達。雖風聲鶴唳。雞鳴狗吠。皆可得而書矣。遂

[鄭麟趾 序]
(31 앞)

讀官府民間至今行之然皆假
字而用或澁或窒非但鄙陋無
稽而已至於言語之間則不能
達其萬一焉癸亥冬我
殿下創制正音二十八字略揭
例義以示之名曰訓民正音象
形而字倣古篆因聲而音叶七
調三極之義二氣之妙莫不該

[ 鄭麟趾 序 ]
( 30 뒤 )

之語。有其聲而無其字。假中國
之字以通其用。是猶枘鑿之鉏
鋙也。豈能達而無礙乎。要皆各
隨所處而安。不可強之使同也。
吾東方禮樂文章。侔擬華夏。但
方言俚語。不與之同。學書者患
其旨趣之難曉。治獄者病其曲
折之難通。昔新羅薛聰。始作吏

[鄭麟趾 序]
(30 앞)

되爲螢。ㅂ。如섭爲薪。굽爲蹄。ㅁ。如
:범爲虎。ᄉᆞᆷ爲泉。ㅅ。如:잣爲海松。:못
爲池。ㄹ。如ᄃᆞᆯ爲月。:별爲星之類

有天地自然之聲。則必有天地
自然之文。所以古人因聲制字
以通萬物之情。以載三才之道。
而後世不能易也。然四方風土
區別。聲氣亦隨而異焉。蓋外國

[鄭麟趾 序]
(29 뒤)

爲梬·쇼爲牛삽됴爲蒼朮菜。ㅑ如
남샹爲龜·약爲鼅鼊다·야爲匜쟈
감爲蕎麥皮。ㅠ如율믜爲薏苡쥭
爲飯熏슈룹爲雨繖쥬련爲帨。ㅕ
如·엿爲飴餹·뎔爲佛寺·벼爲稻:져
비爲燕。終聲ㄱ。如닥爲楮독爲甕。
ㆁ。如:굼벙爲蠐螬·올창爲蝌蚪。ㄷ。
如·갇爲笠싣爲楓。ㄴ。如·신爲屨·반

[訓民正音 解例 - 用字例]
(29 앞)

如·믈爲水·발측爲跟그력爲鴈드
·레爲汲器。ㅡ。如·깃爲巢·밀爲蠟·피
爲稷·키爲箕。ㅗ。如·논爲水田·톱爲
鉅호·미爲鉏벼로爲硯。ㅏ。如·밥爲
飯·낟爲鎌이·아爲綜·사ᄉᆞᆷ爲鹿。ㅜ。
如숫爲炭·울爲籬누·에爲蠶구·리
爲銅。ㅓ。如브ᅀᅥᆸ爲竈:널爲板·서·리
爲霜버·들爲柳。ㅛ。如:종爲奴·고욤

[訓民正音 解例 – 用字例]
(28 뒤)

如뫼爲山。·마爲薯藇。ㅸ。如사·ᄫᅵ爲
蝦。드·ᄫᅵ爲瓠。ㅈ。如·자爲尺。죠ᄒᆡ爲
紙。ㅊ。如·체爲籭。·채爲鞭。ㅅ。如·손爲
手。:셤爲島。ㅎ。如·부헝爲鵂鶹。·힘爲
筋。ㅇ。如·비육爲鷄雛。·ᄇᆞ얌爲蛇。ㄹ。
如·무뤼爲雹。어·름爲氷。ㅿ。如아ᅀᆞ
爲弟。:너ᅀᅵ爲鴇。中聲·。如·ᄐᆞᆨ爲頤。
·ᄑᆞᆺ爲小豆。ᄃᆞ리爲橋。·ᄀᆞ래爲楸。ㅡ。

[訓民正音 解例 – 用字例]
(28 앞)

大東千古開矇矓

用字例

初聲ㄱ。如·감爲柿。·골爲蘆。ㅋ。如우
·케爲未舂稻。콩爲大豆。ㆁ。如러·울
爲獺。서·에爲流凘。ㄷ。如·뒤爲茅。·담
爲墻。ㅌ。如고·티爲繭。두텁爲蟾蜍。
ㄴ。如노로爲獐。·납爲猿。ㅂ。如·볼爲
臂。·벌爲蜂。ㅍ。如·파爲葱。·풀爲蠅。ㅁ。

[訓民正音 解例 – 用字例]
(27 뒤)

音因左點四聲分
一去二上無點平
語入無定亦加點
文之入則似去聲
方言俚語萬不同
有聲無字書難通
一朝
制作侔神工

[訓民正音 解例 – 合字解]
(27 앞)

欲書終聲在何處
初中聲下接着寫
初終合用各並書
中亦有合悉自左
諺之四聲何以辨
平聲則弓上則石
刀爲去而筆爲入
觀此四物他可識

[訓民正音 解例 – 合字解]
(26장 뒤)

起ㅣ聲於國語無用。兒童之言邊野之語或有之。當合二字而用。如ᄀᆝᄀᆜ之類。其先縱後橫。與他不同。

訣曰

初聲在中聲左上
挹欲於諺用相同
中聲十一附初聲
圓橫書下右書縱

[訓民正音 解例 - 合字解]
(26장 앞)

萬物舒泰。上聲和而擧。夏也。萬物
漸盛。去聲擧而壯。秋也。萬物成熟。
入聲促而塞。冬也。萬物閉藏。初聲
之ㆆ與ㅇ相似。於諺可以通用也。
半舌有輕重二音。然韻書字母唯
一。且國語雖不分輕重。皆得成音。
若欲備用。則依脣輕例。ㅇ連書ㄹ
下。爲半舌輕音。舌乍附上腭。ㆍㅡ

[ 訓民正音 解例 – 合字解 ]
(25 뒤)

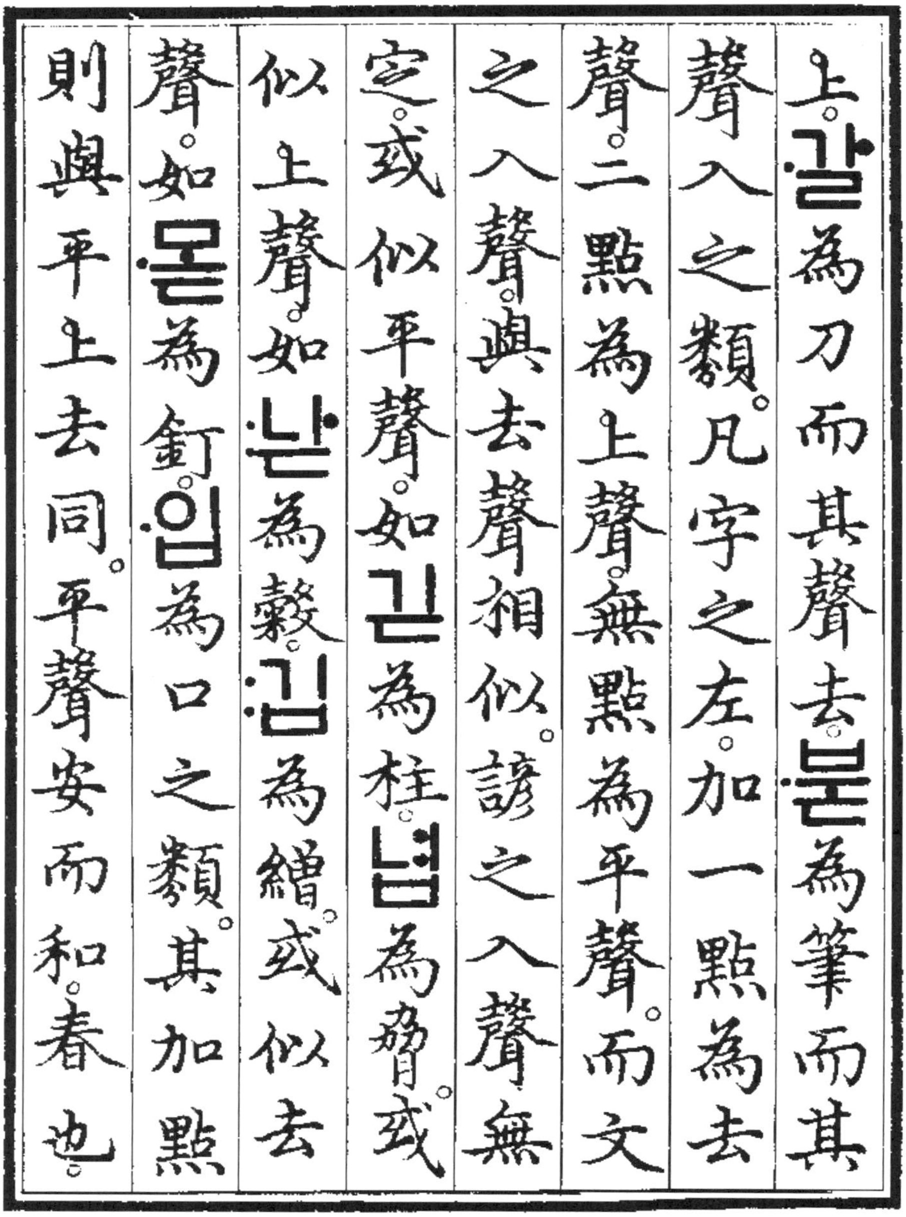

上·갈爲刀而其聲去·붇爲筆而其聲入之類。凡字之左。加一點爲去聲。二點爲上聲。無點爲平聲。而文之入聲。與去聲相似。諺之入聲無定。或似平聲。如긷爲柱。녑爲脅。或似上聲。如:낟爲穀。:깁爲繒。或似去聲。如·몯爲釘。·입爲口之類。其加點則與平上去同。平聲安而和。春也。

[訓民正音 解例 - 合字解]
(26 앞)

字三字合用。如諺語·과爲琴柱。·홰
爲炬之類。終聲二字三字合用。如
諺語ᄒᆞᆰ爲土。·낛爲釣。ᄃᆞᇌ·ᄣᅢ爲酉時
之類。其合用並書。自左而右。初中
終三聲皆同。文與諺雜用則有因
字音而補以中終聲者。如孔子ㅣ
魯ㅅ:사ᄅᆞᆷ之類。諺語平上去入。如
활爲弓而其聲平。:돌爲石而其聲

[訓民正音 解例 – 合字解]
(25 뒤)

下。即字ㅡ在ㅈ下。侵字ㅣ在ㅊ右
之類。終聲在初中之下。如君字ㄴ
在구下。業字ㅂ在어下之類。初聲
二字三字合用並書。如諺語·ᄯᅡ為
地。·ᄧᅡᆨ為隻。·ᄢᅳᆷ為隙之類。各自並書
如諺語·혀為舌而·ᅘᅧ為引。괴·ᅇᅧ為
我愛人而괴·ᅇᅧ為人愛我。·소·다為
覆物而·쏘·다為射之之類。中聲二

[訓民正音 解例 – 合字解]
(25 앞)

斗輕爲閭是俗習

合字解

初中終三聲。合而成字。初聲或在中聲之上。或在中聲之左。如君字ㄱ在ㅜ上。業字ㆁ在ㅓ左之類。中聲則圓者橫者在初聲之下。ㆍㅡㅗㅛㅜㅠ是也。縱者在初聲之右。ㅣㅏㅑㅓㅕ是也。如呑字ㆍ在ㅌ

[訓民正音 解例 – 合字解]
(24 뒤)

以那彆彌次第推
六聲通乎文與諺
戌閭用於諺衣絲
五音緩急各自對
君聲迺是業之促
斗彆聲緩爲那彌
穰欲亦對戌與挹
閭宜於諺不宜文

[訓民正音 解例－終聲解]
(24 앞)

是皆爲入聲促急
初作終聲理固然
只將八字用不窮
唯有欲聲所當處
中聲成音亦可通
若書即字終用君
洪彆亦以業斗終
君業覃終又何如

[訓民正音 解例 – 終聲解]
(23 뒤)

也。且半舌之ㄹ。當用於諺。而不可
用於文。如入聲之彆字。終聲當用
ㄷ。而俗習讀爲ㄹ。蓋ㄷ變而爲輕
也。若用ㄹ爲彆之終。則其聲舒緩。
不爲入也。訣曰
不淸不濁用於終
爲平上去不爲入
全淸次淸及全濁

[訓民正音 解例 – 終聲解]
(23 앞)

中聲可得成音也。ㄷ如·볃爲彆。ㄴ
如군爲君。ㅂ如·업爲業。ㅁ如ᄄᆞᆷ爲
覃。ㅅ如諺語·옷爲衣。ㄹ如諺語:실
爲絲之類。五音之緩急。亦各自爲
對。如牙之ㆁ與ㄱ爲對。而ㆁ促呼
則變爲ㄱ而急。ㄱ舒出則變爲ㆁ
而緩。舌之ㄴㄷ。脣之ㅁㅂ。齒之ㅿ
ㅅ。喉之ㅇㆆ。其緩急相對。亦猶是

[訓民正音 解例 - 終聲解]
(22 뒤)

終則宜於平上去全清次清全濁
之字。其聲爲厲。故用於終則宜於
入。所以ㆁㄴㅁㅇㄹㅿ六字爲平
上去聲之終。而餘皆爲入聲之終
也。然ㄱㆁㄷㄴㅂㅁㅅㄹ八字可
足用也。如빗곶爲梨花。엿ᅀᅴ갗爲
狐皮。而ㅅ字可以通用。故只用ㅅ
字。且ㅇ聲淡而虛。不必用於終。而

[訓民正音 解例 – 終聲解]
(22 앞)

於十四聲徧相隨

終聲解

終聲者。承初中而成字韻。如即字

終聲是ㄱ。ㄱ居즈終而爲즉。洪字

終聲是ㆁ。ㆁ居ᅘᅩ終而爲ᅘᅩᇰ之類。

舌脣齒喉皆同。聲有緩急之殊。故

平上去其終聲不類入聲之促急。

不清不濁之字。其聲不厲。故用於

[訓民正音 解例 - 終聲解]
(21 뒤)

也。訣曰

母字之音各有中

須就中聲尋闢闔

洪覃自呑可合用

君業出即亦可合

欲之與穰戌與彆

各有所從義可推

侵之為用最居多

[ 訓民正音 解例 - 中聲解 ]

(21 앞)

ㅕ又同出於ㅣ。故合而爲ㆊ。以其
同出而爲類。故相合而不悖也。一
字中聲之與ㅣ相合者十。ㆎㅢㅚ
ㅐㅟㅔㆉㅒㆌㅖ是也。二字中聲
之與ㅣ相合者四。ㅙㅞㆈㆋ是也。
ㅣ於深淺闔闢之聲。並能相隨者。
以其舌展聲淺而便於開口也。亦
可見人之參贊開物而無所不通

[訓民正音 解例 – 中聲解]
(20 뒤)

音。如吞字中聲是·。·居ㅌㄴ之
間而爲툰。即字中聲是ㅡ。ㅡ居ㅈ
ㄱ之間而爲즉。侵字中聲是ㅣ。ㅣ
居ㅊㅁ之間而爲침之類。洪覃君
業欲穰戌彆皆倣此。二字合用者
ㅗ與ㅏ同出於·。故合而爲ㅘ。ㅛ
與ㅑ又同出於ㅣ。故合而爲ㆇ。ㅜ
與ㅓ同出於ㅡ。故合而爲ㅝ。ㅠ與

[訓民正音 解例 – 中聲解]
(20 앞)

彆漂步彌則是脣
齒有卽侵慈戌邪
挹虛洪欲迺喉聲
閭爲半舌穰半齒
二十三字是爲母
萬聲生生皆自此

中聲解

中聲者。居字韻之中。合初終而成

[訓民正音 解例 – 中聲解]
(19 뒤)

是ㅋ。ㅋ與ㅙ而爲쾌。虯字初聲是
ㄲ。ㄲ與ㅠ而爲뀨。業字初聲是ㆁ。
ㆁ與ㅓㅂ而爲ᅌᅥᆸ之類。舌之斗呑覃
那。脣之彆漂步彌。齒之卽侵慈戌
邪。喉之挹虛洪欲。半舌半齒之閭
穰。皆倣此。訣曰

君快虯業其聲牙
舌聲斗呑及覃那

[訓民正音 解例 - 初聲解]
(19 앞)

正音之字只卄八
探賾錯綜窮深幾
指遠言近牖民易
天授何曾智巧為

初聲解

正音初聲。即韻書之字母也。聲音由此而生。故曰母。如牙音君字初聲是ㄱ。ㄱ與ᅟᅮᆫ而為군。快字初聲

[訓民正音 解例 – 初聲解]
(18 뒤)

終聲比地陰之靜
字音於此止定焉
韻成要在中聲用
人能輔相天地宜
陽之爲用通於陰
至而伸則反而歸
初終雖云分兩儀
終用初聲義可知

[訓民正音 解例 – 制字解]
(18 앞)

中聲唱之初聲和
天先乎地理自然
和者爲初亦爲終
物生復歸皆於坤
陰變爲陽陽變陰
一動一靜互爲根
初聲復有發生義
爲陽之動主於天

[訓民正音 解例 - 制字解]
(17 뒤)

呑之爲字貫八聲
維天之用徧流行
四聲兼人亦有由
人參天地爲最靈
且就三聲究至理
自有剛柔與陰陽
中是天用陰陽分
初迺地功剛柔彰

[訓民正音 解例 – 制字解]
(17 앞)

覃亦出天爲已闢
發於事物就人成
用初生義一其圓
出天爲陽在上外
欲穰兼人爲再出
二圓爲形見其義
君業戌彆出於地
據例自知何須評

[訓民正音 解例 – 制字解]
(16 뒤)

呑擬於天聲最深
所以圓形如彈丸
即聲不深又不淺
其形之平象乎地
侵象人立厥聲淺
三才之道斯爲備
洪出於天尙爲闔
象取天圓合地平

[訓民正音 解例 – 制字解]
(16 앞)

全清並書爲全濁
唯洪自虛是不同
業那彌欲及閭穰
其聲不清又不濁
欲之連書爲脣輕
喉聲多而脣乍合
中聲十一亦取象
精義未可容易觀

[訓民正音 解例－制字解]
(15 뒤)

聲音又自有淸濁
要於初發細推尋
全淸聲是君斗彆
卽戌挹亦全淸聲
若迺快呑漂侵虛
五音各一爲次淸
全濁之聲虯覃步
又有慈邪亦有洪

[訓民正音 解例－制字解]
(15 앞)

配諸四時與沖氣
五行五音無不協
維喉爲水冬與羽
牙迺春木其音角
徵音夏火是舌聲
齒則商秋又是金
脣於位數本無定
土而季夏爲宮音

[訓民正音 解例 - 制字解]
(14 뒤)

舌迺象舌附上腭
脣則實是取口形
齒喉直取齒喉象
知斯五義聲自明
又有半舌半齒音
取象同而體則異
那彌戍欲聲不厲
次序雖後象形始

[訓民正音 解例 – 制字解]
(14 앞)

物於兩間有形聲
元本無二理數通
正音制字尙其象
因聲之厲每加畫
音出牙舌脣齒喉
是爲初聲字十七
牙取舌根閉喉形
唯業似欲取義別

[訓民正音 解例 - 制字解]
(13 뒤)

一元之氣。周流不窮。四時之運。循環無端。故貞而復元。冬而復春。初聲之復爲終。終聲之復爲初。亦此義也。吁。正音作而天地萬物之理咸備。其神矣哉。是殆天啓聖心而假手焉者乎。訣曰

天地之化本一氣

陰陽五行相始終

[訓民正音 解例 – 制字解]
(13 앞)

聲有發動之義。天之事也。終聲有
止定之義。地之事也。中聲承初之
生。接終之成。人之事也。盖字韻之
要。在於中聲。初終合而成音。亦猶
天地生成萬物。而其財成輔相則
必賴乎人也。終聲之復用初聲者。
以其動而陽者乾也。靜而陰者亦
乾也。乾實分陰陽而無不君宰也。

[ 訓民正音 解例 – 制字解 ]
( 12 뒤 )

音淸濁和之於後而爲初亦爲終
亦可見萬物初生於地復歸於地
也以初中終合成之字言之亦有
動靜互根陰陽交變之義焉動者
天也靜者地也兼乎動靜者人也
蓋五行在天則神之運也在地則
質之成也在人則仁禮信義智神
之運也肝心脾肺腎質之成也初

[訓民正音 解例 – 制字解]
(12 앞)

亦自有陰陽五行方位之數也。以
初聲對中聲而言之。陰陽。天道也。
剛柔。地道也。中聲者。一深一淺一
闔一闢。是則陰陽分而五行之氣
具焉。天之用也。初聲者。或虛或實
或颺或滯或重若輕。是則剛柔著
而五行之質成焉。地之功也。中聲
以深淺闔闢唱之於前。初聲以五

[訓民正音 解例 - 制字解]
(11 뒤)

成金之數也。ㅠ再生於地。地六成水之數也。ㅕ次之。地八成木之數也。水火未離乎氣。陰陽交合之初。故闔。木金陰陽之定質。故闢。ㆍ天五生土之位也。ㅡ地十成土之數也。ㅣ獨無位數者。盖以人則無極之眞。二五之精。妙合而凝。固未可以定位成數論也。是則中聲之中。

[訓民正音 解例 – 制字解]
(11 앞)

而三才之道備矣。然三才爲萬物
之先。而天又爲三才之始。猶・ㅡ
ㅣ三字爲八聲之首。而・又爲三
字之冠也。ㅗ初生於天。天一生水
之位也。ㅏ次之。天三生木之位也。
ㅜ初生於地。地二生火之位也。ㅓ
次之。地四生金之位也。ㅛ再生於
天。天七成火之數也。ㅑ次之。天九

[訓民正音 解例 – 制字解]

(10 뒤)

也。ㅛㅑㅠㅕ之二其圓者取其再
生之義也。ㅗㅏㅛㅑ之圓居上與
外者。以其出於天而爲陽也。ㅜㅓ
ㅠㅕ之圓居下與內者。以其出於
地而爲陰也。ㆍ之貫於八聲者猶
陽之統陰而周流萬物也。ㅛㅑㅠ
ㅕ之皆兼乎人者。以人爲萬物之
靈而能參兩儀也。取象於天地人

[訓民正音 解例 – 制字解]
(10 앞)

與一同而口張。其形則・與ㅣ合
而成。亦取天地之用發於事物待
人而成也。ㅛ與ㅗ同而起於ㅣ。ㅑ
與ㅏ同而起於ㅣ。ㅠ與ㅜ同而起
於ㅣ。ㅕ與ㅓ同而起於ㅣ。ㅗㅏㅜ
ㅓ始於天地。爲初出也。ㅛㅑㅠㅕ
起於ㅣ而兼乎人。爲再出也。ㅗㅏ
ㅜㅓ之一其圓者。取其初生之義

[訓民正音 解例 – 制字解]
(9 뒤)

縮而聲淺。人生於寅也。形之立象
乎人也。此下八聲。一闔一闢。ㅗ與
ㆍ同而口蹙。其形則ㆍ與ㅡ合而
成。取天地初交之義也。ㅏ與ㆍ同
而口張。其形則ㅣ與ㆍ合而成。取
天地之用發於事物待人而成也。
ㅜ與ㅡ同而口蹙。其形則ㅡ與ㆍ
合而成。亦取天地初交之義也。ㅓ

[ 訓民正音 解例 – 制字解 ]
(9 앞)

也。唯喉音次清為全濁者。盖以ㆆ
聲深不為之凝。ㅎ比ㆆ聲淺。故凝
而為全濁也。ㅇ連書脣音之下。則
為脣輕音者。以輕音脣乍合而喉
聲多也。中聲凡十一字。ㆍ舌縮而
聲深。天開於子也。形之圓。象乎天
也。ㅡ舌小縮而聲不深不淺。地闢
於丑也。形之平。象乎地也。ㅣ舌不

[訓民正音 解例 – 制字解]
(8 뒤)

相似。故韻書疑與喻多相混用。今
亦取象於喉。而不爲牙音制字之
始。盖喉屬水而牙屬木。ㆁ雖在牙
而與ㅇ相似。猶木之萌芽生於水
而柔軟。尙多水氣也。ㄱ木之成質。
ㅋ木之盛長。ㄲ木之老壯。故至此
乃皆取象於牙也。全淸並書則爲
全濁。以其全淸之聲凝則爲全濁

[訓民正音 解例 – 制字解]
(8 앞)

濁而言之。ㄱㄷㅂㅈㅅㆆ。爲全清
ㅋㅌㅍㅊㅎ。爲次清。ㄲㄸㅃㅉㅆ
ㆅ。爲全濁。ㆁㄴㅁㅇㄹㅿ。爲不清
不濁。ㄴㅁㅇ。其聲冣不厲。故次序
雖在於後。而象形制字則爲之始。
ㅅㅈ雖皆爲全清。而ㅅ比ㅈ。聲不
厲。故亦爲制字之始。唯牙之ㆁ。雖
舌根閉喉聲氣出鼻。而其聲與ㅇ

[訓民正音 解例 - 制字解]
(7 뒤)

宮。然水乃生物之源火乃成物之
用。故五行之中。水火爲大。喉乃出
聲之門。舌乃辨聲之管故五音之
中。喉舌爲主也。喉居後而牙次之。
北東之位也。舌齒又次之。南西之
位也。脣居末。土無定位而寄旺四
季之義也。是則初聲之中。自有陰
陽五行方位之數也。又以聲音淸

[訓民正音 解例 – 制字解]
(7 앞)

喉而實。如木之生於水而有形也。
於時爲春。於音爲角。舌銳而動。火
也。聲轉而颺。如火之轉展而揚揚
也。於時爲夏。於音爲徵。齒剛而斷。
金也。聲屑而滯。如金之屑瑣而鍛
成也。於時爲秋。於音爲商。脣方而
合。土也。聲含而廣。如土之含蓄萬
物而廣大也。於時爲季夏。於音爲

[訓民正音 解例 – 制字解]
(6 뒤)

大ㅇ而ㆆ ㆆ而ㅎ其因聲加畫之
義皆同而唯ㆁ爲異半舌音ㄹ半
齒音ㅿ亦象舌齒之形而異其體
無加畫之義焉夫人之有聲本於
五行故合諸四時而不悖叶之五
音而不戾喉邃而潤水也聲虛而
通如水之虛明而流通也於時爲
冬於音爲羽牙錯而長木也聲似

[訓民正音 解例－制字解]
(6 앞)

理而已。理既不二。則何得不與天
地鬼神同其用也。正音二十八字
各象其形而制之。初聲凡十七字。
牙音ㄱ。象舌根閉喉之形。舌音ㄴ。
象舌附上腭之形。脣音ㅁ。象口形。
齒音ㅅ。象齒形。喉音ㅇ。象喉形。ㅋ
比ㄱ。聲出稍厲。故加畫。ㄴ而ㄷ。ㄷ
而ㅌ。ㅁ而ㅂ。ㅂ而ㅍ。ㅅ而ㅈ。ㅈ而

[ 訓民正音 解例 – 制字解 ]
(5 뒤)

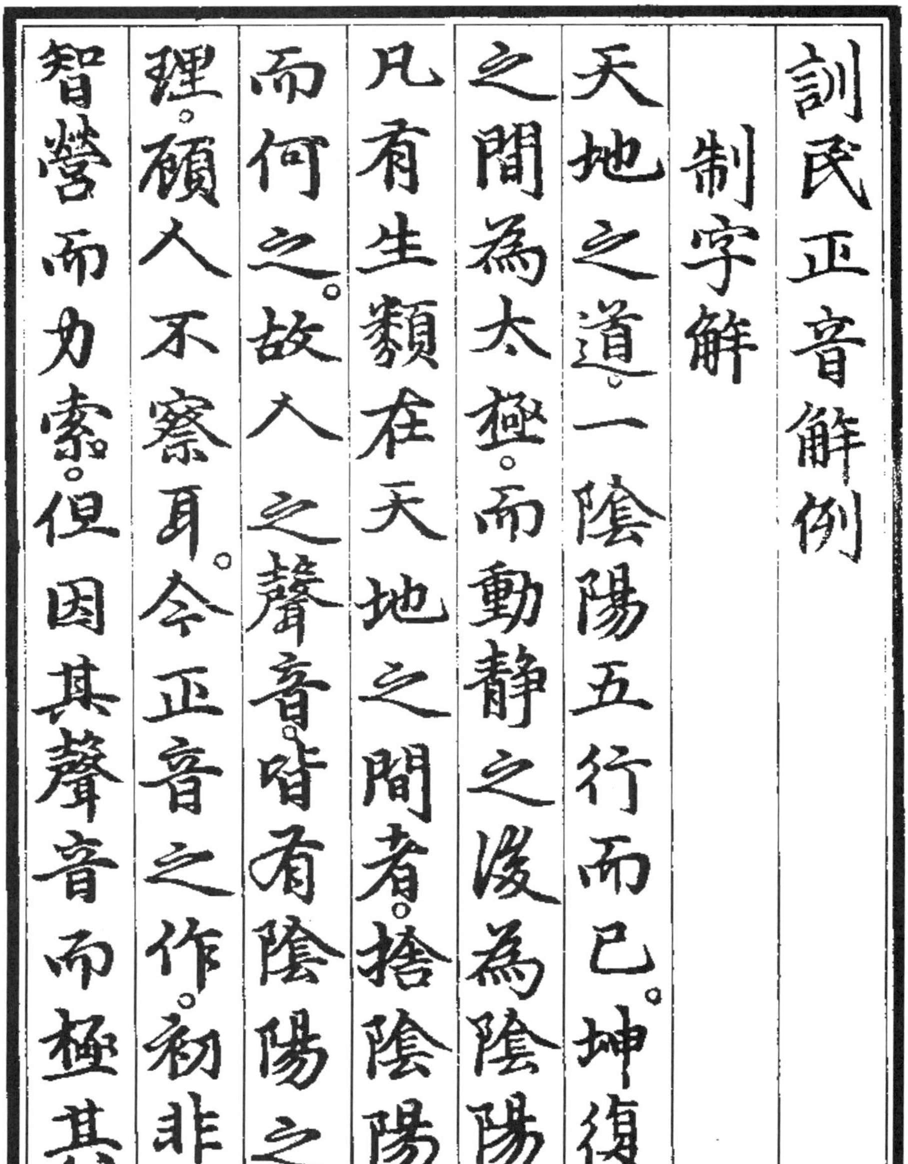

訓民正音解例

制字解

天地之道一陰陽五行而已。坤復
之間爲太極。而動靜之後爲陰陽。
凡有生類在天地之間者。捨陰陽
而何之。故人之聲音。皆有陰陽之
理。顧人不察耳。今正音之作。初非
智營而力索。但因其聲音而極其

[ 訓民正音 解例 – 制字解 ]
(5 앞)

[ 여백 ]
(4 뒤)

則並書終聲同。・ㅡㅗㅜㅛ
ㅠ。附書初聲之下。ㅣㅏㅓㅑ
ㅕ。附書於右。凡字必合而成
音。左加一點則去聲。二則上
聲。無則平聲。入聲加點同而
促急

[御製 訓民正音－例義]
(4 앞)

ㅓ。如業字中聲
ㅛ。如欲字中聲
ㅑ。如穰字中聲
ㅠ。如戌字中聲
ㅕ。如彆字中聲
終聲復用初聲。ㅇ連書脣音
之下。則爲脣輕音。初聲合用

[ 御製 訓民正音 - 例義 ]
(3 뒤)

ㅿ。半齒音。如穰字初發聲

ㆍ。如呑字中聲

ㅡ。如即字中聲

ㅣ。如侵字中聲

ㅗ。如洪字中聲

ㅏ。如覃字中聲

ㅜ。如君字中聲

[御製 訓民正音 - 例義]
(3 앞)

ㅅ。齒音。如戌字初發聲

並書。如邪字初發聲

ㆆ。喉音。如挹字初發聲

ㅎ。喉音。如虛字初發聲

並書。如洪字初發聲

ㅇ。喉音。如欲字初發聲

ㄹ。半舌。音如閭字初發聲

[御製 訓民正音 - 例義]
(2 뒤)

ㅂ。脣音。如彆字初發聲

並書。如步字初發聲

ㅍ。脣音。如漂字初發聲

ㅁ。脣音。如彌字初發聲

ㅈ。齒音。如卽字初發聲

並書。如慈字初發聲

ㅊ。齒音。如侵字初發聲

[御製 訓民正音 - 例義]

(2 앞)

並書如虯字初發聲

ㅋ 牙音如快字初發聲

ㆁ 牙音如業字初發聲

ㄷ 舌音如斗字初發聲

並書如覃字初發聲

ㅌ 舌音如呑字初發聲

ㄴ 舌音如那字初發聲

[御製 訓民正音 - 例義]

(1 뒤)

訓民正音
國之語音。異乎中國。與文字
不相流通。故愚民。有所欲言
而終不得伸其情者。多矣。予。
爲此憫然。新制二十八字。欲
使人人易習。便於日用矣
ㄱ。牙音。如君字初發聲

[御製 訓民正音 - 序]
(1 앞)

# 訓民正音

## 2. <훈민정음 언해본>의 풀이

<훈민정음 언해본, 訓民正音 諺解本>은 단행으로 된 책이 아니고 <월인석보, 月印釋譜>의 첫째 권의 책 머리에 실린 것인데, 글의 제목이 '세종 어제 훈민정음(世宗 御製 訓民正音)'으로 되어 있다. 이 책은 한문본인 <훈민정음 해례본, 訓民正音 解例本>에 있는 본문(本文)만을 국역하고, 거기에 중국의 치두음(齒頭音)과 정치음(正齒音)의 설명을 더한 것을 훈민정음으로 번역한 것이다.

이 책은 <월인석보>가 훈민정음으로 적혀 있기 때문에 훈민정음에 익숙하지 못했던 당대의 독자들에게 훈민정음 각 글자의 음가와 기본적인 사용법을 간략하게 소개하려는 목적으로 쓰였다.

이 책의 내용은 다음과 같은 체제로 구성되어 있다.

| 체제 | 세부 내용 |
|---|---|
| 세종의 서 | 훈민정음의 창제 목적 기술 |
| 글자의 음가 | 초성 17 글자와 중성 11 글자의 음가 설명 |
| 글자의 운용 | 종성법, 연서법, 합용법, 부서법, 성음법, 사성법, 치두음과 정치음의 구별 |

<훈민정음 언해본>의 제작 연대나 번역자는 알려져 있지 않다. 그러나 이 책에는 <동국정운, 東國正韻>에서 제정한 규정인 '이영보래법(以影補來法)'과 '치두음, 정치음'의 구분에 대한 내용이 있다. 이를 감안하면 <훈민정음 언해본>은 아마도 <동국정운>이 완성된 때(1448년, 세종 30)로부터 <월인석보>가 간행(1459년, 세조 5)되기까지 사이(1450년경)에 지어진 것으로 보인다.* 따라서 이 책에 나타난 표기상의 특징도 <용비어천가>나 <석보상절>, <월인천강지곡> 등과 같은 세종과 세조 연간에 간행된 문헌과 동일하다.

---

* <월인석보>가 세종 때 간행된 <석보상절>과 <월인천강지곡>를 합본한 것임을 감안하면 아마도 <석보상절>의 1권의 서두에도 <훈민정음 언해본>의 내용이 첨부되어 있었을 가능성이 있으나, <석보상절>의 1권이 발견되지 않아서 확인되지 않는다.

※ 이 책에서 형태소 분석에 사용하는 문법적 단위에 대한 약어는 다음과 같다.

| 범주 | 약칭 | 본디 명칭 |
|---|---|---|
| 품사 | 의명 | 의존 명사 |
| | 인대 | 인칭 대명사 |
| | 지대 | 지시 대명사 |
| | 형사 | 형용사 |
| | 보용 | 보조 용언 |
| | 관사 | 관형사 |
| | 감사 | 감탄사 |
| 불규칙 용언 | ㄷ불 | ㄷ 불규칙 용언 |
| | ㅂ불 | ㅂ 불규칙 용언 |
| | ㅅ불 | ㅅ 불규칙 용언 |
| 어근 | 불어 | 불완전 어근* |
| 파생 접사 | 접두 | 접두사 |
| | 명접 | 명사 파생 접미사 |
| | 동접 | 동사 파생 접미사 |
| | 조접 | 조사 파생 접미사 |
| | 형접 | 형용사 파생 접미사 |
| | 부접 | 부사 파생 접미사 |
| | 사접 | 사동사 파생 접미사 |
| | 피접 | 피동사 파생 접미사 |
| | 강접 | 강조 접미사 |
| | 복접 | 복수 접미사 |
| | 높접 | 높임 접미사 |
| 조사 | 주조 | 주격 조사 |
| | 서조 | 서술격 조사 |
| | 목조 | 목적격 조사 |

| 범주 | 약칭 | 본디 명칭 |
|---|---|---|
| 조사 | 보조 | 보격 조사 |
| | 관조 | 관형격 조사 |
| | 부조 | 부사격 조사 |
| | 호조 | 호격 조사 |
| | 접조 | 접속 조사 |
| 종결 어미 | 평종 | 평서형 종결 어미 |
| | 의종 | 의문형 종결 어미 |
| | 명종 | 명령형 종결 어미 |
| | 청종 | 청유형 종결 어미 |
| | 감종 | 감탄형 종결 어미 |
| 연결 어미 | 연어 | 연결 어미 |
| 전성 어미 | 명전 | 명사형 전성 어미 |
| | 관전 | 관형사형 전성 어미 |
| 선어말 어미 | 주높 | 주체 높임 선어말 어미 |
| | 객높 | 객체 높임 선어말 어미 |
| | 상높 | 상대 높임 선어말 어미 |
| | 과시 | 과거 시제 선어말 어미 |
| | 현시 | 현재 시제 선어말 어미 |
| | 미시 | 미래 시제 선어말 어미 |
| | 회상 | 회상의 선어말 어미 |
| | 주믿 | 주관적 믿음의 선어말 어미 |
| | 객믿 | 객관적 믿음의 선어말 어미 |
| | 느낌 | 느낌 표현의 선어말 어미 |
| | 인칭 | 인칭 표현의 선어말 어미 |
| | 대상 | 대상 표현의 선어말 어미 |

* '불완전 어근'은 '특수 어근'이라고도 하는데, '까다롭다'의 '까다-'나 '착하다'의 '착-'처럼 품사가 불분명하고 단독으로 쓰이는 일이 없고 다른 말과의 통합에 제약이 있는 어근이다.

# 世솅宗종 御ᅌᅥᆼ製졩 訓훈民민正졍音ᅙᅳᆷ

國之語音이 異乎中國ᄒᆞ야 與文字로 不相流通ᄒᆞᆯᄊᆡ 故로 愚民이 有所欲言ᄒᆞ야도 而終不得伸其情者ㅣ多矣라 予ㅣ爲此憫然ᄒᆞ야 新制二十八字ᄒᆞ노니 欲使人人ᄋᆞ로 易習ᄒᆞ야 便於日用耳니라

나랏 말ᄊᆞ미[1] 中듀ᇰ國귁에[2] 달아[3] 文문字ᄍᆞᆼ와로[4] 서르 ᄉᆞᄆᆞᆺ디[5] 아니ᄒᆞᆯᄊᆡ[6] 이런[7] 젼ᄎᆞ로[8] 어린[9] 百ᄇᆡᆨ姓셩이 니르고져[10] ᄒᆞᇙ 배[11] 이셔도[12] ᄆᆞᄎᆞᆷ내[13] 제[14] ᄠᅳ들 시러[15] 펴디 몯ᄒᆞᇙ 노미[16] 하니라[17] 내[18] 이ᄅᆞᆯ 爲윙ᄒᆞ야 어엿비[19] 너겨 새로[20] 스믈여듧 字ᄍᆞᆼ를 ᄆᆡᇰᄀᆞ노니[21] 사ᄅᆞᆷ마다 ᄒᆡᅇᅧ[22] 수

---

1) 말ᄊᆞ미 : 말ᄊᆞᆷ[말(말, 言) + -ᄊᆞᆷ(접미 : '-씨'의 뜻)] + -이(주조) ※ 접미사 '-ᄊᆞᆷ'은 '태도' 또는 '모양'의 뜻을 더하는 접미사이다.
2) 中國에 : 中國(중국) + -에(-과 : 부조, 비교)
3) 달아 : 달(←다ᄅᆞ다 : 다르다, 異)- + -아(-아 : 연어)
4) 文字와로 : 文字(문자, 한자) + -와로(←-과로 : -와, 부조, 비교)
5) ᄉᆞᄆᆞᆺ디 : ᄉᆞᄆᆞᆺ(←ᄉᆞᄆᆞᆾ다 : 통하다, 通)- + -디(-지 : 연어, 부정)
6) 아니ᄒᆞᆯᄊᆡ : 아니ᄒᆞ[아니하다(보용, 부정) : 아니(부사, 부정) + -ᄒᆞ(형접)-]- + -ㄹᄊᆡ(-므로 : 연어, 이유)
7) 이런 : [이런(형사, 관사) : 이러(불어, 부사) + -Ø(←-ᄒᆞ- : 형접)- + -ㄴ(관전, 관접)
8) 젼ᄎᆞ로 : 젼ᄎᆞ(까닭, 故) + -로(부조, 이유)
9) 어린 : 어리(어리석다, 愚)- + -ㄴ(관전)
10) 니르고져 : 니르(이르다, 言)- + -고져(-고자 : 연어, 의도)
11) ᄒᆞᇙ 배 : ᄒᆞ(하다, 爲)- + -오(대상)- + -ᇙ(←으ᇙ : 관전) # 바(바, 것 : 의명) + -ㅣ(주조)
12) 이셔도 : 이시(있다, 有)- + -어도(연어, 양보)
13) ᄆᆞᄎᆞᆷ내 : [마침내(부사) : ᄆᆞᆾ(마치다, 終)- + -ᄋᆞᆷ(명접) + -내(부접)]
14) 제 : 저(저, 자기, 己 : 인대, 재귀칭) + -ㅣ(관조)
15) 시러 : [능히(부사) : 실(←싣다, ㄷ불 : 얻다, 得)- + -어(연어▷부접)] ※ '시러'에 대응되는 '得'은 가능성을 나타내는 조동사로 쓰인다. 따라서 '시러'를 파생 부사로 보고 '능히⋯ 할 수 있다'로 의역할 수 있다.
16) 몯ᄒᆞᇙ 노미 : 몯ᄒᆞ[못하다(보용, 부정) : 몯(못 : 부사, 부정) + -ᄒᆞ(동접)-]- + -ᇙ(-을 : 관전) # 놈(사람, 者 : 의명) + -이(주조)
17) 하니라 : 하(많다, 多)- + -니(객믿)- + -라(←-다 : 평종)
18) 내 : 나(나, 予 : 인대) + -ㅣ(주조)
19) 어엿비 : [불쌍히, 가엾이(부사) : 어엿브(불쌍하다, 가엾다, 憐)- + -이(부접)]

ᄫᅵ[23] 니겨[24] 날로[25] ᄡᅮ메[26] 便뼌安한킈[27] ᄒᆞ고져 ᄒᆞᇙ[28] ᄯᆞᄅᆞ미니라[29]

우리나라의 말이 중국과 달라서 문자(한자, 漢字)와 서로 통하지 아니하므로, 이런 까닭으로 어리석은 백성이 이르고자 할 바가 있어도, 마침내 제 뜻을 능히 펴지 못할 사람이 많으니라. 내가 이를 위하여 불쌍히 여겨 새로 스물여덟 글자를 만드니, 사람마다 시키어 쉽게 익혀, 날마다 쓰는 데에 편안케 하고자 할 따름이니라.

ㄱᄂᆞᆫ 牙音[30]이니 如[31]君군ㄷ字初發聲[32]ᄒᆞ니 竝書[33]ᄒᆞ면 如虯끃ㅸ字初發聲ᄒᆞ니라

ㄱᄂᆞᆫ 엄쏘리니[34] 君군ㄷ 字ᄍᆞᆼ 처ᅀᅥᆷ[35] 펴아[36] 나ᄂᆞᆫ[37] 소리[38] ᄀᆞᄐᆞ니[39] ᄀᆞᆯ
ᄫᅡ 쓰면[40] 虯끃ㅸ 字ᄍᆞᆼ 처ᅀᅥᆷ 펴아 나ᄂᆞᆫ 소리 ᄀᆞᄐᆞ니라[41]

---

20) 새로: [새로(부사): 새(새것: 명사)+-로(부조▷부접)]
21) 밍ᄀᆞ노니: 밍ᄀᆞ(←밍ᄀᆞᆯ다: 만들다, 制)-+-ᄂᆞ(현시)-+-오(인칭)-+-니(연어, 설명의 계속)
22) ᄒᆡᅇᅧ: ᄒᆡ[시키다, 使(동사): ᄒᆞ(하다, 爲)+-ㅣ(사접)-]-+-ᅇᅧ(←-여←-어: 연어)
23) 수ᄫᅵ: [쉽게(부사): 수ᇦ(←쉽다, ㅂ불: 쉽다, 易)-+-이(부접)]
24) 니겨: 니기[익히다: 닉(익다, 習)-+-이(사접)-]-+-어(연어)
25) 날로: [날로, 날마다, 날이 갈수록(부사): 날(날, 日)+-로(부조▷부접)]
26) ᄡᅮ메: ᄡᅳ(쓰다, 用)-+-움(명전)+-에(부조, 위치, 목적)
27) 便安킈: 便安ㅎ[←便安ᄒᆞ다(편안하다): 便安(편안: 명사)+-ᄒᆞ(형접)-]-+-긔(-게: 연어, 사동)
28) ᄒᆞᇙ: ᄒᆞ(하다, 使: 보용, 사동)-+-ᇙ(관전)
29) ᄯᆞᄅᆞ미니라: ᄯᆞᄅᆞᆷ(따름: 의명) +-이(서조)-+-니(객민)-+-라(←-다: 평종)
30) 牙音: 아음. 어금닛소리이다.
31) 如: 여. 같다.
32) 初發聲: 초발성. 처음 펴서 나는 소리(=초성)이다.
33) 竝書: 병서. 나란히 쓰다.
34) 엄쏘리니: 엄쏘리[어금닛소리: 엄(어금니, 牙)+-ㅅ(관조, 사잇)+소리(소리, 音)]+-Ø(서조)-+-니(연어, 설명의 계속) ※ /ㅁ/의 아래에 쓰이는 원칙적인 관형격 조사는 '-ㅂ'이다.
35) 처ᅀᅥᆷ: [처음(명사): 처ᇫ(←첫: 첫, 初, 관사)+-엄(명접)]
36) 펴아: 펴(펴다, 發)-+-아(←-어: 연어) ※ 모음 조화에 맞는 표기는 '펴(←펴-+ -어)'이다. 형태소의 기능을 분명하게 밝히기 위해서 형태를 바꾼 '이화(異化) 현상'에 해당한다.
37) 나ᄂᆞᆫ: 나(나다, 生)-+-ᄂᆞ(현시)-+-ㄴ(관전)
38) 소리: 소리(소리, 音)+-Ø(-와: 부조, 비교)
39) ᄀᆞᄐᆞ니: ᄀᆞᇀ(←ᄀᆞᆮᄒᆞ다: 같다, 如)-+-ᄋᆞ니(-으니: 연어, 설명의 계속)
40) ᄀᆞᆯᄫᅡ 쓰면: ᄀᆞᆲ(←ᄀᆞᆲ다, ㅂ불: 나란히 하다, 竝)-+-아(연어)#쓰(쓰다, 書)-+-면(연어, 조건)
41) ᄀᆞᄐᆞ니라: ᄀᆞᇀ(←ᄀᆞᆮᄒᆞ다: 같다, 如)-+-ᄋᆞ니(객민)-+-라(←-다: 평종)

ㄱ은 어금닛소리니 君(군) 字의 처음 펴서 나는 소리와 같으니, 나란히 쓰면 虯(끃) 字가 처음 펴서 나는 소리와 같으니라.

| |
|---|
| ㅋᄂᆞᆫ 牙音이니 如快ᄏᆌᆼㆆ字初發聲ᄒᆞ니라 |
| ㅋᄂᆞᆫ 엄쏘리니 快ᄏᆌᆼㆆ 字ᄍᆞᆼ 처ᅀᅥᆷ 펴아 나ᄂᆞᆫ 소리 ᄀᆞᄐᆞ니라 |

ㅋ은 어금닛소리니 快(쾡) 字의 처음 펴서 나는 소리와 같으니라.

| |
|---|
| ㆁᄂᆞᆫ 牙音이니 如業ᅌᅥᆸ字初發聲ᄒᆞ니라 |
| ㆁᄂᆞᆫ 엄쏘리니 業ᅌᅥᆸ 字ᄍᆞᆼ 처ᅀᅥᆷ 펴아 나ᄂᆞᆫ 소리 ᄀᆞᄐᆞ니라 |

ㆁ은 어금닛소리니 業(업) 字의 처음 펴서 나는 소리와 같으니라.

| |
|---|
| ㄷᄂᆞᆫ 舌音[42]이니 如斗ᄃᆖᇢ字初發聲ᄒᆞ니 竝書ᄒᆞ면 如覃ᄄᆞᆷㅂ字初發聲ᄒᆞ니라 |
| ㄷᄂᆞᆫ 혀쏘리니[43] 斗ᄃᆖᇢ 字ᄍᆞᆼ 처ᅀᅥᆷ 펴아 나ᄂᆞᆫ 소리 ᄀᆞᄐᆞ니 ᄀᆞᆯᄫᅡ 쓰면 覃ᄄᆞᆷㅂ 字ᄍᆞᆼ 처ᅀᅥᆷ 펴아 나ᄂᆞᆫ 소리 ᄀᆞᄐᆞ니라 |

ㄷ은 혓소리니 斗(둫) 字의 처음 펴서 나는 소리와 같으니, 나란히 쓰면 覃(땀) 字가 처음 펴서 나는 소리와 같으니라.

| |
|---|
| ㅌᄂᆞᆫ 舌音이니 如呑ᄐᆞᆫㄷ字初發聲ᄒᆞ니라 |
| ㅌᄂᆞᆫ 혀쏘리니 呑ᄐᆞᆫㄷ 字ᄍᆞᆼ 처ᅀᅥᆷ 펴아 나ᄂᆞᆫ 소리 ᄀᆞᄐᆞ니라 |

ㅌ은 혓소리니 呑(튼) 字의 처음 펴서 나는 소리와 같으니라.

---

42) 舌音: 설음. 혓소리이다.

43) 혀쏘리니: 혀쏘리[혓소리니: 혀(혀, 舌)+-ㅅ(관조, 사잇)+소리(소리, 音)]+-Ø(서조)-+-니(연어, 설명의 계속) ※ 모음 아래에 쓰이는 원칙적인 관형격 조사는 '-ㆆ'이다.

ㄴᄂᆞᆫ 舌音이니 如那낭ㆆ字初發聲ᄒᆞ니라

ㄴᄂᆞᆫ 혀쏘리니 那낭ㆆ 字ᄍᆞᆼ 처ᅀᅥᆷ 펴아 나ᄂᆞᆫ 소리 ᄀᆞᄐᆞ니라

ㄴ은 혓소리니 那(낭) 字의 처음 펴서 나는 소리와 같으니라.

ㅂᄂᆞᆫ 脣音[44]이니 如彆벼ᇙ字初發聲ᄒᆞ니 並書ᄒᆞ면 如步뽕ㆆ字初發聲ᄒᆞ니라

ㅂᄂᆞᆫ 입시울쏘리니[45] 彆벼ᇙ 字ᄍᆞᆼ[46] 처ᅀᅥᆷ 펴아 나ᄂᆞᆫ 소리 ᄀᆞᄐᆞ니 ᄀᆞᆯᄫᅡ 쓰면 步뽕ㆆ 字ᄍᆞᆼ 처ᅀᅥᆷ 펴아 나ᄂᆞᆫ 소리 ᄀᆞᄐᆞ니라

ㅂ은 입술소리니 彆(벼ᇙ) 字의 처음 펴서 나는 소리와 같으니, 나란히 쓰면 步(뽕) 字의 처음 펴서 나는 소리와 같으니라.

ㅍᄂᆞᆫ 脣音이니 如漂푤ᇢ字初發聲ᄒᆞ니라

ㅍᄂᆞᆫ 입시울쏘리니 漂푤ᇢ 字ᄍᆞᆼ 처ᅀᅥᆷ 펴아 나ᄂᆞᆫ 소리 ᄀᆞᄐᆞ니라

ㅍ은 입술소리니 漂(푤) 字의 처음 펴서 나는 소리와 같으니라.

ㅁᄂᆞᆫ 脣音이니 如彌밍ㆆ字初發聲ᄒᆞ니라

ㅁᄂᆞᆫ 입시울쏘리니 彌밍ㆆ 字ᄍᆞᆼ 처ᅀᅥᆷ 펴아 나ᄂᆞᆫ 소리 ᄀᆞᄐᆞ니라

---

44) 脣音 : 순음. 입술소리이다.

45) 입시울쏘리니 : 입시울쏘리[입술소리, 脣音 : 입(입, 口) + 시울(가장자리 : 명사) + -ㅅ(관조, 사잇) + 소리(소리, 音)] + -Ø(서조)- + -니(연어, 설명의 계속) ※ /ㄹ/ 아래에 쓰이는 원칙적인 관형격 조사는 'ㆆ'이다.

46) 彆字 : 별자. ※ '彆(벼ᇙ)字(자)'에서 '벼ᇙ'의 표기는 동국정운식 한자음의 표기법인 '이영보래(以影補來)'를 따른 것이다. 곧 종성이 /ㄹ/인 한자음의 표기에 'ㆆ' 글자를 붙여서 적음으로써 그 음절을 입성으로 발음하게 하는 방법이다.

ㅁ은 입술소리니 彌(밍) 字의 처음 펴서 나는 소리와 같으니라.

ㅈᄂᆞᆫ 齒音[47]이니 如卽즉字初發聲ᄒᆞ니 竝書ᄒᆞ면 如慈쫑ᅙ字初發聲ᄒᆞ니라

ㅈᄂᆞᆫ 니쏘리니[48] 卽즉 字쫑 처ᅀᅥᆷ 펴아 나ᄂᆞᆫ 소리 ᄀᆞᄐᆞ니 ᄀᆞᆯ바 쓰면 慈쫑ᅙ 字쫑 처ᅀᅥᆷ 펴아 나ᄂᆞᆫ 소리 ᄀᆞᄐᆞ니라

ㅈ은 잇소리니 卽(즉) 字의 처음 펴서 나는 소리와 같으니, 나란히 쓰면 慈(쫑) 字 처음 펴서 나는 소리와 같으니라.

ㅊᄂᆞᆫ 齒音이니 如侵침ㅂ字初發聲ᄒᆞ니라

ㅊᄂᆞᆫ 니쏘리니 侵침ㅂ 字쫑 처ᅀᅥᆷ 펴아 나ᄂᆞᆫ 소리 ᄀᆞᄐᆞ니라

ㅊ은 잇소리니 侵(침) 字의 처음 펴서 나는 소리와 같으니라.

ㅅᄂᆞᆫ 齒音이니 如戌슗字初發聲ᄒᆞ니 竝書ᄒᆞ면 如邪썅ᅙ字初發聲ᄒᆞ니라

ㅅᄂᆞᆫ 니쏘리니 戌슗[49] 字쫑 처ᅀᅥᆷ 펴아 나ᄂᆞᆫ 소리 ᄀᆞᄐᆞ니 ᄀᆞᆯ바 쓰면 邪썅ᅙ 字쫑 처ᅀᅥᆷ 펴아 나ᄂᆞᆫ 소리 ᄀᆞᄐᆞ니라

ㅅ은 잇소리니 戌(슗) 字의 처음 펴서 나는 소리와 같으니, 나란히 쓰면 邪(썅) 字 처음 펴서 나는 소리와 같으니라.

ᅙᄂᆞᆫ 喉音[50]이니 如挹ᅙᅳᆸ字初發聲ᄒᆞ니라

---

47) 齒音 : 치음. 잇소리이다.
48) 니쏘리니 : 니쏘리[잇소리 : 니(이, 齒) + -ㅅ(관조, 사잇) + 소리(소리, 音)] + -Ø(서조)- + -니(연어, 설명의 계속) ※ 모음 아래에 쓰이는 원칙적인 관형격 조사(사잇소리 표기 글자)는 'ㆆ'이다.
49) 戌 : 술. '戌(슗)'에서 음절의 끝에 쓰인 'ㆆ' 글자는 '이영보래'의 글자이다.
50) 喉音 : 후음. 목소리이다.

ㆆᄂᆞᆫ 목소리니 挹ᅙᅳᆸ字ᄍᆞᆼ 처ᅀᅥᆷ 펴아 나ᄂᆞᆫ 소리 ᄀᆞᄐᆞ니라

ㆆ은 목소리니 挹(ᅙᅳᆸ) 字의 처음 펴서 나는 소리와 같으니라.

ㅎᄂᆞᆫ 喉音이니 如虛ᄒᆥᆼㆆ字初發聲ᄒᆞ니 並書ᄒᆞ면 如洪ᅘᅩᆼㄱ字初發聲ᄒᆞ니라

ㅎᄂᆞᆫ 목소리니 虛ᄒᆥᆼㆆ 字ᄍᆞᆼ 처ᅀᅥᆷ 펴아 나ᄂᆞᆫ 소리 ᄀᆞᄐᆞ니 ᄀᆞᆯᄫᅡ 쓰면 洪ᅘᅩᆼㄱ 字ᄍᆞᆼ 처ᅀᅥᆷ 펴아 나ᄂᆞᆫ 소리 ᄀᆞᄐᆞ니라

ㅎ은 목소리니 虛(헝) 字의 처음 펴서 나는 소리와 같으니, 나란히 쓰면 洪(ᅘᅩᆼ) 字가 처음 펴서 나는 소리와 같으니라.

ㅇᄂᆞᆫ 喉音이니 如欲욕字初發聲ᄒᆞ니라

ㅇᄂᆞᆫ 목소리니 欲욕 字ᄍᆞᆼ 처ᅀᅥᆷ 펴아 나ᄂᆞᆫ 소리 ᄀᆞᄐᆞ니라

ㅇ은 목소리니 欲(욕) 字의 처음 펴서 나는 소리와 같으니라.

ㄹᄂᆞᆫ 半舌音[51]이니 如閭령ㆆ字初發聲ᄒᆞ니라

ㄹᄂᆞᆫ 半반혀쏘리니 閭령ㆆ 字ᄍᆞᆼ 처ᅀᅥᆷ 펴아 나ᄂᆞᆫ 소리 ᄀᆞᄐᆞ니라

ㄹ은 半(반)혓소리니 閭(령) 字의 처음 펴서 나는 소리와 같으니라.

ㅿᄂᆞᆫ 半齒音[52]이니 如穰ᅀᅣᆼㄱ字初發聲ᄒᆞ니라

ㅿᄂᆞᆫ 半반니쏘리니 穰ᅀᅣᆼㄱ 字ᄍᆞᆼ 처ᅀᅥᆷ 펴아 나ᄂᆞᆫ 소리 ᄀᆞᄐᆞ니라

51) 半舌音 : 반설음. 반혓소리이다.
52) 半齒音 : 반치음. 반잇소리이다.

ㅿ은 반잇소리니 穰(샹) 字의 처음 펴서 나는 소리와 같으니라.

| |
|---|
| ·ᄂᆞᆫ 如呑ᄐᆞᆫㄷ字中聲ᄒᆞ니라 |
| ·ᄂᆞᆫ 呑ᄐᆞᆫㄷ 字쯩 가온딧소리[53] ᄀᆞᄐᆞ니라 |

·는 呑(튼) 字의 가운뎃소리와 같으니라.

| |
|---|
| ㅡᄂᆞᆫ 如卽즉字中聲ᄒᆞ니라 |
| ㅡᄂᆞᆫ 卽즉 字쯩 가온딧소리 ᄀᆞᄐᆞ니라 |

ㅡ는 卽(즉) 字의 가운뎃소리와 같으니라.

| |
|---|
| ㅣᄂᆞᆫ 如侵침ㅂ字中聲ᄒᆞ니라 |
| ㅣᄂᆞᆫ 侵침ㅂ 字쯩 가온딧소리 ᄀᆞᄐᆞ니라 |

ㅣ는 侵(침) 字의 가운뎃소리와 같으니라.

| |
|---|
| ㅗᄂᆞᆫ 如洪ᅘᅩᇰㄱ字中聲ᄒᆞ니라 |
| ㅗᄂᆞᆫ 洪ᅘᅩᇰㄱ 字쯩 가온딧소리 ᄀᆞᄐᆞ니라 |

ㅗ는 洪(ᅘᅩᇰ) 字의 가운뎃소리와 같으니라.

| |
|---|
| ㅏᄂᆞᆫ 如覃땀ㅂ字中聲ᄒᆞ니라 |
| ㅏᄂᆞᆫ 覃땀ㅂ 字쯩 가온딧소리 ᄀᆞᄐᆞ니라 |

53) 가온딧소리 : 가온딧소리[가운뎃소리, 中聲 : 가온ᄃᆡ(가운데, 中) + -ㅅ(관조, 사잇) + 소리(소리, 音)] + -Ø(-와 : 부조, 비교)

ㅏ는 覃(땀) 字의 가운뎃소리와 같으니라.

| **ㅜ는 如君군ㄷ字中聲ᄒᆞ니라** |
|---|
| ㅜ는 君군ㄷ 字ᄍᆞᆼ 가온ᄃᆡᆺ소리 ᄀᆞᄐᆞ니라 |

ㅜ는 君(군) 字의 가운뎃소리와 같으니라.

| **ㅓ는 如業업字中聲ᄒᆞ니라** |
|---|
| ㅓ는 業업 字ᄍᆞᆼ 가온ᄃᆡᆺ소리 ᄀᆞᄐᆞ니라 |

ㅓ는 業(업) 字의 가운뎃소리와 같으니라.

| **ㅛ는 如欲욕字中聲ᄒᆞ니라** |
|---|
| ㅛ는 欲욕 字ᄍᆞᆼ 가온ᄃᆡᆺ소리 ᄀᆞᄐᆞ니라 |

ㅛ는 欲(욕) 字의 가운뎃소리와 같으니라.

| **ㅑ는 如穰샹ㄱ字中聲ᄒᆞ니라** |
|---|
| ㅑ는 穰샹ㄱ 字ᄍᆞᆼ 가온ᄃᆡᆺ소리 ᄀᆞᄐᆞ니라 |

ㅑ는 穰(샹) 字의 가운뎃소리와 같으니라.

| **ㅠ는 如戌ᄉᆑᇙ字中聲ᄒᆞ니라** |
|---|
| ㅠ는 戌ᄉᆑᇙ 字ᄍᆞᆼ 가온ᄃᆡᆺ소리 ᄀᆞᄐᆞ니라 |

ㅠ는 戌(ᄉᆑᇙ) 字의 가운뎃소리와 같으니라.

| |
|---|
| ㅕ는 如彆볋字中聲ᄒᆞ니라 |
| ㅕ는 彆볋 字ᄍᆞᆼ 가온딧소리 ᄀᆞᄐᆞ니라 |

ㅕ는 彆(볋) 字의 가운뎃소리와 같으니라.

| |
|---|
| 終聲 復用初聲ᄒᆞᄂᆞ니라 |
| 乃냉終즁ㄱ[54] 소리ᄂᆞᆫ 첫소리ᄅᆞᆯ ᄡᅳᄂᆞ니라[55] |

나중의 소리는 첫소리를 쓰느니라.

| |
|---|
| ㅇᄅᆞᆯ 連書脣音之下ᄒᆞ면 則爲脣輕音ᄒᆞᄂᆞ니라 |
| ㅇᄅᆞᆯ 입시울쏘리[56] 아래 니ᅀᅥ[57] ᄡᅳ면 입시울 가ᄇᆡ야ᄫᆞᆫ[58] 소리 ᄃᆞ외ᄂᆞ니라[59] |

ㅇ를 입술소리 아래 이어 쓰면 입술 가벼운 소리가 되느니라.

| |
|---|
| 初聲을 合用ᄒᆞᇙ디면 則竝書ᄒᆞ라 終聲同ᄒᆞ니라 |
| 첫소리ᄅᆞᆯ 어울워[60] ᄡᅮᇙ[61] 디면[62] ᄀᆞᆯᄫᅡ ᄡᅳ라[63] 乃냉終즁ㄱ 소리도 ᄒᆞᆫ가지라[64] |

첫소리를 어울러 쓸 것이면 나란히 쓰라. 나중 소리도 한가지라.

---

54) 乃終ㄱ : 乃終(내종, 나중) + -ㄱ(-의 : 관조)
55) ᄡᅳᄂᆞ니라 : ᄡᅳ(쓰다, 사용하다, 用)- + -ᄂᆞ(현시)- + -니(객민)- + -라(← -다 : 평종)
56) 입시울쏘리 : [입술소리 : 입(입, 口) + 시울(시울, 가장자리 : 명사) + -ㅅ(관조, 사잇) + 소리(소리, 音)]
57) 니ᅀᅥ : 니ᇫ(← 닛다, ㅅ불 : 잇다, 連)- + -어(연어)
58) 가ᄇᆡ야ᄫᆞᆫ : 가ᄇᆡ야ᇦ(← 가ᄇᆡ얍다, ㅂ불 : 가볍다, 輕)- + -ᄋᆞᆫ(관전)
59) ᄃᆞ외ᄂᆞ니라 : ᄃᆞ외(← ᄃᆞᄫᆡ다 : 되다, 爲)- + -ᄂᆞ(현시)- + -니(객민)- + -라(← -다 : 평종)
60) 어울워 : 어울우[어우르다 : 어울(어울리다, 合)- + -우(사접)-]- + -어(연어)
61) ᄡᅮᇙ : ᄡᅳ(쓰다, 사용하다, 用)- + -우(대상)- + -ᇙ(관전)
62) 디면 : ᄃᆞ(것 : 의명) + -ㅣ(서조)- + -면(연어, 조건)
63) ᄀᆞᆯᄫᅡ ᄡᅳ라 : ᄀᆞᆯᇦ(← ᄀᆞᆲ다, ㅂ불 : 나란히 한다)- + -아(연어) # ᄡᅳ(쓰다, 書)- + -라(명종)
64) ᄒᆞᆫ가지라 : ᄒᆞᆫ가지[한가지, 마찬가지, 同 : ᄒᆞᆫ(한, 一 : 관사) # 가지(가지, 類 : 의명)] + -Ø(서조)- + -라(← -다 : 평종)

| ·ㅡㅗㅜㅛㅠ란 附書初聲之下ᄒᆞ고 ㅣㅏㅓㅑㅕ란 附書於右ᄒᆞ라<br><br>·와 ㅡ와 ㅗ와 ㅜ와 ㅛ와 ㅠ와란[65] 첫소리 아래 브텨[66] 쓰고 ㅣ와 ㅏ와 ㅓ와 ㅑ와 ㅕ와란 올ᄒᆞᆫ녀긔[67] 브텨 쓰라 |
|---|

·와 ㅡ와 ㅗ와 ㅜ와 ㅛ와 ㅠ는 첫소리 아래 붙여 쓰고, ㅣ와 ㅏ와 ㅓ와 ㅑ와 ㅕ는 오른쪽에 붙여 쓰라.

| 凡字ㅣ 必合而成音ᄒᆞᄂᆞ니<br><br>믈읫[68] 字ᄍᆞᆼㅣ 모로매[69] 어우러ᅀᅡ[70] 소리[71] 이ᄂᆞ니[72] |
|---|

무릇(모든) 글자는 반드시 어울려야 소리가 이루어지느니.

| 左加一點ᄒᆞ면 則去聲이오 二則上聲이오 無則平聲이오 入聲加點이 同而促急ᄒᆞ니라<br><br>왼녀긔[73] ᄒᆞᆫ 點뎜을 더으면[74] ᄆᆞᆺ[75] 노ᄑᆞᆫ 소리오 點뎜이 둘히면[76] 上썅聲셩이오[77] 點뎜이 업스면 平뼝聲셩이오 入ᅀᅵᆸ聲셩은 點뎜 더우믄[78] ᄒᆞᆫ가지로 |
|---|

65) ㅠ와란 : ㅠ(명사) + -와(접조) + -란(-는 : 보조사, 대조)
66) 브텨 : 브티[붙이다 : 븥(붙다, 附)- + -이(사접)-]- + -어(연어)
67) 올ᄒᆞᆫ녀긔 : 올ᄒᆞᆫ녁[오른쪽, 右 : 옳(옳다, 是)- + -ᄋᆞᆫ(관전) + 녁(녘, 쪽 : 의명)] + -의(-에 : 부조, 위치)
68) 믈읫 : ① 무릇, 대체로 보아서, 凡(부사) ② 모든, 全(관사)
69) 모로매 : 반드시, 모름지기, 必(부사)
70) 어우러ᅀᅡ : 어울(어울리다, 合)- + -어ᅀᅡ(-어야 : 연어, 조건)
71) 소리 : 소리(소리, 音) + -Ø(주조)
72) 이ᄂᆞ니 : 이(← 일다 : 이루어지다, 成)- + -ᄂᆞ(현시)- + -니(연어, 설명의 계속)
73) 왼녀긔 : 왼녁[왼쪽, 左 : 외(외다, 誤)- + -ㄴ(관전) + 녁(녘, 쪽 : 의명)] + -의(-에 : 부조, 위치)
74) 더으면 : 더으(더하다, 加)- + -면(연어, 조건)
75) ᄆᆞᆺ : 제일, 가장, 最(부사)
76) 둘히면 : 둘ㅎ(둘, 二 : 수사) + -이(서조)- + -면(연어, 조건)
77) 上聲이오 : 上聲(상성) + -이(서조)- + -오(← -고 : 연어, 나열)

| 뒤[79] ᄲᆞᄅᆞ니라[80] |
|---|

왼쪽에 한 점(點)을 더하면 가장 높은 소리고, 점(點)이 둘이면 上聲(상성)이고, 점(點)이 없으면 平聲(평성)이고, 入聲(입성)은 점(點)을 더하는 것은 한가지이되 빠르니라.

| **漢音齒聲은 有齒頭正齒之別ᄒᆞ니 ᅎ ᅔ ᅏ ᄼ ᄽ 字ᄂᆞᆫ 用於齒頭ᄒᆞ고 ᅐ ᅕ ᅑ ᄾ ᄿ 字ᄂᆞᆫ 用於正齒ᄒᆞᄂᆞ니 牙舌脣喉之字ᄂᆞᆫ 通用於漢音ᄒᆞᄂᆞ니라**<br><br>中듕國귁 소리옛[81] 니쏘리ᄂᆞᆫ 齒칭頭뚷와[82] 正졍齒칭왜[83] ᄀᆞᆯᄒᆡ요미[84] 잇ᄂᆞ니 ᅎ ᅔ ᅏ ᄼ ᄽ 字ᄍᆞᆼᄂᆞᆫ 齒칭頭뚷ㅅ 소리예 쓰고【이 소리ᄂᆞᆫ 우리 나랏 소리예셔[85] 엷ᄇᆞ니[86] 혀ㅅ 그티[87] 웃닛[88] 머리예 다ᄂᆞ니라[89]】ᅐ ᅕ ᅑ ᄾ ᄿ 字ᄍᆞᆼᄂᆞᆫ 正졍齒칭ㅅ 소리예 쓰ᄂᆞ니[90]【이 소리ᄂᆞᆫ 우리 나랏 소리예셔 두터ᄫᅳ니[91] 혀ㅅ 그티 아랫 닛므유메[92] 다ᄂᆞ니라】엄과[93] 혀와 입시울와 목소리 |
|---|

78) 더우믄 : 더(←더으다 : 더하다, 加)- + -움(명전) + -은(보조사, 주제, 대조)
79) ᄒᆞᆫ가지로ᄃᆡ : ᄒᆞᆫ가지[한가지, 同 : ᄒᆞᆫ(一 : 관사) + 가지(가지, 類 : 의명)] + -Ø(서조)- + -로ᄃᆡ(←-오ᄃᆡ : -되, 연어, 설명의 계속)
80) ᄲᆞᄅᆞ니라 : ᄲᆞᄅᆞ(빠르다, 急)- + -니(객믿)- + -라(←-다 : 평종)
81) 소리옛 : 소리(소리, 音) + -예(←-에 : 부조, 위치) + -ㅅ(-의 : 관조)
82) 齒頭와 : 齒頭(치두) + -와(접조) ※ '齒頭音(치두음)'은 중국어에서 혀끝을 윗니 뒤에 가까이 하고 내는 치음(齒音)의 하나이다.
83) 正齒왜 : 正齒(정치) + -와(접조) + -ㅣ(주조) ※ '正齒音(정치음)'은 중국어에서 혀를 말아 아래 잇몸에 가까이 하고 내는 치음(齒音)의 하나이다. 권설음(捲舌音)에 해당한다.
84) ᄀᆞᆯᄒᆡ요미 : ᄀᆞᆯᄒᆡ(가리다, 구분하다, 選)- + -욤(←-옴 : 명전) + -이(주조)
85) 소리예셔 : 소리(소리, 音) + -예셔(←-에서 : 부조, 위치, 비교)
86) 엷ᄇᆞ니 : 엷(←엷다, ㅂ불 : 엷다, 薄)- + -으니(연어, 이유)
87) 혀ㅅ 그티 : 혀(혀, 舌) + -ㅅ(-의 : 관조) # 긑(끝, 端) + -이(주조)
88) 웃닛 : 웃니[윗니 : 우(←우ㅎ : 위, 上) + -ㅅ(관조, 사잇) + 니(이, 齒)] + -ㅅ(-의 : 관조)
89) 다ᄂᆞ니라 : 닫(←닫다←닿다 : 닫다, 接)- + -ᄂᆞ(현시)- + -니(객믿)- + -라(←-다 : 평종) ※ '다ᄂᆞ니라'에는 자음 동화(비음화)가 일어난 초기의 예로 볼 수 있다.
90) 쓰ᄂᆞ니 : 쓰(쓰다, 用)- + -ᄂᆞ(현시)- + -니(연어, 설명의 계속)
91) 두터ᄫᅳ니 : 두텋(←두텁다, ㅂ불 : 두텁다, 厚)- + -으니(연어, 설명의 계속)
92) 닛므유메 : 닛므윰[잇몸, 齒莖 : 니(이, 齒) + -ㅅ(관조, 사잇) + 므윰(몸, 莖)] + -에(부조, 위치)
93) 엄과 : 엄(어금니, 牙) + -과(접조)

| 옛[94] 字쭝ᄂᆞᆫ 中듕國귁 소리예 通통히[95] 쓰ᄂᆞ니라[96] |
|---|

중국 소리의 잇소리는 齒頭(치두)와 正齒(정치)를 구별함이 있으니, ᅎ, ᅔ, ᅏ, ᄼ, ᄽ 글자(字)는 齒頭(치두) 소리에 쓰고, 【이 소리는 우리나라의 소리에서 엷으니 혀의 끝이 윗니 머리에 닿느니라.】 ᅐ ᅕ ᅑ ᄾ ᄿ 字(글자)는 正齒(정치)의 소리에 쓰니, 【이 소리는 우리나라의 소리에서 두터우니 혀의 끝이 아래의 잇몸에 닿느니라.】 어금니와 혀와 입술과 목소리의 字(글자)는 中國(중국)의 소리에 두루 쓰느니라.

94) 목소리옛 : 목소리[후음(喉音) : 목(목, 喉) + 소리(소리, 音)] + -예(← -에 : 부조, 위치) + -ㅅ(-의 : 관조)
95) 通히 : [두루, 통하게(부사) : 通(통 : 불어) + -ᄒᆞ(동접)- + -이(부접)]
96) 쓰ᄂᆞ니라 : 쓰(쓰다, 用)- + -ᄂᆞ(현시)- + -니(객믿)- + -라(← -다 : 평종)

## 3. <최만리 상소문>의 풀이

최만리(崔萬理)는 1419년(세종 1)에 과거에 급제하여 그 이듬해에 집현전(集賢殿) 박사(博士)로 임명되었고, 그 뒤 집현전 학사(學士)를 거쳐 실무 책임자인 부제학(副提學)에까지 올랐다.

최만리가 부제학으로 있던 무렵(1443년 음력 12월)에 세종대왕은 '훈민정음'의 글자를 완성하였다. 이어서 궁중에 의사청(議事廳)을 두고 집현전의 소장 학사와 동궁(東宮, 훗날의 文宗)에게 비밀리에 명하여, 중국의 운서(韻書)인 <고금운회거요, 古今韻會擧要>에 수록된 한자의 음(音)을 훈민정음의 글자로 표기하는 작업을 하려 했다. 그동안 원칙이 없이 관습적으로 사용해 오던 조선의 한자음을 정리하기 위하여 우선 중국의 운서에 수록된 중국의 한자음을 참고할 필요가 있었다. 이에 따라서 세종은 새로 창안한 훈민정음의 글자를 이용하여 <고금운회거요>의 한자음을 표기하는 사업을 벌였던 것이다. 새로운 글자의 창제를 마치고 이 글자를 이용하여 조선의 한자음까지 정리하려고 한다는 세종의 계획이 알려지자, 최만리는 집현전의 중진 학자 7명과 함께 '언문을 반대하는 상소문'을 올렸다.

최만리 등이 밝힌 <상소문>의 내용을 간추리면 다음과 같다.(세종실록 권 103, 세종 26년 2월 20일의 기사 참조.) 첫째, 표음 문자인 언문을 독자적으로 만들어서 쓰는 것은 사대모화(事大慕華)를 거스르는 일이다. 둘째, 독자적인 글자를 만드는 것은 오랑캐가 되는 것이다. 셋째, 신라 때 설총(薛聰)이 만든 이두(吏讀)로도 한문을 보완하는 데 충분하다. 넷째, 언문을 사용함으로써 형벌을 다스리는 일에 억울하게 죄를 입는 자를 없애겠다고 하지만, 이는 옥리(獄吏)들의 자질에 달린 것이지 문자로써 해결할 문제가 아니다. 다섯째, 언문 창제뿐만 아니라 중국의 운서(韻書)에 수록된 한자에 언문으로 음을 달아서 급히 공포하려는 것은 여론을 무시한 독단이다. 여섯째, 동궁(東宮, 훗날의 문종)이 언문과 관련된 일에 정신과 생각을 허비하고 있으니 이는 동궁의 성학(聖學)에 방해가 되는 일이다.

비록 6개 항목으로 나누어서 언문의 창제를 반대하였으나, 최만리가 제기한 내용은 두 가지로 압축된다. 우선 당대의 사대부들은 중국의 문화를 섬기는 사대 모화사상에 젖어 있는 사람들이어서, 기존의 한자와 한문을 떠나서 조선이 독자적으로 개발한 문자를 사용한다는 것을 대단히 큰 수치로 생각하였다. 그리고 당시의 조선의 사대부들은 성리학이나 성운학과 같은 형이상학적인 학문을 추구하고 있었다. 이들은 표음 문자인 훈민정음 글자를 철학적인 배경과 이론적인 체계를 갖추지 못한 하찮은 글자로 여겼다. 결국 최만리를 비롯한 조선의 사대부들은 언문 글자를 학문적으로나 철학적으로나 하잘것없는 의사소통의 도구로만 인식하였고, 나아가 세종이 주도하는 언문 글자의 창제와 보급 활동을 중화 문화를 배척하는 일로 보았던 것이다.

세종은 상소문을 읽고 나서 최만리 등을 불러서 크게 꾸짖었다. 그리고 그 죄를 물어서 상소문을 올리는 데 참여했던 '최만리(崔萬理), 신석조(辛碩祖), 김문(金汶), 정창손(鄭昌孫), 하위지(河緯之), 송처검(宋處儉), 조근(趙瑾)' 등을 의금부(義禁府)에 가두었으나, 이튿날에 명하여 그들을 방면했다. 그러나 최만리는 집현전의 부제학을 사직함으로써 자신의 생각을 굽히지 않았다.

비록 상소문 사건으로 최만리는 훗날의 역사에서 훈민정음 창제와 조선의 한자음 개혁에 반대한 보수주의자로 몰리기는 하였으나, 그의 주장이 터무니없는 것은 아니었다. 첫째로 상소문에서 제기한 6항목의 주장은 당대 조선의 사대부의 일반적인 생각을 반영한 것이었다. 최만리가 첫째 항목에서 독자적인 문자 창제가 사대모화(事大慕華)의 정신에 어긋난다고 밝힌 것은 현대의 역사가들에게 크게 비판을 받았으나, 이러한 주장 역시 당대의 조선 사대부의 일반적인 인식과 태도를 글로써 표현한 것이었다. 단지 최만리는 세종이 취했던 급진 개혁 정신을 이해하지 못했을 따름이었다. 둘째로 세종이 훈민정음을 이용하여 조선의 한자음을 인위적으로 개혁한 작업은 '동국정운식(東國正韻式) 한자음'을 제정하는 데까지 이르렀다. 그러나 이러한 '동국정운식 한자음'은 세종 사후 30년도 채 못 지나서 성종(成宗) 무렵에는 결국 폐지되고 말았다. 이로써 이 땅의 언중들이 오랫동안 사용하여서 이미 굳어진 조선의 한자음을 단기간의 문자 개혁을 통해서는 바꿀 수가 없다는 최만리의 생각이 옳았다는 것이 역사적으로 증명된 셈이다.

최만리의 <상소문>은 <세종실록> 권 103에 수록된 세종 26년 2월 20일의 기사에 실려 있다. 이 상소문을 통하여 최만리를 비롯한 당대의 사대부들이 훈민정음의 창제와 반포에 대하여 취했던 일반적인 생각과 훈민정음의 창제와 반포를 반대하는 논리를 알 수 있을 것으로 생각한다.

○ 庚子集賢殿部提學崔萬理等 上疏曰。

○ 庚子(경자, 2월 20일)에 집현전 부제학(集賢殿副提學)인 최만리(崔萬理) 등이 상소하여 말하였다.

臣等伏覩諺文制作 至爲神妙 創物運智 夐出千古。然以臣等區區管見 尙有可疑者 敢布危懇 謹疏于後 伏惟聖裁。

신(臣)들이 엎드려서 (주상께서) 언문(諺文)을 만드신 것을 살펴보았사옵니다만, (그 언문이) 신묘(神妙)함에 이르렀고 창물운지(創物運智)[1]가 저 멀리 천고(千古)에서 나왔습니다. 그러나 신들의 구구(區區)[2]한 관견(管見)[3]으로는 오히려 의심되는 것이 있어서, 감히 危懇(위간)[4]을 펴서 삼가 뒤에 글을 적사오니, 엎드려 성재(聖裁)[5]하시기를 바랍니다.

一 我朝自祖宗以來 至誠事大 一遵華制 今當同文同軌之時 創作諺文 有駭觀聽。儻曰諺文皆本古字 非新字也 則字形雖倣古之篆文 用音合字 盡反於古 實無所據。若流中國 或有非議之者 豈不有愧於事大慕華。

1. 우리 왕조(我朝)는 조종(祖宗)[6] 이래로 지성으로 사대(事大)[7]하여, 한결같이 중화(中華)의 제도를 준수(遵守)하였는데, 이제 (중국과) 동문동궤(同文同軌)[8]의 때를 당하여 언문을 창작하신 것은 보고 듣기에 놀라움이 있습니다. 혹시 '언문은 모두 옛 글자

1) 창물운지(創物運智) : 새로운 것을 창조하고 지혜를 운영하는 것이다.
2) 구구(區區) : 잘고 많아서 일일이 언급하기가 구차스러운 것이다.
3) 관견(管見) : 대롱 구멍으로 사물을 본다는 뜻으로, 좁은 소견이나 자기의 소견을 겸손하게 이르는 말이다.
4) 위간(危懇) : 위험을 무릅쓰고 간곡히 청하는 것이다.
5) 성재(聖裁) : 임금이 재가(裁可)하는 것이다.
6) 조종(祖宗) : 시조가 되는 조상이다.
7) 사대(事大) : 작은 나라가 큰 나라(중국)를 섬기는 것이다.
8) 동문동궤(同文同軌) : '거동궤서동문(車同軌書同文)'의 준말이다. 여러 지방의 수레의 너비를 같게 하고 글은 같은 글자를 쓰게 한다는 뜻으로, 천하가 통일된 상태를 이르는 말이다. 여기서는 같은 문화 생활을 하는 것을 이른다.

에 바탕을 둔 것이고 새 글자가 아니다.'라고 하신다면, 글자의 꼴은 비록 옛날의 전문(篆文)[9]을 본떴을지라도, 소리를 사용하고(用音) 글자를 합한(合字) 것[10]은 완전히 옛것에 반대되니, (그 말은) 실로 근거가 없습니다. 만일 (언문이) 중국에라도 흘러 들어가서 혹시라도 옳지 못함(非)을 의논하는 자가 있으면, 어찌 사대(事大) 모화(慕華)하는 데에 부끄러움이 없사오리까?

一 自古九州之內 風土雖異 未有因方言而別爲文字者 唯蒙古西夏女眞日本西蕃之類 各有其字 是皆夷狄事耳 無足道者。傳曰用夏變夷 未聞變於夷者也。歷代中國皆以我國有箕子遺風 文物禮樂 比擬中華。今別作諺文 捨中國而自同於夷狄 是所謂棄蘇合之香 而取蟷螂之丸也 豈非文明之大累哉。

1. 예부터 구주(九州)[11]의 안에 풍토가 비록 다르지만, 지방의 말(方言)에 따라 따로 글자를 만든 것이 없고, 오직 몽고(蒙古), 서하(西夏)[12], 여진(女眞), 일본(日本)과 서번(西蕃)[13]의 따위가 각기 그 글자가 있으나, 이는 모두 이적(夷狄, 오랑캐)의 일이므로 족히 말할 것도 없습니다. 전(傳)[14]에 이르기를, '화하(華夏)로써 이적(夷狄)을 변화시킨다.'[15] 하였으나, (화하가) 이적에 의해서 변했다는 것은 듣지 못하였습니다. 역대(歷代)로 중국에서는 모두 우리나라는 기자(箕子)[16]가 남긴 풍속이 있다 하였고, 문물과

9) 전문(篆文): 중국 고대의 문자체의 한가지이다. 이 책 158쪽 각주 8)의 내용 참조.

10) 용음합자(用音合字): 소리(音)를 사용하고 글자를 합하는 것이다. 여기서 '용음(用音)'은 훈민정음이 표음 문자인 것을 이르며, '합자(合字)'는 초성, 중성, 종성을 모아서 음절 단위로 표기한 것을 이른다.

11) 구주(九州): 중국 고대에 전국을 나눈 9개의 주이다.

12) 서하(西夏): 1038년에 티베트계 탕구트 족 탁발씨(拓跋氏)인 이원호가 간쑤(甘肅)와 내몽골의 서부에 세운 나라이다.

13) 서번(西蕃): 중국의 서쪽에 있던 여러 나라를 통틀어 이르는 말이다. 서역(西域)이라고도 한다. 지금의 '신장웨이우얼 자치구(新疆 維吾爾 自治區)'의 '톈산 남로(天山南路)'에 해당하는 타림 분지를 가리킨다.

14) 전(傳): 현인의 저서나 고서이다.

15) 용하변이(用夏變夷): 夏(하)나라, 곧 중국(中國)의 풍속(風俗)과 문화(文化)로써 오랑캐의 풍속(風俗)을 변화(變化)시키는 것이다.

16) 기자(箕子): 고조선 때에 있었다고 하는, 전설로만 전해지는 기자 조선(箕子朝鮮)의 시조(始祖)이다. 원래 중국 상나라(商)의 군주인 문정(文丁)의 아들로서 주왕(紂王)의 숙부(叔父)였다. 주왕(紂王)의 폭정(暴政)에 대하여 간언(諫言)하다 받아들여지지 않자 미친 척을 하여 유폐(幽閉)되었다. 상나라가 멸망한 뒤 석방되었으나 유민(遺民)들을 이끌고 주나라(周)를

예악을 중화에 비교하였습니다. 이제 따로 언문을 만드는 것은 중국을 버리고 스스로 이적(夷狄)과 같아지려는 것으로서, 이른바 소합향(蘇合香)[17]을 버리고 당랑환(螗螂丸)[18]을 취하는 것이니, 어찌 문명에 큰 누(累)가 아니겠습니까?

一 新羅薛聰吏讀 雖爲鄙俚 然皆借中國通行之字 施於語助 與文字元不相離。故雖至胥吏僕隷之徒 必欲習之 先讀數書 粗知文字 然後乃用吏讀。用吏讀者 須憑文字 乃能達意 故因吏讀而知文字者頗多 亦興學之一助也。若我國 元不知文字 如結繩之世 則姑借諺文 以資一時之用猶可 而執正議者必曰 與其行諺文以姑息 不若寧遲緩而習中國通行之文字 以爲久長之計也。而況吏讀行之數千年 而簿書期會等事 無有防礎者 何用改舊行無弊之文 別創鄙諺無益之字乎。若行諺文 則爲吏者專習諺文 不顧學問文字 吏員岐而爲二。苟爲吏者以諺文而宦達 則後進皆見其如此也 以爲二十七字諺文 足以立身於世 何須苦心勞思 窮性理之學哉。如此則數十年之後 知文字者必少。雖能以諺文而施於吏事 不知聖賢之文字 則不學墻面 昧於事理之是非 徒工於諺文 將何用哉。我國家積累右文之化 恐漸至掃地矣。前此吏讀 雖不外於文字 有識者尚且鄙之 思欲以吏文易之 而況諺文與文字 暫不干涉 專用委巷俚語者乎。借使諺文自前朝有之 以今日文明之治 變魯至道之意 尚肯因循而襲之乎。必有更張之議者 此灼然可知之理也。厭舊喜新 古今通患 今此諺文 不過新奇一藝耳 於學有損 於治無益 反覆籌之 未見其可也。

1. 신라 설총(薛聰)의 이두(吏讀)는 비록 천하고 촌스러우나, 모두 중국에서 쓰이고 있는 글자(문자)를 빌려서 어조사(語助辭)[19]로 사용하였기에, 문자(= 한자)와 원래 서로 동떨어진 것이 아닙니다. 그러므로 비록 서리(胥吏)[20]나 복례(僕隷)[21]의 무리에 이르

---

벗어나 북(北)으로 이주하였다. 조선(朝鮮) 시대에는 '기자동래설(箕子東來說)'에 근거하여 단군(檀君)과 함께 기자(箕子)의 제(祭)를 지냈으며, 그의 사당을 세우기도 하였다.

17) 소합향(蘇合香) : '소합향나무'의 수지를 원료로 하여 만든 향이다. 여러 가지 향을 섞어 끓여서 만든다.

18) 당랑환(螗螂丸) : 말똥구리(쇠똥구리)가 만든 말똥의 덩어리이다.

19) 어조사(語助辭) : '어조사'는 실질적인 뜻이 없이 다른 글자를 보조하여 주는 한문의 토이다. '焉', '也', '於', '矣' 따위가 있다. 여기서는 이두가 주로 국어의 문법적인 형태소(어미와 조사, 접미사) 등을 표기할 때 쓰이는 것을 이른다.

기까지라도 반드시 이두를 익히려 하면, 먼저 몇 가지 글을 읽어서 대강 문자를 알게 된 연후에야 이두를 씁니다. (이처럼) 이두를 쓰는 자는 모름지기 문자에 의지하여야 능히 뜻을 통할 수 있기 때문에, 이두로써 문자를 알게 되는 자가 자못 많으니, 역시 (이두가) 학문을 일으키는 데에 얼마간 도움이 됩니다.

만약 우리나라가 원래부터 문자를 알지 못하여 결승(結繩)[22]하는 세상이라면, 잠깐(姑) 언문을 빌려서 한동안 사용하게 하는 것은 오히려 가능할 것입니다. 그러나 올바른 의논을 고집하는 자는 반드시 말하기를, "언문을 임시 방편으로 시행하는 것은, 비록 더디고 느릴지라도 중국에서 통용하는 문자를 습득하여 길고 오랜 계획으로 삼는 것만 같지 못하다.'라고 할 것입니다. 하물며 이두는 시행한 지 수천 년이나 되어서, 부서(簿書)[23]나 기회(期會)[24] 등의 일에 방애(妨礙)됨이 없는데, 어찌 예로부터 시행하던 폐단 없는 글을 고쳐서 천하고 상스럽고 무익한 글자를 따로 만드십니까?

만약에 언문을 시행하면 관리가 된 자가 오로지 언문만을 습득하고 학문하는 문자를 돌보지 않아서 이원(吏員)이 나뉘어서 두 종류가 될 것입니다. 만일 관리 된 자가 언문을 배워 환달(宦達)[25]한다면, 후진(後進)이 모두 이러한 것을 보고 생각하기를, 27자의 언문[26]으로도 족히 세상에 입신(立身)할 수 있다고 할 것이니, 무엇 때문에 반드시 고심 노사(苦心勞思)[27]하여 성리(性理)의 학문을 궁구(窮究)하려 하겠습니까?

이렇게 되면 수십 년 후에는 문자(한문)를 아는 자가 반드시 적어질 것입니다. 비록 언문으로써 능히 이사(吏事)[28]에 시행할 수 있을지라도, 성현(聖賢)의 문자(글)를 알지 못하면 배우지 않아서 담(墻)을 (마주) 대하는 것처럼 사리(事理)의 옳고 그름에 어두울 것이니, 언문에만 헛되이 힘을 쓴들 장차 무엇에 쓸 것이옵니까? 우리나라에서 오래 쌓아 내려온 우문(右文)[29]의 교화가 점차로 땅을 쓸어 버린 듯이 없어질까 두렵습

---

20) 서리(胥吏) : 관아에 속하여 말단 행정 실무에 종사하던 구실아치를 이르는 말이다.
21) 복례(僕隷) : 시중꾼이다.
22) 결승(結繩) : 끈을 맺는 방법으로 의견을 교환하고 사물의 기억을 하게 하는 것이다.
23) 부서(簿書) : 관청의 장부와 문서이다.
24) 기회(期會) : 약속이나 회계(會計)이다.
25) 환달(宦達) : 관리로서 출세하여 영화로움에 이르는 것이다.
26) 27자 언문(二十七字諺文) : 훈민정음을 창제할 당시에는 초성 글자 가운데 'ㆆ' 글자가 포함되지 않아서 27자모 체계이었을 것으로 추정한다. 이후 <동국정운>의 한자음 체계를 정립하는 과정에서 자모 체계를 변경하여 약 2년 후에 훈민정음을 반포할 때에는 28자의 자모 체계를 완성한 것이다.
27) 고심 노사(苦心勞思) : 마음을 태우고 애를 쓰고, 몹시 근심하는 것이다.
28) 이사(吏事) : 아전 관리의 사무(事務)이다.

니다.

이(언문)에 앞서 (쓰인) 이두가 비록 문자에서 벗어난 것이 아닐지라도, 유식한 사람은 (이두를) 오히려 천하게 여겨 이문(吏文)[30]으로써 (이두를) 바꾸려고 생각하였는데, 하물며 언문은 문자와 조금도 관련됨이 없고 오로지 위항(委巷)[31]의 이어(俚語)[32]로 쓰는 것임에야? 가령 언문이 전조(前朝) 때부터 있었다 해도, 오늘의 문명의 정치가 변로지도(變魯至道)[33]하려는 뜻으로써, 오히려 언문을 그대로 물려받을 수 있겠습니까? 고쳐 새롭게 하자고 의논하는 자가 반드시 있을 것으로서 이는 환하게 알 수 있는 이치입니다. 옛것을 싫어하고 새것을 좋아하는 것은 고금의 통환(通患)[34]인데, 이 언문은 새롭고 기이한 한 가지 기예(技藝)[35]에 불과할 뿐이고, 학문에 손해가 있고 정치에 이로움이 없으므로, 아무리 되풀이하여 생각하여도 그것이 옳은 것을 발견할 수가 없습니다.

一 若曰如刑殺獄辭 以吏讀文字書之 則不知文理之愚民 一字之差 容或致冤。今以諺文直書其言 讀使聽之 則雖至愚之人 悉皆易曉而無抱屈者 然自古中國言與文同 獄訟之間 冤枉甚多。借以我國言之 獄囚之解吏讀者 親讀招辭 知其誣而不勝棰楚 多有枉服者 是非不知招辭之文意而被冤也明矣。若然則雖用諺文 何異於此? 是知刑獄之平不平 在於獄吏之如何 而不在於言與文之同不同也。欲以諺文而平獄辭 臣等未見其可也。

1. 만일에 말하기를, "형살(刑殺)[36]에 대한 옥사(獄辭)[37]같은 것을 이두 문자로 쓴다

29) 우문(右文) : 학문을 무예보다 높이 숭상하는 것이다.
30) 이문(吏文) : 조선 시대에 중국과 주고받던 문서에 쓰던 특수한 관용 공문의 용어나 문체이다. 자문(咨文), 서계(書契), 관자(關子), 감결(甘結), 보장(報狀), 제사(題辭) 따위와 같은 문서에 썼다.
31) 위항(委巷) : 좁고 지저분한 거리이다.
32) 이어(俚語) : 항간(巷間)에 떠돌며 쓰이는 속된 말이다.
33) 변로지도(變魯至道) : 선왕(先王)의 유풍만 있고 행하여지지 않던 노(魯)나라를 변하여 도(道)에 이르게 한다는 뜻이다.
34) 통환(通患) : 어느 곳, 어느 사람이나 두루 가지고 있는 폐해이다.
35) 기예(技藝) : 예술로 승화될 정도로 갈고 닦은 기술이나 재주이다.
36) 형살(刑殺) : 법을 어긴 죄인을 다스리는 것이다.
37) 옥사(獄辭) : 법정에서 피고가 자백한 범죄 내용의 기록이나, 재판의 판결서이다.

면, 문리(文理)를 알지 못하는 어리석은 백성이 (이두) 한 글자의 착오로 혹 원통함을 당할 수도 있겠다. 그러나 이제 언문으로 그 말을 직접 써서 읽어 듣게 하면, 비록 지극히 어리석은 사람일지라도 모두 다 쉽게 이해하여 억울함을 품을 자가 없을 것이다."라고 합니다. 그러나 예로부터 중국은 말과 글이 같아도 옥송(獄訟)[38] 사이에 원왕(冤枉)[39]한 것이 심히 많습니다. 가령 우리나라로 말하더라도, 옥에 갇혀 있는 죄수로서 이두를 이해하는 자가 친히 초사(招辭)[40]를 읽고서 허위인 줄을 알면서도 매를 견디지 못하여 그릇 항복하는 자가 많으니, (이로써) 초사의 글 뜻을 알지 못하여 원통함을 당하는 것이 아니라는 것이 명백합니다. 만일 (사실이) 그러하면 비록 언문을 쓴다 할지라도 무엇이 이와 다르겠습니까? 이것은 형옥(刑獄)[41]이 공평하고 공평하지 못함이 옥리(獄吏)가 어떠하냐에 있는 것이지, 말과 문자가 같고 같지 않은 것에 있지 않다는 것을 알 수 있습니다. 언문으로써 옥사(獄辭)를 공평하게 하고자 하는 것, 신(臣)들은 그것이 옳은 줄을 알지 못하겠습니다.

一 凡立事功 不貴近速。國家比來措置 皆務速成 恐非爲治之體。儻曰諺文不得已而爲之 此變易風俗之大者 當謀及宰相 下至百僚國人 皆曰可 猶先甲先庚 更加三思 質諸帝王而不悖 考諸中國而無愧 百世以俟聖人而不惑 然後乃可行也。今不博採群議 驟令吏輩十餘人訓習 又輕改古人已成之韻書 附會無稽之諺文 聚工匠數十人刻之 劇欲廣布 其於天下後世公議何如。且今淸州椒水之幸 特慮年歉 扈從諸事 務從簡約 比之前日 十減八九 至於啓達公務 亦委政府。若夫諺文 非國家緩急不得已及期之事 何獨於行在而汲汲爲之 以煩聖躬調燮之時乎。臣等尤未見其可也。

1. 무릇 일(事)의 공(功)을 세움에는 가깝고 빠른 것을 귀하게 여기지 않습니다. 그런데 국가가 근래에 조치하는 것이 모두 빨리 이루는 것을 힘쓰니, 이는 다스림의 근본에 어긋날까 두렵습니다. 만일 언문을 어쩔 수 없이 시행해야 한다고 하면, 이것은 풍속을 바꾸는 큰일이므로, 마땅히 재상(宰相)으로부터 아래로는 백료(百僚)[42]와 백성

---

38) 옥송(獄訟) : 형사상의 송사(訟事)를 이른다.
39) 원왕(冤枉) : 원통한 누명을 써서 억울한 것이다.
40) 초사(招辭) : 조선 시대에, 죄인이 범죄 사실을 진술하던 일이나, 그것을 적은 문서이다.
41) 형옥(刑獄) : 예전에 형벌과 감옥을 아울러서 이르던 말이다.
42) 백료(百僚) : 모든 벼슬아치이다.

에 이르기까지 함께 의논하되, 모두 옳다 하여도 오히려 선갑선경(先甲先庚)[43]하여 다시 세 번을 더 생각하고, 제왕(帝王)에게 질제(質諸)[44]하여 어그러지지 않고, 중국에 考諸(고제)[45]하여도 부끄러움이 없으며, 백세(百世)라도 성인(聖人)을 기다려 의혹됨이 없는 연후(然後)에라야 시행할 수 있습니다.

이제 널리 여러 사람의 의논을 모으지 않고 갑자기 이배(吏輩)[46] 10여 인에게 가르쳐 익히게 하며, 또 가벼이 옛사람이 이미 이룩한 운서(韻書)를 고치고 근거 없는 언문을 부회(附會)[47]하여 공장(工匠) 수십 인을 모아 이를 새겨서 급하게 널리 반포하려 하시니[48], 천하 후세의 공의(公議)[49]에 어떠하겠습니까?

또한 이번 청주(淸州) 초수리(椒水里)의 행차(行次)에서, 특히 연겸(年歉)[50]을 염려하시어 호종(扈從)[51]하는 모든 일을 힘써 간략하게 하셨으므로, 전일에 비교하면 10에 8, 9는 줄어들었고, 계달(啓達)[52]하는 공무(公務)에 이르러도 또한 의정부(議政府)에 맡기셨습니다. 저 언문 같은 것은 국가가 아주 급하고 부득이하게 기한에 미쳐야(及) 할 일도 아닌데, 어찌 행재(行在)[53]에서 그(= 언문의 일)를 급급(汲汲)하게 하시어서, 성궁(聖躬)[54]을 조섭(調燮)[55]할 때에 (성궁을) 번거롭게 하십니까? 신들은 더욱 그 옳음을

---

43) 선갑선경(先甲先庚) : '先甲'은 주역(周易)에 있는 '先甲三日 後甲三日 … 先庚三日 後庚三日'을 줄인 말이다. 여기서 '갑(甲)'은 창시하는 명령이고 '경(庚)'은 변경하는 명령이다. 곧 새로 만드는 법령이나 법령의 변경으로 백성들이 아직 파악하지 못한 까닭에, 법령을 선포하거나 변경하기 삼일 전에 간곡히 일러 주고, 법령을 반포하거나 변경한 3일 이후에 그 법령을 실시한다는 말이다.

44) 질제(質諸) : 어떠한 내용을 낱낱이 물어서 밝히는 것이다.

45) 고제(考諸) : 어떠한 내용을 낱낱이 물어서 상세(詳細)히 참고(參考)하거나 검토(檢討)하는 것이다.

46) 이배(吏輩) : 각 관아에 둔 구실아치이다.

47) 부회(附會) : 견강부회(牽强附會). 이치에 맞지 않는 말을 억지로 끌어 붙여 자기에게 유리하게 하는 것이다.

48) 최만리가 이 상소문을 올릴 즈음인 세종 26년 초에 중국의 운서인 <고금운회거요, 古今韻會擧要>에 수록된 한자에 훈민정음의 글자로써 음을 다는 작업을 진행하고 있었다. 최만리는 이 상소문에서 세종이 <고금운회거요, 古今韻會擧要>의 주음(注音) 작업을 서둘러서 하고 있는 것을 비판한 것이다.

49) 공의(公議) : 여럿이 의논하는 것이나 또는 그런 의논이다. 공론(公論).

50) 연겸(年歉) : 그 해의 농사가 흉년이 드는 것이다.

51) 호종(扈從) : 임금이 탄 수레를 호위하여 따르던 일. 또는 그런 사람.

52) 계달(啓達) : 조선 시대에, 신하가 글로 임금에게 아뢰던 일이다.

53) 행재(行在) : 행재소(行在所). 임금이 궁을 떠나 멀리 나들이할 때 머무르던 곳이다.

54) 성궁(聖躬) : 임금의 몸을 높여 이르는 말이다.

55) 조섭(調燮) : 건강이 회복되도록 몸을 보살피고 병을 다스리는 것이다. 조리(調理)

알지 못하겠습니다.

一 先儒云 凡百玩好 皆奪志 至於書札 於儒者事最近 然一向好着 亦自喪志。今東宮雖德性成就 猶當潛心聖學 益求其未至也。諺文縱曰有益 特文士六藝之一耳。況萬萬無一利於治道 而乃硏精費思 竟日移時 實有損於時敏之學也。

1. 선유(先儒)[56]가 이르기를, “모든 완호(玩好)[57]는 대개 (선비의) 뜻(志氣)을 빼앗는다. 편지 쓰기는 유자(儒者, 선비)의 하는 일에 가장 가깝지만, 오로지 그것만 좋아하면 역시 절로 뜻(志氣)이 상실된다.”라고 하였습니다. 이제 동궁(東宮)[58]이 비록 덕성이 성취(成就)되었을지라도, 오히려 성학(聖學)에 잠심(潛心)[59]하시어 더욱 그 이르지 못한 바를 구(求)해야 할 것입니다.

언문이 설령 유익하다고 말할지라도, 다만 문사(文士, 선비)의 육예(六藝)[60]의 한 가지일 뿐입니다. 하물며 만(萬)에 하나라도 (나라를) 다스리는 도리(治道)에 유익함이 없는데도, (언문에) 정신을 연마하고 생각을 허비하며, 하루를 다하면서 시간을 보내시니, 실로 시민(時敏)[61]의 학업에 손실이 될 것입니다.

臣等俱以文墨末技 待罪侍從 心有所懷 不敢含默 謹罄肺腑 仰瀆聖聰。

신들이 모두 문묵(文墨)[62]의 말기(末技)[63]로써 대죄시종(待罪侍從)[64]하고 있으므로, 마음에 품은 바가 있으면 감히 함묵(含默)할 수 없어서, 삼가 폐부(肺腑)[65]를 보여서

56) 선유(先儒) : 옛 선비이다.
57) 완호(玩好) : 진귀한 노리갯감. 또는 좋은 장난감이다.
58) 동궁(東宮) : ‘황태자’나 ‘왕세자’를 달리 이르던 말이다. 당시의 세자였던 훗날의 문종(文宗)을 가리킨다.
59) 잠심(潛心) : 어떤 일에 마음을 두어 깊이 생각하는 것이다.
60) 육예(六藝) : 고대 중국 교육의 여섯 가지 과목이다. 예(禮), 악(樂), 사(射), 어(御), 서(書), 수(數)를 이른다.
61) 시민(時敏) : 때에 맞는.
62) 문묵(文墨) : 시문을 짓거나 서화를 그리는 일이다.
63) 말기(末技) : 보잘것없는 재주이다.
64) 대죄시종(待罪侍從) : ‘대죄(待罪)’는 죄인이 처벌을 기다리는 것이다. 그리고 시종(侍從)은 조선 시대에, 홍문관의 옥당(玉堂), 사헌부나 사간원의 대간(臺諫), 예문관의 검열(檢閱), 승정원의 주서(注書)를 통틀어 이르던 말이다. 따라서 ‘대죄시종(待罪侍從)’은 신하들이 임금을 모시고 근무(勤務)한다는 것을 스스로 낮추어 이르는 것이다.

우러러 성총(聖聰)[66]을 어지럽힙니다."

上覽疏 謂萬理等曰。汝等云 用音合字 盡反於古。薛聰吏讀 亦非異音乎。且吏讀制作之本意 無乃爲其便民乎。如其便民也 則今之諺文 亦不爲便民乎。汝等以薛聰爲是 而非其君上之事 何哉。且汝知韻書乎。四聲七音 字母有幾乎。若非予正其韻書 則伊誰正之乎。且疏云 新奇一藝。予老來難以消日 以書籍爲友耳 豈厭舊好新而爲之。且非田獵放鷹之例也 汝等之言 頗有過越。且予年老 國家庶務 世子專掌 雖細事固當參決 況諺文乎。若使世子常在東宮 則宦官任事乎。汝等以侍從之臣 灼知予意 而有是言可乎。

상감(上監)께서 소(疏)를 보고, 만리(萬理) 등에게 말씀하셨다. "너희들이 말하기를, '음(音)을 사용하고 글자를 합한 것(用音合字)이 모두 옛것에 어긋난다.' 하였는데, 설총(薛聰)의 이두(吏讀)도 역시 (한자에서) 음을 달리한 것이 아니냐? 또 이두를 제작한 본뜻이 백성을 편리하게 하려 함이 아니하겠느냐? 만일 그것(이두)이 백성을 편리하게 한 것이라면, 이제의 언문도 역시 백성을 편리하게 하려 한 것이다. 너희들이 설총은 옳다 하면서 군상(君上, 임금)이 하는 일은 그르다 하는 것은 무엇이냐? 또 네가 운서(韻書)를 아느냐? 사성(四聲)과 칠음(七音)의 자모(字母)가 몇이나 있느냐? 만일 내가 그 운서(韻書)를 바로잡지 아니하면 누가 이를 바로잡을 것이냐?

또 소(疏)에 이르기를, '(언문을) 새롭고 기이한 하나의 기예(技藝)이다.'라고 하였다. 내가 늙어서 날(日)을 보내기 어려워서 서적으로 벗을 삼을 뿐인데, 어찌 옛것을 싫어하고 새것을 좋아하여 이 일을 하는 것이겠느냐? 또 (이 일은) 전렵(田獵, 사냥)이나 매사냥(放鷹)의 따위(例)도 아닌데, 너희들의 말은 너무 지나친 바가 있다. 그리고 내가 나이가 들어서 국가의 서무(庶務)를 세자에게 오로지 맡겼으니, 비록 조그만 일(細事)일지라도 (세자가) 참여하여 결정하는 것이 마땅하거늘, 하물며 언문이겠느냐? 만약 세자로 하여금 항상 동궁(東宮)에만 있게 한다면 환관(宦官)에게 일을 맡길 것이냐? 너희들이 시종(侍從)하는 신하로서 내 뜻을 훤히 알면서도 이러한 말을 하는 것이 옳은 것이냐?"

---

65) 폐부(肺腑) : 마음의 깊은 속이다.
66) 성총(聖聰) : 임금의 총명함이다.

萬理等對曰。薛聰吏讀 雖曰異音 然依音依釋 語助文字 元不相離。今此諺文 合諸字而竝書 變其音釋而非字形也。且新奇一藝云者 特因文勢而爲此辭耳 非有意而然也。東宮於公事則雖細事不可不參決 若於不急之事 何竟日致慮乎。

만리 등이 대답하여 말했다. "설총의 이두는 비록 음이 (한자와) 다르다고 하나, (한자의) 음(音)에 의지하고 (한자의) 새김(釋)에 의지하여, 어조사(語助辭, 토)와 문자(한자)가 원래 서로 떨어지지 않습니다. 이제 언문은 여러 글자를 합하여 함께 써서, 그 음과 새김을 바꾸어서 글자의 형상이 아닙니다. 또 새롭고 기이한 한 가지의 기예(技藝)라고 한 것은 특히 문세(文勢)[67]에 인하여 이 말을 한 것이지, (별다른) 뜻(意)이 있어서 그러한 것은 아닙니다. 동궁(東宮)은 공사(公事)라면 비록 조그마한 일일지라도 참여하여 결정하시지 않을 수 없으나, 만일 급하지 않은 일이라면 무엇 때문에 온종일 걱정하십니까?" 하였다.

上曰。前此金汶啓曰 制作諺文 未爲不可。今反以爲不可。又鄭昌孫曰 頒布三綱行實之後 未見有忠臣孝子烈女輩出。人之行不行 只在人之資質如何耳 何必以諺文譯之 而後人皆效之。此等之言 豈儒者識理之言乎。甚無用之俗儒也。前此上教昌孫曰。予若以諺文譯三綱行實 頒諸民間 則愚夫愚婦 皆得易曉 忠臣孝子烈女 必輩出矣。昌孫乃以此啓達 故今有是教。

상감께서 말씀하셨다. "전번에 김문(金汶)[68]이 아뢰기를 '언문을 제작함에 불가할 것은 없습니다.'라고 하였는데, 지금은 도리어 불가하다고 한다. 또 정창손(鄭昌孫)[69]은 말하기를, '<삼강행실, 三綱行實>[70]을 반포한 후에 충신, 효자, 열녀의 무리가 나온

67) 문세(文勢) : 글의 기세와 힘이다. 달리 말하면 글이 나타내는 의미 전달의 힘이다. 한자에는 표의 문자이므로 글자 자체에 어떠한 뜻이 있는 데 반해서, 표음 문자인 훈민정음은 글자가 특정한 의미를 나타내지 못한다. 따라서 표음 문자인 훈민정음이 표의 문자인 한자에 비하여 의미 전달 효과가 떨어지는 것을 말한 것이다.

68) 김문(金汶) : 조선 전기의 문신(?~1448)이다. 세종의 명을 받아 <의방유취, 醫方類聚>의 편찬에 종사하여, 김예몽(金禮蒙) 등과 함께 3년 동안 365권을 완성하였고, 뒤에 <사정전훈의, 思政殿訓義>도 편찬하였다.

69) 정창손(鄭昌孫) : 조선 세종에서 세조 때의 문신이다.(1402~1487) 한글 창제와 왕실의 불교 숭상을 반대하여 투옥된 바가 있으나, 후에 사육신의 단종 복위 음모를 고발하여 그 공으로 세조 때에 영의정에 올랐으며, 그 후 성종 때에도 영의정을 지낸 바가 있다.

것을 볼 수 없는 것은, 사람이 행하고 행하지 않는 것이 사람의 자질(資質) 여하(如何)에 있을 뿐입니다. 어찌 꼭 언문으로 그것(삼강행실)을 번역한 후에야 사람이 모두 그것을 본받겠습니까?' 하였다. 이따위 말이 어찌 선비가 이치를 아는 말이겠느냐? 아무짝에도 쓸데없는 속(俗)된 선비이다."

먼젓번에 상감께서 정창손에게 하교하여 말하였다. "내가 만일 언문으로써 <삼강행실, 三綱行實>을 번역하여 민간에 반포하면 어리석은 남녀가 모두 쉽게 깨달아서 충신, 효자, 열녀가 반드시 무리로 나올 것이다." 하였다. (그 전에) 창손이 이를 (상감에게 이미) 계달(啓達)[71]한 때문에 이제 (상감의) 이러한 하교(下交)가 있었던 것이다.

上又教曰。予召汝等 初非罪之也 但問疏內一二語耳。汝等不顧事理 變辭以對 汝等之罪 難以脫矣。

임금이 또 하교하기를, "내가 너희들을 부른 것은 처음부터 죄를 주려 한 것이 아니고, 다만 소(疏) 안에 한두 가지 말을 물으려 하였던 것뿐이다. 너희들이 사리를 돌아보지 않고 말을 바꾸어 대답하니, 너희들의 죄는 벗기가 어렵다."

遂下副提學崔萬理 直提學辛碩祖 直殿金汶 應教鄭昌孫 副校理河緯地 副修撰宋處儉 著作郎趙瑾于義禁府 翌日命釋之。唯罷昌孫職 仍傳旨義禁府 金汶前後變辭啓達事由 其鞫以聞。

드디어 부제학(副提學)인 최만리(崔萬理)[72], 직제학(直提學)인 신석조(辛碩祖)[73], 직전(直殿)인 김문(金汶), 응교(應教)인 정창손(鄭昌孫), 부교리(副校理)인 하위지(河緯之)[74], 부수찬(副修撰)인 송처검(宋處儉)[75], 저작랑(著作郎)인 조근(趙瑾)[76]을 의금부(義

---

70) 삼강행실(三綱行實) : 조선 시대에 설순 등이 왕명에 따라 펴낸 책이다. 우리나라와 중국의 서적에서 군신, 부자(父子), 부부 간(間)에 모범이 될 충신, 효자, 열녀들을 각각 35명씩 뽑아 그 행적을 그림과 글로 칭송하였다. 세종 14년(1432년)에 간행되었으며, 성종 12년(1481년)에는 한글로 풀이한 언해본이 간행되었다(3권 1책).

71) 계달(啓達) : 조선 시대에, 신하가 글로 임금에게 아뢰던 일이다.

72) 최만리(崔萬理) : 조선 세종 때의 문신, 학자이다(?~1445). 집현전 부제학, 강원도 관찰사를 지냈다. 훈민정음의 창제와 반포에 대하여 여섯 가지 이유를 들어 반대 상소를 올렸다.

73) 신석조(辛碩祖) : 조선 초기의 문신(1407~1459). 집현전 부제학과 대사헌을 지냈으며, 학문이 깊고 문장에 능하였다. 저서에 <연빙당집>이 있다.

禁府)에 내렸다가 이튿날 석방하라고 명하였다. 오직 정창손만은 파직(罷職)시키고, 인하여 의금부에 뜻을 전하여, "김문이 앞뒤에 말을 바꾸어서 계달(啓達)한 사유를 국문(鞫問)[77]하여 아뢰라." 하였다.

| 辛丑義禁府劾啓。金汶 律該對制上書詐不以實 杖一百徒三年。只贖杖一百。 |
|---|

다음날에[78] 의금부(義禁府)에서 조사하여 아뢰었다. "김문(金汶)은 율(律)이 대제상서사불이실(對制上書詐不以實)[79]에 해당하오니, 장(杖)[80] 1백 대에 도(徒)[81] 3년을 처하소서." 하니, 다만 장(杖) 1백 대를 속(贖)바치게[82] 하였다.

---

74) 하위지(河緯之) : 조선 전기의 문신·학자(1412~1456). 벼슬은 부제학·예조 판서에 이르렀다. 사육신의 한 사람으로 세조 2년(1456년) 단종의 복위를 꾀하다가 실패하여 처형당하였다. <역대병요>를 편찬하였으며, <화원악보>에 시조 2수가 전한다.

75) 송처검(宋處儉) : 미상(未詳).

76) 조근(趙瑾) : 세종, 세조, 성종 때의 문신이다.(1417~1475). 세종 20년에 식년 문과에 급제하여, 집현전박사를 거쳐 정언(正言), 이조정랑(吏曹正郞), 장령(掌令) 등을 역임하였다. 그는 문장에 뛰어나고 특히 해서(楷書)에 능해서 외교 문서를 많이 썼다.

77) 국문(鞫問) : 의금부와 같은 국청(鞫廳)에서 임금의 명령으로 형장(刑杖)을 가하여 중죄인(重罪人)을 신문하던 일이다.

78) 세종 26년(1444년) 2월 21일(辛丑)이다.

79) 대제상서사불이실(對制上書詐不以實) : 왕의 고문 자리에 있으면서도 사실대로 아뢰지 않은 죄이다.

80) 장(杖) : 장형(杖刑). 오형(五刑) 가운데 죄인의 볼기를 큰 형장으로 치던 형벌이다. 육십 대부터 백 대까지 다섯 등급이 있었다.

81) 도(徒) : 도형(徒刑). 조선 시대에, 오형(五刑) 가운데 죄인을 중노동에 종사시키던 형벌이다. 일 년, 일 년 반, 이 년, 이 년 반, 삼 년의 다섯 등급이 있었다. 이를 감하기 위해서는 징역 일 년에 대해 곤장 육십 대를 치고 한 등급마다 열 대씩 증가시켜 맞도록 하였다.

82) 속(贖) : 속바치다. 죄를 면하기 위하여 돈을 바치는 것이다.

# 4. <훈몽자회> '범례'의 풀이

<훈몽자회, 訓蒙字會>는 1527년(중종 22)에 최세진(崔世珍)이 어린이들에게 한자를 가르치기 위하여 편찬한 '한자 학습서'이다(목판본 3권 1책).

훈몽자회의 '인(引, 서문)'에는 최세진이 이 책을 편찬한 동기와 목적이 기술되어 있다. 그 당시 아동들은 대부분 <천자문, 千字文>과 <유합, 類合>으로 한자를 학습하였는데, 이들 책에는 아동들의 실제로 경험할 수 없는 고사(故事)나 추상적인 허자(虛字)가 많이 수록되어 있었다. 따라서 아동들이 경서(經書)와 역사책을 읽더라도 글자만 알고 그 글자가 나타내는 실제의 대상을 알지 못하는 문제가 있었다. 이에 최세진은 '새, 짐승, 풀, 나무'의 이름과 같이 생활 주변에서 흔히 볼 수 있는 사물에 대한 한자를 실어서 실자(實字)를 중심으로 한자를 교육할 수 있도록 자회(字會)를 편찬하였다.

훈몽자회는 상・중・하 3권으로 구성되어 있는데, 전체 한자 3,360자를 네 글자씩 종류별로 모으고 운(韻)을 맞추어서, 총 33항목으로 갈라 언문(諺文)으로 음과 뜻을 달았다. 먼저 상・중의 2권에는 주로 실체를 나타내는 2,240자의 '전실자(全實字)'를 취해서 32항목으로 나누어서 실었다. 이에 따라서 상권에는 '천문(天文), 지리(地理) 등을 비롯하여 16항목의 한자를 실었고, 중권에는 '인류(人類), 궁택(宮宅) 등을 비롯하여 16항목의 한자를 실었다. 끝으로 하권에는 '잡어(雜語)'라고 하여서 총 1,120자의 '반실반허자(半實半虛字)'를 실었다.

이 책의 상권 첫머리에 '범례(凡例)'가 실려 있는데[1], '범례'의 끝에 '언문 자모(諺文字母)'라 하여, 그 당시의 한글 체계와 용법에 대한 간단한 설명이 붙어 있다. 이 부분의 내용은 다음과 같이 세 가지로 정리할 수가 있다. 첫째, '諺文字母(俗所謂反切二十七字)'라고 하여 훈민정음의 28자 중에서 'ㆆ'이 빠진 27자의 문자 체계를 제시했다. 둘째, 언문 자모 27자를 초성종성통용팔자(初聲終聲通用八字), 초성독용팔자(初聲獨用八字), 중성독용십일자(中聲獨用十一字)로 나누었다. 셋째 각 글자에 '기역(其役), 니은(尼隱)……'과 같이 한글 자모의 이름을 표기하였다. 이렇게 정해진 글자 순서와 이름이 곧 현행 <한글 맞춤법>에서 사용하는 자모의 순서와 이름이 되었다.

---

* 원래 '범례(凡例)'는 서적의 앞부분의 한 구성 요소로 독자들에게 참고가 될 주의 사항 또는 참고 사항 등을 개조별(個條別)로 기술한 것으로, 흔히 '일러두기'라고 한다.

## 1. ('凡例'에서 한글을 소개하는 목적과 훈몽자회의 보급)

| 一. 凡在邊鄙下邑之人　必多不解諺文。 故今乃幷著諺文字母　使之先學諺文次學字會　則庶可有曉誨之益矣。其不通文字者　亦皆學諺而知字　則雖無師授亦將得爲通文之人矣。 |
|---|

1. 무릇 시골이나 지방 사람들 가운데에 언문(諺文)을 이해하지 못하는 사람이 반드시 많을 것이다. 그러므로 지금은 언문 자모(字母)를 함께 적어서 그들로 하여금 먼저 언문을 배우고 그 다음에 자회(字會)[1])를 배우게 하면, (한자를) 밝게 깨우치는 데 도움이 될 것이다. 한자를 모르는 사람도 역시 모두 언문을 배우고 글자를 알면, 비록 스승의 가르침이 없을지라도 역시 한문을 통하는 사람이 될 수 있을 것이다.

| 一. 凡在外州郡　刊布此書　每於一村一巷　各設學長　聚誨幼稺　勸施懲勤　竢其成童　升補鄕校國學之列　則人皆樂學　小子有造矣。 |
|---|

1. 무릇 지방에 있는 주(州)와 군(郡)에 이 책을 간행하여 배포하여, 각 촌(村)과 마을(巷)마다 학장(學長, 훈장)을 두고 유치(幼稺, 어린이)를 모아서 가르치고 권시징근(勸施懲勤)[2])하여, 아이가 자라기를 기다려서 향교(鄕校)나 국학(國學) 등에 승보(升補, 진학)시키면, 사람들이 모두 학문을 좋아하여 아이들이 성취하는 것이 있을 것이다.

## 2. (언문 글자의 체계와 사용법 소개)

### 2.1. (글자의 이름과 글자의 수)

| 諺文字母 俗所謂半切二十七字 |
|---|

**언문(諺文) 자모(字母)** 속간에서 말하는 반절(半切) 이십칠자(二十七字)이다.

---

1) 자회(字會) : 이 책의 제목인 <훈몽자회, 訓蒙字會>를 줄인 말이다.
2) 권시징근(勸施懲勤) : '권선징악(勸善懲惡)'과 동일한 뜻으로 쓰인다.

### 【풀이】 글자의 이름과 글자의 수

언문(諺文)을 일반적으로 '반절(半切)'이라고 불렀다는 것과 언문 자모의 수가 27자라는 것을 밝혔다.

글자에 대한 명칭은 세종 당시부터 '훈민정음(訓民正音), 정음(正音), 언문(諺文), 반절(半切)' 등 여러 가지 이름으로 불렀다. 이들 가운데서 최세진은 글자의 이름을 '언문'으로 정하고, 속간에서는 이를 '반절'로 부른다고 하였다.3)

그리고 언문 글자의 수를 훈민정음이 창제될 당시에 정한 28자에서 'ㆆ'를 제외하여 27자로 정하였다. 'ㆆ' 글자는 이미 세종이 훈민정음을 창제하던 당시부터 우리말의 표기에는 잘 쓰이지 않았던 것인데, 세조 때인 1465년에 간행된 <원각경언해, 圓覺經諺解>에서부터 쓰이지 않았다. 따라서 최세진은 당시에 사용되지 않았던 'ㆆ'를 언문의 기본 글자에서 제외하고 글자의 수를 27개로 정한 것이다.

## 2.2. (글자의 분류와 배열 순서, 글자의 이름)

初聲終聲通用八字

ㄱ其役 ㄴ尼隱 ㄷ池(末) ㄹ梨乙 ㅁ眉音 ㅂ非邑 ㅅ時(衣) ㆁ異凝

(末)(衣) 兩字只取本字之釋 俚語爲聲。
其尼池梨眉非時異八音 用於初聲。
役隱末乙音邑衣凝八音 用於終聲。

初聲獨用八字

ㅋ(箕) ㅌ治 ㅍ皮 ㅈ之 ㅊ齒 ㅿ而 ㅇ伊 ㅎ屎

(箕)字亦取本字之釋 俚語爲聲。

中聲獨用十一字

ㅏ阿 ㅑ也 ㅓ於 ㅕ余 ㅗ吾 ㅛ要 ㅜ牛 ㅠ由 ㅡ應不用終聲 ㅣ伊只用中聲 ㆍ思不用初聲

---

3) '반절(半切)'에 대하여는 이 책 22쪽의 각주 16)의 내용 참조하기 바란다.

**초성과 종성에 두루 쓰이는 여덟 자**(初聲終聲通用八字)

ㄱ其役 ㄴ尼隱 ㄷ池(末) ㄹ梨乙 ㅁ眉音 ㅂ非邑 ㅅ時(衣) ㆁ異凝

'末'과 '衣' 두 글자는 이 글자의 새김(뜻, 釋)만을 취하여 우리말(俚語)로 소리(聲)를 삼는다.
'其, 尼, 池, 梨, 眉, 非, 時, 異'의 여덟 자는 초성에 쓴다.
'役, 隱, (末), 乙, 音, 邑, (衣), 凝'의 여덟 자는 종성에 쓴다.

**초성에만 쓰는 여덟 자**(初聲獨用八字)

ㅋ(箕) ㅌ治 ㅍ皮 ㅈ之 ㅊ齒 ㅿ而 ㅇ伊 ㅎ屎

(箕)의 글자도 역시 이 글자의 새김(뜻, 釋)을 취하여 우리말(俚語)로 소리(聲)를 삼는다.

**중성에만 쓰는 열한 자**(中聲獨用十一字)

ㅏ阿 ㅑ也 ㅓ於 ㅕ余 ㅗ吾 ㅛ要 ㅜ牛 ㅠ由 ㅡ應不用終聲 ㅣ伊只用中聲 ㆍ思不用初聲

**【풀이】 낱글자의 분류와 배열 순서, 이름**

〈**낱글자의 분류와 배열 순서**〉 최세진은 언문의 글자를, 그것이 실현되는 자리(분포)에 따라서 세 가지로 분류하였다. 첫째로 '초성종성통용팔자(初聲終聲通用八字)'는 음절의 첫소리(초성)와 끝소리(종성)로 두루 사용할 수 있는 'ㄱ, ㄴ, ㄷ, ㄹ, ㅁ, ㅂ, ㅅ, ㆁ'의 자음 글자 8자를 말한다. 둘째로 '초성독용팔자(初聲獨用八字)'는 첫소리(초성)로만 쓰이는 'ㅋ, ㅌ, ㅍ, ㅈ, ㅊ, ㅿ, ㅇ, ㅎ'의 자음 글자 8자를 말한다. 셋째로 '중성독용십일자(中聲獨用十一字)'는 'ㅏ, ㅑ, ㅓ, ㅕ, ㅗ, ㅛ, ㅜ, ㅠ, ㅡ, ㅣ, ㆍ'의 모음 글자 11자를 이른다.

최세진이 글자의 순서를 위와 같이 배열한 데는 일정한 원칙이 있었다. 첫째로 자음 글자 중에서 먼저 초성과 종성에 두루 쓰여서 쓰임에 제약이 적은 '초성종성통용팔자(ㄱ, ㄴ, ㄷ, ㄹ, ㅁ, ㅂ, ㅅ, ㆁ)'를 배열하였고, 그 다음으로 초성으로만 쓰여서 쓰임에 제약이 있는 '초성독용팔자(ㅋ, ㅌ, ㅍ, ㅈ, ㅊ, ㅿ, ㅇ, ㅎ)'를 그 뒤에 배열하였다.

(1) ㄱ. 초성종성통용팔자 : ㄱ[牙] ㄴ[舌] ㄷ[舌] ㄹ[舌] ㅁ[脣] ㅂ[脣] ㅅ[齒] ㆁ[喉]
　 ㄴ. 초성 독용 팔자 : ㅋ[牙] ㅌ[舌] ㅍ[脣] ㅈ[齒] ㅊ[齒] ㅿ[半齒] ㅇ[喉] ㅎ[喉]

이렇게 자음 글자를 '초성종성통용팔자'와 '초성독용팔자'로 구분한 다음에는, 이들 글자에 대하여 각각 <훈민정음>에서 정한 발음 기관의 위치 순서인 '아음, 설음, 순음, 치음, 후음' 글자의 순으로 배열하였다.

둘째로 모음 글자인 '중성독용십일자'는 입을 크게 벌리고 발음하는 글자(口張)를 먼저 배열하고, 그 다음에 입을 작게 벌리면서 발음하는 글자(口蹙)를 배열하였다. 마지막으로 훈민정음에서 기본되는 상형 글자인 'ㅡ, ㅣ, ㆍ'를 맨 뒤에 배열하였다.

(2) 중성독용십일자 : ㅏ, ㅑ, ㅓ, ㅕ ; ㅗ, ㅛ, ㅜ, ㅠ ; ㅡ, ㅣ, ㆍ

(3) ㄱ. 口張 글자 : ㅏ[陽] ㅑ[陽] ㅓ[陰] ㅕ[陰]
　 ㄴ. 口蹙 글자 : ㅗ[陽] ㅛ[陽] ㅜ[陰] ㅠ[陰]
　 ㄷ. 상형 글자 : ㅡ ㅣ ㆍ

(3)에서 (ㄱ)의 'ㅏ, ㅑ, ㅓ, ㅕ'는 입을 크게 벌리면서(口張) 소리를 내는 글자이며, (ㄴ)의 'ㅗ, ㅛ, ㅜ, ㅠ'는 입을 작게 벌리면서(口蹙) 발음하는 모음 글자이다. 그리고 구장이나 구축의 글자 중에서는 'ㅏ, ㅑ'와 'ㅗ, ㅛ'와 같은 양성의 글자를 앞세웠으며, 'ㅓ, ㅕ'와 'ㅜ, ㅠ'와 같은 음성의 글자를 뒤에 배열했다. 끝으로 (ㄷ)의 'ㅡ, ㅣ, ㆍ'와 같이 훈민정음에서 상형의 기본 글자로 정한 상형 글자를 맨 나중에 배치했다.

〈**낱글자의 이름**〉 최세진은 글자의 이름을 한자의 음(音)을 따서 지었는데, '초성종성통용팔자'에는 두 음절로 된 이름을 붙였으며 '초성독용팔자'와 '중성독용팔자'에는 한 음절(單字)로 된 이름을 붙였다. 최세진이 지은 글자 이름은 단순히 글자의 이름만 나타내는 것이 아니라, 그 이름을 통해서 글자의 음가를 나타내었다.

(3) ㄱ. 초성의 음가 : 其[기] 尼[니] 池[디] 梨[리] 眉[미] 非[비] 時[시] 異[이]
　 ㄴ. 종성의 음가 : 役[역] 隱(은) 末[귿] 乙[을] 音[음] 邑[읍] 衣(옷) 凝[응]

예를 들어 '初聲終聲通用八字'인 'ㄱ, ㄴ, ㄷ, ㄹ, ㅁ, ㅂ, ㅅ, ㆁ'의 이름을 두 음절의 글자로써 정했는데, 이는 이들 글자가 초성과 종성에서 다 쓰였기 때문이다. 그러므로 이름의 첫 글자는 초성으로 쓰일 때의 글자의 음가를 나타내고, 두 번째 글자는 종성으로 쓰일 때의 글자의 음가를 나타낸다.

'初聲獨用八字'인 'ㅋ, ㅌ, ㅍ, ㅈ, ㅊ, ㅿ, ㅇ, ㅎ'은 초성으로만 쓰이지 종성으로는 쓰이지 않으므로, 한 음절의 한자로 이름을 정였다. 그리고 '中聲獨用十一字'인 'ㅏ, ㅑ, ㅓ, ㅕ, ㅗ, ㅛ, ㅜ, ㅠ, ㅡ, ㅣ, ㆍ'도 마찬가지로 한 음절의 한자로 이름을 정했다.

(4) ㅋ(箕)키 ㅌ治티 ㅍ皮피 ㅈ之지 ㅊ齒치 ㅿ而ᅀᅵ ㅇ伊이 ㅎ屎히

(5) ㅏ阿아 ㅑ也야 ㅓ於어 ㅕ余여 ㅗ吾오 ㅛ要요 ㅜ牛우 ㅠ由유 ㅡ應응 ㅣ伊이 ㆍ思ᄉᆞ

그런데 재미있는 것은 한자의 음으로 이름을 붙일 수 없는 글자에는 한자의 훈을 이용하여 이름을 붙였다는 점이다. 곧 (3ㄴ)의 'ㄷ(池末)', 'ㅅ(時衣)'과 (4)의 'ㅋ(箕)'에서 '末', '衣', '箕'의 글자는 각각 '귿', '옷', '키'로 읽었는데, 이는 한자의 훈(訓)을 이용하여 '귿', '옷', '키'로써 글자의 이름을 붙인 것이다.

### 2.3. (글자의 합용 방법)

初中聲合用 作字例

가 갸 거 겨 고 교 구 규 그 기 ᄀᆞ

以ㄱ其爲初聲 以ㅏ阿爲中聲 合ㄱㅏ爲字則가 此家字音也。 又以ㄱ役爲終聲 合가ㄱ爲字則각 此各字音也。 餘倣此。

初中終三聲合用 作字例

간肝 갇(笠) 갈(刀) 감(柿) 갑甲 갓(皮) 강江

ㄱㅋ下各音爲初聲 ㅏ下各音爲中聲作字 如가갸例作一白七十六字。 以ㄴ下七音 爲終聲作字 爲肝至江七字。 唯ㆁ之初聲ㅇ字音俗呼相近 故俗用初聲 則

皆用ㅇ音。 若上字有ㆁ音終聲 則下字必用ㆁ音 爲初聲也。 ㆁ字之音動鼻作聲 ㅇ字之音發爲喉中輕虛之聲而已。 故初雖稍異 而大體相似也。 漢音ㆁ音初聲或歸於尼音 或ㆁㅇ相混無別。

**초성과 중성을 합쳐서 만든 글자의 예**

가 갸 거 겨 고 교 구 규 그 기 ᄀᆞ

‘ㄱ其’로써 초성으로 삼고 ‘ㅏ阿’로써 중성을 삼아서, ‘ㄱ’과 ‘ㅏ’를 합쳐서 글자를 만들면 ‘가’가 되니, 이는 ‘家’ 글자의 음이다. 또 ‘ㄱ役’으로써 종성으로 삼아서 ‘가’와 ‘ㄱ’을 합쳐서 글자를 만들면 ‘각’이 되니, 이것이 ‘各’ 자(字)의 음이다. 나머지도 이와 같다.

**초성, 중성, 종성 세 소리를 합쳐서 만든 글자의 예**

간肝 갇笠 갈刀 감柹 갑甲 갓皮 강江

‘ㄱ’과 ‘ㅋ’ 아래의 각 음(音)은 초성으로 삼고 ‘ㅏ’ 아래의 각 음은 중성으로 삼아 글자를 만드니, ‘가’와 ‘갸’의 예와 같이 일백칠십여섯 글자를 만든다. ‘ㄴ’ 아래의 일곱 음으로써 종성으로 삼아 글자를 만드니, ‘간(肝)’에서 ‘강(江)’까지 일곱 글자이다.[4]

오직 ‘ㆁ’의 초성은 속간(俗間)에서 ‘ㅇ’자의 음과 서로 비슷하게 발음하므로, 속간에서 초성으로 쓰면 모두 ‘ㅇ’ 음으로 사용한다. 만일 앞 (음절)의 글자에 ‘ㆁ’ 음의 종성이 있으면 다음 (음절)의 글자에 반드시 ‘ㆁ’ 음을 써서 초성이 된다. ‘ㆁ’ 글자의 음은 코를 움직여서 소리를 내고, ‘ㅇ’자의 음은 목구멍의 안에서 나서 가볍고 빈 소리일 뿐이다. 그러므로 초성에서는 (‘ㆁ’과 ‘ㅇ’의 소리가) 비록 약간 다르지만 대체로 서로 비슷하다. 중국어의 소리에서 ‘ㆁ’ 음의 초성은, 혹은 ‘ㄴ(尼)’ 음에 귀착되거나, 혹은 ‘ㆁ’과 ‘ㅇ’이 서로 섞여서 구별이 없다.

4) ‘범례’의 기록에는 ‘간, 갇, 갈, 감, 갑, 갓, 강’에 제시된 ‘ㄴ, ㄷ, ㄹ, ㅁ, ㅂ, ㅅ, ㆁ’의 7종성이 언급되어 있다. 그러나 이에 앞서서 ‘각’의 예를 들었기 때문에, ‘ㄱ’을 종성에 쓰이는 글자의 예에서 제외시킨 것이다. ‘ㄱ’을 종성으로 쓰이는 글자에 포함시키면 종성으로 쓰이는 글자는 모두 8개가 된다.

**【풀이】 글자의 합용 방법**

〈**초성, 중성, 종성의 합용**〉 초성과 중성을 합용하여 음절 글자를 만드는 법을 소개하였다.

(6) ㄱ. 가 갸 거 겨 고 교 구 규 그 기 ᄀᆞ
  ㄴ. 각

(7) ㄱ. '가(家)' : ㄱ + ㅏ
  ㄴ. '각(各)' : 가 + ㄱ

예를 들어서 초성 'ㄱ'과 중성 'ㅏ'를 합용하여 '가(家)'의 글자를 만들며, 초성과 종성이 합용된 '가'와 종성인 'ㄱ'을 다시 합용하여 '각(各)'의 글자를 만든다고 설명하였다. <훈민정음 해례본>에서 초성, 중성, 종성의 합용하여서 음절 글자를 만드는 성음법을 제정하였는데, 최세진은 성음법의 원리를 (7)의 예로써 설명하였다.

〈**8종성**〉 종성으로 쓰일 수 있는 글자는 'ㄱ'을 비롯하여 'ㄴ, ㄷ, ㄹ, ㅁ, ㅂ, ㅅ, ㆁ'의 여덟 글자로 정했다.

(8) (각$_{\text{各}}$) 간$_{\text{肝}}$ 갇$_{\text{笠}}$ 갈$_{\text{刀}}$ 감$_{\text{柿}}$ 갑$_{\text{甲}}$ 갓$_{\text{皮}}$ 강$_{\text{江}}$

<훈민정음 해례본>에서는 '팔종성가족용(八終聲可足用)'이라고 하여 8개의 종성을 사용할 수 있다고 하였는데 이는 어디까지나 허용 규정이었다. 그러나 <훈몽자회>의 '범례'에서는 종성의 글자를 8개만로 규정함으로써 종성의 자리에서 8개 이외의 글자는 쓰일 수 없었다. 따라서 '형태 음소적인 표기법'을 포기하는 결과를 가져왔다.

〈**'ㆁ'과 'ㅇ'의 혼용**〉 원래 'ㆁ'은 아음(牙音)의 불청불탁의 소리이고 'ㅇ'은 후음(喉音)의 무음가의 소리이므로, 두 소리는 그 성격이 다르다. 그러나 속간에 있는 일반 사람들은 'ㆁ'과 'ㅇ'의 음을 초성의 자리에서는 잘 구분하지 못하여서, 흔히 초성의 'ㆁ'을 'ㅇ'으로 쓰는 경우가 많다는 것이다.[5)]

---

5) '범례'의 이와 같은 설명은 <훈민정음 해례본>의 '제자해'에서 밝힌 다음의 설명과 유사하다. 唯牙之ㆁ雖舌根閉喉聲氣出鼻 而其聲與ㅇ相似 故韻書疑與喩多相混用。(오직 어금닛소

15세기 중엽에는 초성의 자리에서도 /ㆁ/이 쓰였기 때문에 초성의 자리에서 'ㆁ' 글자와 'ㅇ' 글자가 구분되어서 쓰였다. 그러나 15세기 말부터 초성의 자리에서 /ㆁ/의 소리가 실현되지 않게 되자, 초성의 자리에서 'ㆁ' 글자가 쓰이지 않고 'ㅇ' 글자로 바뀌게 된 것이다. 결국 초성에서 /ㆁ/이 쓰이지 않게 된 결과로서, 그 전에 'ㆁ' 글자로 표기하던 것을 'ㅇ' 글자로 표기하는 과정에서 표기의 혼란이 생긴 현상을 지적한 것으로 보인다.

## 2.4. (사성과 방점의 표기법)

凡字音高低皆以字傍點之有無多少爲準。平聲無點　上聲二點　去聲入聲皆一點。平聲哀而安 上聲厲而擧 去聲淸而遠 入聲直而促 諺解亦同

믈읫 귿[1] 字ᄍᆞ音음의 노ᄑᆞ며 ᄂᆞᆽ가오미[2] 다 字ᄍᆞᆺ 겨틔 點뎜이 이시며 업스며 하며 져금으로[3] 보라믈[4] ᅀᅡ믈[5] 거시니 ᄂᆞᆽ가온 소ᄅᆡ옛[6] 字ᄍᆞᄂᆞᆫ 平평聲셩이니 點뎜이 업고 기리혀[7] 나죵[8] 들티ᄂᆞᆫ[9] 소ᄅᆡ옛 字ᄍᆞᄂᆞᆫ 上샹聲셩이니 點뎜이 둘히오[10] 곧고 바ᄅᆞ[11] 노ᄑᆞᆫ 소ᄅᆡ옛 字ᄍᆞᄂᆞᆫ 去거聲셩이니 點뎜이 ᄒᆞ나히오[12] 곧고 ᄲᆞᄅᆞᆫ[13] 소ᄅᆡ옛 字ᄍᆞᄂᆞᆫ 入입聲셩이니 點뎜이 ᄒᆞ나히라

리의 'ㆁ'은 비록 혀뿌리가 목을 막아 소리의 공기가 코로 나오지만 그 소리는 'ㅇ'과 비슷하다. 그러므로 운서(韻書)에서는 'ㆁ'과 'ㅇ'이 흔히 서로 혼용된다.)

1) 귿: 귿(← 긑: 끝, 終)
2) ᄂᆞᆽ가오미: ᄂᆞᆽᄀᆞ오[← ᄂᆞᆽ갑다, ㅂ불(낮다, 低): ᄂᆞᆽ(← ᄂᆞᆽ다: 낮다)- + -갑(형접, 강조)-]- + -ㅁ(← -옴: 명전) + -이(주조)
3) 져금으로: 젹(적다, 少)- + -음(← -움: 명전) + -으로(부조, 방편)
4) 보라믈: 보람(자격, 기준, 準) + -을(목조)
5) ᅀᅡ믈: 삼(← 삼다: 삼다, 爲)- + -을(관전) ※ 'ᅀᅡ믈'은 '사믈'의 오기이다.
6) 소ᄅᆡ옛: 소ᄅᆡ(소리, 音) + -예(← -에: 부조, 위치) + -ㅅ(-의: 관조)
7) 기리혀: 기리혀[길게 끌다: 길(길다, 長)- + -이(부접) + 혀(끌다, 引)-]- + -어(연어)
8) 나죵: 나중, 終(부사).
9) 들티ᄂᆞᆫ: 들티[들어 올리다: 들(들다, 擧)- + -티(강접)-]- + -ᄂᆞ(현시)- + -ㄴ(관전)
10) 둘히오: 둘ㅎ(둘, 二: 수사) + -이(서조)- + -오(← -고: 연어, 나열)
11) 바ᄅᆞ: [바로, 直(부사): 바ᄅᆞ(바르다, 直: 형사)- + -Ø(부접)]
12) ᄒᆞ나히오: ᄒᆞ나ㅎ(하나, 一: 수사) + -이(서조)- + -오(← -고: 연어, 나열)
13) ᄲᆞᄅᆞᆫ: ᄲᆞᄅᆞ(빠르다, 促)- + -ㄴ(관전)

> 諺언文문으로 사김ᄒᆞᆫ[14] ᄃᆡ[15] ᄒᆞᆫ가지라[16] ᄯᅩ 字ᄌᆞ돌히[17] 본ᄃᆡㅅ[18] 소ᄅᆡ 두고 다ᄅᆞᆫ ᄠᅳᆮ 다ᄅᆞᆫ 소ᄅᆡ로 ᄡᅳ면[19] 그 달이[20] ᄡᅳᄂᆞᆫ 소ᄅᆡ로 그 ᄌᆞᆺ귀예[21] 돌임[22] ᄒᆞᄂᆞ니 行녈힝 平평聲셩本본音음 行져제항 平평聲셩 行:힝 ·덕 :힝 去거聲셩

무릇 글자(한자)의 음의 높고 낮음은 모두 방점(傍點)이 있고 없으며 많고 적은 것으로 기준을 삼는다. 평성(平聲)은 점이 없고 상성(上聲)은 두 점이며 거성(去聲)과 입성(入聲)은 모두 한 점이다. 평성은 '애이안(哀而安)[23]'하며, 상성은 '여이거(厲而擧)[24]' 하며, 거성은 '청이원(淸而遠)[25]'하며, 입성은 '직이촉(直而促)[26]'하다. 언해(諺解, 언문)도 역시 같다.

무릇 끝 자음(字音)의 높으며 낮은 것이 다 글자(字)의 곁에 점(點)이 있으며 없으며 많으며 적은 것으로 기준을 삼을 것이니, 낮은 소리의 글자는 평성(平聲)이니 점(點)이 없고, 길게 끌어서 나중에 들어 올리는 소리의 글자는 상성(上聲)이니 점이 둘이고, 곧고 바로 높은 소리의 글자는 거성(去聲)이니 점이 하나이고, 곧고 빠른 소리의 글자는 입성(入聲)이니 점이 하나이다. 언문(諺文)으로써 새김한 데도 마찬가지이다. 또 글자들이 본디의 소리(성조)를 두고 다른 뜻 다른 소리(성조)로 쓰면 그 달리 쓰는 소리(성조)로 (인하여) 그 자구(字句)에 돌리는 표시[27]를 하느니, (예를 들면) 行갈행 평성 본음, 行저자항 평성, 行행적행 거성

---

14) 사김ᄒᆞᆫ: 사김ᄒᆞ[새김하다, 번역하다, 釋: 사기(새기다, 釋)- + -ㅁ(명접) + -ᄒᆞ(동접)-]- + -ㄴ(관전)
15) ᄃᆡ: ᄃᆡ(데, 處: 의명)
16) ᄒᆞᆫ가지라: ᄒᆞᆫ가지[한가지, 마찬가지, 同: ᄒᆞᆫ(한, 一: 관사) + 가지(가지, 類: 의명)] + -Ø(서조)- + -라(← -다: 평종)
17) 字ᄃᆞᆯ히: 字ᄃᆞᆶ[글자들: 字(자, 글자) + -ᄃᆞᆶ(복접)] + -이(주조)
18) 본ᄃᆡㅅ: 본ᄃᆡ(본디, 本) + -ㅅ(-의: 관조)
19) ᄡᅳ면: ᄡᅳ(↚ ᄡᅳ다: 쓰다, 用)- + -면(연어, 조건)
20) 달이: [달리(부사): 달(← 다ᄅᆞ다: 다르다, 異)- + -이(부접)]
21) ᄌᆞᆺ귀예: ᄌᆞᆺ귀[자구, 字句: ᄌᆞ(자, 字) + -ㅅ(사잇, 관조) + 귀(구, 句)] + -예(← -에: 부조, 위치)
22) 돌임: [동그라미 표시: 돌(돌다, 回)- + -이(사접)- + -ㅁ(명접)]
23) 애이안(哀而安): 슬프며 편안하다. <훈민정음 해례본>에서는 '안이화(安而和)'로 규정했다.
24) 여이거(厲而擧): 거세며 높다. <훈민정음 해례본>에서는 '화이거(和而擧)'로 규정했다.
25) 청이원(淸而遠): 맑고 멀다. <훈민정음 해례본>에서는 '거이장(擧而壯)'으로 규정했다.
26) 직이촉(直而促): 곧고 빠르다. <훈민정음 해례본>에서는 '촉이색(促而塞)'으로 규정했다.
27) 그 달리 쓰는 소리로 자구(字句)에 돌리는 것: 글자는 같지만 성조가 다르다는 것을 나타내기 위하여, 글자를 빙둘러서 동그라미의 표시를 하는 것이다.

**【풀이】 '사성(四聲)'과 '방점(傍點)'의 표기법**

한자음의 사성(四聲)과 방점(傍點)의 사용법에 대하여 설명하였다. 곧 방점에 따라서 한자음의 높낮이가 표기되는데, 평성(平聲)은 점이 없고, 상성(上聲)은 점이 두 개이며, 거성(去聲)과 입성(入聲)은 한 점으로 표기한다는 것이다. <훈민정음 해례본>에서는 입성에 대한 방점은 따로 규정하지 않은 데 비해서, 범례에서는 입성에 한 점을 찍게 한 것이 다르다.28)

한자음의 사성(四聲)의 종류와 방점(傍點)의 사용법을 다음과 같이 그림으로 풀이하였다.

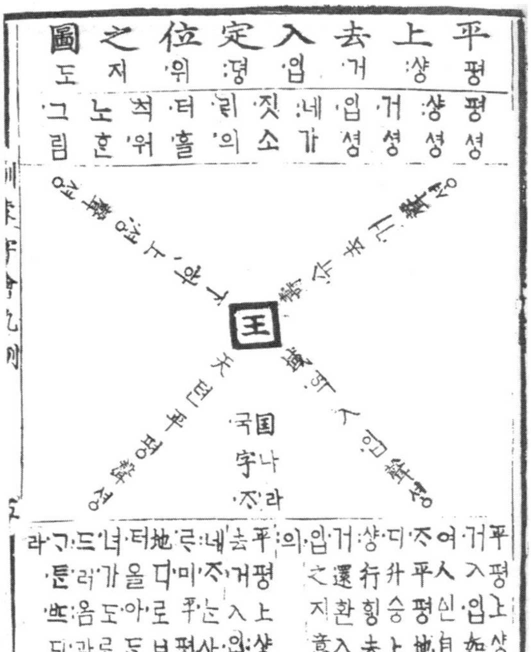


[그림 1. 사성과 방점의 설명 그림]

28) 이러한 차이는 최세진의 <훈몽자회> 범례에서는 기본적으로 중국어를 기준으로 하여 한자의 성조를 설명했기 때문에 생긴 것으로 보인다. 곧 당시 중국 한자음의 입성은 거성의 높낮이를 가진 한자 중에서 음절의 끝소리가 /k, t, p/인 한자의 성조였으므로, <훈몽자회>의 '범례'에서는 중국 한자음에 따라서 거성과 입성은 모두 한 점을 찍어서 표기하도록 규정한 것이다.

## 5. 조선 초기의 '한글 문헌' 일람표

### 가. 세종 때 간행된 문헌

| 책 이름 | 지은이 /편찬자 | 판본 및 해제 | 간행 연도 |
|---|---|---|---|
| 훈민정음 해례본 (訓民正音解例本) | 정인지 신숙주 박팽년 하위지 | '훈민정음' 글자의 제장 이론과 사용법을 밝힌 종합 해설서이다. 한문본으로 '御製 序', 例義, 解例(제자해, 초성해, 중성해, 종성해, 합자해, 용자례), 鄭麟趾 序'로 구성되어 있다. 1책. | 세종 28년 (1446년) |
| 훈민정음 언해본 (訓民正音諺解本) | 미 상 | <훈민정음 해례본>의 '御製 序', '例義'만을 언해한 책이다. <월인석보>의 첫머리에 실려 있다. | 미 상 (세종 때 ?) |
| 용비어천가 (龍飛御天歌) | 권 제 정인지 안 지 | 조선 왕조의 창업을 송영(頌詠)한 서사시로 한글로 엮은 책으로는 최초의 것이다. 125장의 歌詞와 人名, 地名 등이 표기되어 있다. 10권 5책. | 세종 31년 (1449년) 추정 |
| 석보상절 (釋譜詳節) | 수양대군 김수온 신 미 | 수양대군(首陽大君:세조)이 왕명으로 석가의 일대기를 찬술한 불경 언해서이다. 초간본은 6, 9, 13, 19, 20, 21, 23, 24권만 전하고, 권3과 11은 중간본도 전함. | 세종 29년 (1447년) |
| 월인천강지곡 (月印千江之曲) | 세 종(?) 김수온(?) | <석보상절>의 내용을 바탕으로 세종이 석가의 공덕을 찬송하여 지은 노래이다. 상권만 전하며, 194장의 가사가 있다. <월인석보>의 것을 보면 모두 580여 장이었던 것으로 추정된다. | 세종 31년 (1449년) 추정 |
| 동국정운 (東國正韻) | 신숙주 최 항 성삼문 | 세종 당시에 무원칙하게 쓰이고 있었던 조선 한자음의 표기를 표준화하기 위하여 편찬된 책이다. 6권 6책. | 세종 30년 (1448년) |
| 홍무정운역훈 (洪武正韻譯訓) | 신숙주 성삼문 조변안 | 한자의 중국음을 정확히 나타내기 위하여 편찬한 중국음에 대한 한글 주음 운서이다. 1375년에 발간된 중국의 <홍무정운, 洪武正韻>에 한글로 표음한 것이다. 16권. | 단종 3년 (1455년) |
| 사성통고 (四聲通攷) | 신숙주 | 조선 세종 때 <홍무정운역훈, 洪武正韻譯訓>이 너무 광대하여 보기에 불편하므로 간편하게 엮은 책이다. | 미 상 |

## 나. 세조 때 간행된 문헌

| 책 이름 | 지은이 /편찬자 | 판본 및 해제 | 간행 연도 |
|---|---|---|---|
| 월인석보 (月印釋譜) | 세 조 | 월인천강지곡과 석보상절을 합편한 것이다. 권1에 '훈민정음언해'가 실려 있다. 모두 25권이었던 듯하다. | 세조 5년 (1459년) |
| 능엄경언해 (楞嚴經諺解) | 세 조<br>한계희<br>김수온 | <능엄경>을 언해한 책으로서, <간경도감>에서 간행된 최초의 불경 언해서이다. 10권 10책의 활자본이다. | 세조 7년 (1461년) |
| 법화경언해 (法華經諺解) | 세 조 | <묘법연화경>에 세조가 구결 달고, 간경도감에서 번역한 책이다. 7권 7책. | 세조 9년 (1463년) |
| 금강경언해 (金剛經諺解) | 세 조<br>한계희<br>효령대군<br>해 초 | <금강반야바라밀경>을 한글로 토를 달고 번역한 책이다. 1권 1책. | 세조 10년 (1464년) |
| 선종영가집언해 (禪宗永嘉集諺解) | 세 조<br>신 미<br>효령대군 | 당나라 영가대사(永嘉大師)의 <선종영가집>을 언해한 책이다. 상하 2권. | 세조 10년 (1464년) |
| 아미타경언해 (阿彌陀經諺解) | 세 조 | 정토삼부경(淨土三部經)의 하나인 <불설아미타경>을 한글로 번역한 책이다. 1권 | 세조 10년 (1464년) |
| 반야심경언해 (般若心經諺解) | 세 조<br>한계희 | 당나라 법장(法藏)의 <반야심경약소, 般若心經略疏>에 대한 송나라 충희(忠希)의 주해본에 한글로 구결(口訣)을 달고 번역한 책이다. 1권 1책. | 세조 10, (1464년) |
| 원각경언해 (圓覺經諺解) | 간경도감 | 간경도감에서 <원각경>에 한글로 구결을 달고 번역하여 간행한 책이다. 10책 | 세조 11년 (1465년) |
| 목우자수심결언해 (牧牛子修心訣諺解) | 신 미 | 고려 중기 때의 승려인 목우자(牧牛子) 지눌(知訥)이 지은 <수심결, 修心訣>을 언해한 책이다. 1책. | 세조 13년 (1467년) |
| 오대산 상원사 중창 권선문 (五臺山上院寺重創勸善文) | 신 미<br>학 열<br>학 조 | 혜각존자(慧覺尊者) 신미(信眉)가 학열(學悅), 학조(學祖) 등과 함께 세조를 위하여 오대산 상원사를 중수할 때 지은 글. 2첩. | 세조 10년 (1464년) |
| 구급방언해 (救急方諺解) | 미 상 | 급한 병을 치료하는 方文을 번역. 의약서 언해 중 가장 오래된 것이다. 2권 2책. | 세조 12년 (1466년) |

## 다. 성종과 연산군 때 간행된 문헌

| 책 이름 | 지은이/편찬자 | 판본 및 해제 | 간행 연도 |
|---|---|---|---|
| 몽산화상법어약록언해(夢山和尙法語略錄諺解) | 신 미 | 원나라 말기의 고승인 몽산(蒙山)의 법어 중 6편의 법어와 보제존자의 법어 1편을 한글로 구결을 달고 언해한 책이다. 1권 | 성종 3년(1472년) |
| 금강경삼가해(金剛經三家解) | 학 조 | <금강반야바라밀경>에 대하여 '야부송, 종경제강, 함허설의'의 삼가(三家)를 택하여 구결을 달고 언해한 책이다. 5권 5책. | 성종 13년(1482년) |
| 남명집언해(永嘉大師證道歌南明泉禪師繼頌諺解) | 학 조 | 세종이 일부 번역한 <영가대사증도가남명천선사계송, 永嘉大師證道歌南明泉禪師繼頌>을 번역하여 간행한 책이다. 2권 2책. | 성종 13년(1482년) |
| 불정심경언해(佛頂心經諺解) | 인수대비 | <佛頂心陀羅尼經>, <佛頂心療病救産法>, <佛頂心救難神驗經>을 언해한 책이다. 3권 1책. | 성종 16년(1485년) |
| 영험약초(靈驗略抄) | 미 상 | <五大眞言>에 수록된 '大悲心陀羅尼·隨求卽得陀羅尼' 등 진언의 영험을 모은 <영험약초>를 언해한 책이다. 동국정운의 한자음 표기를 보여 주는 최후의 언해서이다. | 성종 16년(1485년) |
| 내훈(內訓) | 인수대비 | 중국의 <열녀전>, <소학>, <여교 女敎>, <명감, 明鑑>의 에서 부녀자들의 훈육에 요긴한 대목을 뽑아서 만든 책이다. 3권 4책. | 성종 6년(1475년) |
| 삼강행실도(三綱行實圖) | 설 순 | 세종 13년에 설순(偰循) 등이 왕명에 따라 조선과 중국의 서적에서 모범이 될 만한 충신, 효자, 열녀를 뽑아 행적을 그림과 글로 칭송한 책이다. 그후 이 책은 1481년(성종 12)에 한글로 번역되어 간행되었다. | 성종 12년(1481년) |
| 두시언해(分類杜工部詩諺解) | 의 침<br>유윤겸<br>유휴복<br>조 위 | 원명은 <分類杜工部詩諺解>이다. 원(元)나라 때 편찬된 <纂註分類杜詩>를 원본으로 삼아 두보의 시 1,647편 전부와 다른 사람의 시 16편에 주석을 달고 풀이한 책이다. 25권 | 성종 12년(1481년) |
| 구급간이방(救急簡易方) | 윤 호<br>임원준<br>허 종 | 우리나라의 구급방서(救急方書) 중 가장 완비된 책으로, 질병을 127종으로 나누어서 그 치료 방문을 모아 엮었다. 8권 8책. | 성종 20년(1489년) |

| | | | |
|---|---|---|---|
| 금양잡록<br>(衿陽雜錄) | 강희맹 | 조선 전기의 문신 강희맹(姜希孟)이 네 계절의 농사와 농작물에 대한 필요 사항을 기술한 농서(農書)이다. 1권 1책. | 성종 23년<br>(1492년) |
| 이로파<br>(伊路波) | 사역원<br>(司譯院) | 사역원(司譯院)에서 일본어 학습을 위하여 간행한 왜학서(倭學書)이다. 15세기 사역원에서 간행한 역학서 중 유일한 현존 왜학서로 일본 문자를 정음으로 표음했다. | 성종 23년<br>(1492년) |
| 악학궤범<br>(樂學軌範) | 성 현<br>유자광 | 왕명에 따라 제작된 악전(樂典)이다. 가사가 한글로 실려 있으며 궁중 음악은 물론 당악, 향악에 관한 이론 및 제도, 법식 등을 그림과 함께 설명하고 있다. 9권 3책. 고려가요가 수록되어 있다. | 성종 24년<br>(1493년) |
| 육조법보단경언해<br>(六祖法寶壇經諺解) | 미 상 | 당나라 육조 대사 혜능(惠能)의 어록을 제자들이 편집한 <六祖大師法寶壇經>에 구결을 달고 언해하여 간행하였다. 3권 3책의 목활자본으로서, 동국정운식 한자음을 쓰지 않고 현실음 위주로 표기했다. | 연산 2년<br>(1496년) |
| 시식권공<br>(施食勸供) | 학 조 | 이 책은 덕종비인 인수대왕대비가 승려 학조로 하여금 시식권공(施食勸供), 일용상행(日用常行) 등 불교에서 하는 여러 가지 행사들을 한글로 번역하여 간행하게 한 것이다. | 연산 2년<br>(1496년) |

## 라. 중종 때 간행된 문헌

| 책 이름 | 지은이<br>/편찬자 | 판본 및 해제 | 간행 연도 |
|---|---|---|---|
| 속삼강행실도<br>(續三綱行實圖) | 신용개 | <삼강행실도>의 속편으로 편찬한 책이다. 1책. | 중종 9년<br>(1514년) |
| 번역노걸대<br>(飜譯老乞大) | 최세진 | 전래의 한문본 <노걸대>를 언해한 중국어 학습서이다. 상인들의 여행과 교역에 관한 회화집이다. 2권 2책. | 1510년대 |
| 번역박통사<br>(飜譯朴通事) | 최세진 | <박통사> 원문의 한자에 한글로 음을 달고 번역한 책이다. 중국인의 생활 풍습과 제도 등에 관한 회화집이다. 3권 3책. | 1510년대 |

| | | | |
|---|---|---|---|
| 노박집람<br>(老朴集覽) | 최세진 | <번역노걸대>, <번역박통사>의 어려운 어구와 고유 명사 등을 뽑아 설명한 책이다. 1책. | 1510년대 |
| 사성통해<br>(四聲通解) | 최세진 | 한자(漢字)를 운(韻)에 의하여 분류한 자서(字書)이다. 말미에 사성통고의 범례가 실려 있고, 한글로 중국음을 표기했다. | 중종 12년<br>(1517년) |
| 이륜행실도<br>(二倫行實圖) | 조 신 | 왕명에 의해 장유(長幼)와 붕우(朋友)의 윤리를 진작하기 위하여 만든 책이다. 1책. | 중종 13년<br>(1518년) |
| 번역소학<br>(飜譯小學) | 김 전<br>최숙생 | 중국 송나라 유자징(劉子澄)이 편찬한 <소학>을 번역하여 언해한 책이다. 10권 10책. 총 10권 중 5권만 전한다. | 중종 13년<br>(1518년) |
| 여씨향약언해<br>(呂氏鄕約諺解) | 김안국 | 남송(南宋)의 주희(朱熹)가 첨삭, 주석한 <여씨향약>을 언해하여 간행한 책이다 경상도에서 간행하였으며, 한자 차자로 구결이 쓰였다. | 중종 13년<br>(1518년) |
| 정속언해<br>(正俗諺解) | 김안국 | 풍습을 바로 잡기 위하여 중국의 <정속편>을 언해하여 엮은 교화서이다. 목판본. 1권 1책. 경상도에서 간행하였으며, 한자 차자로 구결이 쓰였다. | 중종 13년<br>(1518년) |
| 간이벽온방<br>(簡易辟瘟方) | 김순봉<br>유영정<br>박세거 | 왕명에 의해 온역(瘟疫 : 돌림병)의 치료에 필요한 방문(方文 : 처방글)을 모아 엮은 의서(醫書)이다. 1권 1책. | 중종 20년<br>(1525년) |
| 훈몽자회<br>(訓蒙字會) | 최세진 | 종래에 보급되었던 <천자문, 千字文>과 <유합, 類合> 등이 일상생활과 거리가 먼 고사(故事)와 추상적인 내용이 많아 어린이들이 익히기에는 부적당하므로, 이를 보충하기 위하여 지은 책이다. 한자 3,360자에 釋, 音, 註를 단 한자 초학서이다. 3권 1책. | 중종 22년<br>(1527년) |
| 우마양저염역치료방<br>(牛馬羊猪染疫治療方) | 미 상 | 왕의 명령으로 소·말·양·돼지의 염역에 필요한 치료방들을 발췌, 초록하여 간행하였다. 이 책은 우리나라 우역사(牛疫史)나 수의사(獸醫史)를 밝히는 데 중요한 자료가 되고 있다. 1책. | 중종 36년<br>(1541년) |
| 분문온역이해방<br>(分門瘟疫易解方) | 김안국<br>등 | 온역(瘟疫, 돌림병)을 치료하는 방문을 언해한 책이다. 모든 서책 중에서 실시하기 쉬운 약방과 비치하기 쉬운 약재를 골라 약 이름과 채취법을 더하여 모두 한글로 번역, 간행하게 하였다. 1책. | 중종 37년<br>(1542년) |

## 마. 선조 때 간행된 문헌

| 책 이름 | 지은이/편찬자 | 판본 및 해제 | 간행 연도 |
|---|---|---|---|
| 칠대만법(七大萬法) | 미 상 | 조선 중기에 간행된 작자 미상의 불교 교리서이다. 이 책은 국한문 혼용의 언해 부문만 있고, 한문 원전은 없으므로, 한문을 언해한 책이 아니고 언문으로 직접 저술한 책으로 보인다. | 선조 2년(1569년) |
| 선가귀감언해(禪家龜鑑諺解) | 금화도인 | 휴정(休靜)이 한문으로 지은 <선가귀감>에 한글로 토를 달고 언해한 책이다. 2권 1책. | 선조 2년(1569년) |
| 천자문(千字文) | 미 상 | 석음(釋音)이 있는 <천자문>으로 지금까지 알려진 가장 오랜 책이다. 광주(光州)에서 간행된 것이다. | 선조 8년(1583년) |
| 석봉천자문(石峰千字文) | 한 호 | 한자 학습 입문서이다. 석봉(石峯) 한호(韓濩)가 왕명을 받아 천자문을 쓰고 한글로 훈(訓)과 음(音)을 달았다. 1책. | 선조 16년(1583년) |
| 신증유합(新增類合) | 유희춘 | <유합>을 증보하고 수정하여 편찬한 한자 입문서이다. 2권 1책. | 선조 9년(1576) |
| 초발심자경문(初發心自警) | 미 상 | 목우자(牧牛子) 지눌(知訥)의 <계초심학인문, 誡初心學人文>, 원효(元曉)의 <발심수행장, 發心修行章>, 고려 충렬왕 때의 고승 야운(野雲) 각우(覺牛)의 <야운자경서, 野雲自警序>의 3권을 1책으로 합본한 책이다. | 선조 10년(1577년) |
| 소학언해(小學諺解) | 교정청(校正廳) | 주자(朱子)의 <소학, 小學>을 한글로 번역한 책이다. 6권 4책. 중종 때 간행한 <번역소학>은 <소학>의 내용을 의역하였지만, 이 책에서는 <소학>을 직역하였다. | 선조 21년(1588년) |
| 대학언해(大學諺解) | 교정청 | <대학, 大學>의 원문에 한글로 토를 달고 언해한 책이다. 1책의 활자본. | 선조 23년(1590년) |
| 중용언해(中庸諺解) | 교정청 | <중용, 中庸>의 원문에 한글로 토를 달고 언해한 책이다. 1책 55장 | 〃 |
| 논어언해(論語諺解) | 교정청 | <논어, 論語>의 원문에 한글로 토를 달고 언해한 책이다. 4권 4책. | 〃 |
| 맹자언해(孟子諺解) | 교정청 | <맹자, 孟子>의 원문에 한글로 토를 달고 언해한 책이다. 14권 7책 | 〃 |

# 6. 훈민정음과 관련한 세종대왕의 해적이

<1397년, 태조 6년, 1살>

· 4월 10일. 정안군 이방원(李芳遠)의 셋째 아들로 한양에서 태어나다.

<1408년, 태종 8년, 12살>

· 2월, 충녕군(忠寧君)에 책봉되고 심온(沈溫)의 딸과 결혼하다.

<1412년, 태종 12년, 18살>

· 5월, 충녕 대군(忠寧大君)에 진봉되다.

<1418년, 태종 18년, 22살>

· 6월, 세자를 폐하여 양녕 대군(讓寧大君)으로 봉하고, 충녕 대군(忠寧大君)이 세자로 책봉되다.
· 8월, 태종이 세자인 충녕 대군에게 양위를 하다.

<1420년, 세종 2년, 24살>

· 3월, '집현전(集賢殿)'을 확장하여 영전사 · 대제학 · 제학 · 부제학 · 직제학 등의 녹관(祿官)을 두다.

<1427년, 세종 9년, 31살>

· 9월, '향약구급방(鄕藥救急方)'을 간행하여 반포하다.

<1432년, 세종 14년, 36살>

· 6월, 설순(偰循) 등이 '삼강행실도(三綱行實圖)'를 편찬하다.

<1443년, 세종 25년, 47살>

· 12월, '훈민정음(訓民正音)'을 창제하다.
· 12월, '언문청(諺文廳)'을 설치하다.

<1445년, 세종 27년, 49살>

· 4월, 정인지(鄭麟趾), 권제(權踶) 등이 '용비어천가(龍飛御天歌)'를 편찬하다.

<1446년, 세종 28년, 50살>

· 3월, 소헌왕후(昭憲王后) 심씨(沈氏)가 세상을 떠나다.
· 5월, '용비어천가'를 간행하다.
· 9월(양력 10월 上澣), 훈민정음을 반포하다.
· 10월, 공문서에 훈민정음을 사용하게 하다.
· 12월, 이과(理科) 및 사전(史典) 시험에 '훈민정음'을 시험 과목으로 정하다.

<1447년, 세종 29년, 51살>

· 2월, '용비어천가'를 주해하다.
· 7월, 수양대군(首陽大君) 등이 '석보상절(釋譜詳節)'을 편찬하다.
· 7월, '월인천강지곡(月印千江之曲)'을 짓기 시작하다.
· 9월, 신숙주(申叔舟), 최항(崔恒) 등이 '동국정운(東國正韻)'을 편찬하다.
· 11월, 신숙주(申叔舟)가 '사성통고(四聲通攷)'를 편찬하다.

<1448년, 세종 30년, 52살>

· 10월(추정), '동국정운'을 간행하다.

<1449년, 세종 31년, 53살>

· 12월, '석보상절'과 '월인천강지곡'을 간행하다.

<1450년, 세종 32년, 54살>

· 2월 17일(양력 4월 8일), 세종대왕이 승하하다.

# 【부록 2】 단원 정리 문제와 풀이

[문제 1] '훈민정음'의 이해

[문제 2] '어제 서'와 '예의'

[문제 3] 제자해

[문제 4] 초성해 · 중성해 · 종성해 · 합자해

[문제 5] 용자례

[문제 6] 정인지 서

# [ 단원 정리 문제 1 ]

## - '훈민정음'의 이해 -

### < 훈민정음 창제의 목적 >

1. 훈민정음 창제의 목적을 네 가지로 나누어서 설명하고, 이들 목적을 달성하기 위하여 발간된 서적을 밝히시오.

2. 한문으로써 국어의 입말을 적을 때에 생기는 문제점을 기술하시오.

3. '차자 표기(借字表記)'로써 국어의 입말을 적을 때에 생기는 문제점을 기술하시오.

4. 세종이 훈민정음 글자를 음소 문자로 개발한 이유를 설명하시오.

5. 음소 문자인 훈민정음 글자를 음절 단위로 모아서 적은 이유를 설명하고, <훈민정음 해례본>에서 '모아쓰기'를 직접적으로 규정한 문장을 한문으로 쓰시오.

6. <훈민정음 해례본>에서 '부서법(附書法)'의 규정을 찾아서 제시하고, 이 규정을 두게 된 이유를 설명하시오.

7. 세종 때 신숙주가 '동국정운 서'에서 밝힌 조선 한자음의 변이 양상을 설명하시오.

8. 세종이 <동국정운>을 발간한 목적을 설명하고, '동국정운식 한자음'의 긍정적인 의의와 함께 그 한계점을 밝히시오.

9. <조선 왕조 실록>의 기사(記事)나 <훈민정음 해례본>의 내용에서 훈민정음 글자의 창제 일시와 반포 일시를 밝힌 구절을 찾아서 한문 원문으로 쓰시오.

10. 현재의 '한글날'이 정해진 근거를 문헌적인 자료를 통해서 설명하시오.

### < 훈민정음의 반포 및 보급 >

1. 세종 때 최만리가 지은 '훈민정음 반대 상소문'의 6개 항의 내용을 요약하고, 현대적인 관점에서 그 타당성을 기술하시오.

2. 훈민정음에 대하여 당대 조선의 사대부들이 취한 태도를 최만리의 '상소문'의 내용을 참조하여 기술하시오.

3. 세조 시대와 성종 시대의 어문 정책과 언해 사업의 특징을 비교하여 기술하시오.

### < 훈민정음의 이본 >

1. <훈민정음 해례본>의 내용 체계를 요약하시오.

2. <훈민정음 언해본>의 종류와 각 언해본의 특징을 기술하시오.

### < 더 배우기 >

1. '표의 문자', '음절 문자', '음소 문자'의 개념을 예를 들어서 설명하시오.

2. '표의 문자'의 장점과 단점을 설명하시오.

3. 음소 문자인 훈민정음을 음절 단위로 모아서 쓸 때의 장점과 단점을 설명하시오.

4. 차자 표기(借字表記)인 '이두(吏讀), 향찰(鄕札), 구결(口訣)'의 차이를 설명하시오.

5. 전기의 이두인 '서기문식 표기법'과 후기의 '전형적인 이두'를 비교하여 설명하시오.

6. 보기 1은 1940년 5월에 경주군 견곡면 김척리에 있는 석장사 터의 뒤 언덕에서 발견된 '임신서기석(壬申誓記石)'에 새겨진 초기 형태의 이두이다. 이 문장에서 밑줄 친 부분을 정상적인 한문의 문장으로 고치시오.(어순의 변동과 어조사 첨가)

[ 보기 1 ]

(가) 任申年六月十八日, 二人幷誓記, 天前誓, 今自三年以後, 忠道執持, 過失无誓, 若此事失, 天大罪得誓, 若國不安大亂世, 可容行誓之, 又別先辛未年 七月廿二日大誓, 詩尙書禮傳倫得誓三年

(나) 임신년 6월 18일 둘이 함께 맹서하여 기록한다. 하늘 앞에 맹서한다. 지금으로부터 3년 이후에 충도를 집지하고 과실이 없기를 맹서한다. 만일 이 일(서약)을 잃으면(어기면) 하늘에 큰 죄를 얻을 것이라고 맹서한다. 만일 나라가 편안치 않고 크게 세상이 어지러우면 가히 모름지기(충도를) 행할 것을 맹서한다. 또 따로 앞서 신미년 7월 22일에 크게 맹서하였다. '시, 상서, 예기, 춘추전(좌전)'을 윤득(차례로 습득)하기를 맹서하되 3년으로써 하였다.

7. 보기 2에 쓰인 (가)의 문장은 <대명률직해>에 쓰인 이두문이다. 이 문장의 밑줄친 부분을 이두문으로 읽어 보시오.

[보기 2]

(가) 凡奴婢<u>亦</u> 家長<u>乙</u> 犯打<u>爲在乙良</u> <u>並只</u> 斬<u>齊</u> [대명률직해]

(나) 무릇 노비(奴婢)<u>가</u> 가장(家長)<u>을</u> 범(犯)하여 때리<u>거든</u> <u>반드시</u> 참(斬)<u>하라</u>.

8. 보기 3의 글은 <삼국유사 권 2>의 망해사(望海寺) 조(條)에 실린 처용가(處容歌)의 노랫말인데, 이 노래는 향찰로 표기되어 있다. (가)의 향찰 노랫말을 읽을 때 음(音)으로 읽는 한자와 훈(訓)으로 읽는 한자를 구분하고, 각 한자에 대응되는 언어 형식을 (나)에서 고르시오.(양주동 1965:378 이하의 내용이나 허웅 1983:284쪽의 내용을 참조할 것.)

[보기 3]

(가) 入良沙 寢矣 見昆 脚烏伊 四是良羅 二肹隱 吾下於叱古 二肹隱 誰支下焉古

(나) 드러ᅀᅡ 자리 보곤 가ᄅᆞ리 네히어라. 둘흔 내해엇고 둘흔 뉘해언고

① 훈독 한자: 入(들-)

② 음독 한자: 良沙(-어ᅀᅡ)

9. '향찰(鄕札)'이 통일 신라 시대에 향가를 표기하는 데에만 쓰였고, 그 이후에는 쓰이지 않게 된 이유를 설명하시오.

## [단원 정리 문제 2]

### – ‘어제 서’와 ‘예의’ –

1. <훈민정음 해례본>의 본문(本文)의 짜임을 설명하시오.

2. <훈민정음 해례본>의 ‘어제 서(御製 序)’에 나타난 ‘훈민정음’ 창제의 목적을 요약하시오.

3. <훈민정음 해례본>의 ‘예의(例義)’에서 글자의 모양과 음가를 설명한 순서를 정한 원리를 설명하시오.

   (가) 초성 글자를 배열한 원리 :

   (나) 중성 글자를 배열한 원리 :

4. <훈민정음 해례본>의 예의에서 ‘글자의 운용법’에 대한 해당 규정을 한문으로 적고, 그 내용을 예를 들어서 설명하시오.

   (가) 종성법(終聲法) :

   (나) 연서법(連書法) :

   (다) 병서법(竝書法) :

   (라) 부서법(附書法) :

   (마) 성음법(成音法) :

   (바) 사성법(四聲法) :

5. <훈민정음 언해본>과 <훈민정음 해례본>을 비교하여 한자음의 표기가 상이한 이유를 설명하시오.

6. <훈민정음 언해본>을 <훈민정음 해례본>과 비교해 보면, <해례본>에는 없는 규정이 <언해본>에 추가되어 있다. 이 추가된 규정을 지적하고, 이 규정의 구체적 내용을 설명하시오.

# [단원 정리 문제 3]

## - 제자해 -

1. 훈민정음 글자를 만드는 데에 배경이 된 철학 사상을 약술하시오.

2. <훈민정음 해례본>에서 훈민정음 제자의 '일반 원리'를 기술한 한문 문장을 옮겨 적으시오.

3. 훈민정음 글자를 만드는 데 적용된 일반 원리로서 '상형(象形)'을 택한 이유를 설명하시오. 그리고 한자의 제자 원리인 '상형'과 훈민정음의 제자 원리인 '상형'을 비교하여 그 공통점과 차이점을 설명하시오.

4. 훈민정음의 초성 글자 중에서 제자의 기준이 되는 다섯 글자(상형자)를 밝히고, 그 다섯 글자를 으뜸자로 선정한 기준을 설명하시오.

5. 훈민정음의 초성 글자를 제자한 원리에 따라서 표 1에 초성 글자를 넣으시오.

| 조음점 | 상형의 대상 | 상형자 | 1차 가획자 | 2차 가획자 | 이체자 |
|---|---|---|---|---|---|
| 아음(牙音) | 舌根閉喉之形 | | | | |
| 설음(舌音) | 舌附上腭之形 | | | | |
| 순음(脣音) | 口形 | | | | |
| 치음(齒音) | 齒形 | | | | |
| 후음(喉音) | 喉形 | | | | |

[ 표 1. 초성 글자의 가획 원리 ]

6. <훈민정음>에서 'ㄹ'과 'ㅿ'의 글자를 각각 '반설음(半舌音)'과 '반치음(半齒音)'으로 부른 이유를 설명하시오.

7. <훈민정음> '제자해'에서는 초성 글자를 만들 때의 철학적인 배경으로서, 발음 기관의 생리적인 특성과 소리의 음상, 오행(五行) 등을 설명했다. 아래의 보기 1에서 적절한 사항을 골라서 표 2의 빈칸에 넣으시오.

[ 보기 1 ]

(가) 생리적 특성 : 剛而斷, 方而合, 邃而潤, 銳而動, 錯而長
(나) 음상(音相) : 似喉而實, 屑而滯, 轉而颺, 含而廣, 虛而通
(다) 오행(五行) : 金, 木, 水, 土, 火
(라) 사시(四時) : 季夏, 冬, 秋, 春, 夏

| 오성 | (생리적 특성) | (음상) | 오행 | 사시 |
|---|---|---|---|---|
| 喉 | | | | |
| 牙 | | | | |
| 舌 | | | | |
| 齒 | | | | |
| 脣 | | | | |

[ 표 2. '오성', '오행', '사시'의 대응 관계 ]

8. <훈민정음>의 제자해에서는 초성 글자의 소리 체계를 '성음(聲音)'과 '청탁(淸濁)'에 따라서 표 3과 같이 분류하였다. 아래의 물음에 답하시오.

(가) 표 3의 빈칸에 들어갈 15세기 초성의 소리를 넣으시오.(단, 치음의 전청과 전탁의 자리에는 각각 두 개의 소리가 들어간다.)

| 청탁(淸濁) / 성음(聲音) | 全淸 | 次淸 | 全濁 | 不淸不濁 |
|---|---|---|---|---|
| 牙 音 | | | | |
| 舌 音 | | | | |
| 脣 音 | | | | |
| 齒 音 | | | | |
| 喉 音 | | | | |
| 半舌音 | | | | |
| 半齒音 | | | | |

[ 표 3. 초성 글자의 소리 체계 ]

(나) 소리의 '청탁(淸濁)'과 관련하여, '전청(全淸), 차청(次淸), 전탁(全濁), 불청불탁(不淸不濁)' 소리의 음성적 특징을 현대 음성학에서 쓰는 용어로 설명하시오.

(다) 표 3에 제시된 초성의 소리 체계와 5번 문제의 표 1에 제시된 초성의 글자 체계를 비교하여, 그 차이점을 설명하시오.

(라) 표 3에서 분류한 '전탁'의 일부 소리와 '후음의 전청'의 자리에 들어갈 소리는 15세기 당시의 순 우리말에는 잘 쓰이지 않았다. 그럼에도 불구하고 이러한 소리들이 초성의 소리 체계에 포함된 이유를 설명하시오.

9. 훈민정음의 초성 글자를 '상형자, 1차 가획자, 2차 가획자'로 분류한 일반적인 기준을 훈민정음의 글자로서 예를 들어서 설명하시오.(표 3에 제시된 초성의 '청탁(淸濁)'과 관련시켜서 설명하시오.)

10. ‘ㅇ’ 글자는 일반적으로 음가가 없는 것으로 알려져 있다. 그럼에도 불구하고 <훈민정음>에서 ‘ㅇ’의 소리를 ‘불청불탁(不淸不濁)’의 소리로 처리한 이유를 설명하시오.

11. ‘ㆁ, ㄹ, ㅿ’의 글자가 이체 글자로 처리된 이유를 ‘상형의 원리’와 ‘가획의 원리’를 이용하여 설명하시오.

12. <훈민정음>에서는 ‘아음(牙音)의 불청불탁(不淸不濁)’ 소리인 /ŋ/을 나타내는 ‘ㆁ’ 글자의 모양을 예외적으로 후음(喉音)의 발음 기관을 본떠서 만들었다. 이와 관련하여 다음의 물음에 답하시오.

   (가) 만일 /ŋ/의 소리에 대응되는 글자를 아음의 발음 기관을 본떠서 만들었다고 가정하면, 다른 아음 소리인 전청의 /k/와 차청의 $/k^h/$에 대응되는 글자는 어떤 모습이었을까? (참고: 가획의 원리를 적용해 볼 것.)

   (나) /ŋ/에 대응되는 글자의 모양을 후음(喉音) 글자인 ‘ㅇ’에 가획하여서, ‘ㆁ’으로 만든 까닭을 <훈민정음>에서는 어떻게 설명하고 있는가?

13. <훈민정음>에서는 ‘전탁(全濁)’의 소리가 되는 과정을 보기 2와 같이 설명하고 있다. 보기 2의 내용을 참조하여 다음 물음에 답하시오.

[보기 2]

全淸竝書則爲全濁　以其全淸之聲凝則爲全濁也。
(전청을 나란히 쓰면 전탁이 되는 것은 전청의 소리가 엉기면 전탁이 되기 때문이다.)

   (가) 아래 표 5의 빈칸에 들어갈 전탁 글자를 넣으시오.(단, 후음(喉音)에는 보기 2의 원칙이 적용되지 않는다.)

|  | 牙音 | 舌音 | 脣音 | 齒音 |  | 喉音 |
|---|---|---|---|---|---|---|
| 全濁 |  |  |  |  |  |  |

[표 5. 전탁과 병서 글자]

   (나) <훈민정음>에서 보기 2의 원칙에 따르지 않고, 후음 전탁 글자를 예외적인 방법으로 만든 이유를 설명하시오.

14. 15세기 국어에서 전탁음을 표기하는 병서 글자는 주로 한자음을 표기하는 데에 쓰였고, 순 우리말에는 아주 제한된 음운론적 환경에서만 쓰였다. 순 우리말에 전탁음의

병서 글자가 쓰인 예를 들고 그것이 실현된 음운론적 환경을 설명하시오.

15. <훈민정음>에서는 순경음(脣輕音) 글자를 만드는 방법과 그 음가를 보기 3과 같이 설명하였다. 보기 3의 내용을 참조하여 다음 물음에 답하시오.

[보기 3]

ㅇ連書脣音之下 則爲脣輕音者 以輕音脣乍合而喉聲多也。
('ㅇ'을 입술소리의 아래에 이어서 쓰면 '입술 가벼운 소리'가 되는 것은, 소리를 가볍게 냄으로써 입술이 가볍게 합쳐지고 목소리가 많기 때문이다.)

(가) 순경음(脣輕音) 글자 중에서 실제로 순 우리말을 적는 데에 쓰였던 글자를 지적하고, 그 글자의 소리를 '국제 음성 부호(I.P.A)로 전사하시오.
(나) 순경음 글자 중에서, 순 우리말을 적는 데는 사용되지 않고 당시의 조선 한자음을 적는 데에만 쓰인 글자를 지적하시오.
(다) 문제 (가)에서 해당 글자가 쓰인 15세기 국어의 예를 들고, 그 순경음 글자가 쓰인 음운론적 환경을 설명하시오.
(라) 'ㅸ' 글자의 소리가 현대 국어에 쓰인 단어의 예를 들어 보시오.(참고: 현대어에서 /ㅂ/ 음소의 변이음을 고려할 것.)

16. <훈민정음>에서는 중성 글자의 제자의 기준이 되는 /·, ㅡ, ㅣ/를 '으뜸 소리'로 정하였다. 이 세 가지의 소리를 으뜸 소리로 정한 원칙을 보기 4의 내용에서 가려서 표 6의 빈칸에 넣으시오.

[보기 4]

(가) **음양의 대립**: 중성, 양성, 음성
(나) **소리의 특징**: 가장 중립적인 소리, /ㅜ/와 /ㅓ/의 중간 소리, /ㅗ/와 /ㅏ/의 중간 소리

| 으뜸 소리 | 음양 | 소리의 특징 |
|---|---|---|
| /·/ | | |
| /ㅡ/ | | |
| /ㅣ/ | | |

[표 6. 으뜸 소리의 선정 원리]

17. <훈민정음>에서는 제자의 기준이 되는 상형자를 '·, ㅡ, ㅣ'로 정하고, 이들 글자의 조음 방식과 함께 청각적인 인상을 기술하였다. 이와 관련해서 보기 5에서 적절한 표현을 골라서 표 7의 빈칸에 넣으시오.

[보기 5]

(가) 음 가 : /i/, /ɨ/, /ʌ/
(나) 조음 방법 : 설불축(舌不縮), 설소축(舌小縮), 설축(舌縮)
(다) 청각적 인상 : 불심불천(不深不淺), 성심(聲深), 성천(聲淺)
(라) 음성학적 해석 : 전설모음, 중설모음, 후설모음

| 글자 | 음가 | 음성학적 특징 | | |
|---|---|---|---|---|
| | | 조음 방법 | 청각적 인상 | 현대 음성학의 해석 |
| · | | | | |
| ㅡ | | | | |
| ㅣ | | | | |

[표 7. 상형자의 조음 방법과 청각적인 인상]

18. <훈민정음>에서는 으뜸 소리인 /·, ㅡ, ㅣ/에 대응되는 상형 글자의 모양을 성리학적 원리에 바탕을 두고 정하였다. 이와 관련해서 보기 6에서 적절한 표현을 골라서 표 8의 빈칸에 넣으시오.

[보기 6]

(가) 삼재와 관련 : 人生於寅, 地闢於丑, 天開於子
(나) 글자 형태 : 形之立, 形之圓, 形之平
(다) 상형 대상 : 人, 地, 天

| 자형 | 성리학적 특징 | | 상형 대상 |
|---|---|---|---|
| | 삼재와의 관련 | 형태 | |
| · | | | |
| ㅡ | | | |
| ㅣ | | | |

[표 8. 상형자의 상형 대상과 형태]

19. <훈민정음>에서는 초출자인 'ㅗ, ㅏ, ㅜ, ㅓ' 글자의 음가(音價)를 상형자인 '·'와 'ㅡ'의 음가를 이용해서 설명하였다. 표 9의 [A~F]에 들어갈 상형자와 초출자의 소리를

넣으시오.

| | <口蹙> | | 상형자의 소리 | | <口張> |
|---|---|---|---|---|---|
| (양성) | /A/ | ⟵ | /B/ | ⟶ | /C/ |
| (음성) | /D/ | ⟵ | /E/ | ⟶ | /F/ |
| | <闔> | | | | <闢> |

[ 표 9. 초출자의 음가 ]

20. <훈민정음>에서는 재출자인 'ㅛ, ㅑ, ㅠ, ㅕ'의 음가를 'ㅣ' 글자의 소리와 초출자의 소리를 이용하여 설명하였다. 표 10의 A~L에 적절한 소리와 내용을 넣으시오.

| 재출자의 소리 | 입의 모양의 변화 | | | 음양 (陰/陽) | 입 모양 (闔/闢) |
|---|---|---|---|---|---|
| | 시작 모양 | ⇢ | 끝 모양 | | |
| /ㅛ/ | /ㅣ/ | ⇢ | /A/ | E | I |
| /ㅑ/ | /ㅣ/ | ⇢ | /B/ | F | J |
| /ㅠ/ | /ㅣ/ | ⇢ | /C/ | G | K |
| /ㅕ/ | /ㅣ/ | ⇢ | /D/ | H | L |

[ 표 10. 재출자의 음가 ]

21. <훈민정음>에는 중성 글자의 제자 방법과 관련하여 보기 7의 내용이 기술되어 있다. 보기 7의 내용을 참조하여 표 11의 [A~J]에 적절한 초성 글자를 넣으시오.

[ 보기 7 ]

ㅗㅏㅜㅓ始於天地 爲初出也。 ㅛㅑㅠㅕ起於ㅣ而兼乎人 爲再出也。 ㅗㅏㅜㅓ之一其圓者 取其初生之義也。 ㅛㅑㅠㅕ之二其圓者 取其再生之義也。 ㅗㅏㅛㅑ之圓居上與外者 以其出於天而爲陽也。ㅜㅓㅠㅕ之圓居下與內者 以其出於地而爲陰也。 [훈해 제자해]

('ㅗ, ㅏ, ㅜ, ㅓ'는 천지에서 시작하므로 초출이다. 'ㅛ, ㅑ, ㅠ, ㅕ'는 'ㅣ'에서 시작하여 사람을 겸하였으므로 재출이다. 'ㅗ, ㅏ, ㅜ, ㅓ'의 원이 하나인 것은 그것이 처음 생겨난 뜻을 취했다. 'ㅛ, ㅑ, ㅠ, ㅕ'의 원이 둘인 것은 다시 생겨난 뜻을 취했다. 'ㅗ, ㅏ, ㅛ, ㅑ'의 원이 위와 밖에 있는 것은 그것이 하늘에서 나서 양이 되기 때문이다. 'ㅜ, ㅓ, ㅠ, ㅕ'의 원이 아래와 안에 있는 것은 그것이 땅에서 나와서 음이 되기 때문이다.)

| | 재출 (口蹙) | | 초출 (口蹙) | | (상형자) | | 초출 (口張) | | 재출 (口張) |
|---|---|---|---|---|---|---|---|---|---|
| 양(陽) | A | ← | B | ← | C | → | D | → | E |
| 음(陰) | F | ← | G | ← | H | → | I | → | J |
| 원(圓) | 둘 | | 하나 | | | | 하나 | | 둘 |

[ 표 11. 초출자와 재출자의 제자 원리 ]

22\. <훈민정음>에서는 기본 글자인 '상형자, 초출자, 재출자'의 특징을 기술하였는데, 이와 관련하여 다음 물음에 답하시오.

(가) '심(深)'과 '천(淺)'의 대립 관계를 고려하여, 표 12의 빈칸에 들어갈 '상형자'를 넣으시오.

| | 심(深) | 불심불천(不深不淺) | 천(淺) |
|---|---|---|---|
| 상형자 | | | |

[ 표 12. 중성 글자의 '심'과 '천'에 따른 대립 관계 ]

(나) '합(闔)'과 '벽(闢)'의 대립 관계를 고려하여, 표 13의 빈칸에 들어갈 '초출자'와 '재출자'를 넣으시오.

| | | 벽(闢) | | 합(闔) |
|---|---|---|---|---|
| 초 출 자 | 양(陽) | | ↔ | |
| | 음(陰) | | ↔ | |
| 재 출 자 | 양(陽) | | ↔ | |
| | 음(陰) | | ↔ | |

[ 표 13. 중성 글자의 '합'과 '벽'에 따른 대립 관계 ]

## [단원 정리 문제 4]

### - 초성해 · 중성해 · 종성해 · 합자해 -

1. <훈민정음>의 '초성해'에서는 보기 1과 같이 한자의 음을 이용하여 초성 글자의 음가를 설명했다. 보기 1의 내용을 참조하여 표 1의 /　/ 속에 들어갈 적절한 소리를 <훈민정음 언해본>에 제시된 '동국정운식의 한자음'으로 표기하시오.

[보기 1]

正音初聲 卽韻書之字母也。 聲音由此而生 故曰母。 如牙音君字初聲是ㄱ ㄱ與ᅟᅮᆫ而爲군。 快字初聲是ㅋ ㅋ與ᅟᅫ而爲쾌。 虯字初聲是ㄲ ㄲ與ᅟᅲ而爲뀨。 業字初聲是ㆁ ㆁ與ᅟᅥᆸ而爲업之類。 舌之斗呑覃那 脣之彆漂步彌 齒之卽侵慈戌邪 喉之挹虛洪欲 半舌半齒之閭穰 皆倣此。

(정음의 초성은 운서의 '자모(字母)'이다. 성음이 이로부터 생기므로 '모(母)'라고 한다. 아음인 '군(君)자'의 초성은 곧 'ㄱ'인데 'ㄱ'과 'ᅟᅮᆫ'이 '군'이 된다. '쾌(快)자'의 초성은 곧 'ㅋ'인데 'ㅋ'과 'ᅟᅫ'가 '쾌'가 된다. '뀨(虯)자'의 초성은 곧 'ㄲ'인데 'ㄲ'과 'ᅟᅲ'가 '뀨'가 된다. '업(業)자'의 초성은 곧 'ㆁ'인데 'ㆁ'과 'ᅟᅥᆸ'이 '업'이 되는 따위와 같다. 설음의 'ㄷ(斗), ㅌ(呑), ㄸ(覃), ㄴ(那)'과 순음의 'ㅂ(彆), ㅍ(漂), ㅃ(步), ㅁ(彌)'과 치음의 'ㅈ(卽), ㅊ(侵), ㅉ(慈), ㅅ(戌), ㅆ(邪)'과, 후음의 'ㆆ(挹), ㅎ(虛), ㆅ(洪), ㅇ(欲)'과, 반설과 반치의 'ㄹ(閭), ㅿ(穰)'은 모두 이와 같다.)

| 자리 \ 방법 | 全淸 | 次淸 | 全濁 | 不淸不濁 |
|---|---|---|---|---|
| 牙音 | 君/군/ | 快/쾡/ | 虯/끃/ | 業/업/ |
| 舌音 | | | | |
| 脣音 | | | | |
| 齒音 | | | | |
| 喉音 | | | | |
| 半舌 | | | | |
| 半齒 | | | | |

[표 1. 초성 23글자의 소리]

2. <훈민정음>의 '중성해'에서는 상형자와 초출자의 소리를 한자의 소리(音)을 이용하여 보기 2와 같이 설명하였다. 보기 2의 내용을 참조하여 표 2의 /  / 속에 들어갈 소리를 <훈민정음 언해본>에 제시된 '동국정운식 한자음'으로 표기하시오.

[ 보기 2 ]

中聲者 居字韻之中 合初終而成音。 如呑字中聲是· ·居ㅌㄴ之間而爲툰。 卽字中聲是ㅡ ㅡ居ㅈㄱ之間而爲즉。 侵字中聲是ㅣ ㅣ居ㅊㅁ之間而爲침之類。 洪覃君業欲穰戌彆 皆倣此。

(중성은 자운(字韻)의 가운데에 있어서 초성과 종성을 합하여 소리를 이룬다. '툰(呑)자'의 중성은 곧 '·'인데, '·'가 'ㅌ'과 'ㄴ'의 사이에 있어서 '툰'이 된다. '즉(卽)자'의 중성은 곧 'ㅡ'인데, 'ㅡ'가 'ㅈ'과 'ㄱ'의 사이에 있어서 '즉'이 된다. '침(侵)자'의 중성은 곧 'ㅣ'인데, 'ㅣ'가 'ㅊ'과 'ㅁ'의 사이에 있어서 '침'이 되는 따위와 같다. 'ㅗ(洪), ㅏ(覃), ㅜ(君), ㅓ(業), ㅛ(欲), ㅑ(穰), ㅠ(戌), ㅕ(彆)'도 모두 이와 같다.)

| | 상형자 | | | 초출자 | | | | 재출자 | | | |
|---|---|---|---|---|---|---|---|---|---|---|---|
| 중성 글자 | · | ㅡ | ㅣ | ㅗ | ㅏ | ㅜ | ㅓ | ㅛ | ㅑ | ㅠ | ㅕ |
| 자운(字韻) | /툰/ | /즉/ | /침/ | /  / | /  / | /  / | /  / | /  / | /  / | /  / | /  / |
| 예시 한자 | 呑 | 卽 | 侵 | | | | | | | | |

[ 표 2. 중성 기본 글자의 소리 ]

3. <훈민정음>의 '중성해'에 따르면 초출자와 재출자는 '동출 합용(同出合用)'의 원리에 따라서 합용되는데, 표 3은 이러한 동출 합용의 원리를 정리한 것이다. 합용된 ㅝ ㆇ ㅘ ㆊ의 글자에 대하여, 표 3의 빈칸에 '합용의 방식'과 '합용 글자의 꼴', 그리고 '음양 대립'의 관계를 적어 넣으시오.

| 합용의 유형 | 동출한 상형자 | 합용의 방식 | 합용 글자의 형태 | 음양 |
|---|---|---|---|---|
| 초출자의 합용 | · | + | | |
| | ㅡ | + | | |
| 재출자의 합용 | ㅣ | + | | |
| | | + | | |

[ 표 3. 동출 합용의 원리 ]

4. <훈민정음>의 '중성해'의 내용을 참조하여 아래의 표 4의 빈칸에 들어갈 적절한 합용 글자를 보기 3에서 골라서 넣으시오.

[ 보기 3 ]

ㅐ, ㅒ, ㅔ, ㅖ, ㅘ, ㅘ, ㅙ, ㅚ, ㆇ, ㆇ, ㆈ, ㆉ, ㅝ, ㅝ, ㅞ, ㅟ, ㆊ, ㆊ, ㆋ, ㆌ, ㅢ, ㆎ

| | 합용의 방법 | 합용 글자의 예 |
|---|---|---|
| (ㄱ) | 초출자와 재출자의 합용 | |
| (ㄴ) | 일자 중성과 'ㅣ'의 합용 | |
| (ㄷ) | 이자 중성과 'ㅣ'의 합용 | |

[ 표 4. 중성 글자의 합용 방법과 예 ]

5. <훈민정음>의 '중성해'에서는 중성의 소리를 적는 데에 쓰인 글자의 종류를 다음의 표 5와 같이 분류하였다. 이러한 사실을 바탕으로 다음의 표 5의 빈칸에 적절한 글자를 넣으시오.

| 글자의 종류 | | 글자의 예 | 제자 방법 |
|---|---|---|---|
| 기본자 | 상형자 | | 상형 |
| | 초출자 | | 합성 |
| | 재출자 | | |
| 합용 | 이자 상합 | | 초출자와 재출자의 합용 |
| | | | '일자중성'과 'ㅣ'의 합용 |
| | 삼자 상합 | | '이자중성'과 'ㅣ'의 합용 |

[ 표 5. 중성 글자의 종류와 제자 방법 ]

6. <훈민정음>의 '중성해'에서는 'ㅣ'계 이중 모음과 'ㅣ'계 삼중 모음'의 글자를 표 6과 같이 제시하였는데, 글자의 소릿값(음가)을 '국제 음성 기호(I.P.A)'로 표기하시오.

| 'ㅣ'계 이중 모음 | 글자 | ㆎ | ㅢ | ㅚ | ㅐ | ㅟ | ㅔ |
|---|---|---|---|---|---|---|---|
| | 음가 | [ʌj] | | | | | |
| 'ㅣ'계 삼중 모음 | 글자 | ㆉ | ㅒ | ㆌ | ㅖ | ㅙ | ㅞ |
| | 음가 | [joj] | | | | | |

[ 표 6. 'ㅣ'계 이중 · 삼중 모음의 음가 ]

7. 다음은 훈민정음의 초성과 중성 글자 중에서 현대 국어에는 쓰이지 않는 글자들이다. 이들 글자의 음가와 쓰인 예를 적으시오.

| 글자 | 음가 | 음가의 설명 | 소실이나 변화 시기 | 용례 |
|---|---|---|---|---|
| ㆁ | / ŋ / | 연구개 비음 | 16세기 말 | 러울, 바올, 부헝, 밍골다 |
| ㆆ | /　/ | | | |
| ㅿ | /　/ | | | |
| ㆍ | /　/ | | | |

8. 15세기 국어에 쓰인 다음의 초성 글자들의 음가를 밝히고 이들 글자가 쓰인 예를 적으시오.

| 글자 | 음가 | 예 | 글자 | 음가 | 예 |
|---|---|---|---|---|---|
| ㅈ | /ts/ | 잣, ᄌᆞ라다, 즘게 | ㅲ | /pt/ | ᄠᅳ로, ᄠᆞᆯ오다 |
| ㄲ | /　/ | | ㅄ | /　/ | |
| ㄸ | /　/ | | ㅶ | /　/ | |
| ㅆ | /　/ | | ㅷ | /　/ | |
| ㆅ | /　/ | | ㅺ | /　/, /　/ | |
| ㆀ | /　/ | | ㅻ | /　/ | |
| ㆃ | /　/ | | ㅼ | /　/, /　/ | |
| ㅸ | /　/ | | ㅽ | /　/, /　/ | |

9. 15세기 국어의 '합용 병서(合用竝書)' 글자의 음가에 대하여 다음의 사항을 설명하시오.

(가) '이중자음 설'의 내용과 근거
(나) '된소리 설'의 내용과 근거
(다) '된소리 설'을 따른다면, 'ㄲ, ㄸ, ㅃ, ㅉ'의 음가는 어떠한가?

10. 15세기 국어에서 'ㅇ' 글자는 음가가 없는 글자로 쓰이는 것이 일반적이다. 그런데 'ㅇ'이 무음가의 글자가 아니라 '유성 후두 마찰음'인 /ɦ/의 음가를 가지는 글자로 볼 수 있는 근거를 예를 들어서 설명하시오.

11. 15세기 국어의 종성 소리 체계와 관련하여, 종성에 쓰인 'ㅅ' 글자의 음가를 현대 국어의 종성 소리 체계와 비교하여 설명하시오.

12. 15세기 국어에 쓰였던 중성 글자들을 아래의 표에 적어 넣으시오.

| | | |
|---|---|---|
| 기본 글자 | 상형자 | |
| | 초출자 | |
| | 재출자 | |
| 합용 글자 | 이자 합용 글자 | |
| | 삼자 합용 글자 | |

13. 15세기에 쓰인 다음의 중성 글자의 음가와 예를 아래의 표에 적어 넣으시오.

| 글자 | 음가 | 예 | 글자 | 음가 | 예 |
|---|---|---|---|---|---|
| · | /ʌ/ | ᄀᆞ라다, ᄆᆞᆯ, ᄆᆞᆺ | ㅟ | / / | |
| ㅘ | / / | | ㅔ | / / | |
| ㅝ | / / | | ㆉ | / / | |
| ㆎ | / / | | ㅒ | / / | |
| ㅢ | / / | | ㅖ | / / | |
| ㅚ | / / | | ㅙ | / / | |
| ㅐ | / / | | ㅞ | / / | |

14. <훈민정음>의 '예의'나 '제자해'에서는 초성 글자를 종성의 글자로 다시 쓰는 원칙을 보기 4와 같이 제시하였다.

[ 보기 4 ]

中聲以深淺闔闢唱之於前 初聲以五音淸濁和之於後 而爲初亦爲終 亦可見萬物初。生於地 復歸於地也。 [훈해 제자해]

(중성이 심천과 합벽으로써 앞에서 부르면, 초성은 오음과 청탁으로써 뒤에서 화답하여, (음절의) 초성이나 종성이 된다. 역시 만물이 땅에서 처음 생겨나서 땅으로 다시 돌아가는 것을 볼 수 있다.)

[보기]에 있는 '제자해'의 설명을 참조하여, <훈민정음>의 '예의'에서 초성 글자를 종성의 글자로 다시 쓰는 원칙을 제시한 한문 문장을 찾아서, 아래의 【 】 안에 옮겨 쓰시오.

【 】 [훈해 예의]

15. <훈민정음>의 '종성해'에서는 종성에서 나타나는 '완급(緩急)'의 특징을 보기 5와 같이 설명하였다. 이를 참조하여 다음 물음에 답하시오.

[보기 5]

(가) 聲有緩急之殊 故平上去其終聲不類入聲之促急。不淸不濁之字 其聲不厲 故用於終則宜於平上去 全淸次淸全濁之字 其聲爲厲 故用於終則宜於入。
(소리에는 느리고 빠른 차이가 있으므로, 평성, 상성, 거성은 그 종성이 입성의 빠름과 같지 않다. 불청불탁의 글자는 그 소리가 세지 않으므로, 종성의 자리에 쓰이면 평성, 상성, 거성에 알맞다. 전청, 차청, 전탁의 글자는 그 소리가 세므로, 종성에 쓰이면 입성(入聲)에 알맞다.)

(나) 가ᇫ, 가ᇰ, 가ᇹ, 각, 간, 갇, 갈, 감, 갑, 갓, 강, 갖, 갗, 갘, 같, 갚, 갛

(가) 보기 5의 (가)의 내용을 바탕으로 하여, (나)에서 예로 든 음절 단위 글자를 종성의 소리를 기준으로 하여 다음과 같이 분류하시오.

① 불청불탁(不淸不濁) :
② 전청(全淸) :
③ 차청(次淸) :

(나) 보기 5의 (나)에서 예로 든 음절 단위의 글자를 종성의 소리를 기준으로 다음과 같이 구분하시오.

① 입성(入聲) :
② 비입성(非入聲) :

16. 보기 6의 (가)와 (나)에서 제시된 예를 이용하여 다음의 물음에 답하시오.

[보기 6]

| | | |
|---|---|---|
| (가) | ㄱ. 곶비, 낮과, 맞나ᅀᆞᄫᆞ며 | [월천 81장, 16장, 178장] |
| | ㄴ. 빛나시니이다, 좇거늘 | [용가 80장, 36장] |
| | ㄷ. 닢, 높고, 깊고 | [용가 34장, 84장, 월천 99장] |
| | ㄹ. 낱 | [월천 40장] |
| | ㅁ. 바ᄅᆞᇗ 우희, 나라ᇗ 일훔 | [용가 83장, 용가 85장] |

(나) 然ㄱㅇㄷㄴㅂㅁㅅㄹ八字可足用也。

[물음] 앞의 15번 문제에서 보기 4의 (가)의 내용을 미루어 볼 때, <훈민정음>에서는 원칙적으로 '불청불탁'을 비롯한 '전청, 차청, 전탁' 등 모든 초성 글자를 종성 글자로 쓸 수 있음을 짐작할 수 있다. 이에 따라서 <용비어천가, 龍飛御天歌>나 <월인천강지곡, 月印千江之曲>에서는 보기 5의 (가)처럼 전청이나 차청, 그리고 불청불탁의 글자가 종성에 두루 쓰였다. 반면에 <훈민정음>의 '종성해'에서는 (나)의 규정을 두어서, 팔종성만으로도 충분히 적을 수 있음을 밝혔다. (가)의 예에서 밑줄 그은 음절의 종성을 팔종성법으로 표기하시오.

17. <훈민정음>의 '종성해'에서는 종성의 표기 방법 중의 한 가지로 보기 6과 같이 설명하였다. 보기 7에 제시한 팔종성법(八終聲法)과 관련하여 다음의 물음에 답하시오.

[보기 7]

然ㄱㆁㄷㄴㅂㅅㄹ八字可足用也。如빗곶爲梨花 여ᇫ의갗爲狐皮 而ㅅ字可以通用 故只用ㅅ字。

(그러나 'ㄱ, ㆁ, ㄷ, ㄴ, ㅂ, ㅁ, ㅅ, ㄹ'의 여덟 글자로 (종성에) 쓰는 데에 충분하다. '빗곶(梨花)'과 '여ᇫ의갗(狐皮)'처럼 'ㅅ자'로 통용할 수 있으므로 다만 'ㅅ자'를 사용한다.

(가) 8종성법의 구체적인 내용을 보기 7에 제시된 단어를 사용하여 설명하시오.

(나) 8종성법의 의의를 현대 한글의 '음소적 표기법' 및 '형태 음소적 표기법'과 관련시켜서 설명하시오.

18. 표 7은 이른바 '음소적 표기법'에 따라서 종성을 적은 단어들이다. 이들 단어들을 '형태 음소적 표기법'에 따라서 바꾸어서 적으시오.

| 음소적 표기법 | 형태 음소적 표기법 | 음소적 표기법 | 형태 음소적 표기법 |
|---|---|---|---|
| 낫과(日) | 낫과 | 앉거늘(坐) | 앉거늘 |
| 곳(花) | | 노쏩고(置) | |
| 곳비(花雨) | | 놉고(高) | |
| 받(田) | | 좃거늘(從) | |
| 덥동 | | 깁고(深) | |
| 낟(個) | | 아ᅀᅵ(弟) | |
| 소ᄂᆞ로(手) | | 아나(抱) | |
| ᄭᅮ믈(夢) | | 다마(含) | |

[표 7. 음소적 표기법과 형태 음소적 표기법]

19. 보기 8에서 '예의'의 (가)의 규정을 보완한 것이 '종성해'의 (나)의 설명이다. 한자음의 표기와 순우리말의 표기의 차이를 감안하여서 (나) 설명의 의의를 설명하시오.

[ 보기 8 ]

(가) 凡字必合而成音。　[훈해 예의]
(무릇 글자는 반드시 합쳐져야 소리를 이룬다.)
(나) 且ㅇ聲淡而虛　不必用於終　而中聲可得成音也。　[훈해 종성해]
(또 'ㅇ'은 소리가 맑고 비어서, 반드시 종성에 쓰지 않아도 중성만으로도 가히 소리를 이룰 수 있다.)

20. <훈민정음>의 '종성해'에서는 종성은 그 소리의 완급(緩急)에 따라 짝을 이룬다고 설명하고 있다. 종성의 완급의 대립 관계를 정리할 때, 아래의 [표 7]의 빈칸에 적절한 글자를 넣으시오.

| 오음(五音) / 성질(性質) | 아음 (牙音) | 설음 (舌音) | 순음 (脣音) | 치음 (齒音) | 후음 (喉音) |
|---|---|---|---|---|---|
| 완(緩) | ㆁ | | ㅁ | | ㅇ |
| 舒出 ⇅ 促呼 | ⇅ | ⇅ | ⇅ | ⇅ | ⇅ |
| 급(急) | | ㄷ | | ㅅ | |

[ 표 7. 오음의 완급에 따른 종성의 대립 ]

21. 조선의 한자음에서 /ㄹ/ 종성의 소리에 대한 보기 9의 글을 읽고 물음에 답하시오.

[ 보기 9 ]

(가) 質勿諸韻宜以端母爲終聲　而俗用來母。其聲徐緩　不宜入聲　此四聲之變也。('질운'과 '물운' 등 여러 운이 마땅히 '단모(/ㄷ/)'로써 종성으로 삼아야 하지만, 속간에서는 '래모(/ㄹ/)'로써 삼고 있다. 따라서 그 소리가 느려져서 입성으로는 마땅하지 않으니, 이는 사성이 변한 것이다.)　[동국정운 서]
(나) 且半舌之ㄹ　當用於諺　而不可用於文。如入聲之彆字　終聲當用ㄷ而俗習讀爲ㄹ　盖ㄷ變而爲輕也。若用ㄹ爲彆之終　則其聲舒緩不爲入也。
(또 반설음의 'ㄹ'은 우리말에만 써야 하고 한문에는 쓰지 못한다. 입성인 '彆자'와 같은 것도 종성에 마땅히 'ㄷ'을 써야 하나 속간의 습관으로는 'ㄹ'로 읽는데, 대개 'ㄷ'이 변하여 가볍게 된 것이다. 만약 ㄹ을 '彆자'의 종성으로 쓴다면 그 소리가 느려서 입성이 되지 못한다.)
[훈해 종성해]

15세기 당시에는 중국의 한자음에서는 입성인 종성 /t/로 발음되는 운미가 우리나라의 한자음에서는 비입성인 /ㄹ/ 종성으로 발음되어서, 두 나라의 한자음에 차이가 나게 되었다.

(예) ㄱ. 중국의 한자음('彆' – /볃/)
ㄴ. 조선의 한자음('彆' – /별/)

이와 같은 현상에 대하여 신숙주는 <동국정운, 東國正韻>의 서문에서 (가)와 같이 언급하였는데, 신숙주는 이러한 현상을 조선의 속간(俗間)에서, 잘못된 발음 습관으로 인해서 /ㄷ/을 가볍게 읽어서 /ㄹ/로 발음하는 것으로 보았다.

(가) 이러한 언어 현상에 대하여 <훈민정음>의 '종성해'에서는 '彆'과 같은 조선 한자의 음을 어떻게 표기하도록 하였는지 밝히시오.
(나) 신숙주 등이 편찬한 <동국정운, 東國正韻>에서는 '彆'과 같은 조선 한자의 음을 어떠한 방식으로 표기하도록 하였는지 밝히시오.
(다) <훈민정음>이나 <동국정운>에서는 이처럼 이미 조선의 언중들에게 특정한 소리로 익어 있는 한자음을 인위적으로 바꾸게 하였다. 이러한 인위적인 언어 정책의 타당성을 언어의 자의성과 사회성에 관련지어서 논의해 보시오.

22. <훈민정음 해례본>에 이어서 발간된 <동국정운, 東國正韻>에서는, 이른바 '이영보래(以影補來)'라는 규정을 두어서 종성으로 쓰인 /ㄹ/의 표기법을 교정하도록 하였다. <동국정운>에서 규정한 '이영보래(以影補來)'의 의미를 설명하시오.

23. <훈민정음>의 '합자해'에서는 보기 10의 (가)처럼 부서법을 규정했다. 이 규정의 뜻을 설명하고 이 규정을 제정한 이유를 <u>(나)의 규정과 한자의 글꼴</u>과 관련하여 설명하시오.

[보기 10]

(가) 中聲則圓者橫者在初聲之下 ·ㅡㅗㅛㅜㅠ是也。 縱者在初聲之右 ㅣㅏㅑㅓㅕ是也。 [훈해 합자해]
(중성은, 둥근 것과 가로 그은 것은 초성의 아래에 있는데, '·, ㅡ, ㅗ, ㅛ, ㅜ, ㅠ'가 그것이다. 세로 그은 것은 초성의 오른쪽에 있는데, 'ㅣ, ㅏ, ㅑ, ㅓㅕ'가 그것이다. '呑(ᄐᆞᆫ)자'의 '·'가 'ㅌ'의 아래에 있으며, '卽(즉)자'의 'ㅡ'가 'ㅈ'의 아래에 있으며, '侵(침)자'의 'ㅣ'가 'ㅊ'의 오른쪽에 있는 따위와 같다.

(나) 凡字必合而成音 [훈해 예의]
(무릇 글자는 반드시 합쳐져야 소리를 이룬다.)

24. <훈민정음>의 '예의'에서는 '합용(合用)'과 '병서(竝書)'와 관련해서 보기 11의 규정을 두고 있다. 이 규정에 따라서 [표 8]과 같이 병서 글자의 체계를 세운다고 하면, 표 8의 빈칸에 들어갈 적절한 글자를 <훈민정음 해례본>의 용자례에서 찾아 넣으시오.

[ 보기 11 ]

初聲合用則竝書 終聲同。 [훈해 예의]
(초성을 합쳐서 쓰려면 나란히 쓰라. 종성도 같다.

| 병서의 위치 | 병서의 방법 | 병서 글자의 예 |
|---|---|---|
| 초성 | 합용 병서 | |
| | 각자 병서 | |
| 종성 | 합용 병서 | |

[ 표 8. 병서의 원리와 예 ]

25. 아래는 초성의 합용 병서로 쓰이는 글자의 유형을 분류한 것이다. 각 항목에 들어갈 용례를 '옛말 사전'이나 <훈민정음 해례본>에서 찾아서 쓰시오.

(가) 'ㅂ'계 합용 병서의 예

① [ㅲ]: ② [ㅄ]:
③ [ㅶ]: ④ [ㅷ]:

(나) 'ㅅ'계 합용 병서의 예

① [ㅺ]: ② [ㅻ]:
③ [ㅼ]: ④ [ㅽ]:

(다) 'ㅄ'계 합용 병서의 예

① [ㅴ]: ② [ㅵ]:

26. 아래는 중성의 합용 병서로 쓰이는 글자의 유형을 분류한 것이다. 각 항목에 들어갈 중성의 합용 병서 글자를 쓰시오.

(가) 초출자와 재출자의 합용:
(나) '일자 중성(一字 中聲)'과 'ㅣ'의 합용:
(다) '이자 중성(二字 中聲)'과 'ㅣ'의 합용:

27. 다음에 해당하는 합용 병서 글자가 쓰인 단어를 '옛말 사전'이나 <훈민정음 해례본>에서 찾아서 10개 이상씩 쓰시오.

(가) 초성 이자 삼자 합용(初聲二字三字合用):
(나) 중성 이자 삼자 합용(中聲二字三字合用):
(다) 종성 이자 삼자 합용(終聲二字三字合用):

28. 아래의 보기 12에서 규정 (나)의 의의를 <훈민정음 해례>의 '예의'에서 제시된 규정 (가)와 관련하여 설명하시오. (단, 규정 (나)에서 제시된 용례를 사용하여 설명할 것.)

[보기 12]

(가) 凡字必合而成音 [훈해 예의]
(무릇 글자는 반드시 합쳐져야 소리를 이룬다.)

(나) 文與諺雜用則有因字音而補以中終聲者 如孔子ㅣ 魯ㅅ:**사ᄅᆞᆷ**之類
(한자(文)와 우리말(諺)이 섞여 쓰이면, 글자의 소리(字音)에 따라서 중성이나 종성을 보태는(補) 경우가 있는데, '孔子ㅣ 魯ㅅ:사ᄅᆞᆷ' 따위와 같다.) [훈해 합자해]

29. <훈민정음>의 '합자해'에서는 사성(四聲)에 따른 음성적 특징을 한자어로 풀이하였고, <훈민정음 언해본>에서 사성의 특징을 순 우리말로 풀이하였다. 사성의 특징에 맞추어서 보기 12의 내용을 표 9의 빈칸에 넣으시오.

[보기 13]

(가) 해례본의 풀이 :
거이장(擧而壯), 안이화(安而和), 화이거(和而擧), 촉이색(促而塞)

(나) 언해본의 풀이:
ᄆᆞᆺ ᄂᆞᆺ가ᄫᆞᆫ 소리, ᄆᆞᆺ 노ᄑᆞᆫ 소리, ᄲᆞᆯ리 긋ᄃᆞᆺᄂᆞᆫ 소리, 처ᅀᅥ미 ᄂᆞᆺ갑고 내즁이 노ᄑᆞᆫ 소리

| 사성 | <해례본>의 풀이 | <언해본>의 풀이 |
|---|---|---|
| 평성 (平聲) | | |
| 상성 (上聲) | | |
| 거성 (去聲) | | |
| 입성 (入聲) | | |

[표 9. 사성의 특징]

30. <훈민정음>의 '합자해'에서 '방점의 운용법'에 맞추어서 보기 14의 단어들을 표 10의 괄호 안에 넣으시오.

[보기 14]

| :깁(繒) | 닥(楮) | 독(甕) | :낟(穀) | :범(虎) | :돌(石) |
|---|---|---|---|---|---|
| ·갇(笠) | ·굽(蹄) | ·신(履) | ·돌(月) | 벼(稻) | 콩(大豆) |

| 사성(四聲) | | 용례 |
|---|---|---|
| 비입성(非入聲) | 거성(去聲) | (　　), (　　) |
| | 상성(上聲) | (　　), (　　) |
| | 평성(平聲) | (　　), (　　) |
| 입성(入聲) | 거성(去聲) | (　　), (　　) |
| | 상성(上聲) | (　　), (　　) |
| | 평성(平聲) | (　　), (　　) |

[표 10. 방점의 운용법]

31. '입성(入聲)'은 소리의 높낮이의 체계인 '성조 체계'에서 제외하여야 한다는 주장을 위의 '문제 22'와 '문제 23'의 보기를 이용하여 설명하시오.

32. <훈민정음>의 '합자해'에서는 보기 15처럼 'ㆆ'과 'ㅇ'이 서로 통용될 수 있다고 설명하였다. 이 규정의 의의를 '순 우리말의 표기'와 '동국정운식 한자음의 표기'의 차이를 고려하여서 설명하시오.

[보기 15]

初聲之ㆆ與ㅇ相似　於諺可以通用也。
(초성의 'ㆆ'과 'ㅇ'은 서로 비슷해서, 우리말에서 통용될 수 있다.)

33. <훈민정음>의 '합자해'에서는 우리말의 설음(舌音)을 보기 16처럼 '반설 경음(半舌輕音)'과 '반설 중음(半舌重音)'으로 구분하였다. 우리말에서 실현되는 '반설 경음'과 '반설 중음'의 음가와 그것이 실현되는 음운론적인 환경을 현대어로 예를 드시오.

[보기 16]

半舌有輕重二音。…… 且國語雖不分輕重　皆得成音。
(반설음은 가볍고 무거운 두 가지의 소리가 있다.…또 우리말에서도 비록 가벼움과 무거움을 구분하지 않더라도 모두 소리를 이룰 수가 있다.)

34. <훈민정음>의 '합자해'에서는 반모음인 /j/에서 /ㆍ/나 /ㅡ/로 이행하는 이중 모음을 표기하는 방법을 보기 17과 같이 설명하였다. 이러한 소리는 정상적인 국어의 말소리가 아님에도 불구하고, <훈민정음>에서 이러한 소리를 적는 글자를 만들어 쓴 이유를 설명하시오.

[보기 17]

ㆍㅡ起ㅣ聲 於國語無用。 兒童之言 邊野之語 或有之 當合二字而用 如ퟄ 긴之類。

('ㅣ'에서 일어나는 'ㆍ'와 'ㅡ'의 소리는 우리말에는 쓰이지 않는다. 그러나 아이의 말이나 변두리(邊野)의 말에 간혹 (이들 소리가) 있으며, 이 경우에는 두 글자를 합하여 쓰는데, 'ퟄ'와 '긴'의 따위와 같다.)

# [단원 정리 문제 5]

## - 용자례 -

1. <훈민정음>의 '용자례(用字例)'에 실린 단어의 수를 다음과 같이 나누어서 밝히시오..

   ① 초성 글자(　　개)　② 중성 글자(　　개)　③ 종성 글자(　　개)
   ④ 전체 글자(　　개)

2. '용자례'에 실린 초성 글자의 종류와 배열 방식에 대한 특징을 설명하시오.

   (가) '용자례'에서 초성 글자의 예를 배열한 순서를 설명하시오.
   (나) 초성의 기본 글자 중에서 '용자례'의 예로 실리지 않은 글자를 지적하고, 그 이유를 설명하시오.
   (다) 초성의 기본 글자에 속하지 않는 글자 중에서, '용자례'의 예로 실린 것을 지적하고 그 이유를 설명하시오.

3. <훈민정음>의 용자례를 참조하여, 표 1의 빈칸에 들어갈 적절한 ① 오음(五音)의 종류, ② 초성 글자, ③ 용자례, ④ 용자례에 대응되는 현대어 등을 차례대로 적으시오.

| 오음 / 글자 | | | | | | | | | | | | | | | | | |
|---|---|---|---|---|---|---|---|---|---|---|---|---|---|---|---|---|---|
| 초성 글자 | | | | | | | | | | | | | | | | | |
| 용자례 | | | | | | | | | | | | | | | | | |
| 현대어 | | | | | | | | | | | | | | | | | |

[표 1. 초성 글자의 용자례]

4. '용자례'에서 중성 글자의 예를 배열한 순서를 설명하시오.

5. <훈민정음>의 용자례를 참조하여, 표 2의 빈칸에 들어갈 '중성 글자의 유형 ', '중성 글자', '용자례', '용자례에 대응되는 현대어' 등을 차례대로 적으시오.

| 중성 글자 | | | | | | | | | | | |
|---|---|---|---|---|---|---|---|---|---|---|---|
| | | | | | | | | | | | |
| 용자례 | | | | | | | | | | | |
| 현대어 | | | | | | | | | | | |

[ 표 2. 중성 글자의 용자례 ]

6. '용자례'에서 종성 글자의 예를 배열한 순서를 설명하시오.

7. <훈민정음>의 용자례를 참조하여, 표 3의 빈칸에 들어갈 '종성 글자의 유형 ', '중성 글자', '용자례', '용자례에 대응되는 현대어' 등을 차례대로 적으시오.

| 오 음 / 글 자 | | | | | | | | |
|---|---|---|---|---|---|---|---|---|
| 종성글자 | | | | | | | | |
| 용자례 | | | | | | | | |
| 현대어 | | | | | | | | |

[ 표 3. 종성 글자의 용자례 ]

## [단원 정리 문제 6]

### - 정인지 서 -

1. <훈민정음>의 '정인지 서(序)'의 내용상의 짜임을 정리해 보시오..

2. '정인지 서'에서 밝힌 훈민정음 글자 창제의 이유를 (가)와 (나)의 관점에서 구체적으로 설명하시오.

   (가) 지역의 차이에 따르는 '언어의 변화'의 문제와 관련한 이유:

   (나) 기존에 사용하던 '차자 표기법의 문제'와 관련한 이유:

3. '정인지 서'에서 밝힌 훈민정음 글자의 '기능적 우수성'과 '학습의 우수성'을 요약하시오.

4. '정인지 서'에서 밝힌 '상형(象形)'과 자방고전(字倣古篆) 뜻을 보기 1의 내용을 참조하여 설명하시오.

[보기 1]

象形而字倣古篆 (사물을 상형하되 글자는 고전을 본떴고…)

5. '정인지 서'에서 밝힌 훈민정음 글자의 '창제'와 '반포' 일시를 정리하시오.

6. '정인지 서'에서 밝힌 <훈민정음 해례>의 저작자의 이름을 밝히시오.

7. 보기 2를 읽고 '훈민정음'의 '예의(例義)'와 '해례(解例)'의 의미를 설명하시오.

[보기 2]

癸亥冬 我殿下創制正音二十八字 略揭例義以示之 名曰訓民正音。… 遂命詳加解釋 以喩諸人。於是臣與…臣李善老 等 謹作諸解及例 以敍其梗槪。(계해년 겨울에 우리 전하께서 정음 스물 여덟 글자를 창제하시고, 간략하게 그 '예의(例義)'를 들어 보이시고, 이름을 지어 이르되 '훈민정음'이라고 하셨습니다.…드디어 (전하께서) 상세하게 해석을 붙이어 여러 사람을 깨우치라고 명하셨습니다. 이에 신이 이선로 등과 삼가 여러 가지 '해(解)'와 '예(例)'를 지어서, 그 줄거리를 서술하였습니다. [정인지 서]

## [단원 정리 문제 풀이 1]

### - '훈민정음'의 이해 -

### <훈민정음 창제의 목적>

**1. (풀이)**

첫째, 쉬운 문자 생활을 위하여 : <훈민정음> 해례본과 언해본
둘째, 국어를 완벽하게 표기하기 위하여 : <훈민정음> 해례본과 언해본
셋째, 조선의 표준 한자음을 제정하기 위하여 : <동국정운>
넷째, 중국 한자음을 정확하게 표기하기 위하여 : <홍무정운 역훈>

**2. (풀이)**

첫째, 중국어와 한문 문장의 기본 어순은 <주어-서술어-목적어>로서, <주어-목적어-서술어>로 실현되는 우리말 문장의 어순과는 차이가 많았다. 둘째, 우리말에서 고도로 발달한 조사와 어미의 다양한 의미와 기능을 한문이나 한자로써는 효과적으로 표현해 낼 수가 없었다. 한문을 사용하여 의사소통을 할 때 생겨나는 이러한 문제 때문에 국어의 입말을 한문으로 완전하게 적기가 힘이 들었다.

**3. (풀이)**

첫째, 중국어의 단어는 대부분 1음절로 되어 있고, 한자의 낱글자 또한 1음절을 표기한다. 하나의 단어가 다음절로 구성되는 순 우리말 어휘를 한자로 표기하는 데에는 한계가 있었다. 둘째, 우리말은 음절의 종류가 대단히 많아서 이들 음절에 대응되는 한자를 구해서 적기가 매우 어려웠다. 셋째, 우리말에서는 문법적인 기능을 나타내는 조사와 어미의 종류가 매우 많아서 이들을 한자로써 표기하기에는 적잖은 어려움이 있었다. 넷째, 향찰이나 이두와 같은 차자 표기법을 활용하여 국어의 문법 형태소를 적는다고 하더라도, 이는 한자나 한문에 대한 상당한 지식이 있어야만 가능한 일이었다.

**4. (풀이)**

먼저 한자처럼 단어마다 별도의 글자를 배정해야 하는 '표의 문자(表意文字)'는 수만 개의 낱글자를 만들어야 하기 때문에, 새로 만드는 글자의 대상에서 당연히 제외되었다. 낱글자의 수를 줄이고 국어의 입말을 자연스럽게 반영하기 위해서는 새로운

문자를 '표음 문자(表音文字)'로 만들어야 했다. 이어서 새로 만드는 문자를 '음절 문자'로 만들 것인지 '음소 문자'로 만들 것인지를 선택해야 했다. 새로운 문자를 기존의 한자와 함께 쓸 것을 고려하면, 한자가 음절의 소리 단위를 표기하므로 음절 글자로 제작하는 것이 바람직하였다. 그러나 중세 국어에서 실현되는 음절의 종류가 수천 개에 이를 정도로 많아서, 각 음절마다 낱글자를 만드는 것도 현실적으로는 불가능하였다. 이에 따라서 낱글자의 수를 최소로 줄이기 위해서는 음소 문자를 개발할 수밖에 없었다. 결국 세종은 국어의 음절을 초성, 중성, 종성의 음소 단위로 분석하여, 초성의 음소를 표기하는 17글자와 중성의 음소를 표기하는 11글자를 만들었다.

**5. (풀이)**

훈민정음 글자를 음소를 단위로 하여 풀어서 적으면, 한 글자가 음절을 표기하는 한자와 글꼴이 맞지 않는 문제가 생긴다. 특히 세종 당시에는 한자의 음을 적기 위하여 한자 옆에 훈민정음 글자를 병기하는 경우가 많았는데, 이렇게 되면 두 글자의 꼴이 현격하게 달라져서 서로 조화를 이루지 못하게 된다. 따라서 <훈민정음>에서는 "凡字必合而成音"의 규정을 두어서 실제로 문장으로 적을 때는 반드시 음절 단위로 모아서 적게 하였다. 특히 한자의 음을 표기할 때에는 어떠한 음절이라도 초성, 중성, 종성을 모두 갖추어서 적게 하였다. 이렇게 함으로써 한자의 음을 표기할 때 쓰인 훈민정음의 음절 단위 글자는 대체로 정방형(正方形)이 되었고, 결과적으로 한자 글꼴과 전체적으로 조화를 이루게 되었다.

**6. (풀이)**

훈민정음의 글자를 음절 단위로 모아서 쓰게 되자, 초성 글자에 중성 글자를 붙여 적는 방법이 문제가 되었다. 곧 초성은 단독으로 발음되지 않으므로 반드시 중성을 붙여 써야 한다. 따라서 중성 중에서 어떤 것은 초성의 아래에 붙여 써야 하고, 또 어떤 것은 초성의 오른쪽에 붙여 써야 한다는 규정을 두었는데, 이러한 규정을 '부서법(附書法)'이라고 한다. 곧, "ㆍㅡㅗㅜㅛㅠ 附書初聲之下。ㅣㅏㅓㅑㅕ 附書於右。"이라고 하여 글자의 모양이 둥근 것(圓者 : ㆍ)과 가로 그은 것(橫者 : ㅡ, ㅗ, ㅛ, ㅜ, ㅠ)은 초성 밑에 두고, 위에서 아래로 내리 그은 것(縱者 : ㅣ, ㅏ, ㅑ, ㅓ, ㅕ)은 초성의 오른쪽에 둔다고 규정하였다. 이렇게 특정한 중성 글자가 초성 글자에 붙을 때의 위치를 정해 둔 것은, 글자의 모양을 전체적으로 네모 반듯하게(正方形) 하여 한자의 글꼴과 조화를 이루게 하기 위한 것이다.

**7. (풀이)**

신숙주는 '동국정운의 서(序)'에서 조선 한자음이 변한 양상을 '자모(字母), 칠음(七音), 청탁(淸濁), 사성(四聲)'으로 나누어서 구체적으로 밝혔다. 첫째, 조선의 한자음 중에서 '자모(字母)'가 변했다. 곧 '계모(溪母, /ㅋ/)'의 글자는 태반이 '견모(見母, /ㄱ/)'에 들어갔는데, 이는 자모(字母)가 바뀐 것이다. 둘째, 조선의 한자음 중에서 '칠음(七音)'이 변한 것의 예는 다음과 같다. 곧 '계모(溪母, /ㅋ/)'의 글자가 혹은 '효모(曉母, /ㅎ/)'에도 들어갔는데, 이는 '칠음(七音)'이 바뀐 것이다. 셋째, 조선의 한자음 중에서 '청탁(淸濁)'이 변했다. 곧 '極(/끅/)'을 /극/으로, 食(/씩/)을 /식/으로, 貧(/삔/)을 /빈/으로, 談(/땀/)을 /담/으로 발음한다. 넷째, 조선의 한자음 중에서 '사성(四聲)'이 변했다. 예를 들어서 '질(質)'의 운(韻)과 '물(勿)'의 운(韻)들은 마땅히 단모(端母, /ㄷ/)로서 종성(終聲)을 삼아야 한다. 그러나 세속에서 이를 내모(來母, /ㄹ/)로 발음하여 그 소리가 느리게 되므로 입성(入聲)에 마땅하지 아니하다. 다섯째, 조선의 한자음이 변한 기타의 예가 있는데, 예를 들어서 '次第(/차데/)'가 '차례'로, '第(/데/)'가 /례/'로, '牧丹(/목단/)'이 /모란/으로 발음된다.

**8. (풀이)**

세종 때만 하더라도 국어의 한자음은 중국어의 한자음과 이미 많이 달라져 있었다. 그러나 국어에 쓰이는 한자의 표준음을 정리해 놓은 독자적인 운서가 없었다. 이에 따라서 동일한 한자가 지역이나 사용하는 사람에 따라서 다르게 발음되는 경우가 많았으며, 한자와 한문으로써 이루어지는 일상의 언어 생활이나 한문 교육과 문학 활동에도 지장이 많았다. 이에 세종은 <동국정운, 東國正韻>을 편찬하여, 표음 문자인 훈민정음 글자를 이용하여 한자음을 적음으로써, '조선의 표준 한자음'의 체계를 정립하여 국가적 차원에서 조선의 한자음을 표준화하였다.

그러나 <동국정운>에서 제정한 표준 한자음은 중국의 운서를 바탕으로 인위적(人爲的)으로 정리되었기 때문에, 예전부터 언중들이 사용해 오던 전승음(속음, 俗音)과는 거리가 있었다. 이에 따라서 동국정운식 한자음 표기법은 그리 오래 쓰이지 못하고 성종(成宗) 때가 되면 불경을 언해한 일부 문헌에만 쓰였고, 그 이후에는 동국정운식 한자음은 폐지되고 조선의 현실 한자음을 사용하게 되었다.

**9. (풀이)**

훈민정음을 창제한 사정은 <세종실록> 102권에 있는 세종 25년 12월 30일의 기사와 <훈민정음 해례본>에 있는 '정인지 서'와 '어제 서'의 내용에서 짐작할 수 있다. 곧, <세종실록>의 102권에는 "是月 上親制諺文二十八字…… 是謂訓民正音"의 기록이 있고, <훈민정음 해례본>의 '정인지 서'에는 "癸亥冬　我殿下創制正音二十八字 略揭例義以示之　名曰訓民正音"와 같이 기록되어 있다. 이와 같은 기록에는 세종이 훈민정음 글자를 세종 25년 12월 중에 만들었고 직접 '예의(例義)' 부분을 지었다는 사실을 밝히고 있다.

**10. (풀이)**

현재의 한글날은 10월 9일인데 세종이 <훈민정음> 해례본을 발간하여 배포한 날을 기준으로 삼은 것이다. <훈민정음> 해례본에 실려 있는 '정인지 서'에 나타난 '正統十一年九月上澣…… 鄭麟趾拜手稽首謹書'의 기록에 따르면 1446년 음력 9월 상한(상순)에 <훈민정음>이 간행 · 반포된 것을 확인할 수 있다. 이 기록에서 '正統(정통)'은 중국 명(明)나라 영종(英宗) 때의 연호(1436~1449)이며, 정통 십일 년은 1446년(세종 28)이다. 그리고 '상한(上澣)'은 한 달 가운데 1일에서 10일까지의 동안이며(= 상순, 上旬), 당시의 음력으로 9월 상순은 양력으로 환산하면 10월 9일까지가 된다. 이 기록을 기준으로 하여 상순의 맨 마지막 날인 10월 9일을 한글날로 정했다.

## < 훈민정음의 반포 및 보급 >

**1. (풀이)**

최만리 등은 이 상소문을 통하여 세종이 훈민정음을 창제하고 이를 반포하려는 것에 대한 반대 의견을 6개 항목으로 나누어서 밝혔다.

첫째, 중국의 한자와 한문이 있는데도 불구하고 이를 무시하고 표음 문자인 언문을 독자적으로 만들어 쓰는 것은 사대모화(事大慕華)를 거스르는 일이다. 둘째, 독자적인 글자를 만드는 것은, 주변의 동이(東夷)들과 마찬가지로 오랑캐가 되는 것이다. 셋째, 신라 시대에 설총(薛聰)이 만든 이두(吏讀)로도 한문을 보완하는 데 충분하고, 이두는 한자의 구성 원리와 비슷하여 학문 발전에 도움이 되었다. 넷째, 언문을 사용함으로써 형벌을 다스리는 일에 억울하게 죄를 입는 자를 없애겠다고 하지만, 이것은 옥사(獄事)를 다스리는 사람(옥리, 獄吏)의 자질에 달려 있는 것이지 문자의 차이에 달린 문제가 아니다. 다섯째, 언문 창제와 같은 중요한 일을 독단으로 결정하고, 중국의 운서(韻書)에 수록된 한자에 언문으로 음을 달아서 급히 공표하려는 것은 여론을 무시한 독단이다. 여섯째, 성학(聖學) 공부에 충실해야 할 동궁(東宮, 훗날의 문종)이 언문과 관련된 일에 정신과 생각을 허비하고 있으니, 이는 동궁의 성학(聖學)에 방해가 되는 일이다.

최만리의 상소문의 내용을 요약하면, 최만리를 비롯한 조선의 사대부들은 훈민정음 글자를 학문적으로나 철학적으로 하잘것없는 의사소통의 도구로만 인식하였고, 나아가 세종이 주도하는 훈민정음 글자의 창제와 보급 활동을 중화 문화를 배척하는 것으로 보았다. 이러한 최만리의 주장은 철학적으로는 성리학에 기반을 두었고, 학문적으로는 성운학에 기반을 둔 것이다. 따라서 현대적인 관점에서 보면 최만리의 주장은 당시 조선의 현실을 도외시하고 철저하게 중국 중심의 모화 사상에 기반한 것으로 볼 수 있다.

**2. (풀이)**

최만리가 제기한 상소문의 핵심은 다음의 두 가지 사항으로 압축된다. 우선 당대의 사대부들은 성리학에 기반한 중국의 문화를 섬기는 사대 모화사상에 젖어 있는 사람들이어서, 기존의 한자와 한문을 떠나서 조선이 독자적으로 개발한 문자를 사용한다는 것을 대단히 큰 수치로 생각하였다. 그리고 조선 사대부들은 고려의 광종(光宗) 이후에 실시된 과거 제도 때문에, 중국의 송나라 이후에 크게 융성했던 성운학(聲韻學)의 영향을 크게 입었다. 이렇게 성리학과 성운학과 같은 형이상학적인 학문을 추구하던 조선의 사대부들은 표음 문자인 훈민정음 글자를 철학적인 배경과 이론적인 체계를 갖추지 못한 하찮은 글자로 여겼다. 결국 최만리를 비롯한 조선의 사대부들은 훈민정음 글자를 학문적으로나 철학적으로 하잘것없는 의사소통의 도구로만 인식하였고, 나아가 세종이 주도하는 훈민정음 글자의 창제와 보급 활동을 중화 문화를 배척하는 것으로 보았다.

**3. (풀이)**

세조(世祖) 시대에는 훈민정음 연구의 중심이 되었던 집현전이 철폐되고, 훈민정음을 학문적으로 연구하는 활동은 사실상 맥이 끊겼다. 대신에 세조가 개인적으로 불교를 독실하게 믿었던 까닭으로, 국가 기관으로 간경도감(刊經都監)을 설치하여 한문으로 된 불경을 훈민정음으로써 언해하는 작업이 활발하게 이루어진 것이 특징이다. 세조의 대를 이은 성종(成宗) 시대에 들어서면서 조선은 태조 이후 닦아온 조선 왕조의 정치·경제·사회·문화적 기반과 체제를 완성하였다. 이와 함께 유교 중심의 학풍이 강화되어서 국가가 주도하는 어문 정책이 한학과 한문 교육을 중시하는 방향으로 바뀌었다.

## < 훈민정음의 이본 >

**1. (풀이)**

가. (御製 訓民正音)

① (御製 序), ② (例義)

나. 訓民正音 解例

① 制字解, ② 初聲解, ③ 中聲解, ④ 終聲解, ⑤ 合字解, ⑥ 用字例

다. (鄭麟趾 序)

**2. (풀이)**

<훈민정음 언해본>은 '서강대 소장본', '희방사 소장본', '박승빈 소장본', '궁내성 소장본', '가나자와 소장본' 등이 있다.

첫째, 서강대에 소장된 <훈민정음 언해본>은 1459년(세조 4)에 간행된 <월인석보>의 첫째 권의 책 머리에 수록되어 있다. 이 책은 현재 서강대학교에 소장되어 있는데, <훈민정음 언해본>의 원간본으로 추정된다. 이 책에는 <실록본>이나 <해례본>에 없는 '치두음(齒頭音)'과 '정치음(正齒音)'에 대한 설명이 추가되어 있다. 둘째, 희방사에 소장된 <훈민정음 언해본>은 1568년(선조 1)에 경상북도 영주의 '희방사(喜方寺)'에서 발간한 목판본의 <훈민정음>이다. 이는 서강대본의 복각본으로 추정된다. 희방사 소장본은 초간본인 서강대 소장본에 나타난 일부 오기나 오각된 부분이 교정되어 있는 것이 특징이다. 셋째, 박승빈이 소장한 <訓民正音>은 박승빈 님이 간수한 단행 목판본의 <훈민정음>이다. 현재는 고려대학교의 아세아문제연구소 육당문고에 소장되어 있는데, 이 책은 <월인석보>에서 훈민정음 부분을 따로 떼어 내어 제책한 것으로 보인다. 넷째, 궁내성(宮內省)에 소장된 <訓民正音>은 일본 궁내성 도서료에 있는 필사본의 <훈민정음>으로서 박승빈본과 일치한다. 다섯째, 가나자와가 소장본의 <訓民正音>은 일본의 가나자와(金澤庄三郞) 박사가 소장하고 있는 필사본의 <훈민정음>이다.

## < 더 배우기 >

**1. (풀이)**

일반적으로 문자는 특정한 개념을 글자로 표기하는 '표의 문자(表意文字)'와 특정한 소리를 글자로 표기하는 '표음 문자(表音文字)'로 나뉜다. 첫째로 먼저 '표의 문자'는 말소리(시니피앙)와 개념(시니피에)의 결합체인 단어 자체를 표기하는 문장인데, 이를 '단어 문자'라고도 한다. 예를 들어서 '田'과 '容'이라는 한자는 글자 한 자가 말소리와 개념의 결합체인 단어를 표현하므로 표의 문자이다. 둘째로 '표음 문자'는 특정한 글자가 단어의 시니피에와는 관련을 끊고 시니피앙과만 관련을 맺는 글자이다. 곧 표음 문자는 단어의 한 요소인 말소리(음절이나 음소)를 적는 글자이다. 표음 문자는 낱낱의 문자가 표시하는 소리의 단위에 따라서 '음절 문자'와 '음소 문자'로 나뉘게 된다. '음절 문자(音節文字)'는 한 개의 문자에 대응하는 시니피앙의 단위가 음절인 문자를 말한다. 예를 들어서 일본어의 'そら'에서 'そ'와 'ら'는 각각 /so/와 /ra/에 대응되기 때문에 음절 문자이다. 반면에 '음소 문자(音素文字)'는 문자 하나가 표기하는 시니피앙의 단위가 음소인 문자이다. 예를 들어서 '달'에서 낱낱의 문자 'ㄷ', 'ㅏ', 'ㄹ'은 각각 음소의 소리 단위인 /t/, /a/, /l/에 대응되기 때문에 음소 문자가 된다. 마찬가지로 'sun'에서 's', 'u', 'n'은 각각 /s/, /ʌ/, /n/에 대응되므로 음소 문자이다.

**2. (풀이)**

단어 문자는 다음과 같은 장점이 있다. 우선 단어 문자는 글자를 보고 이해하는 과정이 매우 빠르다는 점을 들 수 있다. 단어 문자는 '田'처럼 특정한 사물의 모양을 상형한 문자는 그것이 나타내는 단어의 시니피에(개념, 의미)와 직접적으로 연결되기 때문에 글자의 꼴을 보면 대략 그 의미를 짐작할 수 있다. 단어 문자가 가진 또 하나의 장점으로는 단어 문자를 사용하면 입말이 통하지 않는 사람들도 어느 정도 의사 소통을 할 수 있다는 점이다. 예를 들어서 일본이나 한국, 중국 사람들은 한자를 사용하면 의사 소통이 어느 정도 가능하다.

반면에 단어 문자는 위와 같은 장점뿐만 아니라 단점도 있다. 첫째로 단어 문자는 한 단어마다 하나의 문자가 필요하기 때문에 단어의 수만큼 각기 다른 형태의 문자가 있어야 한다. 한자에서 /toŋ/과 같이 동일한 음성으로 발음되는 단어도 한자를 사용하면 '洞, 東, 動, 同, 童, 銅, 冬, 棟……'과 같이 다양하게 표기되기 때문이다. 이렇게 수많은 문자를 일일이 학습을 통하여 기억하여 정확하게 적는다는 것는 쉬운 일이 아니다. 둘째로 단어 문자는 문자에 대응되는 소리를 직접적으로는 나타내지 않기 때문에 특정한 문자에 대한 옛날 발음을 알 수 없으며 여러 가지 지역 방언에서 문자가 어떻게 읽히는지 알기 어렵다.

**3. (풀이)**

한글은 음소 글자이므로 한 글자가 하나의 음소를 대표한다. 이러한 점을 고려하면 한글은 영어의 알파벳처럼 풀어서 적어야 한다. 한글은 창제된 이래로 줄곧 음절 단위로 모아서 적는 것을 원칙으로 삼았다. 예를 들어 입말 [손님]을 풀어서 적으면 'ㅅㅗㄴㄴㅣㅁ'처럼 되는데, 이들 낱글자를 모아 적어서 '손님'으로 적었다. 이렇게 모아쓰기를 하면 한글과 한자의 글꼴이 조화를 이룰 수 있다. 예를 들면 '국민(國民)'을 풀어 쓰면 'ㄱㅜㄱㅁㅣㄴ'과 같이 되는데, 이것은 '國民'과 비교할 때 글꼴이 아주 다르다. 이처럼 한글과 한자의 글꼴을 비슷하게 할 필요가 있었으므로 모아쓰기를 한 것이다. 그리고 모아쓰기를 하면 국어를 적을 때에 표의성이 높아지는 효과가 생긴다. 'ㅁㅓㄱㅇㅡㅁㅕㄴㅅㅓ'처럼 풀어쓰지 않고 '먹으면서'처럼 모아쓰기를 하게 되면 어간의 꼴이 '먹'으로 고정되어 어간과 어미가 시각적으로 구분되는 효과가 나타난다.

반면에 활자 인쇄를 염두에 두면 한글을 모아 쓸 때는 풀어쓸 때보다 훨씬 많은 활자가 필요하게 되어 대단히 불편하다. 풀어쓰기를 할 때 활자 인쇄에 필요한 한글 글자의 활자는 24개면 충분하다. 그러나 모아쓰기를 하면 이보다 훨씬 많은 수의 활자가 필요한데, 우리말을 표기하는 데에 이론상으로는 11,172개의 활자가 필요하고 실제로 쓰일 수 있는 글자만 고려해도 3천 개 정도의 활자가 있어야 한다. 그러나 현재는 컴퓨터 문서 작성기를 활용하여 글을 쓰고 문서를 편집하므로 입력 장치(자판)에서 풀어쓰기 방식으로 입력하더라도 입력된 글자가 자동으로 모아쓰기로 처리된다. 따라서 조판 작업을 하기 위해서 별도로 수많은 활자를 마련하는 작업이 필요하지 않게 되어, 한글을 모아 쓸 때 생기는 가장 큰 문제점이 해결되었다.

**4. (풀이)**

첫째, '이두(吏讀)'는 한문 문장의 어순을 국어의 어순으로 바꾸어 표기하는 방법이다. 곧 이두는 글자를 한자를 빌려 오되, 중국어의 어법을 완전히 무시하고 국어의 어순에 맞도록 한자를 나열하는 표기법이다. 그리고 일부 문법 형태소를 한자를 이용하여 표기한 것도 있는데, 그러한 경우에는 국어의 형식 형태소와 때로는 극소수의 명사나 부사 등을 국어의 음에 맞는 한자를 빌려와서 적었다. 이두는 한문을 주로 하는 글에서 토로 쓰던 부분에 한정되어 사용되었기 때문에 이두를 생략해도 한문의 형태는 그대로 남아 있으므로 문장의 뜻을 이해할 수 있다.

둘째, '향찰(鄕札)'은 통일 신라 시대 사람들은 한자의 소리나 뜻을 이용하여 국어의 문장, 특히 향가(鄕歌)의 노랫말을 적는 데에 사용했던 글자이다. 향찰은 국어의 문장 전부를 한자의 음과 훈을 빌려서 표기했기 때문에 향찰을 없애면 문장 전체가 성립하지 않게 된다. 곧 한자의 음과 훈을 빌려서 국어의 입말을 전면적으로 표기한 것이 향찰이다.

셋째, '구결(口訣, 토, 입겿)'은 원 한문 글은 그대로 두고, 국어의 문법적인 관계를 표시하는 문법소 부분을 한자의 음과 뜻을 빌려 와서 표기하는 방법이다. 구결식 표기법은 한문을 읽을 때 그 뜻을 돕기 위한 방편으로 이두의 표기법을 한문의 구절과 단락 사이에 이용한 것에 불과하다. 곧 한문 원전을 읽을 때 원 한문의 어순을 그대로 두고 토를 삽입한 것이다. 구결식으로 표기할 때 처음에는 한자를 그대로 쓰다가 차츰 한자의 약체(略體)를 쓰게 되었고, 한글 창제 후에는 한글 토를 달게 되었다.

**5. (풀이)**

'초기의 이두'는 한문 문장의 어순을 국어의 어순으로 바꾸어 표기하는 방법인데, 이를 '서기문식 표기(誓記文式 表記)'라고도 한다. 이러한 표기는 글자를 한자를 빌려 오되, 중국어의 어법을 완전히 무시하고 국어의 어순에 맞도록 한자를 나열하는 표기법이다. 그리고 일부 문법 형태소를 한자를 이용하여 표기한 것도 있다. 초기 이두문의 예로서, 경주군 견곡면 김척리 석장사 터의 뒤 언덕에서 발견된 '임신서기석(壬申誓記石)' 등이 있다.

'초기 이두'의 형태에서 더욱 발전한 것이 '본격적인 이두'이다. 이는 국어의 조사나 어미와 같은 일부 문법 형태소를 한자를 이용하여 표기하여 국어의 입말을 더욱 적극적으로 표기하려고 한 것이다. 곧 문장의 중심을 이루는 성분인 의미부는 그대로 한문식 어휘로 표기하되, 서기문식으로 그 차례를 국어의 어순에 맞게 하였다. 반면에 국어의 형식 형태소와 때로는 극소수의 명사나 부사 등은 국어의 음에 맞는 한자를 빌려와서 적었다. 본격적인 이두가 쓰인 예로는 1395년에 발간된 <대명률직해, 大明律直解> 등이 있다.

**6. (풀이)**

任申年六月十八日, 二人幷誓記, 天前誓, 自今三年以後, 執持忠道, 誓无過失, 若失此事, 誓得大罪於天, 若國不安大亂世, 誓可容行之, 又別先辛未年 七月卄二日大誓, 誓倫得時尙書禮傳三年

**7. (풀이)**

(가) 凡奴婢이 家長을 犯打ᄒᆞ겨늘랑 다모기 斬제

**8. (풀이)**

① 훈독 한자: 入(들-), 寢(자리), 見(보-), 脚烏(가ᄅᆞᆯ, 가ᄃᆞᆯ : 가랭이), 四(네ㅎ : 넷), 二肹(둘ㅎ), 吾(내), 誰(누 : 대명사)
② 음독 한자: 良沙(-어ᅀᅡ : 연결 어미), 矣(/ㅣ/), 昆(-곤 : 연결 어미), 伊(-이 : 주격 조사), 是(-이- : 서술격 조사), 良羅(-어라 : 감탄형 종결 어미), 隱(-은 : 보조사), 下(해 : 것, 의존 명사), 於叱古(엇고 : 의문형 종결 어미), 支(-ㅣ : 관형격 조사), 下(해 : 것, 의존 명사), -焉古(-언고 : 의문형 종결 어미)

**9. (풀이)**

향찰은 한자의 음과 훈을 이용하여 국어의 입말을 전면적으로 표기한 차자 표기법이다. 국어의 실질 형태소는 물론이고 형식 형태소까지 표기하여 차자 표기법 가운데 가장 발달한 표기법이었다. 그러나 그 표기 방법이 매우 복잡하여 승려나 화랑 등 귀족 계층에서만 사용하였고, 그 표기 대상의 언어도 향가의 가사에 한정되어 있었다. 이처럼 표기가 방법이 복잡하고 향유 계층과 표기 대상이 지극히 한정되어 있었으므로, 향찰이 후대로 이어지지 못했다.

# [단원 정리 문제 풀이 2]

## – '어제 서'와 '예의' –

**1. (풀이)**

<훈민정음 해례본>의 '본문'은 세종이 직접 지은 글이므로, 이를 '어제(御製)' 부분이라고도 한다. 이 어제 부분은 '어제 서(御製 序)'와 '예의(例義)'로 구성되어 있다. 먼저 '어제 서' 부분은 훈민정음 창제의 동기와 목적을 소개했다. 다음으로 '예의' 부분에서는 훈민정음 글자 자모의 형태와 음가를 소개하고, 아울러서 '종성법(終聲法), 부서법(附書法), 병서법(竝書法), 연서법(連書法), 성음법(成音法), 사성법(四聲法)' 등의 글자의 운용 방법을 설명했다.

**2. (풀이)**

첫째 중국의 입말과 국어의 입말이 다르므로 한문과 한자로써 우리말을 완전하게 표현하기가 어렵다. 우리말을 완전하게 표기하기 위하여 훈민정음 창제한다.

둘째, 어리석은 백성들이 어려운 한자와 한문을 익히지 못해서 자기의 뜻을 표현하지 못하는 사람이 많다. 따라서 훈민정음 스물여덟 글자를 만들어서 모든 백성이 이 글자를 쉽게 익혀서 일상 생활에 편하게 쓸 수 있게 하고자 한다.

**3. (풀이)**

(가) **초성 글자를 배열한 원리**: 첫째로 초성이 발음이 되는 '조음 위치(聲音, 七音)'에 따라서 훈민정음의 글자를 '아음－설음－순음－치음－후음－반설음－반치음'의 순서로 배열하였다. 둘째로 동일한 조음 위치에서 나는 글자들을 배열하되, '소리 내는 방법(淸濁)'에 따라서 '전청의 글자－병서 글자(전탁의 글자)－차청의 글자－불청불탁의 글자'의 순서로 배열하였다.

(나) **중성 글자를 배열한 원리**: 첫째, 삼재(三才)를 본떠서 만든 상형자(象形字)인 'ㆍ ㅡ ㅣ'를 먼저 소개하되, 양성(ㆍ), 음성(ㅡ), 중성(ㅣ)의 순서로 배열하였다. 둘째, 상형자에 한 점을 더하여 만든 초출자 'ㅗ ㅏ ㅜ ㅓ'를 소개하되, 양성(ㅗ, ㅏ)과 음성(ㅜ, ㅓ)의 순으로 배열하였다. 셋째, 상형자에 두 점을 더하여 만든 재출자 'ㅛ, ㅑ, ㅠ, ㅕ'를 소개하되, 양성(ㅛ, ㅑ)과 음성(ㅠ, ㅕ)의 순으로 배열하였다. 그리고 초출자와 재출자 중에서 'ㅗ'와 'ㅏ', 그리고 'ㅜ'와 'ㅓ', 그리고 'ㅛ'와 'ㅑ', 그리고 'ㅠ'와 'ㅕ'를 배열한 순서는, 입이 오므라지는 소리(口蹙)의 글자를 먼저 두고 입이 펴지는 소리(口張)의 글자를 나중에 둔 것이다.

**4. (풀이)**

(가) 종성법(終聲法) : 終聲復用初聲. 곧, 종성 글자는 따로 만들지 않고 초성의 글자를 다시 사용하였다. (보기) 귁(國)

(나) 연서법(連書法) : ㅇ連書脣音之下 則爲脣輕音. 곧, 순음 아래에 'ㅇ'을 이어서 적어서 순경음을 반드는 '연서법(連書法)'에 관한 규정이다. (보기)ㅸ, (ㆄ, ㅹ), ㅱ

(다) 병서법(竝書法) : 初聲合用則竝書 終聲同. 곧, 초성을 옆으로 나란히 합쳐서 적는 '병서법(竝書法)'에 관한 규정이다. (보기) ① 각자 병서의 예 : ㄲ, ㄸ, ㅃ, ㅉ, ㅆ, ㆅ ② 합용 병서의 예 : ㅳ, ㅄ, ㅶ ; ㅺ, ㅻ, ㅼ, ㅽ ; ㅴ, ㅵ

(라) 부서법(附書法) : ·ㅡㅗㅜㅛㅠ 附書初聲之下 ㅣㅏㅓㅑㅕ附書於右. 곧, 초성에 중성을 붙여서 적는 방법을 기술하였다. (보기) ᄀᆞ, 그, 고, 구, 교, 규 ; 기, 가, 거, 갸, 겨

(마) 성음법(成音法) : 凡字必合而成音. 곧, 초성·중성·종성을 합쳐서 음절 글자로 적는다. (보기) 범, 별, 잣, 발측, 율믜

(바) 사성법(四聲法) : 左加一點則去聲 二則上聲 無則平聲 入聲加點同而促急. 곧, 음절의 높낮이를 표시하는 방법에 관한 규정이다. (보기) ① 거성의 예(·갈, ·키 / ·몯, ·톡) ② 상성의 예(:돌, :범 / :낟, :깁) ③ 평성의 예(벼, 콩 / 독, 녑)

**5. (풀이)**

<훈민정음 해례본>은 동국정운식 한자음이 제정되기 전에 간행되었고, <훈민정음 언해본>은 동국정운식 한자음이 제정된 후에 간행되었다. 이러한 차이에 따라서 <해례본>의 한자음 표기는 동국정운식 한자음 표기가 반영되지 않았으나, <언해본>에서는 동국정운식 한자음 표기가 반영되어 있다. (보기) 快(쾌－쾡), 虯(뀨－끃), 彆(볃－볋)

**6. (풀이)**

<훈민정음 언해본>에는 <해례본>에는 없는 정치음과 치두음의 구분에 대한 설명이 추가되어 있다. 곧, "漢音齒聲은 有齒頭正齒之別ᄒᆞ니 ᅎ ᅔ ᅏ ᄼ ᄽ 字ᄂᆞᆫ 用於齒頭ᄒᆞ고 ᅐ ᅕ ᅑ ᄾ ᄿ 字ᄂᆞᆫ 用於正齒ᄒᆞᄂᆞ니 牙舌脣喉之字ᄂᆞᆫ 通用於漢音ᄒᆞᄂᆞ니라"라고 하는 규정이 <언해본>에 추가되어 있다. 중국어에서 치음은 정치음과 치두음의 구분이 있으나, 국어에서는 이 구분이 없었다. 여기서 '치두음(齒頭音)'은 중국어에서 혀끝을 윗니 뒤에 가까이 하고 내는 치음(齒音)의 하나이며, '정치음(正齒音)'은 중국어에서 혀를 말아 아래 잇몸에 가까이 하고 내는 치음(齒音)의 하나인 권설음(捲舌音)에 해당한다. 만일 굳이 치두음과 정치음을 구분해서 적으려면 치두음은 ᅎ ᅔ ᅏ ᄼ ᄽ의 글자로 표기하고, 정치음은 ᅐ ᅕ ᅑ ᄾ ᄿ 의 글자로 표기한다는 것이다.

# [단원 정리 문제 풀이 3]

## - 제자해 -

**1. (풀이)**

<훈민정음>에서는 사람의 말소리(聲音)는 음양(陰陽)과 오행(五行)의 원리에서 비롯되었다고 보았다. 따라서 새로 만드는 훈민정음의 글자도 말소리(聲音)에 내재해 있는 음양과 오행의 이치에 바탕을 두고 만든 것임을 밝혔다.

**2. (풀이)**

－正音音十八字　各象其形而制之。
－훈민정음(訓民正音)의 스물여덟 글자는 각기 그 모양을 본떠서(象形) 만들었다.

**3. (풀이)**

훈민정음에서 글자를 만드는 가장 기본적인 제자 원리로서 상형을 택한 것은 한자를 만든 기본 원리인 육서(六書)의 원리와 관련이 있다. 곧 한자를 만든 육서의 원리 중에서 상형이 가장 기본이 되는 제자 원리였으므로, 훈민정음에서도 글자를 만드는 원리로 상형을 기본으로 삼았음을 알 수 있다.

그런데 표의 문자인 한자가 실제 사물의 모양을 상형한 데에 반해서, 표음 문자인 훈민정음의 글자는 그 상형의 대상을 달리 했다. 곧 훈민정음의 상형자는 그것을 발음할 때의 발음 기관의 모양을 본떠서 'ㄱ, ㄴ, ㅁ, ㅅ, ㅇ'을 만들었다. 이는 훈민정음이 표음 문자라는 것에서 착안하여 소리를 내는 발음 기관의 모양을 상형한 것이다. 그리고 중성(모음)의 상형자는 우주와 인간 세계의 기본적인 구성 요소이면서 그 변화의 동인(動因)으로 작용하는 '하늘, 땅, 사람'의 '삼재(三才)'를 본떠서 만들었다.

**4. (풀이)**

초성 글자는 각각의 조음 자리(아, 설, 순, 치, 후)에서 나는 소리 중에서 가장 약한 소리인 불청불탁의 글자를 택하여 상형 글자로 삼는 것이 원칙이었다. 이에 따라서 'ㄴ(설음), ㅁ(순음), ㅇ(후음)'은 각각의 조음점에서 가장 약하게 나는 소리(= 불청불탁)이므로, 이들 글자를 상형 글자로 삼았다. 반면에 아음의 자리에서는 불청불탁의 글자인 'ㆁ' 대신에 전청의 글자인 'ㄱ'을 상형 글자로 삼았다. 이는 'ㆁ'이 초성의 자리에서 잘 쓰이지 않는 제약 때문인 것으로 추측된다. 마찬가지로 치음 글자도 불청불탁의 글자인 'ㅿ' 대신에 전청의 글자인 'ㅅ'을 상형 글자로 삼았는데, 이도 'ㅿ'이 초성의 자리에 잘 쓰이지 않는 제약 때문에 'ㅅ'을 상형 글자로 삼았다. 결국 'ㆁ'과 'ㅿ'이 초성의 상형 글자가 되지 못한 것은 이들 글자의 소리가 분포적인 제약이 커서 같은 자리에서 발음되는 다른 글자에 비하여 잘 쓰이지 않았기 때문이다.

**5. (풀이)**

| 조음점 | 상형의 대상 | 상형자 | 1차 가획자 | 2차 가획자 | 이체자 |
|---|---|---|---|---|---|
| 아음(牙音) | 舌根閉喉之形 | ㄱ | ㅋ | | ㆁ |
| 설음(舌音) | 舌附上腭之形 | ㄴ | ㄷ | ㅌ | ㄹ |
| 순음(脣音) | 口形 | ㅁ | ㅂ | ㅍ | ㅿ |
| 치음(齒音) | 齒形 | ㅅ | ㅈ | ㅊ | |
| 후음(喉音) | 喉形 | ㅇ | ㆆ | ㅎ | |

[ 표 1. 초성 글자의 가획 원리 ]

**6. (풀이)**

/ㄹ/은 두 가지 변이음으로 발음되는데, '우리'의 'ㄹ'은 탄설음(彈舌音)인 [ɾ]으로 발음되고 '달'의 'ㄹ'은 설측음(舌側音)인 [l]로 발음되어서, 혀끝이 윗잇몸에 불완전하게 닿는다. 곧, [ɾ]이나 [l]의 소리는 발음을 할 때 입안의 공깃길이 완전히 막히는 것이 아니라 불완전하게 막히므로, 다른 'ㄴ, ㄷ, ㅌ'의 설음과는 달리 '반설음(半舌音)'이라고 이름을 붙였다. 그리고 'ㅿ'은 유성음과 유성음 사이에서만 실현되므로 그것이 실현되는 음운론적 환경이 제약이 많아서 사용 빈도가 매우 낮았다. 이러한 점을 감안하여 'ㅿ'을 일반적인 치음의 역할에 못 미친다는 점에서 반치음(半齒音)으로 이름을 붙였다.

**7. (풀이)**

| 오성 | (생리적 특성) | (음상) | 오행 | 사시 |
|---|---|---|---|---|
| 喉 | 邃而潤 | 虛而通 | 水 | 冬 |
| 牙 | 錯而長 | 似喉而實 | 木 | 春 |
| 舌 | 銳而動 | 轉而颺 | 火 | 夏 |
| 齒 | 剛而斷 | 屑而滯 | 金 | 秋 |
| 脣 | 方而合 | 含而廣 | 土 | 季夏 |

[ 표 2. '오성', '오행', '사시'의 대응 관계 ]

**8. (풀이)**

(가)

| 성음(聲音) \ 청탁(淸濁) | 全淸 | 次淸 | 全濁 | 不淸不濁 |
|---|---|---|---|---|
| 牙 音 | /ㄱ/ | /ㅋ/ | /ㄲ/ | /ㆁ/ |
| 舌 音 | /ㄷ/ | /ㅌ/ | /ㄸ/ | /ㄴ/ |
| 脣 音 | /ㅂ/ | /ㅍ/ | /ㅃ/ | /ㅁ/ |
| 齒 音 | /ㅈ/, /ㅅ/ | /ㅊ/ | /ㅉ/, /ㅆ/ | |
| 喉 音 | /ㆆ/ | /ㅎ/ | /ㆅ/ | /ㅇ/ |
| 半舌音 | | | | /ㄹ/ |
| 半齒音 | | | | /ㅿ/ |

[ 표 3. 초성 글자의 소리 체계 ]

(나) 전청(예사소리, 軟音), 차청(거센소리, 激音), 전탁(된소리, 硬音), 불청불탁(울림소리, 響音)

(다) '표 3'의 초성의 소리 체계에는 불청불탁의 /ㄲ, ㄸ, ㅃ, ㅉ, ㅆ, ㆅ/의 소리가 포함되어 있다. 그러나 '표 1'의 초성의 글자 체계에는 'ㄲ, ㄸ, ㅃ, ㅉ, ㅆ, ㆅ'는 제외되었다.(이들 글자는 '각자 병서'의 글자로 처리되었다.) 둘째, '표 1'의 초성의 글자 가운데 제자의 기준이 되는 상형자는 불청불탁의 글자인 'ㄴ, ㅁ, ㅇ' 글자와 전청 글자인 'ㄱ, ㅅ'의 글자가 섞여 있다.

(라) 전탁의 소리 가운데서 파열음인 /ㄲ/, /ㄸ/, /ㅃ/의 소리는 순 우리말을 표기하는 데에는 아예 사용되지 않았고, 마찰음인 /ㅉ, ㅆ, ㆅ/도 아주 제한적으로만 사용되었다. 그리고 전청의 후음인 우리말의 표기에서는 /ㆆ/도 아주 제한된 환경에서만 쓰여서 초성의 자리에서는 실현되지 않았다. 그럼에도 불구하고 전탁 소리를 '표 3'에 포함시킨 것은, 이들 전탁의 소리가 조선의 표준 한자음을 표기하기 위하여 제정한 '동국정운식 한자음'을 표기하는 데에 쓰였기 때문이다. <동국정운, 東國正韻>에서 설정한 한자음의 체계가 '표 3'과 같은 훈민정음의 소리 체계와 일치하는 것을 보면 이러한 사실을 확인할 수 있다.

**9. (풀이)**

초성 글자를 상형자, 1차 가획자, 2차 가획자로 구분한 것은 그 글자의 소리의 세기를 기준으로 정했다. 첫째로 상형자 중에서 'ㄴ(설음), ㅁ(순음), ㅇ(후음)'은 그 소리가 가장 약한 불청불탁의 글자로 정했고, 'ㄱ(아음), ㅅ(치음)'은 두 번째로 약한 전청의 글자로 정했다. 둘째로 1차 가획자는 이들 상형자보다 소리가 약간 더 센 소리로 정했다. 곧 'ㅋ(아음, 차청)'은 'ㄱ'에 가획했고, 'ㄷ(설음, 전청)'은 'ㄴ'에 가획했고, 'ㅂ(순음, 전청)'은 'ㅁ'에 가획했고, 'ㅈ(치음, 전청)'은 'ㅅ'에 가획했으며, 'ㆆ(후음, 전청)'은 'ㅇ'에 가획했다. 셋째로 2차 가획자는 그 소리가 1차 가획자보다 더 센 소리로 정했다. 곧 'ㅌ(설음, 차청)'은 'ㄷ'에 가획했고, 'ㅍ(순음, 차청)'은 'ㅂ'에 가획했고, 'ㅊ(치음, 차청)'은 'ㅈ'에 가획했고, 'ㅎ(후음, 차청)'은 'ㆆ'에 가획했다.

**10. (풀이)**

일반적으로 'ㅇ'은 음가가 없는 글자이다. 그러나 'ㅇ'은 'ᄋᆞ ᄉᆞ'처럼 음가가 없는 초성 자리나 '솅(世)'처럼 음가가 없는 종성의 자리에 쓰여서 음절을 구성하는 역할을 하였다. 이처럼 'ㅇ'이 음가가 없음도 불구하고 실제로 글자로 적을 때는 초성과 같은 역할을 하므로, <훈민정음>에서는 'ㅇ'을 초성으로 처리하였다. 그리고 'ㅇ'이 '일우다'나 '몰애', '앙이', 'ᄃᆞ외오' 등의 일부 단어에서 '유성 후두 마찰음(有聲 喉頭 摩擦音)'인 /ɦ/의 음가를 가졌는데, 이때의 유성 후두 마찰음인 'ㅇ'의 음가가 /ㆁ/과 유사하므로 불청불탁의 소리로 처리한 것으로 보인다.

**11. (풀이)**

훈민정음의 초성 글자 가운데서 불청불탁의 'ㆁ, ㄹ, ㅿ' 글자를 '이체(異體)'라고 하였는데, 이들 세 글자는 상형의 방법이나 가획의 방법이 원칙에 어긋나기 때문이다.

첫째, 불청불탁의 아음(牙音) 글자인 'ㆁ'은 원칙적으로는 아음의 상형자인 'ㄱ'과 비슷하게 글자를 만들어야 했다. 그러나 훈민정음의 창제자들은 후음(喉音)인 'ㅇ'에 가획하여 글자를 만듦으로써, 'ㆁ'은 아주 예외적인 글자(異體)가 되었다. 또한 'ㆁ'은 아음 가운데서 가장 약한 소리인 불청불탁의 소리를 나타내기 때문에, 제자의 원리에 따르면 'ㆁ'이 아음의 상형자가 되어야 한다. 이처럼 가획의 원리에 어긋나게 'ㆁ'이 아음의 상형자가 되지 못했다는 점도 'ㆁ'이 이체(異體)로 처리된 이유이다.

둘째, 반설음인 'ㄹ'과 반치음인 'ㅿ'은 가획의 일반적인 원리와 관계없이 만든 예외적인 글자(異體)라고 하였다. 곧, 'ㄷ' 글자에 가획을 하여 'ㄹ' 글자를 만들고 'ㅅ' 글자에 가획을 하여 'ㅿ' 글자를 만들었으나, 오히려 'ㄹ'의 소리는 'ㄷ'의 소리보다 약하며 'ㅿ' 소리는 'ㅅ'의 소리보다 약하다. 따라서 이들 글자는 소리가 세어짐에 따라서 더하는 '가획의 뜻'이 없으므로 이체로 처리되었다.

**12. (풀이)**

(가) 설음 글자인 'ㄴ→ㄷ→ㅌ'이나 순음 글자인 'ㅁ→ㅂ→ㅍ'의 제자 방법을 감안하면, 아음 글자의 제자 방법도 다음과 같이 이루어져야 한다. 먼저 가장 약한 소리(불청불탁)인 /ŋ/을 'ㄱ' 글자에 대응시키고, 그 다음으로 센 소리(전청)인 /k/

를 'ᄀ'에 대응시키고, 마지막으로 가장 센 소리(차청)인 /kʰ/를 'ㅋ' 글자에 대응시킨다.

| 조음점 | 상형자<br>불청불탁 | 1차 가획 글자<br>전청 | 2차 가획 글자<br>차청 |
|---|---|---|---|
| 아음(牙音) | ᆨ /ŋ/ | ᄀ /k/ | ㅋ /kʰ/ |
| 설음(舌音) | ㄴ /n/ | ㄷ /t/ | ㅌ /tʰ/ |
| 순음(脣音) | ㅁ /m/ | ㅂ /p/ | ㅍ /pʰ/ |

[ 가획의 원리에 맞는 제자 방법 ]

(나) <훈민정음 해례본>의 '제자해'에서는 "唯牙之ㆁ 雖舌根閉喉聲氣出鼻 而其聲與ㅇ相似 故韻書疑與喩多相混用 今亦取象於喉 而不爲牙音制字之始。(오직 어금닛소리의 'ㆁ'은 비록 혀뿌리가 목을 막아 소리의 공기가 코로 나오지만 그 소리는 'ㅇ'과 비슷하다. 그러므로 운서(韻書)에는 'ㆁ'과 'ㅇ'이 흔히 서로 혼용된다. 지금 역시 목구멍에서 상형을 취하였고, 아음을 글자를 짓는 시초로 삼지 않았다.)"라고 설명하고 있다. 곧 'ㆁ'을 같은 아음인 'ㄱ'과 비슷하게 만들지 않고 후음인 'ㅇ'과 연관시켜서 글자를 만든 것은, 'ㆁ[ŋ]'이 'ㅇ'과 소리가 비슷하다는 이유 때문이라고 설명한 것이다.

| 조음점 | 상형자<br>불청불탁 | 1차 가획 글자<br>전청 | 2차 가획 글자<br>차청 | 이체 |
|---|---|---|---|---|
| (1) 원칙 | ᆨ /ŋ/ | ᄀ /k/ | ㅋ /kʰ/ | |
| (2) 실제 | ㄱ /k/ | ㅋ /kʰ/ | | ㆁ /ŋ/ |

<훈민정음 해례본>에서 나온 이와 같은 설명은 아음 글자를 (1)의 원칙에 따르지 않고 (2)와 같이 제자한 것을 설명한 것이다.

**13. (풀이)**

(가)

| | 牙音 | 舌音 | 脣音 | 齒音 | | 喉音 |
|---|---|---|---|---|---|---|
| 全濁 | ㄲ | ㄸ | ㅃ | ㅉ | ㅆ | ㆅ |

[ 표 5. 전탁과 병서 글자 ]

(나) '후음(喉音)'에서만은 전청의 'ㆆ' 글자 대신에 차청(次淸) 글자인 'ㅎ'을 아울러서 'ㆅ'의 글자로 전탁의 소리를 표기하였다. <훈민정음>에서는 그 이유를 전청 글자인 'ㆆ'의 소리가 깊어서 엉길 수 없으므로 된소리로 낼 수 없기 때문에, 얕은 소리인 차청의 'ㅎ' 글자를 아울러 적어서 후음의 전탁 소리를 표기하는 데에 사용하였다고 설명하였다. 이는 'ㆆ'의 소리가 '후두 폐쇄음'이어서 소리 자체가 이미 엉겨 있으므로(된소리), 이를 다시 전탁음으로 발음할 수 없었기 때문이다. 따라서 'ㆆ' 대신에 차청인 'ㅎ' 글자를 나란히 적어서 전탁의 글자('ㆅ')로 만든 것이다. 여기서 'ㆅ'은 앞혓바닥을 센입천장에 접근시켜 마찰하면서 소리를 낸다.(곧, 'ㆅ'은 /ç/보다 길고 세게 내는 소리를 내는 글자이다.)

**14. (풀이)**

첫째로 개별 어휘에서는 '싸호다, ᅘᅧ다'처럼 'ㅆ'과 'ㆅ'의 각자 병서 글자가 쓰였으며, 둘째로 'ᄇᆞ롤 끼름, 수믈 띄, 여흴 쩌긔, 펼 쓰ᅀᅵ'처럼 관형사형 어미인 '-을' 다음에서 'ㄲ, ㄸ, ㅉ, ㅆ' 등의 각자 병서 글자가 실현되었고, 셋째로 '일흘까, 것굴따'처럼 의문형 종결 어미가 'ㄲ, ㄸ'의 각자 병서 글자로 실현되었다. 넷째로 '녀쏩고, 연쫍고'처럼 객체 높임 선어말 어미인 '-ᄉᆞᆸ-'과 '-ᄌᆞᆸ-'의 변이 형태로서 'ㅆ'과 'ㅉ'이 실현되었으며, 다섯째로 '*엄ㅅ소리'나 '*니ㅅ소리'와 같이 사잇소리나 관형격 조사를 표기하는 과정에서 'ㅆ'의 글자가 실현되었다.

**15. (풀이)**

(가) 'ㅸ'(/β/)

(나) 'ㅱ'

(다) 'ㅸ'은 대체로 유성음과 유성음 사이에서만 실현되어서, 분포가 극히 제한적이다. 예를 들어 보면, 'ㅸ'은 'ᄀᆞᄅᆞᄫᅵ'처럼 모음과 모음 사이에서, '열ᄫᅳᆫ'처럼 /ㄹ/과 모음 사이에서, '우ᇫᄫᅳ니'처럼 /ㅿ/과 모음 사이에서, 'ᄯᅮᇢᄫᅧᆼ字'처럼 /ㅱ/ 다음에 실현되는 사잇소리 글자나 관형격 조사를 적는 글자로 쓰였다.

(라) 현대 표준어에서 '부부'나 '갈비' 등을 자연스럽게 발음할 때, 'ㅂ'이 [β]으로 발음된다. 그리고 현대 국어의 경상도 방언에서는 'ㅂ' 불규칙 용언인 '추워'와 '더워'를 각각 '추버'와 '더버'로 발음하는 경향이 강하다.

**16. (풀이)**

| 으뜸 소리 | 음양 | 소리의 특징 |
|---|---|---|
| /·/ | 양성 | /ㅗ/와 /ㅏ/의 중간 소리 |
| /ㅡ/ | 음성 | /ㅜ/와 /ㅓ/의 중간 소리 |
| /ㅣ/ | 중성 | 가장 중립적인 소리 |

[ 표 6. 으뜸 소리의 선정 원리 ]

**17. (풀이)**

| 글자 | 음가 | 음성학적 특징 | | |
|---|---|---|---|---|
| | | 조음 방법 | 청각적 인상 | 현대 음성학의 해석 |
| · | /ʌ/ | 설 축(舌 縮) | 성 심(聲 深) | 후설 모음 |
| ㅡ | /ɨ/ | 설소축(舌小縮) | 불심불천(不深不淺) | 중설 모음 |
| ㅣ | /i/ | 설불축(舌不縮) | 성 천(聲 淺) | 전설 모음 |

[ 표 7. 상형자의 조음 방법과 청각적인 인상 ]

**18. (풀이)**

| 자형 | 성리학적 특징 | | 상형 대상 |
|---|---|---|---|
| | 삼재와의 관련 | 형태 | |
| · | 天開於子 | 形之圓 | 天 |
| ㅡ | 地闢於丑 | 形之平 | 地 |
| ㅣ | 人生於寅 | 形之立 | 人 |

[ 표 8. 상형자의 상형 대상과 형태 ]

**19. (풀이)**

| | <口蹙> | | 상형자의 소리 | | <口張> |
|---|---|---|---|---|---|
| (양성) | /ㅗ/ | ⟵ | /·/ | ⟶ | /ㅏ/ |
| (음성) | /ㅜ/ | ⟵ | /ㅡ/ | ⟶ | /ㅓ/ |
| | <闔> | | | | <闢> |

[ 표 9. 초출자의 음가 ]

**20. (풀이)**

| 재출자의 소리 | 입의 모양의 변화 | | | 음양 (陰/陽) | 입 모양 (闔/闢) |
|---|---|---|---|---|---|
| | 시작 모양 | → | 끝 모양 | | |
| /ㅛ/ | /ㅣ/ | → | /ㅗ/ | 양(陽) | 합(闔) |
| /ㅑ/ | /ㅣ/ | → | /ㅏ/ | 양(陽) | 벽(闢) |
| /ㅠ/ | /ㅣ/ | → | /ㅜ/ | 음(陰) | 합(闔) |
| /ㅕ/ | /ㅣ/ | → | /ㅓ/ | 음(陰) | 벽(闢) |

[ 표 10. 재출자의 음가 ]

**21. (풀이)**

| | 재출 (口蹙) | | 초출 (口蹙) | | (상형자) | | 초출 (口張) | | 재출 (口張) |
|---|---|---|---|---|---|---|---|---|---|
| 양(陽) | ㅛ | ← | ㅗ | ← | ㆍ | → | ㅏ | → | ㅑ |
| 음(陰) | ㅠ | ← | ㅜ | ← | ㅡ | → | ㅓ | → | ㅕ |
| 원(圓) | 둘 | | 하나 | | | | 하나 | | 둘 |

[ 표 11. 초출자와 재출자의 제자 원리 ]

**22. (풀이)**

(가)

| | 심(深) | 불심불천(不深不淺) | 천(淺) |
|---|---|---|---|
| 상형자 | ㆍ | ㅡ | ㅣ |

[ 표 12. 중성 글자의 '심'과 '천'에 따른 대립 관계 ]

(나)

| | | 벽(闢) | | 합(闔) |
|---|---|---|---|---|
| 초 출 자 | 양(陽) | ㅏ | ↔ | ㅗ |
| | 음(陰) | ㅓ | ↔ | ㅜ |
| 재 출 자 | 양(陽) | ㅕ | ↔ | ㅛ |
| | 음(陰) | ㅠ | ↔ | ㅠ |

[ 표 13. 중성 글자의 '합'과 '벽'에 따른 대립 관계 ]

# [단원 정리 문제 풀이 4]

## - 초성해 · 중성해 · 종성해 · 합자해 -

**1.** (풀이)

| 자리 \ 방법 | 全淸 | 次淸 | 全濁 | 不淸不濁 |
|---|---|---|---|---|
| 牙音 | 君/군/ | 快/쾡/ | 虯/뀨ᇰ/ | 業/ᅌᅥᆸ/ |
| 舌音 | 斗/두ᇰ/ | 呑/ᄐᆞᆫ/ | 覃/땀/ | 那/낭/ |
| 脣音 | 彆/벼ᇙ/ | 漂/프ᇢ/ | 步/뿡/ | 彌/밍/ |
| 齒音 | 卽/즉/<br>戌/슈ᇙ/ | 侵/침/ | 慈/ᄍᆞᆼ/<br>邪/썅/ | |
| 喉音 | 挹/ᅙᅳᆸ/ | 虛/헝/ | 洪/ᅘᅩᇰ/ | 欲/욕/ |
| 半舌 | | | | 閭/령/ |
| 半齒 | | | | 穰/ᅀᅣᆼ/ |

[표 1. 초성 23글자의 소리]

**2.** (풀이)

| | 초출자 | | | | 재출자 | | | |
|---|---|---|---|---|---|---|---|---|
| 중성 글자 | ㅗ | ㅏ | ㅜ | ㅓ | ㅛ | ㅑ | ㅠ | ㅕ |
| 자운(字韻) | /ᅘᅩᇰ/ | /땀/ | /군/ | /ᅌᅥᆸ/ | /욕/ | /ᅀᅣᆼ/ | /슈ᇙ/ | /벼ᇙ/ |
| 예시 한자 | 洪 | 覃 | 君 | 業 | 欲 | 穰 | 戌 | 彆 |

[표 2. 중성 기본 글자의 소리]

**3.** (풀이)

| 합용의 유형 | 동출한 상형자 | 합용의 방식 | 합용 글자 | 음양 |
|---|---|---|---|---|
| 초출자의 합용 | ㆍ | ㅗ + ㅏ | ㅘ | 양성 |
| | ㅡ | ㅜ + ㅓ | ㅝ | 음성 |
| 재출자의 합용 | ㅣ | ㅛ + ㅑ | ㆇ | 양성 |
| | | ㅠ + ㅕ | ㆉ | 음성 |

[표 3. 동출 합용의 원리]

**4. (풀이)**

| | 합용의 방법 | 합용 글자의 예 | 글자의 겹침 |
|---|---|---|---|
| (ㄱ) | 초출자와 재출자의 합용 | ㅘ ㅝ ㆇ ㆊ | 이자 상합(二字相合) |
| (ㄴ) | 일자 중성과 'ㅣ'의 합용 | ㆎ ㅢ ㅚ ㅐ ㅟ ㅔ ㆉ ㅒ ㆌ ㅖ | |
| (ㄷ) | 이자 중성과 'ㅣ'의 합용 | ㅙ ㅞ ㆈ ㆋ | 삼자 상합(三字相合) |

[표 4. 중성 글자의 합용 방법과 예]

**5. (풀이)**

| 글자의 종류 | | 글자의 예 | 제자 방법 |
|---|---|---|---|
| 기본자 | 상형자 | ㆍ ㅡ ㅣ | 상형 |
| | 초출자 | ㅗ ㅏ ㅜ ㅓ | 합성 |
| | 재출자 | ㅛ ㅑ ㅠ ㅕ | |
| 합용 | 이자 상합 | ㅘ ㅝ ㆇ ㆊ | 초출자와 재출자의 합용 |
| | | ㆎ ㅢ ㅚ ㅐ ㅟ ㅔ ㆉ ㅒ ㆌ ㅖ | '일자중성'과 'ㅣ'의 합용 |
| | 삼자 상합 | ㅙ ㅞ ㆈ ㆋ | '이자중성'과 'ㅣ'의 합용 |

[표 5. 중성 글자의 종류와 제자 방법]

**6. (풀이)**

| 'ㅣ'계 이중 모음 | 글자 | ㆎ | ㅢ | ㅚ | ㅐ | ㅟ | ㅔ |
|---|---|---|---|---|---|---|---|
| | 음가 | [ʌj] | ㅢ[ɨj] | [oj] | [aj] | [uj] | [əj] |
| 'ㅣ'계 삼중 모음 | 글자 | ㆉ | ㅒ | ㆌ | ㅖ | ㅙ | ㅞ |
| | 음가 | [joj] | [jaj] | [juj] | [jəj] | [waj] | [wəj] |

[표 6. 'ㅣ'계 이중·삼중 모음의 음가]

**7.** (풀이)

| 글자 | 음가 | 음가의 설명 | 소실이나 변화 시기 | 용례 |
|---|---|---|---|---|
| ㆁ | /ŋ/ | 연구개 비음 | 16세기 말 | 러ᅌᅮᆯ, 바ᅌᅩᆯ, 부허ᇰ, ᄆᆡᇰᄀᆞᆯ다 |
| ㆆ | /ʔ/ | 후두 폐쇄음 | 15세기 말 | 호ᇙ 배, 快ᅙᅫᆼ字, 하ᄂᆞᇙᄠᅳᆮ, 於ᅙᅥᆼ, 日ᅀᅵᇙ |
| ㅿ | /z/ | 유성 치조 마찰음 | 16세기 말 | 거ᅀᅴ, 함ᄭᅴ, 그ᅀᅥ, ᄃᆞᅀᆞ샤, 나랋 일훔 |
| ㆍ | /ʌ/ | 후설 저모음 | 1933년 | 기ᄅᆞ다, ᄂᆞᆯ다, ᄆᆞᄅᆞ다, ᄀᆞᅀᆞᆯ |

**8.** (풀이)

| 글자 | 음가 | 예 | 글자 | 음가 | 예 |
|---|---|---|---|---|---|
| ㅈ | /ts/ | 잣, ᄌᆞ라다, 즘게 | ㅲ | /pt/ | ᄇᆞᆯᄠᅵ, ᄠᆞᆯ기, ᄠᅳᆮ |
| ㄲ | /k'/ | 일흘까, ᄇᆞᄅᆞ 끼름, 이실까 | ㅄ | /ps/ | ᄡᅮᆨ, ᄡᆞᆯ, ᄡᅵ |
| ㄸ | /t'/ | 수물 띄, 겻굴따 | ㅶ | /pts/ | 대ᄧᅩᆨ, ᄧᅡᆨ |
| ㅆ | /s'/ | 말ᄊᆞᆷ, 펼 ᄊᆞᄉᆡ예, 엄쏘리 | ㅷ | /pʰ/ | ᄩᅳ고, ᄩᅥ디며 |
| ㆅ | /ç/ | ᅘᅧ, 치ᅘᅧ시니, 두르ᅘᅧ | ㅺ | /sk/, /k'/ | ᄭᅬ, ᄭᅩ리, ᄭᅮᆷ |
| ㆀ | /j/, /i/ | 히ᅇᅧ, ᄆᆡᅇᅩᆫ, 쥐ᅇᅧ | ᄮ | /sn/ | ᄮᅡᄒᆡ |
| ᄔ | /n : / | 다ᄔᆞ니라, 슬ᄔᆞ니 | ㅼ | /st/, /t'/ | ᄯᅡᇂ, ᄯᅥᆨ, ᄯᅩ |
| ㅸ | /ß/ | ᄀᆞᄅᆞᄫᅵ, 열ᄫᅳᆫ, 웃ᄫᅳ니 | ㅽ | /sp/, /p'/ | ᄲᅧ |

**9.** (풀이)

(가) **'이중자음 설'의 내용과 근거**: '이중 자음 설'은 합용 병서의 각 글자가 모두 따로 발음되었다는 설이다. 첫째, <훈민정음 해례>에서 합용 병서 글자의 음가를 따로 설명하지 않았다. 만일 글자 각각의 음가를 가지지 않고 제3의 다른 음가를 가졌으면, 이들 음가에 대한 설명을 반드시 하였을 것이다. 따라서 합용 병서 글자는 각각의 글자대로 발음한 것으로 보아야 한다. 둘째, 현대어 '멥쌀, 좁쌀, 찹쌀'에서 /ㅂ/이 덧나는 것은 곧 중세 국어의 'ᄡᆞᆯ(쌀)'에서 첫 소리로 나는 /ㅂ/의 흔적 때문이다. 마찬가지로 현대어 '입때, 접때'에서 /ㅂ/이 덧나는 것도 중세 국어의 'ᄣᅢ(때)'의 첫 소리인 /ㅂ/의 흔적이 현재까지 남았기 때문이다. 그리고 'ᄇᆞᆯᄠᅵ'와 '쉬ᄠᅵ'는 현대 국어에서 '밟지'와 '쉽지'로 실현된다. 그런데 현대 국어에서 /ㅂ/ 받침 소리가 존재하는 것을 보면, 15세기 국어에서 'ᄠᅵ'의 'ㅲ'이 이중 자음으로 발음된 것을 알 수 있다.

(나) **'된소리 설'의 내용과 근거**: 합용 병서 글자 중에서 'ㅅ'계 합용 병서 글자인 'ㅺ, ㅼ, ㅽ'은 된소리를 표기한 글자라는 설이 있다. 15세기 국어에서 'ㅅ'계 합용 병서로 쓰인 말이 현대어에는 대체로 'ᄭᅩ리>꼬리, ᄯᅡᇂ>땅, ᄲᅧ>뼈'나 'ᄢᅢ니>깨니, ᄣᅳ리니>때리니'처럼 된소리로 발음된다. 그리고 'ㅅ'이 '즘겟가재, 긼ᄀᆞᅀᅢ, ᄀᆞᄅᆞᇝᄀᆞᅀᅢ, ᄆᆞᅀᆞᇝᄀᆞ장'와 '빗돐, 엄쏘리, 혀쏘리, 입시울쏘리'에서처럼 사잇소리를 표기하는 글자로 쓰여서 그 뒤에 실현되는 말이 된소리로 발음됨을 표현했다든지, 'ㅅ'계 합용 병서에서 'ㅅ'을 예전에 '된시옷'으로 불렀던 사실은 'ㅅ'계 합용 병서가 독립된 음가를 가지지 않고 된소리를 표기하는 글자였을 가능성을 보여 준다.(안병희·이광호 1993:56, 이기문 1998:138)

(다) **'된소리 설'을 따른다면, 'ㄲ, ㄸ, ㅃ, ㅉ'의 음가는 어떠한가?**: ㅳ [pt], ㅄ [ps], ㅶ [pts], ㅷ [pt^h] ; ㅺ [k'], ㅻ [sn], ㅼ [t'], ㅽ [p'] ; ㅴ [pk'], ㅵ [pt']

**10. (풀이)**

일반적으로 'ㅇ'은 무음가의 글자로 보지만, 'ㅇ'을 무음가의 글자로 볼 수 없는 예들도 있다. 곧 'ㅇ'이 /ㄹ, ㅿ, ㅣ, j/와 그에 뒤따르는 모음 사이에서 실현될 때에는 무음가의 글자로 보기 어렵다.(고등학교 문법 2010:282) 예를 들어서 '놀애, ᄂᆞᆯ애, 몰애, 달아, 일우다'와 'ᄀᆞᇫ애, 앙이, 긍어, 빙이고, 웅읍'에서는 앞선 음절의 /ㄹ, ㅿ/ 등이 뒤 음절로 연철되지 않으며, '아니어늘, 몯ᄒᆞ리오, 뷔오' 등에서는 앞선 모음 /ㅣ/에 따르는 동화 현상이 일어나지 않는다. 만일 뒤 음절의 'ㅇ'이 음가가 없는 글자이라면 앞의 단어들은 각각 '*노래, *ᄂᆞ래, *모래, *다라, *이루다'나 '*ᄀᆞᅀᅢ, *아ᅀᅵ, *그ᅀᅥ, *비ᅀᅵ고, *우ᅀᅳᆷ', 그리고 /ㅣ/ 모음 동화 현상에 의해서 '*아니여늘, *몯ᄒᆞ리요, *뷔요' 등으로 표기되어야 한다. 곧, /ㄹ, ㅿ, ㅣ, j/와 그에 뒤따르는 모음 사이에서 실현될 때에는 'ㅇ'을 음가가 없는 글자로 보지 않고 자음의 음가를 가지는 글자로 볼 수도 있는 것이다. 이에 더하여 <훈민정음 해례>의 '제자해'에서 'ㅇ'이 후음의 불청불탁 계열인 자음 글자로 분류되어 있는 것을 보면, 이 글자가 '유성 후두 마찰음(有聲喉頭摩擦音)'인 [ɦ]의 음가를 가지는 글자임을 짐작할 수 있다.(허웅 1975:55)

**11. (풀이)**

15세기 국어의 종성 체계를 근대어나 현대어의 그것과 비교하면, 15세기 국어에서는 'ㅅ'이 종성에서 그대로 쓰일 수 있다는 점이 특징이다. 결과적으로 15세기 국어의 종성의 자리에서는 일반적으로 /ㄱ, ㆁ, ㄷ, ㄴ, ㅂ, ㅁ, ㅅ, ㄹ/의 여덟 소리가 발음될 수 있었음에 반하여, 근대나 현대 국어에서는 /ㄱ, ㆁ, ㄷ, ㄴ, ㅂ, ㅁ, ㄹ/의 일곱 소리가 발음될 수 있었다. 예를 들어서 15세기 국어에서는 '긋(必), 못(池), ᄆᆞᆺ(最)'과 '귿(末), 몯(莫), ᄆᆞᆮ(昆)'을 반드시 구분하여 표기하였다. 곧 '긋(必), 못(池), ᄆᆞᆺ(最)'은 /kis/, /mos/, /mʌs/로 발음되었고, '귿(末), 몯(莫), ᄆᆞᆮ(昆)'은 /kit/, /mot/, /mʌt/으로 발음된 것이다. 이를 감안하면 종성의 자리에서도 초성의 자리에서와 마찬가지로 'ㅅ'과 'ㄷ'의 글자가 구별되어서 쓰였음을 알 수 있다.

**12. (풀이)**

| | | |
|---|---|---|
| 기본 글자 | 상형자 | ㆍ ㅡ ㅣ |
| | 초출자 | ㅗ ㅏ ㅜ ㅓ |
| | 재출자 | ㅛ ㅑ ㅠ ㅕ |
| 합용 글자 | 이자 합용 글자 | ㅘ ㅝ ㆇ ㆊ, ㆎ ㅢ ㅚ ㅐ ㅟ ㅔ ㆉ ㅒ ㆌ ㅖ |
| | 삼자 합용 글자 | ㅙ ㅞ ㆈ ㆋ |

**13. (풀이)**

| 글자 | 음가 | 예 | 글자 | 음가 | 예 |
|---|---|---|---|---|---|
| ㆍ | /ʌ/ | ᄌᆞ라다, ᄆᆞᆯ, ᄆᆞᆺ | ㅟ | /uj/ | 뮈다 |
| ㅘ | /wa/ | 좌ᄒᆞ다 | ㅔ | /əj/ | 세ㅎ |
| ㅝ | /wə/ | 워기다 | ㆉ | /joj/ | ᄉᆈᄯᅩᆼ |
| ㆎ | /ʌj/ | ᄆᆡ샹 | ㅒ | /jaj/ | ᄌᆞ개 |
| ㅢ | /ɨj/ | 믜다 | ㅖ | /jəj/ | 셰다 |
| ㅚ | /oj/ | 외얏 | ㅙ | /waj/ | 괘씸ᄒᆞ다 |
| ㅐ | /aj/ | 대범 | ㅞ | /wəj/ | 웨다 |

**14. (풀이)**

【 終聲復用初聲 】 [훈해 예의]

**15. (풀이)**

(가) ① 불청불탁(不淸不濁) : 가ᇫ, 가ᇰ, 간, 갈, 감, 강
② 전청(全淸) : 가ᇹ, 각, 갇, 갑, 갓, 갖
③ 차청(次淸) : 갗, 갘, 같, 갚, 갛

(나) ① 입성(入聲) : 가ᇹ, 각, 갇, 갑, 갓, 갖 ; 갗, 갘, 같, 갚, 갛
② 비입성(非入聲) : 가ᇫ, 가ᇰ, 간, 갈, 감, 강

**16. (풀이)**

(가) ㄱ. 곶비, 낮과, 맞나ᅀᆞᄫᆞ며
ㄴ. 빛나시니이다, 좇거늘
ㄷ. 녑, 높고, 깊고
ㄹ. 낱
ㅁ. 바ᄅᆞᇗ 우희, 나랒 일훔

**17. (풀이)**

(가) <훈민정음>에서는 원칙적으로 초성 글자를 모두 종성에 사용할 수 있다고 했으나, 실제로는 종성을 적는 데에 'ㄱ, ㆁ, ㄷ, ㄴ, ㅂ, ㅁ, ㅅ, ㄹ'의 여덟 글자만으로 충분하다고 하였다.(八終聲可足用) 이는 종성을 소리 나는 대로 적는 것인데, 종성의 위치에서는 'ㄱ, ㆁ, ㄷ, ㄴ, ㅂ, ㅁ, ㅅ, ㄹ'의 여덟 개의 소리만이 나고 다른 소리는 이 여덟 소리 중의 하나로 바뀌기 때문이다. 예를 들어서 '빗곶(배꽃, 梨花)'과 '엿의 갗(여우의 가죽, 狐皮)'이 각각 '빗곳'과 '엿의갓'처럼 종성으로 쓰인 것처럼, 'ㅈ, ㅊ, ㅿ'을 'ㅅ'으로 적을 수 있다고 하였다. 15세기 국어에서는 음절의 말에서 실현되는 종성의 소리가 /ㄱ, ㆁ, ㄷ, ㅂ, ㅅ, ㄹ/로 제한되기 때문에, 이와 다른 초성 소리는 이들 여덟 소리 중의 하나로 바뀐다. <훈민정음>에서는 중세 국어의 종성에서 일어나는 이러한 변동 현상을 인식하고, 이를 글자 표기에 반영하여 소리 나는 대로 적기를 시행함으로써, 일반 백성들이 글자 생활을 손쉽게 할 수 있도록 한 것이다.

(나) '음소적 표기법'은 단어를 소리 나는 대로 글자로 적는 표기법인데, 이를 '표음주의 표기법(phoneticism)'이라고도 한다. 반면에 '형태 음소적 표기법'은 한 단어의 여러 변이 형태 중에서 기본 형태를 밝혀 기본형을 세우고 형태소의 경계까지 밝혀서 적는 표기 방법인데, 이를 '표의주의 표기법(ideographicism)'이라고 한다. <훈민정음>의 8종성법은 종성을 소리 나는 대로 적는 '음소적 표기법'에 해당하는데, 이는 현대 맞춤법이 성립하기 이전에 일반적으로 지켜지던 표기법이다. 반면에 현대 맞춤법은 <한글 맞춤법 통일안, 1933> 이래로 형태 음소적 표기법에 따라서 적는 것이 대부분이다.

**18. (풀이)**

| 음소적 표기법 | 형태 음소적 표기법 | 음소적 표기법 | 형태 음소적 표기법 |
|---|---|---|---|
| 낫과(日) | 낮과 | 앉거늘(坐) | 앉거늘 |
| 곳(花) | 곶 | 노ᄊᆞᆸ고(置) | 놓ᄉᆞᆸ고 |
| 곳비(花雨) | 곶비 | 놉고(高) | 높고 |
| 받(田) | 밭 | 좃거늘(從) | 좇거늘 |
| 딥동 | 딮동 | 깁고(深) | 깊고 |
| 낟(個) | 낱, 낯 | 아ᅀᅵ(弟) | 아ᇫ이 |
| 소ᄂᆞ로(手) | 손ᄋᆞ로 | 아나(抱) | 안아 |
| ᄭᅮ믈(夢) | ᄭᅮᆷ을 | 다마(含) | 담아 |

[표 7. 음소적 표기법과 형태 음소적 표기법]

**19. (풀이)**

<훈민정음>에서는 하나의 음절은 원칙적으로 초성, 중성, 종성을 갖추어서 적어야 한다고 생각했는데, 이런 생각은 이미 '예의' 부분에서 "凡字必合而成音"처럼 밝혔다. 특히 한자음을 훈민정음으로 적을 때에는 이 규정에 따라서 반드시 초성, 중성, 종성을 갖추어서 적도록 하였다. 이러한 원칙에 따라서 <훈민정음>에서는 '快(쾡), 那(낭), 步(뽕), 彌(밍), 慈(ᄍᆞᆼ), 邪(썅), 虛(헝), 閭(령)'처럼 종성의 소리가 없는 한자음에도 'ㅇ' 글자를 종성의 자리에 붙여서 초성, 중성, 종성을 맞추어서 적게 하였다. 그러나 순 우리말의 소리를 적을 때에는 한자와 한글을 병기할 필요가 없었다. 따라서 순 우리말을 적을 때에는 한자음의 표기에 적용된 관념적인 틀에 얽매일 필요가 없다고 생각하여, "且ㅇ聲淡而虛 不必用於終 而中聲可得成音也"라고 하여 'ㅇ' 글자를 종성의 자리에 쓰지 않는다고 하였다. 곧 기존의 한자음을 적을 때는 성음법의 원칙을 충실하게 적용하여 초성, 중성, 종성을 갖추어서 적었다. 반면에, 우리말을 적을 때는 실용적인 태도를 취하여 'ㅇ' 글자를 종성에 쓰지 않았던 것이다.

**20. (풀이)**

| 오음(五音) / 성질(性質) | 아음(牙音) | 설음(舌音) | 순음(脣音) | 치음(齒音) | 후음(喉音) |
|---|---|---|---|---|---|
| 완(緩) | ㆁ | ㄴ | ㅁ | ㅿ | ㅇ |
| 舒出 ⇅ 促呼 | ⇅ | ⇅ | ⇅ | ⇅ | ⇅ |
| 급(急) | ㄱ | ㄷ | ㅂ | ㅅ | ㆆ |

[표 8. 오음의 완급에 따른 종성의 대립]

**21. (풀이)**

(가) 예를 들어서 '彆'은 중국의 한자음으로는 입성인 /볃/으로 발음되었는데, 조선의 한자음으로는 /별/로 발음되어서 입성이 되지 못했다. 두 나라의 한자음 사이에서 나타나는 이러한 차이를 극복하기 위하여 <훈민정음>에서는 한자음을 표기할 때에는 비입성 글자인 'ㄹ'을 종성으로 쓰지 못하게 규정하였다. 곧 한자음을 표기할 때에는 'ㄹ'을 종성으로 쓰지 못하게 하여서 중국의 종성 체계에 맞추어서 '볃'으로 적게 한 것이다.

(나) <동국정운, 東國正韻>에서는, 이른바 '이영보래(以影補來)'라는 규정을 두어서 /ㄹ/ 종성을 표기할 때 조선의 한자음 표기를 원칙으로 하되 중국의 한자음을 반영한 절충적인 표기법을 고안하였다. 곧 '볋'처럼 종성으로 쓰인 'ㄹ' 뒤에 'ㆆ'을 덧붙여서 'ㅀ'으로 적음으로써, '彆'을 입성으로 발음하게 한 것이다.

(다) 언어에는 원칙적으로 '자의성(恣意性)'이 있어서 조선의 전래 한자음을 동국정운식 한자음으로 바꿀 가능성은 있다. 그러나 언어에는 자의성뿐만 아니라 '사회성(社會性)'도 있기 때문에, 언중(言衆)들의 언어 습관으로 굳어진 언어는 특정한 개인이나 단체가 임의적으로 바꿀 수 없다. 비록 <훈민정음>이나 <동국정운>은 국가에서 발간한 책이기는 하지만, 이들 책에서 기술한 규범만으로 천여 년 가까이 굳어진 조선의 한자음을 바꾸기는 무리가 있었다. 이러한 결과로서 국가 차원에서 제정한 동국정운식 한자음은 그리 오래 쓰이지 못하고 성종(成宗) 때가 되면 불경을 언해한 일부 문헌에만 쓰였다. 예를 들어서 언해본의 <삼강행실도(1481)>, <불정심다라니경언해(1485)> 등의 문헌에서는 현실 언어 사회에서 실제로 쓰는 한자음이 보이기 시작한다. 이처럼 동국정운식 한자음은 조선의 전래 한자음과 상관없이 중국 운서의 체계에 바탕을 두고 만들어졌다는 태생적 한계로 말미암아, 제정된 지 30년 후인 성종 대에 이르러서는 일부 문헌에만 사용되다가 사라졌다.

**22. (풀이)**

'이영보래(以影補來)'에서 '影'은 '영모(影母)'인 'ㆆ'을 뜻하고 '來'는 '래모(來母)'인 'ㄹ'을 뜻한다. 곧 '이영보래'는 '彆, /볋/처럼 'ㄹ' 받침으로 끝난 한자어에는 반드시 'ㆆ'을 붙여서 'ㅀ'으로 표기한다는 것인데, 이렇게 'ㅀ'로 표기함으로써 입성으로 발음할 것을 표기에 반영한 것이다.

**23. (풀이)**

<훈민정음>에서는 '凡字必合而成音' 규정에 따라서 초성·중성·종성을 합쳐서 음절 단위로 고아서 적었다. 이렇게 초성 글자에 중성의 글자를 붙어서 적는 방법을 구체적으로 규정하였는데, 이것이 이른바 부서법(附書法)이다. 곧, <훈민정음>의 '예의'

에서는 중성 중에서 둥근 것(ㆍ)과 가로로 그은 것(ㅡ, ㅗ, ㅜ, ㅛ, ㅠ)은 초성의 아래에 붙여 쓰고, 위에서 아래로 내리 그은 것(ㅣ, ㅏ, ㅓ, ㅑ, ㅕ)은 초성의 오른쪽에 붙여 쓴다고 규정했다. 이러한 규정을 둔 것은 오직 훈민정음의 글자를 한자처럼 네모 반듯하게 만들어서 한자와 함께 쓸 때 조화를 이루게 하기 위해서였기 때문이다.

**24. (풀이)**

| 병서의 위치 | 병서의 방법 | 병서 글자의 예 |
|---|---|---|
| 초성 | 합용 병서 | ᄯᅡᇰ(地), ᄧᅡᆨ(隻), ᄢᅳᆷ(隙) |
| | 각자 병서 | ᅘᅧ(引), 괴ᅇᅧ(人愛我), 쏘다(射之) |
| 종성 | 합용 병서 | ᄒᆞᆰ(土), 낛(釣), ᄃᆞᇌᄣᅢ(酉時) |

[ 표 9. 병서의 원리와 예 ]

**25. (풀이)**

(가) 'ㅂ'계 합용 병서의 예

① [ㅲ]: ᄠᆞᆯ기(苺), ᄠᅳᆮ(意)

② [ㅄ]: ᄡᆞᆨ(艾), ᄡᅵ(種), ᄡᆞᆯ(米)

③ [ㅶ]: 대ᄧᆞᆨ(竹片), ᄧᅡᆨ(隻)

④ [ㅷ]: ᄩᅳ고(裂), ᄩᅥ디며(坼)

(나) 'ㅅ'계 합용 병서의 예

① [ㅺ]: ᄭᅬ(謨), ᄭᅩ리(尾), ᄭᅮᆷ(夢)

② [ㅻ]: ᄮᅡᄒᆡ(男丁)

③ [ㅼ]: ᄯᅡᇂ(地), ᄯᅥᆨ(餠), ᄯᅩ(又)

④ [ㅽ]: ᄲᅧ(骨)

(다) 'ㅄ'계 합용 병서의 예

① [ㅴ]: ᄢᅮᆯ(蜜), ᄢᅳᆷ(隙), ᄢᅢ니(破)

② [ㅵ]: ᄣᅢ(時), ᄣᅵ며(烝), ᄣᆞ리니(打)

**26. (풀이)**

(가) 초출자와 재출자의 합용:

① 초출자의 합용: ㅘ ㅝ

② 재출자의 합용: ㆇ ㆊ

(나) '일자 중성(一字 中聲)'과 'ㅣ'의 합용: ㆎ ㅢ ㅚ ㅐ ㅟ ㅔ ㆉ ㅒ ㆌ ㅖ

(다) '이자 중성(二字 中聲)'과 'ㅣ'의 합용: ㅙ ㅞ ㆈ ㆋ

**27. (풀이)**

(가) 초성 이자 삼자 합용(初聲二字三字合用):

① 초성 이자 합용: ᄡᅡᆯ기, ᄡᅮᆨ, ᄧᅡᆨ, ᄩᅳ고 ; ᄭᅬ, ᄯᅡ히, ᄯᅥᆨ, ᄲᅧ

② 초성 삼자 합용: ᄢᅮᆯ, ᄢᅳᆷ ; ᄣᅢ, ᄣᅵ리다

(나) 중성 이자 삼자 합용(中聲二字三字合用):

① 중성 이자 합용: 과ᄀᆞᆯ이, 권쇽 ; 조ᄒᆡ, ᄃᆞᄫᆡ, 뫼, ᄀᆞ래, 귀, 서에, 뒤,

② 중성 삼자 합용: 남진과 겨집괘, 궤즉ᄒᆞ다,

(다) 종성 이자 삼자 합용(終聲二字三字合用):

① 종성 이자 합용: ᄒᆞᆰ, ᄃᆞᆰ, 낛

② 종성 삼자 합용: ᄃᆞᇌᄣᅢ, 낢

**28. (풀이)**

한자어를 훈민정음의 글자로 표기할 때에는, 보기 (가)의 '성음법(成音法)'의 규정에 따라서 반드시 초성, 중성, 종성을 갖추어서 적도록 하였다. 그런데 <훈민정음>의 '합자해'에서는 한자와 우리말을 섞어서 적는 경우에는, 예외적으로 중성이나 종성의 낱글자를 따로 적을 수도 있다고 하였다. 예를 들어서 한자어 '孔子'의 '子(ᄌᆞᇰ)'가 중성으로 끝난 음절이므로, 그 뒤에 반모음인 /j/로 소리 나는 주격 조사 '-ㅣ'가 결합하면 하나의 음절인 /ᄌᆡ/로 소리난다. 이렇게 孔子와 주격 조사인 '-ㅣ'가 결합된 음절인 /ᄌᆡ/를 소리대로 적으려면 '子ㅣ'로 적을 수밖에 없는데, 결과적으로 모음 'ㅣ'가 단독으로 쓰이게 되었다. 그리고 한자어 '魯'도 중성으로 끝난 음절이므로 그 뒤에 관형격 조사인 '-ㅅ'이 결합하면 하나의 음절인 /롯/으로 소리난다. 이렇게 '魯'와 관형격 조사인 '-ㅅ'이 결합한 음절인 /롯/을 소리 나는 대로 적으려면 '魯ㅅ'으로 적어야만 했다. 결과적으로 'ㅣ'와 'ㅅ'의 글자는 한 글자가 단독으로 쓰이게 되었는데, 이와 같은 표기는 <훈민정음>의 '예의'에 있는 성음법의 규정에서 벗어난 예외적 표기이다.

**29.** (풀이)

| 사성 | <해례본>의 풀이 | <언해본>의 풀이 |
|---|---|---|
| 평성(平聲) | 안이화(安而和) | ᄆᆞᆺ ᄂᆞᆺ가ᄫᆞᆫ 소리 |
| 상성(上聲) | 화이거(和而擧) | 처ᅀᅥ미 ᄂᆞᆺ갑고 내즁이 노ᄑᆞᆫ 소리 |
| 거성(去聲) | 거이장(擧而壯) | ᄆᆞᆺ 노ᄑᆞᆫ 소리 |
| 입성(入聲) | 촉이색(促而塞) | ᄲᆞᆯ리 긋ᄃᆞᆺᄂᆞᆫ 소리 |

[ 표 10. 사성의 특징 ]

**30.** (풀이)

| 사성(四聲) | | 용례 |
|---|---|---|
| 비입성(非入聲) | 거성(去聲) | ( ·신 ), ( ᄃᆞᆯ ) |
| | 상성(上聲) | ( :범 ), ( :돌 ) |
| | 평성(平聲) | ( 벼 ), ( 콩 ) |
| 입성(入聲) | 거성(去聲) | ( ·갇 ), ( ·굽 ) |
| | 상성(上聲) | ( :깁 ), ( :낟 ) |
| | 평성(平聲) | ( 닥 ), ( 독 ) |

[ 표 11. 방점의 운용법 ]

**31.** (풀이)

국어의 입성은 /k/, /t/, /p/로 끝나는 음절이기는 하지만 그 높낮이가 일정하게 고정되어 있지 않아서, 그 높낮이에 따라서 각기 '평성적인 입성(= 닥, 독), 상성적인 입성(= :깁, :낟), 거성적인 입성(= ·갇, ·굽)'으로 쓰였다. 곧 국어에서 입성은 소리의 높낮이와는 관계없이 '빨리 끝나는 소리'의 음성적 특징을 나타내므로, 국어의 성조 체계에서는 원칙적으로 입성을 설정할 필요가 없었다. <훈민정음 해례본>의 '합자해'에서는 사성에 따른 음성적 특징을 '安, 和, 擧, 壯, 促, 塞' 등의 한자로써 풀이하였다. 여기서 '평성, 상성, 거성'은 소리의 특징이 '安－和－擧－壯'로 서로 관련을 지어서 기술하였으나, '입성'만은 '促－塞'으로 별도로 기술하였다. 이는 '평성, 상성, 거성'이 높낮이에 바탕을 둔 성조인 데에 반해서, 입성은 빨리 끊어지는 소리로서 음절 길이의 특징에 바탕을 두었기 때문이다.

**32. (풀이)**

‘ㆆ’은 후음(喉音)의 전청 글자로서, ‘후두 폐쇄음(喉頭 閉鎖音)’인 [ʔ]의 음가를 가진다. ‘ㆆ’은 순 우리말을 적을 때는 초성의 글자로 사용된 예가 보이지 않았다. 다만, ‘ㆆ’은 종성의 자리에서 일부 문법 형태소를 표기하거나 관형격 조사나 사잇소리를 적는 글자로 사용되었을 뿐이다. 이처럼 ‘ㆆ’은 우리말의 초성을 표기하는 데에는 쓰이지 않았으나, ‘동국정운식 한자음’을 적을 때에는 ‘於ᅙᅥᆼ, 一ᅙᅵᇙ, 因ᅙᅵᆫ, 依ᅙᅴᆼ, 音ᅙᅳᆷ’과 ‘日ᅀᅵᇙ, 發버ᇙ, 戌슈ᇙ, 八바ᇙ, 不부ᇙ, 節져ᇙ’처럼 ‘ㆆ’이 초성이나 종성의 자리에 쓰였다. 이에 따라서 비록 <훈민정음>에서는 ‘ㆆ’을 비록 기본 글자로 처리하기는 하였으나, 순 우리말의 초성을 적을 때에는 ‘ㆆ’을 쓰지 않고 ‘ㅇ’으로 통용할 수 있도록 하였다.

**33. (풀이)**

우리말의 /ㄹ/ 음소는 그 변이음으로서 무거운 소리인 [l]과 가벼운 소리인 [ɾ]이 있다. 곧, ‘달, 발, 갈’의 종성으로 발음되는 ‘ㄹ’의 소리는 설측음(舌側音)인 [l]로 발음되는데, 이는 혀끝이 윗잇몸에 붙은 상태에서 입안의 공기가 혀의 양 옆으로 새어 나가게 하면서 내는 소리이다. 반면에 ‘우리’나 ‘나라’의 초성으로 발음되는 ‘ㄹ’의 소리는 설탄음(舌彈音)인 [ɾ]로 발음되는데, 이는 혀가 윗잇몸을 가볍게 두들기면서 내는 소리이다. <훈민정음>의 ‘합자해’에서는 /ㄹ/의 변이음인 [l]을 ‘반설 중음(半舌重音)’으로 규정했고, /ㄹ/의 변이음인 [ɾ]을 ‘반설 경음(半舌輕音)’으로 규정했다.

**34. (풀이)**

<훈민정음>의 ‘합자해’에서는 반모음인 /j/에서 /ㆍ/나 /ㅡ/로 이행하는 이중 모음에 관한 설명을 하였다. 이들 소리는 우리말에는 쓰이지 않으나, 간혹 아이들이나 시골 사람들의 말에서 이러한 소리를 간혹 들을 수 있는데, ‘ㅣ’와 ‘ㆍ’의 글자를 합치거나 ‘ㅣ’와 ‘ㅡ’ 글자를 합쳐서 ‘ᄀᆝ’나 ‘ᄀᆜ’처럼 적는다고 하였다. 그러나 이러한 소리가 당대의 현실 발음으로 존재했는지도 의문이며, ‘ᄀᆝ’나 ‘ᄀᆜ’의 글자가 실제로 쓰인 예도 발견할 수 없다. 다만, 훈민정음의 창제자들은 ‘ᄀᆝ’와 ‘ᄀᆜ’와 같은 실험적인 글자를 만들어 보임으로써, 훈민정음이 당대 국어나 한자의 표준 발음뿐만 아니라 특수한 계층어나 지역 방언의 말소리도 다 적을 수 있는 실용적인 문자 체계라는 점을 과시하였다.(허웅 1984:327 참조.)

# [ 단원 정리 문제 풀이 5 ]

## - 용자례 -

**1. (풀이)**

① 초성 글자( 34개 ) ② 중성 글자( 88개 ) ③ 종성 글자( 32개 )
④ 전체 글자( 94개 )

**2. (풀이)**

(가) '용자례'에서는 첫째로 초성의 글자를 운서에서 설정한 오음(五音)의 분류 체계에 따라서 '아음 - 설음 - 순음 - 치음 - 후음 - 반설음 - 반치음'로 구분하고, 그 다음으로 각 음의 글자에 대하여 청탁에 따라서 '전청 - 차청 - 불청불탁'의 글자로 구분하였다.

(나) 먼저 각자 병서의 글자와 합용 병서의 글자는 기본자에 속하지 않으므로, 용자례에서 제외되었다. 그리고 'ㆆ'은 기본자에 속하기는 했지만, 주로 동국정운식 한자음을 적는 데에 쓰였고, 초성의 자리에서는 순 우리말의 단어를 적은 예가 드물었기 때문에 용자례에서 제외되었다.

(다) 반면에 'ㅸ'은 비록 기본자는 아니었지만, /ㅸ/이 음소의 자격을 갖추고 있었고, 우리말을 표기하는 데에 널리 쓰였다는 점에서 '용자례'에 포함시킨 것으로 보인다.

**3. (풀이)**

| 글자 \ 오음 | 아음 | | | 설음 | | | 순음 | | | | 치음 | | | 후음 | | 반설음 | 반치음 |
|---|---|---|---|---|---|---|---|---|---|---|---|---|---|---|---|---|---|
| 초성 글자 | ㄱ | ㅋ | ㆁ | ㄷ | ㅌ | ㄴ | ㅂ | ㅍ | ㅁ | ㅸ | ㅈ | ㅊ | ㅅ | ㅇ | ㅎ | ㄹ | ㅿ |
| 용자례 | 감 | 콩 | 러ᅌᅮᆯ | 뒤 | 고티 | 노로 | ᄇᆞᆯ | 파 | 뫼 | 사ᄫᅵ | 자 | 체 | 손 | 비육 | 부헝 | 무뤼 | 아ᅀᆞ |
| 현대어 | 감 | 콩 | 너구리 | 뒤 | 고치 | 노루 | 팔 | 파 | 산 | 새우 | 자 | 체 | 손 | 병아리 | 부엉이 | 우박 | 아우 |

[ 표 1. 초성 글자의 용자례 ]

**4. (풀이)**

'용자례'에서는 기본자를 제자 원리에 따라서 '상형자 - 초출자 - 재출자'로 구분하였다. 첫째로 상형자는 '천(天)·지(地)·인(人)'의 순서로 'ㆍ, ㅡ, ㅣ'로 배열하였다. 둘째로 초출자는 양성 모음인 'ㆍ'에서 동출(同出)한 'ㅗ(口蹙), ㅏ(口張)'와 음성 모음인 'ㅡ'에서 동출(同出)한 'ㅜ(口蹙), ㅓ(口張)'의 순으로 배열했다. 셋째로 재출자도 초출자와 마찬가지로 'ㆍ'의 동출 합성자인 'ㅛ(口蹙), ㅑ(口張)'와 'ㅡ'의 동출 합성자인 'ㅠ(口蹙), ㅑ(口張)'의 순으로 배열하였다.

**5. (풀이)**

| 중성 글자 | 상형자 | | | 초출자 | | | | 재출자 | | | |
|---|---|---|---|---|---|---|---|---|---|---|---|
| | ㆍ | ㅡ | ㅣ | ㅗ | ㅏ | ㅜ | ㅓ | ㅛ | ㅑ | ㅠ | ㅕ |
| 용자례 | ᄐᆞᆨ | 믈 | 깃 | 논 | 호ᄆᆡ | 숫 | 브섭 | 죵 | 남샹 | 율믜 | 벼 |
| 현대어 | 턱 | 물 | 보금자리 | 논 | 호미 | 숯 | 부엌 | 종 | 남생이 | 율무 | 벼 |

[표 2. 중성 글자의 용자례]

**6. (풀이)**

먼저 종성으로 쓰일 수 있는 8가지 소리를 오음(五音)의 순서에 따라서, '아음(ㄱ, ㆁ) - 설음(ㄷ, ㄴ) - 순음(ㅂ, ㅁ) - 치음(ㅅ) - 반설음(ㄹ)'으로 배열하였다. 그 다음으로 오음별 소리 가운데서 전청의 글자(ㄱ, ㄷ, ㅂ)를 앞에 놓고 불청불탁의 글자(ㆁ, ㄴ, ㅂ)을 뒤에 배치하였다.

**7. (풀이)**

| 오음 / 글자 | 아음 | | 설음 | | 순음 | | 치음 | 반설음 |
|---|---|---|---|---|---|---|---|---|
| 종성글자 | ㄱ | ㆁ | ㄷ | ㄴ | ㅂ | ㅁ | ㅅ | ㄹ |
| 용자례 | 닥 | 굼벙 | 갇 | 신 | 섭 | 범 | 잣 | ᄃᆞᆯ |
| 현대어 | 닥나무 | 굼벵이 | 갓 | 신 | 섶 | 범 | 잣나무 | 달 |

[표 3. 종성 글자의 용자례]

## [단원 정리 문제 풀이 6]

### - 정인지 서 -

**1. (풀이)**

① 말과 글의 관련성
② 한문과 이두 사용의 불편함
③ 훈민정음의 창제 과정과 우수성
④ <훈민정음 해례본>의 저자 소개
⑤ 세종의 독창성을 찬양함
⑥ <훈민정음 해례본>의 간행일과 대표 저자

**2. (풀이)**

(가) 각 지역의 풍토에 따라서 말과 글이 다르다. 중국의 말과 글은 중국의 풍토에 알맞은 말이므로, 우리말을 중국의 한자와 한문으로 적는 데는 말과 글에 서로 어긋남이 있다.

(나) 옛날에 신라의 설총(薛聰)이 이두(吏讀)를 만들어서 관청(官府)과 민간(民間)에서 지금까지 사용했다. 그러나 이두는 모두 한자에서 글자를 빌려 와서 사용했으므로, 실제로 우리말을 사용하는 데에 이르러서는 그 만분의 일도 통달하지 못하였다.

**3. (풀이)**

① 기능적인 우수성 : 훈민정음의 글자는 스물 여덟 글자로써 전환(轉換)이 무궁(無窮)하며, 간략하면서도 요긴(要)하고, 정밀(精)하고도 두루 통(通)한다. (글자를) 쓰는 데에 갖추어지지 않는 것이 없고, 나아가서 통달하지 않는 바가 없다. 이 (글)로써 글(한문, 書)을 풀이하면, 그 뜻을 알 수 있고, 이 (글)로써 송사(訟事)를 들으면, 가히 그 사정(情)을 알 수 있습니다.

② 학습의 우수성 : 따라서 지혜로운 사람은 아침이 끝나기 전에 이해하며(會), 어리석은 사람이라도 열흘(浹旬)이면 배울 수 있다.

**4. (풀이)**

'고전(古篆)'은 '옛날의 전자(篆字)'를 이른다. '전자(篆字)'는 한자(漢字) 서체의 하나로서 '예서(隷書)' 이후에 여러 체가 발명되기 전에 있었던 가장 오랜 서체이다. '전자(篆字)'는 좌우가 한결같이 고르고 자형이 방정(方正)하고 필획이 균등하게 되어 있어서 흔히 '방형자(方形字)'라고 한다. <훈민정음>의 '정인지 서'에서는 "象形而字倣古篆(사물을 상형하되 글자는 고전을 본떴고…)"라는 설명이 있다. 여기서 훈민정음의 글자가 '전자'를 모방했다는 것은 훈민정음의 자형이 '전자'처럼 네모반듯함을 이른 것으로 보인다.

**5. (풀이)**

① 훈민정음의 창제 일시 : 癸亥冬 我殿下創制正音二十八字(계해년 겨울에 우리 전하(殿下)께서 정음(正音) 스물 여덟 글자를 창제하시고). 계해년 동(癸亥年 冬)은 세종 25년의 음력 12월인데, 이를 양력으로 환산하면 1444년 1월이다. 그 동안 세종이 측근들과 함께 비공개적으로 창제하여 완성한 훈민정음의 글자와 사용법을 이때에 세상에 공개한 것을 이른다.

② 훈민정음의 반포 일시 : 正統十一年九月上澣(정통 십일 년 구월 상한). 여기서 '正統(정통)'은 중국 명(明)나라 영종(英宗) 때의 연호(1436~1449)이며, 정통 십일 년은 1446년(세종 29)이다. 그리고 '상한(上澣)'은 한 달 가운데 1일에서 10일까지의 동안(= 상순, 上旬)인데, 당시의 음력으로 9월 상순은 양력으로 환산하면 10월 9일까지가 된다. 이 기록을 기준으로 하여 훈민정음의 반포 일시를 상순의 맨 마지막 날인 10월 9일로 잡아서 현재의 '한글날'로 정했다.

**6. (풀이)**

집현전(集賢殿)의 응교(應教)인 '최항(崔恒)', 부교리(副校理)인 '박팽년(朴彭年)'과 '신숙주(申叔舟)', 수찬(修撰)인 '성삼문(成三問)', 돈령부(敦寧府)의 주부(主簿)인 '강희안(姜希顔)', 행집현전 부수찬(行集賢殿副修撰)인 '이개(李塏)'와 '이선로(李善老)' 등

**7. (풀이)**

① 예의(例義) : '예(例)'는 훈민정음 글자의 모양과 음가를 예시한 것을 뜻하고, '의(義)'는 훈민정음 글자의 사용법인 '종성법, 연서법, 병서법, 부서법, 성음법, 사성법'을 소개를 밝힌 것을 이른다.

② 해례(解例) : '해(解)'는 <훈민정음>의 제자해(制字解), 초성해(初聲解), 중성해(中聲解), 종성해(終聲解), 합자해(合字解) 등 다섯 가지 풀이(解)를 이른다. 그리고 '예(例)'는 <훈민정음>의 용자례(用字例)를 이른다. '해(解)'와 '례(例)'를 합쳐서 '해례(解例)'라고 일컫는다.

# 참고 문헌


강길운(1971), '최만리의 반대상소의 동기에 대하여', 운현 3, 덕성여대.

강길운(1972), '훈민정음 창제의 당초 목적에 대하여', 국어국문학 55-57 합본, 국어국문학회.

강신항(1990), "훈민정음연구(증보판)", 성균관대학교 출판부.

강신항(1993), "국어학사", 보성문화사.

강창석(1989), '훈민정음의 제작 과정에 대한 몇 가지 문제', 울산어문논집 5.

고영근(2010), "제3판 표준 중세국어 문법론", 집문당.

교육인적자원부(2010), "고등학교 교사용 지도서 문법", (주)교학사.

교육인적자원부(2010), "고등학교 문법", (주)교학사.

국립국어원, "표준 국어 대사전", 인터넷판.

국사편찬위원회(2012), "조선왕조실록", 인터넷판(http://sillok.history.go.kr).

권영환(1992), '우리말 도움풀이씨 연구', 석사학위 논문, 부산대학교.

권재선(1988), "훈민정음 해석 연구", 우골탑.

권종성(1987), "문자학 개요", 평양 : 과학, 백과사전출판사.

김동언(1985), '훈민정음 국역본의 번역 시기 문제', 한글 189.

김무식(1993), '훈민정음의 음운체계 연구', 박사학위 논문, 경북대학교.

김문기(1999), "중세국어 매인풀이씨 연구", 석사학위 논문, 부산대학교.

김민수(1985), '훈민정음(해례)의 번역에 대하여', 말 10, 연세대 한국어학당.

김석득(1983), "우리말 연구사", 정음문화사.

김언주(2002), "역주 금강경언해(상, 하)", 세종출판사.

김언주(2004), "역주 능엄경언해 1", 세종출판사.

김언주(2005), "역주 능엄경언해 2", 세종출판사.

김영송(1976), '훈민정음의 홀소리 체계', 논문집, 부산대학교.

김영송(1981), "우리말 소리의 연구", 과학사.

김영송(1988), '훈민정음의 모음체계', 신상순 외 편, "훈민정음의 이해", 한신문화사.

김완진(1983), '훈민정음 제자 경위에 대한 새 고찰', "김철준 박사 회갑 기념 사학논총", 지식산업사.

김완진(1984), '훈민정음 창제에 관한 연구', 한국문화 5, 서울대학교.

김차균(1985), '훈민정음 해례의 모음체계', "선오당 김형기 선생 팔질기념 국어학논총".

나진석(1971), "우리말 때매김 연구", 과학사.

나찬연(1993), '우리말의 이음에서의 생략과 삭제 현상 연구', 석사학위 논문, 부산대.

나찬연(1997), '우리말 의미중복표현의 통어 · 의미 연구', 박사학위 논문, 부산대.

나찬연(2004), "우리말 잉여표현 연구", 도서출판 월인.

나찬연(2010ㄴ), "한글 맞춤법의 이해, 개정 2판", 도서출판 월인.

나찬연(2011), "수정판 옛글 읽기", 도서출판 월인.

나찬연(2012ㄱ), "제2판 현대 국어 문법의 이해", 도서출판 월인.

나찬연(2012ㄴ), "제4판 중세 국어 문법의 이해－이론편", 교학연구사.

나찬연(2012ㄷ), "제4판 중세 국어 문법의 이해－주해편", 교학연구사.

나찬연(2012ㄹ), "제4판 중세 국어 문법의 이해－강독편", 교학연구사.

나찬연(2012ㅁ), "제3판 중세 국어 문법의 이해－문제편", 도서출판 경진.

나찬연(2013ㄱ), 제2판 "언어 · 국어 · 문화", 도서출판 월인.

나찬연(2013ㄴ), "근대 국어 문법의 이해－강독편", 도서출판 월인.

남광우(2009), "교학 고어사전", (주)교학사.

남풍현(1978), '훈민정음과 차자표기법과의 관계', 국문학론집 9, 단국대.

문효근(1986), '훈민정음의 '終聲復用初聲'의 이해', 한글 193.

민현식(1999), "국어 정서법 연구", 태학사.

박지홍(1984), "풀이한 훈민정음", 과학사.

서울대학교 대학원 국어연구회(1990), '훈민정음', "국어연구 어디까지 왔나", 동아출판사.

성원경(1983), '訓民正音 解例 中 "韻書疑與喩多混用" 考'

신상순 외 편(1988), '훈민정음의 이해', 전남대어연총서 1, 한신문화사.

심재기(1974), '최만리의 언문 관계 반대 상소문 추의', 우리 문화 5, 우리문화연구회.

심재기(1985), '훈민정음의 창제', "한국사람의 말과 글", 지학사.

안병희(1976), '훈민정음의 이본', 진단학보 42.

안병희(1986), '훈민정음 해례본의 복원에 대하여', "국어학 신연구", 약천 김민수 선생 화갑 기념 논총)

안병희(1990), '훈민정음의 제자원리에 대하여', 강신항 교수 회갑기념 국어학논문집,

태학사.
안병희(1992), "국어사 자료 연구", 문학과 지성사.
안병희 · 이광호(1993), "중세 국어 문법론", 학연사.
안춘근(1983), '훈민정음 해례본의 서지학적 고찰', "추강 황희영 박사 소수 기념 논총".
유정렬(1980), '훈민정음 창제 동기고', 건국대학교 석사학위논문.
유창균(1993), "국어학사", 형설출판사.
유창균(1996), "훈민정음 역주", 형설출판사.
이관규(2002), "개정판 학교문법론", 도서출판 월인.
이광호(1972), '중세국어 '사이시옷' 문제와 그 해석 방안', "국어사 연구와 국어학 연구 - 안병희 선생 회갑 기념 논총", 문학과 지성사.
이광호(1988), '훈민정음 '신제28자'의 성격에 대한 연구', 배달말 13.
이광호(1995), '후음 'ㅇ'과 중세국어 분철표기의 신해석', "국어사와 차자표기 - 남풍현 선생 회갑기념", 태학사.
이기문(1963), "국어표기법의 역사적 연구 - 신정판", 한국연구원.
이기문(1974), '훈민정음 창제에 관련된 몇 문제', 국어학 2.
이기문(1976), '최근의 훈민정음 연구에서 제기된 몇 문제', 진단학보 42.
이기문(1980), '훈민정음 창제의 기반', 동양학 10, 단국대.
이기문(1998), "국어사개설 – 신정판", 태학사.
이돈주(1988), '「훈민정음」의 해설', 신상순 외 편, "훈민정음의 이해", 한신문화사.
이병근(1988), '훈민정음의 초 · 종성체계', 신상순 외 편, 훈민정음의 이해, 한신문화사.
이병운(2000), "중세국어의 음절과 표기법 연구", 세종출판사.
이성구(1983), '훈민정음과 태극사상', 난대 이응백박사 회갑기념 논문집, 보진재.
이성구(1985), "훈민정음연구", 동문사.
이숭녕(1981), "중세국어문법 – 개정 증보판", 을유문화사.
이재면(1977), '훈민정음과 음양오행설의 관계', 동국 13, 동국대.
이정호(1972), '훈민정음의 역학적 연구', 논문집(인문 · 사회과학편) 11, 충남대.
이정호(1984), '세종대왕의 철학 정신', 세종조 문화 연구 II. 한국정신문화연구원.
이환묵(1988), '훈민정음의 제자원리', 신상순 외 편, 훈민정음의 이해, 한신문화사.
정철(1954), '원본 훈민정음의 보존 경위에 대하여', 국어국문학 제9호, 국어국문학회.
정희선(1983), '훈민정음의 역학적 배경에 관한 일고찰', 중앙대 석사학위논문.

최기호(1983), '훈민정음 창제에 관한 연구' : 집현전과 언문반대상소, 동방학지 36·37, 연세대.
최현배(1961), "고친 한글갈", 정음사.
최현배(1980=1937), "우리말본", 정음사.
한글학회(1985), "訓民正音", 영인본.
한재영(1990), '방점의 성격 규명을 위하여', 강신항 교수 회갑 기념 국어학 논문집.
허웅(1974), "한글과 민족문화", 세종대왕 기념 사업회.
허웅(1975=1981), "우리 옛말본", 샘문화사.
허웅(1981), "언어학", 샘문화사.
허웅(1986), "국어 음운학", 샘문화사.
허웅(1989), "16세기 우리 옛말본", 샘문화사.
허웅(1992), "15·16세기 우리 옛말본의 역사", 탑출판사.
허웅·이강로(1999), "주해 월인천강지곡", 신구문화사.

Gale J. S.(1982), The Inventor of the En-moun, *The Korean Repository* Vol. I, October 1892.
Sampson, G.(1985), Writing Systems : A linguistic introduction, London : Hutchinson Publishing Group.

# 찾아보기

## 용례 찾기

### -소리와 글자-

## - 어휘 -

## 용어 찾기

(ㄱ)



(ㄴ)

(ㆁ)



(ㅈ)

지은이 **나찬연**은 1960년에 부산에서 태어났다. 부산대학교 국어국문학과를 나오고(1986), 같은 학교의 대학원에서 문학석사(1993)와 문학박사(1997)의 학위를 받았다. 지금은 경성대학교 국어국문학과에서 교수로 재직하고 있으면서 국어학 분야의 강의를 맡고 있다.

홈페이지 : '학교 문법 교실(http://scammar.com)'에서는 이 책의 내용과 관련된 각종 학습 자료를 온라인으로 제공합니다. '학교 문법 교실'을 방문하여서 자료실과 문답방에 올려져 있는 다양한 학습 정보를 이용할 수 있습니다.

전자메일 : ncy@ks.ac.kr

주요 논저

우리말 이음에서의 삭제와 생략현상 연구(1993), 부산대학교 대학원.
우리말 의미중복 표현의 통어·의미 연구(1997), 부산대학교 대학원.
우리말 잉여표현 연구(2004), 도서출판 월인.
개정 2판 한글 맞춤법의 이해(2010), 도서출판 월인.
벼리 한국어 회화 초급 1, 2.(2011), 도서출판 경진.
벼리 한국어 읽기 초급 1, 2.(2011), 도서출판 경진.
수정판 옛글 읽기(2011), 도서출판 월인.
제2판 현대 국어 문법의 이해(2012), 도서출판 월인.
제4판 중세 국어 문법의 이해—이론편(2012), 교학연구사.
제4판 중세 국어 문법의 이해—주해편(2012), 교학연구사.(공저)
제4판 중세 국어 문법의 이해—강독편(2012), 교학연구사.
제3판 중세 국어 문법의 이해—문제편(2012), 도서출판 경진(공저).
제2판 언어·국어·문화(2013), 도서출판 월인.
근대 국어 문법의 이해—강독편(2013), 도서출판 월인.
제2판 훈민정음의 이해(2013), 도서출판 월인.

**훈민정음의 이해**

**초 판 1쇄 발행** • 2012년 11월 23일
**제2판 1쇄 발행** • 2013년 8월 10일

**지은이** • 나 찬 연
**펴낸이** • 박 성 복
**펴낸곳** • 도서출판 月印
서울특별시 강북구 노해로25길 61(수유2동 252-9)
**등록** • 제6-0364호 / **등록일** • 1998년 5월 4일
**대표전화** • (02) 912-5000 / **팩스** • (02) 900-5036
http://www.worin.net



ISBN 978-89-8477-522-0 93710

값 16,000원